十二五现代远程教育法学专业系列教材

经 济 法 学

主　编◎张新民　杨连专

副主编◎杨　攀　宋晨辉

撰稿人◎（以撰写章节先后为序）

张新民　杨连专　胡菡子　宋晨辉

杨　攀　曾庆洪　张倍铭

中国政法大学出版社

2014·北京

十二五现代远程教育法学专业系列教材

总顾问

李昌麒　　我国著名经济法学家、法学教育家
　　　　　西南政法大学教授、博士生导师
　　　　　西南大学法学院名誉院长

总主编

张新民　　西南大学法学院院长、教授、博士生导师
尹晓东　　西南大学党委研究生工作部部长、博士

副总主编

张步文　　西南大学法学院副院长、博士、教授、硕士生导师
赵云芬　　西南大学法学院教授、博士、硕士生导师

十二五现代远程教育法学专业系列教材编委会

主 任

宋乃庆　　国家教学名师

　　　　　原西南大学常务副校长

　　　　　教授、博士生导师

副主任

张新民　　西南大学法学院院长、教授、博士生导师

刘　林　　西南大学网络教育学院院长、研究员

委 员

宋乃庆　　刘　林　　张新民　　李立新　　尹晓东　　赵云芬　　张步文

时显群　　汪　力　　陶　林　　房香荣　　段　莉　　黄国泽　　刘怀川

出版说明

人类迈进 21 世纪，全球性的科技革命正在越来越深刻地影响着人类的生活、工作和学习方式，教育领域当然也不例外。随着计算机网络、信息和教育技术的飞速发展，现代远程教育作为一种新型的教育形式，以其鲜明的时代特色、充满希望的生命力正在逐渐成为我国高等教育和继续教育不可缺少的组成部分。

现代远程教育突破了时间、空间的限制，为一切具有学习热情、学习能力的人敞开了接受教育的大门。学校变得没有了围墙，因此，极大地拓展了教育空间，充分体现了终身教育的先进教育理念，适应了学习化社会里人们个性化学习、多样化学习的需要。与传统的教育形式不同，远程教育以开发教学产品、通过媒介传输的手段来达到教学目的，创造了教与学过程相对分离的模式，在教育过程、教育方式和教育理念上产生了巨大变革，使高等院校的优秀教育资源冲破校园围墙的限制，让更多的学习者共享，具有开放性、交互性、共享性、协作性、自主性等特点。通过构造现代远程教育的"学习环境"，提供学生自主构建知识的空间，帮助人们随时随地的学习，实现学生个体与群体的融合，从而满足人们在校园外接受高等教育的愿望。

作为教育部首批批准举办现代远程教育的高校之一，十多年来，西南大学根据现代远程教育中教与学、成人学生工作与学习矛盾突出等特点，深入研究、不断实践，在教学方式、授课特点、教学内容、教学过程、技术手段、管理机制等方面实行一系列改革，构建了具有自己特色的现代远程教育体系。同时，对现代远程教育的理论基础也进行了系统、全面的归纳和总结，并以此为基础，结合现代远程教育的实践，构建和提出了现代远程教育的学习模式、管理模式、学习支持服务体系、质量保证体系和质量评价方法等。

经历了十几年的光阴，现代远程教育由萌芽到现在的蓬勃发展，我们也积累了不少经验。为了帮助广大接受现代远程教育的学生顺利实现由传统学习观念和方法，向远程学习观念和方法的转变，我院特地组织了多年来在网络教育一线的老师有针对性的编写了专门适用于现代远程教育学生的教材。本套教材力求图文并茂、深入浅出，贴近远程学习者的需求，切实解决他们在学习中遇到的困难。

　　该套教材在结构设计上，以学习者为中心，把课程中最基本的内容提炼整理出来，以"学习单元"的形式安排学习。每一章的开始就把本章的学习目的、学习要求、重点难点、知识要点等内容展示出来，便于学习者合理制定自己的学习计划。对于难点重点，给出了提示"注意"，引导学习者对抽象复杂的问题加深理解。一般教材都是在各章节后给出大量的复习思考题，本系列教材只是在每个"学习单元"后给出适度、适量的问题让学习者来检验自己对基本问题的掌握情况。

　　在该系列教材的编写过程中，我们打破传统章节式的设置，内容注重知识的基础性、先进性和实用性，体现了现代远程教育的特色，本教材具有以下特色：

　　第一，简明扼要、重点突出，且改变了传统教材以文字叙述为主的编写形式。考虑到现代远程教育大部分学员多为在职工作者，因此，在对内容细致梳理的基础上，在保证知识体系完整、内容准确无误的前提下，文字表述尽量做到简明扼要，并通过多种"教学模块"将学习单元的重点展示出来，并且将一个完整、系统的学习单元的学习时间控制在 30 分钟左右，以便于自学。

　　第二，学以致用、活学活用，以多样化的模块单元展示学习内容，浅显易懂。法律是一个实用性、操作性极强的课程。在教材的编写过程中，尽量采用"案例分析模式"、"主题讨论模式"、"虚拟审判模式"等方式，突出教材的适用性和实用性，以提高学员独立思考、分析问题和解决问题的能力。

　　第三，图文并茂、通俗易懂。通过形式多样的结构图将学习单元中的重点展示出来，另外采用表格形式对概念或制度区分或总结，从而使教材内容脉络清晰、易于理解；在内容中有意识地增加了"考考你"、"注意"、"思考"、"小结"、"小窍门"等形式，便于学员记忆掌握，使学习者能跟随教材的提问、提示重点、学习小窍门、自测等方式达到自助学习的目的。

　　第四，温故而知新，注重对学生知识的巩固和能力的培养。学习单元后面附有习题和答案，另外根据每个学习单元内容的不同附有"联系实际"、"讨论交流"、"知识延伸"等形式，也有助于教师实现互动教学。

十二五现代远程教育法学专业系列教材编委会

2012 年 6 月

目　录

第四部分 宏观经济调控法律制度

第一部分　经济法基础理论

第一章

经济法的产生与发展

导　学

1. 本章主要了解经济法作为一个法律部门的历史发展过程，各个主要发展阶段的发展概况以及经济法产生的经济、政治、文化、部门法和理论原因。

2. 了解经济法的产生与发展请先熟悉 19 世纪的社会历史背景后再进入本章的学习。

学习内容

学习单元一　经济法的产生

一、经济法概念的早期使用

1755 年，法国著名的空想社会主义者摩莱里（Morelly）在他出版的《自然法典》一书中首先使用了"经济法"这个概念。摩莱里是 18 世纪法国启蒙运动中早期著名的空想社会主义者的杰出代表，1755 年 1 月摩莱里在荷兰阿姆斯特丹匿名出版了《自然法典》，在这部法典中第一次使用了经济法的概念。

> **建议**
> 注意从历史发展过程把握经济法兴起的主要阶段、标志性成果和代表性人物。

1843 年，法国的著名空想社会主义者德萨米（Dezamy）在他的《公有法典》一书中将"分配法和经济法"作为专章加以论述。1842 ~ 1843 年德萨米分册刊行了《公有法典》，不仅使用了经济法的概念，还对经济法进行了阐释和论述，基本思想包括：主张实行公有制；认为公有制的最好形式是公社；认为最合理的分配形式是按比例的平均分配；主张建立没有贸易的社会；重视对劳动关系的法律调整等。

法国小资产阶级思想家蒲鲁东（Proudhon）在他的《工人阶级的政治能力》一书中说："经济法是政治法和民法的补充和必然产物"，从而对经济法产生的原因进行了揭示。蒲鲁东认为，在社会生活中存在一种政治法和民法调整不了的经济关系，需要一种新的法律规范来进行调整，这就是经济法。

1916年，德国法学家赫德曼（Hedmen）在《经济学字典》中继续使用了经济法这个概念，他认为经济法是经济规律在法律上的反映。他将有关经济法制和保护、监督卡特尔的法律称为经济法。

第一次世界大战以后建立起来的魏玛共和国，直接以经济法命名颁布了一些法律，如《煤炭经济法》和《钾盐经济法》，从而首次在法律文件中出现了经济法概念，经济法也正式成为立法概念。在1922～1924年间，德国还出版了不少以经济法为题的学术专著和教科书。与此同时，经济法概念也传播到了世界上的第一个社会主义国家苏联。

二、经济法兴起的历史轨迹

（一）经济法在资本主义时期的兴起

经济法在资本主义时期的发展主要经历了以下几个基本阶段：

1. 经济法在资本主义形成和巩固时期的发展。在资本主义形成和巩固时期，经济法以重商主义为基本理论。

这一时期，国家对经济的干预主要体现在三个方面：一是维护经济秩序，用资产阶级专政的力量，打破封建势力对国内统一市场形成的阻碍，为资本的原始积累创造稳定的社会环境；二是维护国内市场不被国外势力冲击；三是建立公共基础设施，为市场运行创造条件。为此，各资本主义国家相继颁布了一系列体现国家干预经济的法律法规，为资本主义的原始积累提供了可靠的法律保障。

2. 经济法在自由资本主义阶段的发展。在这一阶段，英国的"反谷物法同盟"率先举起"经济自由"的旗帜，而"重农学派"

思考

十四届三中全会后，我国确立了市场经济体制。我国的市场经济一开始就面临着内在国际市场经济的挑战，它经不起任何经济危机的打击或破坏，因此，我们在一开始就应重视计划的调控和加强计划立法。您认为哪种模式更适合我国呢？

则进一步发展了"反谷物法同盟"的主张，提出了经济发展中的"自由放任"

原则。此后，亚当·斯密的经济自由理论即"看不见的手"或"市场之手"理论，更是对资本主义的经济发展起着主导作用和影响，并迅速成为资本主义国家政府经济决策的理论依据。在这些自由经济理论的影响下，与经济自由主义相契合的民商法得到了充分的发展，而与国家干预思潮相契合的经济法却受到了冷遇。

3. 经济法在垄断资本主义时期的调整与发展。当自由资本主义进入到垄断资本主义阶段以后，自由放任的经济思想和理论已经无法解决垄断所带来的经济、社会问题，必须寻找新的理论。于是，在第一次世界大战期间和第一次世界大战以后的一段时间里，首先在德国出现了以李斯特为代表的历史学派。这一学派以反对经济自由，大力倡导国家干预而成名。在这一学派的影响和推动下，一些体现国家干预经济发展的法律应运而生，如1912年制定的《煤炭经济法》、《钾盐经济法》等。这些法律的出现也标志着经济法作为一种新的法律部门正式诞生。

到了20世纪30年代，一场席卷整个资本主义国家的经济危机终于导致了信奉自由市场制度优越性神话的古典自由主义的衰落。经济危机催生的凯恩斯的国家干预经济理论取代了长期占统治地位的亚当·斯密的经济自由主义学说，直到20世纪70年代初一直在西方经济学界占据正统地位。凯恩斯的国家干预理论极大地影响了美国总统罗斯福的"新政"政策，促使美国颁布了许多体现国家对付经济危机的法律。

第二次世界大战后，资本主义世界出现了一种"政治民主化和经济民主化"的浪潮。随着这种浪潮的到来，许多资本主义国家的经济政策和法律措施也发生了一些变化。这种变化集中表现为要在"自由与控制"之间寻求某种调和。于是出现了一些反对凯恩斯主义的理论流派，如"供给学派"和"新制度学派"。"供给学派"把经济分析的重点放在"供给"方面，该学派并不否认在国家垄断资本主义的条件下，国家对经济生活进行干预的必要性，但坚决反对"全面"、"过多"、"过细"和"过分"的干预。该学派认为，政府对经济的调节是必要的，但政府调节的范围应当缩小，政府的作用应当加以限制，政府的目标不应放在刺激需求而应放在刺激供给上。

通过对自身经验教训的总结和反省，许多资本主义国家认识到，社会经济的发展，既不能是纯粹的自由市场经济，也不能是完全由国家控制的高度集权经济，最为合理的经济发展模式应该是"无形之手"的市场与"有形之手"的国家的相互结合。至于这两只"手"具体结合的方式如何、程度怎样，完全取决于各国自身的具体状况。

（二）经济法在苏联和东欧社会主义国家的兴起

社会主义生产关系，不可能在资本主义社会中形成。这就决定了无产阶级在夺取政权以后的一个首要任务，就是要通过颁布经济法规范对资本主义所有制和资产阶级生产关系实行强制干涉，从而建立起自己赖以生存和发展的社会主义公有制。根据马克思主义的国家建设理论，社会主义国家比资本主义国家更具有领导和组织经济建设的职能，这就决定了社会主义国家必须运用国家权力，通过颁布法律对社会主义经济实行国家管理。在相当长的时间里，社会主义国家差不多都是实行计划经济或有计划的商品经济，这就决定了国家必须制定属于经济法范畴的计划法以及具有一定约束力的国民经济和社会发展计划，引导国民经济的发展。同时，即使在社会主义条件下，商品生产的发展，也会出现某种盲目性，这也决定了社会主义国家必须在自觉运用价值规律的基础上，对商品经济进行有效的监督和管理。社会主义的最终生产目的是满足人民日益增长的物质和文化生活的需要，这就有必要在上层建筑中建立一个有权威的经济调节中心，以避免经济发展中的无政府状态，这个调节中心就是国家机构，而国家机构又主要是通过颁布各种经济法律法规来实现这种调节的。上述现实需要促使经济法在苏联和东欧社会主义国家得到了全面、迅速的发展，并得到了国家的高度重视。如苏联颁布了《关于进一步完善工业管理的若干措施》、《社会主义生产企业条例》、《全联盟共和国工业联合企业总条例》、《发现、发明和合理化建议条例》、《生产联合企业（联合公司）条例》、《科学生产联合企业条例》、《生产技术用品供应条例》、《基本建设承包合同规则》等法律法规；前捷克斯洛伐克不仅承认经济是一个独立的法律部门，而且于 1964 年颁布了著名的《捷克斯洛伐克社会主义共和国经济法典》；前南斯拉夫颁布了《银行法》、《信贷金融法》、《社会簿记法》、《收入分配法》、《海运河运法》、《空运法》、《外贸法》、《外汇法》、《关税法》、《海关法》、《外国人投资法》、《专利法》等 600 多个具有经济法性质的法律法规。

（三）经济法在我国的兴起

为了尽快建立起社会主义生产关系，在基本完成社会主义改造阶段的 7 年里，体现国家干预的经济立法在我国得到很大的发展。在全面开始社会主义建设阶段的 10 年中，我国经济立法有新的发展。但是在这 10 年中，由于在工作指导思想上受到"左"的影响，社会主义法制受到削弱，有些行之有效的经济法规也被取消，而代之以简单的行政手段管理经济。在 10 年内乱中，我国经济立法遭到了严重的破坏。党的十一届三中全会以后，随着党和国家的工作重点转移到以经济建设为中心的轨道上，经济领域里的法制建设也受到了重视，经济法的发展也随之进入到黄金时期。

在社会主义市场经济体制确立以后，我国经济立法面临着从未有过的大好形势。国家立法机关一方面及时修正了与市场经济、国际条约和国际惯例不完全相符的法律法规，另一方面又抓紧制定了一批适应社会主义市场经济体制要求的经济法律法规，包括《公司法》、《个人独资企业法》、《合伙企业法》、《预算法》、《政府采购法》、《农业法》、《税收征收管理法》、《中国人民银行法》、《商业银行法》、《反不正当竞争法》、《消费者权益保护法》、《产品质量法》、《广告法》、《价格法》、《会

计法》、《审计法》、《注册会计师法》、《海关法》、《进出口商品检验检疫法》、《银行业监督管理法》等。

> **思考**
>
> 　　对经济法的兴起和发展过程你有哪些体会？
>
> 　　**提示：**经济法的发展与政治、经济、社会发展的相关性。

　　党的十六大以来，为了深入推进中国特色社会主义和小康社会的建设，国家进一步加快了经济立法的步伐，经济法继续得到全面发展，呈现出一派繁荣景象。这一时期，国家先后出台了《反垄断法》、《食品安全法》、《劳动合同法》、《社会保险法》、《企业国有资产管理法》、《循环经济促进法》、《水污染防治法》、《就业促进法》、《农民专业合作社法》、《农产品质量安全法》、《再生能源法》、《证券投资基金法》、《民办教育促进法》等法律，修订了《公司法》、《证券法》、《土地管理法》、《个人所得税法》、《人民银行法》、《商业银行法》等法律。

我要复习！

　　好，经济法产生的基本知识点学习完了，让我们来复习一下吧。

1. 你一定要知道的（如果已掌握请打钩）：

经济法发展历程中的代表性人物和成果 ☐

经济法在资本主义时期兴起的三个阶段 ☐

2. 深入理解

（1）关于经济法概念早期使用的以下说法哪些是正确的？（　　）

A. 1755 年法国空想社会主义者德萨米在其《自然法典》一书中首先使用了"经济法"的概念

B. 摩莱里和德萨米的经济法思想都是以唯物论为基础的自然法思想

C. 法国小资产阶级思想家蒲鲁东在《工人阶级的政治能力》中提到"经济法是政治法和民法的补充和必然产物"

D. 魏玛共和国直接以经济法命名颁布了法律

解析：A 中在《自然法典》中首次使用"经济法"概念的是摩莱里，BCD 项正确。

（2）"经济法"一词在学术上开始使用时，主要是在第一次世界大战后的哪个国家？（　　）

A. 英国　　　　　　B. 德国　　　　　　C. 美国　　　　　　D. 法国

解析：魏玛共和国首次在法律文件中使用"经济法"的概念，所以 B 项正确。

（3）现代经济法产生的标志是（　　）。

A.1793 年法国的《严禁囤积垄断令》

B.1890 年美国的《谢尔曼法》

C.1844 年英国的《英格兰银行条例》

D.1914 年美国的《克莱顿法》

解析：谢尔曼法是 1890 年美国国会制定的第一部反托拉斯法，也是美国历史上第一个授权联邦政府控制、干预经济的法案，所以 B 项正确。

学习单元二　经济法兴起的一般原因

建议

经济法是随着社会生产的发展、商品交换的出现和国家对经济干预法治化的产生而逐步形成和完善起来的一个法律现象和法律部门。由此思考，经济法兴起会有哪些原因呢？

一、经济法兴起的经济原因：市场经济的发展

商品经济在资本主义国家和社会主义国家兴起的重要条件就是，商品经济的极大发展和市场在社会经济运行中的作用的日趋明显。商品经济越是向着社会化大生产和市场经济的方向发展，就越能推动现代科学技术的不断进步、社会生产力的不断提高、社会分工的不断深化以及国民经济部门的不断增多和细化。同时，市场在不断推动社会生产力提高的同时，也会不断出现诸多市场本身不能解决的问题，这就必然要求国家从社会整体利益和长远利益出发，采取切实有效的措施，一方面顺应并推动市场经济体制的良性运行，另一方面通过政府这只"有形之手"去克服和避免市场本身缺陷的不当影响，以解决商品生产经营者自身难以解决的商品经济的内在矛盾。由此可见，商品经济的高度发展在客观上促进了以国家干预为己任的经济法的兴起。

二、经济法兴起的政治原因：国家干预经济的客观必然性

从政治角度看，国家出面干预经济的客观必然性导致了经济法的兴起和发展。为了巩固所取得的执政地位，任何一个统治者或统治阶级都会通过颁布法律规范来对经济社会发展进行控制和调节。因此，国家对经济的干预是与国家相伴而生的，只不过在不同的社会发展时期，国家干预经济的方式、范围、目标和价值有所不同。国家运用法律手段对经济进行干预大致经历了三个时期：古代国家对经济的干预，可以称做原始干预；近代国家对经济的干预，可以称做消极干预；现代国家对经济的干预，可以称做积极干预。不论从资本主义国家看还是从社会主义国家看，现代意义上的经济法兴起和发展的一个重要原因就是资产阶级或无产阶级为了建立和巩固自己的政治统治地位，发展资本主义制度或社会主义制度。

三、经济法兴起的文化原因：崇尚法治的社会文化心理

在市场经济条件下，商品经济不仅是商品生产经营者赖以生存和发展的条件，同时也是国家兴旺发达的原动力。而商品经济的发展又是以市场的秩序化为条件的，这就决定了国家和商品生产经营者都很关注商品经济的发展。然而，商品生产经营者和国家各自赖以存在的条件又是不相同的，因此其各自关注的出发点也是有别的；不过，对国家干预的某种程度的趋同则是此二者的共同秉性。就生产经营者而言，他们是以平等作为生存条件的，因此，他们很关心自己如何能在平等的社会条件下从事商品生产经营活动，而这种平等条件仅仅依靠商品生产经营者自己的力量是难以办到的，所以他们必然要求国家运用国家权力的最高表现形式——法律的力量来保障他们能够平等地进行生产经营活动。因此，从这个角度讲，商品生产经营者并不一般地厌恶国家权力，而只厌恶国家权力对他们赖以生存的平等条件的过多干扰。从国家一方来讲，它一方面需要以国家权力作为自己干预和调节经济社会生活的后盾；另一方面，它又必须把权力的运行建立在商品经济充分发展的基础上，将干预控制在弥补市场机制的不足上。在法治社会，人们普遍认为，实现上述目标的根本途径和手段是通过立法明确界定国家干预经济社会的边界，具体规定国家的干预权限，充分发挥市场机制和国家干预在实现资源优化配置上各自的独特作用。这种对国家干预法治化的共识为经济法的兴起和发展提供了适宜的文化土壤。

四、经济法兴起的法律原因：传统民法和行政法的局限性

从部门法角度来看，社会经济生活的复杂性以及传统行政法、民法调整对象和调整手段的局限性是经济法兴起和发展的法律原因。从行政法看，行政法所调整的社会关系在本质上体现为主体之间的"隶属性";从民法看,民法所调整的社会关系在本质上体现为主体之间的"平等性",意思自治的界限仅仅是公共秩序和善良风俗。在政府和经济主体作为经济活动的双方当事人时,行政法和民法的调整手段都难以从社会整体利益的角度来实现经济主体的权利义务的均衡。这就需要国家运用权力对经济运行进行适度干预,而这种干预必须纳入法律的调整范围,国家经济干预手段法制化的基本形式就是经济法。

五、经济法兴起的理论原因:国家干预主义理论主导地位的确立

国家干预主义,是一种主张反对自由放任,扩大政府职能,限制私人经济,强化国家对社会经济活动进行干预和控制并直接从事大量经济活动的经济思想和政策。国家干预主义最初集中表现为欧洲封建社会晚期的重商主义,在当代则集中表现为凯恩斯主义,其主要思想体现在凯恩斯在1936年发表的《就业利息和货币通论》一书中。国家干预主义和经济自由主义历来是西方市场经济理论中两大相互矛盾的思想。自由主义从微观经济入手,认为市场能够依靠自身的竞争机制实现经济的协调与平衡,不需要或很少需要国家的介入;干预主义则强调国家干预经济生活的重要性,认为市场机制因其固有缺陷而不可避免会产生诸如公共产品、外部性、收入分配不公等经济问题,只有依靠国家之手对经济进行调节才能解决。1929~1933年的经济危机使得要求政府调节经济的呼声日益高升,罗斯福"新政"使凯恩斯主义上升为占据主导地位的经济思想。国家干预经济思想在立法上运用则是体现国家干预思想的经济法的大繁荣。

我要复习!

好,经济法兴起的一般原因的基本知识点学习完了,让我们来复习一下吧。

1. 你一定要知道的(如果已掌握请打钩):

经济法兴起的经济、政治、文化、法律、理论原因　□

2. 讨论

党的十一届三中全会以后,随着党和国家的工作重点转移到以经济建设为中心的轨道上,经济领域里的法制建设也受到了重视,经济法的发展也随之进入到黄金时期。在社

会主义市场经济体制确立以后,我国经济立法面临着从未有过的大好形势。国家立法机关一方面及时修正了与市场经济、国际条约和国际惯例不完全相符的法律法规,另一方面又抓紧制定了一批适应社会主义市场经济体制要求

的经济法律法规。党的十六大以来，为了深入推进中国特色社会主义和小康社会的建设，国家进一步加快了经济立法的步伐，经济法继续得到全面发展，呈现出一派繁荣景象。

　　请结合以上背景，以经济法兴起的一般原因来解读经济法在我国的发展。

我的笔记

第二章

经济法的定义和调整对象

导　学

1. 经济法的定义和调整对象是整个经济法理论体系的逻辑基础，是正确理解和系统把握经济法的关键。

2. 掌握经济法的定义和调整对象请先预习有关法的定义和调整对象的相关知识后再进行本章的学习。

学习内容

学习单元一　经济法的定义

一、国外学者对经济法的定义

（一）资本主义国家的学者对经济法的不同定义

关于经济法的定义，资本主义国家的学者从不同的角度进行了不同的界定。主要有以下观点：一是认为经济法是国家干预经济的法，如日本学者江卜勋；二是认为经济法是以反垄断和反不正当竞争为中心内容的法，如日本学者丹宗昭信；三是认为经济法是调整普遍经济利益的法，如法国学者罗柏萨维；四是经济法是企业法，如德国学者库拉乌捷；五是认为经济法是公法和私法的交错，如日本学者高田植一；六是认为经济法是社会法，如德国学者托尼斯扬。

（二）苏联和东欧社会主义国家学者对经济法的不同定义

苏联和东欧社会主义国家学者对经济法的定义主要有以下几种观点：一是认为经济法就是存在于苏维埃社会主义国家的不同法律部门中的、在调整经济活动中相互配合作用的规范和制度的总和，它不是苏维埃社会主义国家法律体系中的独立部门，如苏联学者哥里班诺夫和克拉萨夫奇科；二是认为经济法是规定领导经济活动和进行经济活动的方法，调整社会主义组织及其所属内部单位之间的经济关系，并运用各种不同的法律调整方法以保证合理地进行社会主义经营管理的法律规范的总和，是苏维埃社会主义国家法律体系中的独立部门，如苏联学者拉普捷夫；三是认为经济法就是按照民主集中制原则，调整国家机关与作为劳动集体组织的企业及其经济单位的相互关系，以及调整社会主义经济单位之间相互关系的那些法律规范和实现这些规范的法律形式的总和，如前德意志民主共和国学者海尔和克灵格；四是认为经济法是一个特殊的部门法，它包括调整在经济活动中作为主体的联合劳动组织法律地位的法律规范和旨在调整联合劳动组织和社会共同体机构相互关系的法律规范，以及为了调整连同业务活动在内的这些组织之间相互关系的法律规范，如前南斯拉夫学者安多列耶维奇。

二、我国学者对经济法的不同定义

（一）市场经济体制确立之前的经济法定义

在市场经济体制确立之前，我国学者对于经济法的认识主要有两种基本态度：一是认为经济法是非独立的法律部门，并在此前提下对经济法进行定义，主要有"综合经济法论"和"学科经济法论"；二是认为经济法是独立的法律部门，并在此前提下对经济法进行定义，主要有"经济行政法论"、"纵向经济法论"和"纵横经济法论"。

（二）市场经济条件下学者们对经济法的定义

在社会主义市场经济体制确立以后，我国学者对经济法进行了新的认识和定位，并主要形成了以下代表性观点：

1. "国家协调说"。该说以杨紫烜教授为代表，认为经济法是调整在国家协调本国经济运行过程中发生的经济关系的法律规范的总称。

2. "社会公共性经济管理说"。该说以王保树教授为代表，认为经济法是调整发生在政府、政府经济管理机关和经济组织、公民个人之间的以社会公共性为根本特征的经济管理关系的法律规范的总和。

3. "纵横统一说"。该说以刘文华、史际春教授为代表，认为经济法是调整国家机关、社会组织和其他经济实体在经济管理过程中和经营协调活动中所发生的经济关系的法律规范的总称。

4. "国家调节说"。该说以漆多俊教授为代表，认为经济法是调整在国家调节社会经济过程中发生的各种社会关系，以保障国家调节和促进社会经济协调、稳定和发展的法律规范的总称。

5. "国家调制说"。该说以张守文教授为代表，认为经济法是调整在现代国家进行宏观调控和市场规制的过程中发生的社会关系的法律规范的总称。

6. "需要国家干预说"。该说以李昌麒教授为代表，认为经济法是国家为了克服市场调节的盲目性和局限性而制定的调整需要由国家干预的全局性和社会公共性的经济关系的法律规范的总称。

三、本书对经济法的定义

相比其他观点，本书认为"需要国家干预说"更为合理，即主张经济法是国家为了克服市场失灵而制定的调整需要由国家干预的具有全局性和社会公共性的经济关系的法律规范的总称。简而言之，经济法是调整需要由国家干预的经济关系的法律规范的总称。对于上述定义可以从以下几个方面进行理解：

> **建议**
>
> 重点把握和深入理解本书关于经济法的定义。

（一）经济法的本质属性在于它体现了国家运用法律对社会经济生活的干预

经济法语境中的国家干预既不是指任何时代国家对经济生活的介入，也不是指国家对非经济领域的作用，更不能将其泛泛等同于国家公权意志在法律中的体现。它只是国家在市场经济体制中的一种特殊的经济职能，旨在克服市场失灵以提升市场效率，进而促进经济稳定持续发展。

（二）经济法并不调整所有的经济关系，而仅仅调整具有全局性的和社会公共性的经济关系

经济关系是指具有经济内容和意义的社会关系。现实生活中存在大量经济关系，需要由法律规范来进行调整。在这些需要由法律规范进行调整的经济关系中只有那些具有全局性的和社会公共性的经济关系才由经济法来调整。因此，经济法是以社会本位为价值目标的。

（三）不是所有的全局性的和社会公共性的经济关系，都需要由国家进行干预，只有存在市场失灵需要国家干预时，国家才进行干预

尽管全局性的和社会公共性的经济关系对于经济社会的健康持续发展具有重要甚至关键性的作用，但很多全局性的和社会公共性的经济关系可以通过市场机制进行有效的调节。需要由国家进行干预的只是那些市场机制无法进行有效调整的全局性的和社会公共性的经济关系。也就是说，只有当市场失灵时，国家才通过经济法对全局性的和社会公共性的经济关系进行调整。

> √　**提示**
>
> 经济法是现有法律部门中产生得最晚的部门之一，因此，我国学界对于经济法本质属性的揭示和表述还没有取得完全一致的意见。同学们在重点把握本教材关于经济法的定义的同时，可通过网络课件中的相应学习资料或阅读由法律出版社2007年出版、李昌麒教授主编的教材《经济法学》的第二章第一节"经济法的定义"了解其他学者关于经济法定义的详细解释。

我要复习!

好，经济法的定义的基本知识点学习完了，让我们来复习一下吧。

你可以通过回答下面的问题来强化本学习单元的重要知识点：

下列关于经济法的定义比较科学的是（　　　）。

A. 经济法是调整国家在经济管理和指导经济运行中发生的经济关系的法律规范的总称

B. 经济法是以特定经济关系为调整对象的经济法规的总称

C. 经济法是国家为了克服市场失灵而制定的调整需要由国家干预的具有全局性和社会公共性的经济关系的法律规范的总称

D. 经济法是以特定经济关系为调整对象的规范性文件的总称

解析： C项准确地界定了经济法的定义。

学习单元二　经济法的调整对象

一、经济法调整对象的界定

经济法的调整对象，是指经济法促进、限制、取缔和保护的社会关系的范围。简而言之，也就是国家用经济法的形式干预社会经济关系的范围，或者说经济法律规范效力所及的范围，即需要由国家干预的经济关系。

二、经济法调整对象的具体范围

按照本书对经济法的定义，经济法调整对象的具体范围包括四种社会关系：

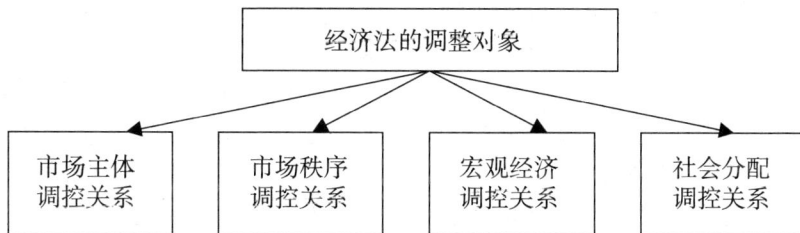

```
                经济法的调整对象

   市场主体      市场秩序      宏观经济      社会分配
   调控关系      调控关系      调控关系      调控关系
```

（一）市场主体调控关系

市场主体调控关系，是指国家从维护社会公共利益出发，在对市场主体的组织和行为进行必要干预而发生的社会关系。具体来讲，市场主体调控关系是指国家从整体利益出发，在进行统筹规划、制定和实施政策，进行信息指导、组织协调、提供服务和检查监督等活动中与不同性质（国有、集体、私营、个体等）或不同组织形式（有限责任公司、股份有限公司、合伙企业、独资企业等）的经济个体所发生的调控关系，主要包括因市场准入、企业法定形态的确定、企业社会责任的承担等发生的社会关系。

国家之所以要对市场主体进行必要的干预和调控，主要原因包括：①所有权的社会目的性决定了企业应承担相应的社会责任，而企业社会责任的履行有赖于国家对企业的活动进行必要的干预。②即使是自由化程度最高的市场经济国家都会对市场主体资格的获取和经济运行进行一定的干预，因此，对市场主体进行适当的干预是许多国家的共同做法和基本经验。③对市场主体行为进行国家干预，不仅是国家的愿望，同时也是企业谋求发展的内在要求。首先，经济个体的发展需要有一个良好的外部环境，而这个外部环境，经济个体自身是不能创造的。其次，经济个体的发展，必须依靠国家的全局指导。最后，在市场经济体制下，追求自己利益的最大化是经济个体当然选择，但这可能偏离国家利益和社会公共利益，这就需要国家进行适当的干预和调控。

（二）市场秩序调控关系

市场秩序调控关系，是指国家在培育和发展市场体系过程中，为了维护国家、经营者和消费者的合法权益而对市场主体的市场行为进行必要干预而发生的社会关系。

经济法调整的市场关系主要包括反垄断关系、反不正当竞争关系、产品质量关系、广告关系以及消费者权益保护关系等。

国家之所以要对市场秩序进行干预和调控，主要原因有：①完备的市场体系的形成需要国家进行必要的干预。在市场经济体制下，市场是资源配置的基础，而市场的资源配置作用的充分发挥需要一个体系完备、功能齐全的市场。这全靠市场的自身力量是不可能做到，需要国家进行适当的、必要的干预。②市场经济在本质上是一种竞争经济，市场配置资源的效率主要是通过竞争机制来实现的，而竞争可能导致垄断、破坏市场竞争机制作用的发挥，从而需要国家对垄断行为进行干预，维护市场竞争秩序。③消费是再生产的基本环节，也是影响经济发展的基本因素。良好的市场秩序和消费关系有利于刺激和引导消费，从而带动整个经济的发展和繁荣。在现代社会中消费者已沦为相对于经营者的弱势群体，而市场的自由竞争和民法的意思自治难以保护作为弱者的消费者，因此需要国家进行必要的干预。

实践一下！

学习好了吗？这里有一个实例，运用学过的知识解决一下吧。

某县为发展经济在全县范围内进行国企改制，将本县原国营啤酒厂改制成有限责任公司。由于管理科学，该公司的运营良好，啤酒的市场销路很好，为本县财政收入做出了贡献。但是好景不长，几个月后，上海某啤酒公司所产啤酒进入本地市场，严重冲击了本县所产的啤酒。该县经济主管部门见状十分忧虑，遂发出通知要求：各单位凡需啤酒应从本县啤酒公司购买。另外，暗中要求税务机关提高外地啤酒的税率。

根据上述案情，请回答下列问题：

1. 何谓经济法律关系？具有哪些特征？包括哪些要素？
2. 分析本案涉及的经济法律关系的要素？
3. 对于某县经济主管部门的行为应当如何处理？

解析： 经济法律关系是指由经济法所调整而形成的经济权利与经济义务关系，具有以下特征：以经济法规范的存在为前提；具有经济内容的权利义务关系；有意识地形成的特定社会关系；有强制力的权利义务关系。本案涉及市场秩序调控关系，属于反不正当竞争法的范畴，主体为该县经济主管部门和上海某啤酒公司。

（三）宏观经济调控关系

宏观经济调控关系，是指国家从全局和社会公共利益出发，在对关系国计民生的重大经济因素实行全局性的调控过程中与其他社会组织所发生的关系。主要包括产业调节、计划、财政、金融、投资、国有资产管理等方面的关系。

政府之所以要对关系国计民生的重大经济因素实行全局性的调控，主要原因包括：①资源的最优化配置是市场机制发挥作用的最佳状态，而衡量资源是否得到优化配置的最基本的评判标准则是经济总量上的供需平衡。经济总量上的供需平衡仅靠市场机制的作用是无法实现的，还需要国家进行适当的调控和干预。②对关系国计民生的重大经济因素实行全局性的调控既是对其他国家的经验总结，也是对我国已往的教训的汲取。从其他国家的经验看，对关系国计民生的重大经济因素实行全局性的调控是确保整个国家经济社会稳定持续发展的重要手段。我国曾经出现过的经济过热、通货膨胀、总量不平衡、结构不合理、经济秩序混乱等问题，究其原因，很大程度上是由宏观调控失当造成的。③由市场自身的弱点和消极方面所决定。由于市场天生就存在缺陷，对于诸如经济总量的平衡、大的经济结构的调整、关系公共利益的基础设施的建设、公共产品的提供、由总供给和总需求的矛盾而引发的经济问题、大规模新技术的开发和资本积累、资源的合理分配、生态平衡和环境保护等，无法有效解决，因此需要政府依据法律进行必要的干预。④由国家的基本职能所决定。国家机构担负着领导和组织经济建设的基本职能，而在现代市场经济体制下国家组织和领导经济建设职能主要是通过对关系国计民生的重大经济因素实行全局性的干预和调控来实现的。

（四）社会分配调控关系

社会分配调控关系，是指国家在对社会分配进行调控的过程中形成的社会关系。社会分配调控关系包括国民收入初次分配调控关系和国民收入再次分配调控关系。国民收入初次分配调控关系，是指国家在对国民收入初次分配进行干预和调控的过程中形成的社会关系，如最低工资保障关系、国家财政收入关系、职工工资集体协商关系、国有企业利润分配关系、薪金限制关系等。国民收入再次分配调控关

> ✓ 提示
>
> 　　调整社会分配调控关系的经济法律规范构成了社会分配调控法。《劳动与社会保障法学》将系统讲授社会分配法，因此，本书将不专门讲授社会分配调控法。

系，是指国家在对国民收入再分配进行干预和调控的过程中形成的社会关系，如具有再分配功能的税收关系（个人所得税关系、消费税关系等）、财政转移支付关系、社会保障关系等。

分配不仅是社会再生产的基本要素，也是影响市场活动主体经济行为选择的关键因素。合理的收入分配关系对于充分调动劳动者、企业的积极性具有重要的意义。参与利益分配的各方主体按照市场规律通过平等自愿协商自主解决收益分配问题是市场经济体制下最基础的收益分配方式。但合理公平的收益分配仅靠市场机制是无法实现的，收益分配关系中的强势一方常常会凭借自己的强势地位获取不合理甚至不正当的收益。因此，国家必须对国民收入关系进行适当的干预。而为了将国家对国民收入关系的干预控制在适当的程度内，就必须将国民收入调控关系纳入到以调整国家经济干预关系为己任的经济法调整对象范围之中。

> 🕰 思考
> 　　为什么要将市场主体调控关系、市场秩序调控关系、宏观经济调控关系以及社会分配调控关系纳入经济法调整？
> 　　**解析：**这受到各种因素综合作用，可以从经济法的背景及经济法的定义等多个角度思考。

我要复习!

1. 下列哪些属于经济法的调整对象范围?（　　）

A. 市场主体调控关系

B. 市场秩序调控关系

C. 宏观经济调控关系

D. 社会分配调控关系

解析： 这是本学习单元最基本的知识点，ABCD 项均正确。

2. 下列权利义务中，属于经济法律关系内容的有（　　）。

A. 所有权

B. 纳税义务

C. 经营管理权

D. 服兵役义务

解析： 经济法律关系的内容是指经济法律关系主体所享有的经济权利和承担的经济义务，是与经济相关的；服兵役是国防义务，ABC 项正确。

我的笔记

第三章

经济法的基本原则

导　学

1. 经济法基本原则，是指规定于或者寓意于经济法律、法规之中，对经济立法、经济执法、经济司法和经济守法具有指导意义和实用价值的根本指导思想或准则。本学习单元专门学习经济法的资源优化配置原则、适度干预原则、社会本位原则、经济公平原则、经济安全原则和可持续发展原则，包括上述原则的含义、基本要求和实现方式。

2. 请预习有关法的基本原则的相关知识后再进行本单元学习。

学习内容

学习单元一　资源优化配置原则

一、资源优化配置原则的含义及基本要求

经济法的资源优化配置原则，是指通过经济法律规范的调整能使资源在生产和再生产各个环节上实现合理和有效的流动和配备。资源是经济社会发展的基础，包括人力资源（如劳动力）、财力资源（如物质资本）、物力资源（如自然物）、技术资源（如科学技术成果）以及信息资源（如商业秘密）等。资源的稀缺性决定了资源的合理配置和有效利用是任何制度设计追求的最高价值目标。资源的配置的基本机制是市场，市场是通过价格机制和竞争机制来实现对资源的合理配置。但市场机制本身会存在失灵问题，在一些领域和环节难以甚至无法发挥

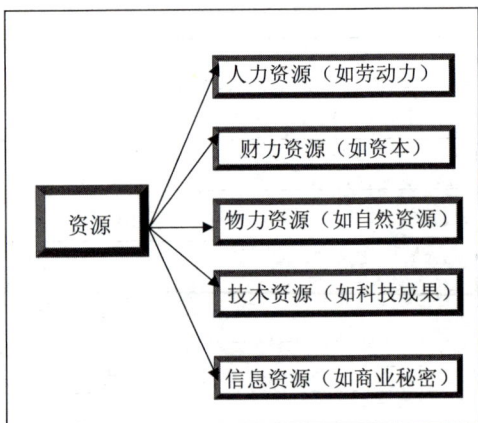

资源 → 人力资源（如劳动力）
资源 → 财力资源（如资本）
资源 → 物力资源（如自然资源）
资源 → 技术资源（如科技成果）
资源 → 信息资源（如商业秘密）

作用，这时就需要国家进行必要和适当的调控和干预。但国家的干预必须坚持资源优化配置原则。经济法是国家干预经济社会的基本法律形式，因此资源优化配置原则是经济法坚持的首要基本原则。

二、资源优化配置原则的实现

对于资源的配置大体上有两种基本方式：

1. 以计划为主的配置方式，其显著特点是行政权力因素在资源配置中起着主导的作用，它的典型形式是通过国家计划特别是指令性计划配置资源，主要出发点是企图通过国家的计划干预，解决经济短缺等问题。

2. 以市场为主的配置方式，其显著特点是价值规律在资源配置中起着主导作用，典型形式是运用经济杠杆促进经济的发展，主要出发点是试图通过价值规律的自发作用，解决供需矛盾。

中外历史都已证明，以市场为主的资源配置方式优于以计划为主的资源配置方式，但在强调市场在配置资源中的基础性作用的时候，也不能忽视国家在资源配置中的作用。国家在资源配置中的作用可以表现在多个方面：一是通过能够反映客观经济规律的宏观调控法律机制，引导资源的合理配置；二是通过建立和执行市场规则，规范市场主体的资源配置行为，实现资源的优化配置；三是通过政府的职能行为，协调竞争性市场可能带来的市场矛盾；四是通过国家的强制，实现资源的优化配置，以解决资源浪费、公共产品的提供和外部性问题。

经济法主要是通过两种方式来保证资源得到优化配置：

1. 保证市场在资源配置中的基础性作用的充分发挥，比如通过制定市场主体规制法，充分保障多种形式的市场主体并存和发展，赋予他们充分的权利，使他们在竞争中处于平等的法律地位，实现生产要素资源的优化配置。

2. 保障国家宏观调控措施在资源配置中的作用的发挥，比如通过制定自然资源法、劳动法、财税法、金融法等，保证国家对自然资源、人力资源、财政资源、金融资源等得到优化配置。

我要复习！

好，资源优化配置原则的基本知识点学习完了，让我们来复习一下吧。

1. 你一定要知道的（如果已掌握请打钩）：

经济法资源优化配置原则的含义、要求及实现途径 ☐

2. 下列哪些是国家依据经济法的资源优化配置原则可以实现的?(　　)

A. 通过能够反映客观经济规律的宏观调控法律机制,引导资源的合理配置

B. 通过建立和执行市场规则,规范市场主体的资源配置行为,实现资源的优化配置

C. 通过政府的职能行为,协调竞争性市场可能带来的市场矛盾

D. 通过国家的强制实现资源的优化配置,以解决资源浪费、公共产品的提供和外部性问题

解析:这四项都属于国家在资源配置中的作用,因此ABCD项均正确。

学习单元二　适度干预原则

一、适度干预原则的含义及基本要求

适度干预,是指国家在经济自主和国家统制的边界或者临界点上所做的一种恰当介入状态。经济法的适度干预原则,是指通过经济法律规范的调整能够确保国家对经济社会的干预是适度的,既能使市场的作用得到充分的发挥,又能使市场的失灵得到有效弥补。

适度干预原则的基本要求:

1. 适度干预必须是以市场为基础的干预。国家干预应是在尊重市场运作规律基础上进行的国家介入,而不是传统的国家统制。背离市场规律的干预,是行不通且注定要失败的。

2. 适度干预必须以保护竞争为目的,即国家干预是为了更好地保护竞争、促进竞争,而且是促进公平的竞争。

3. 适度干预必须是依法干预。国家可以采取行政的、经济的或法律的综合手段对市场运作进行干预,但是每一种手段的采取都应当在法律允许的范围内并依照法定程序进行,而不是行政长官个人意志的结果。

4. 适度干预要求干预的范围必须法定。适度干预并不意味着对市场的全过程的干预,而只是在市场失灵的地方进行干预。在我国的现实情况下,国家干预的范围既可以由政策设定,也可以由法律设定。

二、适度干预原则的实现

经济法主要通过以下方式实现国家对经济发展的适度干预:

1. 通过市场主体调控法确保国家对市场主体进行适度干预。比如通过实行登记管理和审批许可制度可以确保国家对市场主体进出市场进行适度干预。

2. 通过市场秩序调控法确保国家对市场行为进行适度干预。比如为了保障市场经济的健康发展，保护正当竞争，加强产品质量和广告的监督管理以及保护消费者的合法权益不受侵犯，可以通过《反垄断法》、《反不正当竞争法》、《消费者权益保护法》、《产品质量法》、《食品安全法》、《广告法》等，对市场主体的市场行为进行适度的干预和调控，促使其经济行为符合全局利益和社会公共利益的要求。

3. 通过宏观调控法确保国家对经济供需总量进行适度干预，以实现供需总量的基本平衡。比如通过《计划法》、《预算法》、《中国人民银行法》、《商业银行法》、《价格法》等，可以确保国家从宏观上对经济发展进行适度干预和调控。

4. 通过社会分配调控法确保国家对国民收入进行适度干预，以达到合理控制收入差距，缩小贫富悬殊，实现社会和谐的目的。比如通过《劳动法》、《社会保险法》、《工资法》、《个人所得税法》等就可以保证国家对国民收入的初次分配和再次分配进行适度的干预，实现收入分配的实质公平。

实践一下！

根据生活中的现实，我们来讨论一下吧！

近年来关于房地产市场的论战从未停止。有专家提出"谨防房地产业要挟整个中国经济"的论点。与此相呼应，有房地产大亨为房地产商辩护，并发出了只为有钱人盖房的言论，甚至说出房地产就是要暴利的"狠话"。随之政府连续发出"重点抑制房地产价格的过快上涨"的信号，但是中央各部委关于是否取消现行房屋预售制度，改期房销售为现房销售一直存在争议。在中国，可以说还没有哪一个产业像房地产这样，集中了如此众多的矛盾主体——政界、商界、学界和购房人，这些不同的利益群体对房地产市场是否存在泡沫、政府是否应当对这一市场进行干预以及如何干预等，观点迥异，反应不一。

结合你所学的知识及经济法的适度干预原则分析房地产市场如何走向理性。

我要复习！

好，适度干预原则的基本知识点学习完了，让我们来复习一下吧。

1. 你一定要知道的（如果已掌握请打钩）：

经济法适度干预原则的含义、要求及实现途径 □

2. 按照经济法适度干预主要针对市场失灵的情况，不得随意扩张，下列在此范围的是（　　）。

A. 国家保证和促进自由市场竞争，对市场运行的环境和制度条件予以调节、完善

B. 对市场运行过程进行干预，即改变或创造经济运行条件，对市场主体的利益和优先地位进行重新分配

C. 国家直接参与经济过程，对经济效益低而社会效益高的社会公共产品和服务进行投资

D. 国家干预社会产品的分配和实施社会保障，协调市场机制造成的悬殊的收入分配

解析：这四项都属于经济法中的适度干预原则的范围，ABCD 项均正确。

学习单元三　社会市位原则

一、社会本位原则的含义及基本要求

经济法的社会本位原则，是指经济法要以社会的公共利益和长远利益为基本立场和价值目标。法律部门的本位思想是法律所立足的理念基点与价值追求，是法律所定位的保护目标与中心指引，是法律解决社会矛盾的基本立场。

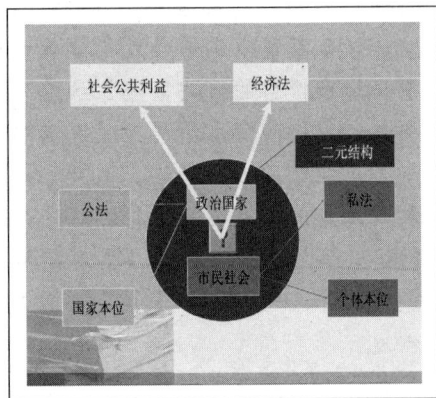

法律的本位思想有三种：一是"国家本位"，即以国家利益作为基本立场和价值目标，这主要是行政法等"公法"所坚持的本位思想；二是"个体本位"，即以私人利益为基本立场和价值目标，这主要是民商法等"私法"所坚持的本位思

想；三是"社会本位"，即以维护社会公共利益为基本立场和价值目标，这就是经济法的本位思想。社会公共利益是指全体社会成员的普遍性利益。其利益主体具有公众性，利益属性具有共享性。可以说，社会公共利益是特定多数个人共同利益的总和。

√　**提示**

　　国家利益、社会公共利益和个体利益是三个既有密切联系又有严格区别的不同范畴，它们彼此相辅相成，但又不能相互代替。有的情况下，如果从国家利益出发，就会妨碍社会公共利益。比如扩大积累、增加货币发行、加重税赋等，可能暂时对国家有利，但是，却对社会公共利益有损。

　　经济法的社会本位原则要求经济法在对经济主体、市场秩序、经济供需总量和国民收入分配进行干预和调控时要将对社会公共利益的关注和维护作为自己的出发点和价值追求。一方面，经济法在对产业调节、固定资产投资、货币发行、价格调整、反垄断和不正当竞争、产品质量控制以及消费者权益保护等关系进行调节时，必须以社会公共利益为本位；另一方面，经济法要明确规定和要求任何市场主体在进行市场行为时，不能一味地追求自身利益的最大化而忽视对社会公共利益的关注，否则将受到法律的制裁。

二、社会本位原则的实现

经济法主要是通过以下方式来确保社会本位原则的实现：

1. 在市场主体调控法中明确纳入社会本位思想，如对那些对社会公共利益具有重要影响的行业实行审批许可制度，在《公司法》、《独资企业法》、《合伙企业法》等法律中明确规定，公司、独资企业和合伙企业必须承担社会责任等。

2. 在市场秩序调控法中突出体现社会本位思想，如在《反垄断法》、《反不正当竞争法》、《价格法》等市场秩序调控法中明确规定，对垄断、不正当竞争、生产不合格产品、损害消费者权利等扰乱市场秩序的行为进行处罚和制裁。

3. 在宏观调控法中集中体现社会本位思想，如在《计划法》、《预算法》、《银行法》、《税法》等宏观调控法律中明确规定，将维护社会公共利益、全局利益和长远利益作为宏观调控的基本价值目标。

🏺　**思考**

下列哪项属于经济法的本位思想？（　　　）

A. 国家本位　　　B. 社会本位　　　C. 个体本位　　　D. 效益本位

解析：国家本位是行政法的基本原则，个体本位是民法的基本原则，效益本位不属于法律部门的原则，而 B 项才是经济法的基本原则。

我要复习！

好，社会本位原则的基本知识点学习完了，让我们来复习一下吧。

1. 你一定要知道的（如果已掌握请打钩）：

经济法社会本位原则的含义、要求及实现途径 ☐

2. 下列经济法的表现形式中，属于社会本位原则实现途径的是（   ）。

A. 《公司法》明确规定了公司必须承担的社会责任

B. 《广告法》明确禁止电视上一切形式的烟草广告

C. 《计划法》明确规定将维护社会公共利益、全局利益和长远利益作为宏观调控的基本价值目标

D. 《反不正当竞争法》明确规定，对不正当竞争的扰乱市场秩序的行为进行处罚和制裁

解析： 这四项从不同角度将社会本位原则体现在了自己的法律条文中，因此 ABCD 项均正确。

学习单元四　经济公平原则

一、经济公平原则的含义及基本要求

作为法律的最重要的价值之一，公平具有十分重要的地位。经济法的经济公平原则，是指通过经济法律规范的调整能够确保任何一个法律主体，在以一定的物质利益为目标的活动中，都能够在同等的法律条件下实现建立在价值规律基础之上的利益平衡。经济公平是市场经济主体进行市场交易的基本要求和基本条件，也是所有法律制度所应共同追求的目标，只是不同属性的法律部门在实现经济公平的具体方式和途径上有所不同。作为"私法"的民法主要通过意思自治保证实现交易过程公平，而经济法则通过对意思自治的限制来实现结果公平。因此，经济法所维护和追求的经济公平是在承认经济主体的资源和个人禀赋等方面差异的前提下的一种结果上的公平，即实质公平。

经济法的经济公平原则的要求主要包括三个层面：

1. 要求竞争公平。竞争是市场机制发挥其基本功能的先决条件，而竞争功能的实现程度又主要取决于法律对各竞争主体适用上的公平性。经济法作为维

护经济公平的基本法律部门，当然应确保市场主体的法律地位平等和竞争机会均等。

2. 要求分配公平。对劳动成果进行公平分配是经济公平的集中体现，也是结果公平的标志。作为以维护经济公平为己任的法律部门，经济法理应通过对初次社会分配关系、再次社会分配关系和第三次社会分配关系的调整实现分配公平。

3. 要承认和允许存在正当的差别待遇。现代社会的发展，尤其是科学技术的发展已经使社会成员相互之间在知识、能力、财富等方面的差距愈加显著。如果法律对这些先天性差别不予考虑，仍然一味强调对所有人一视同仁，必然导致另一种形式的不公平。因此，应将有条件的差别待遇原则逐渐纳入公平的范畴，这应是经济法的经济公平原则的基本要求。

二、经济公平原则的实现

经济法主要通过以下方式和途径来确保经济公平原则的实现：

1. 通过《反垄断法》和《反不正当竞争法》等市场秩序调控法对各种非法垄断行为和不正当竞争行为进行排除，维持良好的竞争秩序，从而为市场主体提供公平的竞争环境。如《反垄断法》明确规定，垄断协议、滥用市场支配地位、经营者集中、滥用行政权力排除、限制竞争为非法垄断行为，国家反垄断执法机构将依法采取相应措施对其进行制裁，以消除垄断维护自由竞争秩序。

2. 通过《最低工资规定》、《企业所得税法》、《个人所得税法》、《社会保险法》等社会分配调控法对国民收入的初次分配和再次分配进行适当的干预和调控，从而实现收入分配的公平。如我国《最低工资规定》规定，为了维护劳动者取得劳动报酬的合法权益，保障劳动者个人及其家庭成员的基本生活，用人单位必须向劳动者支付最低工资标准，而最低工资标准的确定和调整方案，应由省、自治区、直辖市人民政府劳动保障行政部门会同同级工会、企业联合会、企业家协会研究拟订，并将拟订的方案报送劳动保障部。又如《社会保险法》规定，国家建立基本养老保险、基本医疗保险、工伤保险、失业保险、生育保险等社会保险制度，保障公民在年老、疾病、工伤、失业、生育等情况下依法从国家和社会获得物质帮助的权利。

3. 通过《劳动法》、《工资法》等收入分配法律法规，赋予用人单位员工报酬自主决定权，用人单位根据员工劳动的质和量自主决定劳动者的报酬待遇，在不同的劳动者之间形成正当合理的收入差距。如《劳动法》规定，工资分配应当遵循按劳分配原则，实行同工同酬；工资水平在经济发展的基础上逐步提高；国家对工资总量实行宏观调控；用人单位根据本单位的生产经营特点和经济效益，依法自主确定本单位的工资分配方式和工资水平。

我要复习!

好，经济公平原则的基本知识点学习完了，让我们来复习一下吧。

1. 你一定要知道的（如果已掌握请打钩）：

经济法经济公平原则的含义、要求及实现途径 □

2. 下面体现了经济法的经济公平原则的是（   ）。

A.《反垄断法》禁止滥用行政权力限制竞争，维护自由竞争的市场秩序

B.《最低工资规定》要求各省、自治区、直辖市根据实际情况确定自己的最低工资标准

C.《社会保险法》中不仅规定了基本养老保险的具体情形，而且将农民养老保险、失业保险等弱势群体的保险都囊括在内

D.《工资法》明确规定工资水平在经济发展的基础上逐步提高，而且国家对工资总量实行宏观调控，即对工资限高补低

解析： 这四项从不同角度体现了经济公平原则，因此 ABCD 项均正确。

学习单元五　经济安全原则

一、经济安全原则的含义及基本要求

经济法的经济安全原则，是指通过经济法律规范的调整能够确保国民经济安全运行。在现代国家，经济安全既是国家安全的重要内容，也是社会公共利益前提和基础。经济全球化尽管为各个国家经济融入国际经济大市场从而分享世界经济全球化带来的利益成果提供了方便和途径，但世界经济的全球化也为各种国际经济风险侵入本国经济体提供了可能。因此，作为以社会公共利益为基本价值追求的专门法律，经济法自然应将维护国家经济安全作为自己的基本原则。不仅要保障国内经济安全，还应当保障国际经济安全，尤其应当注意防范国际经济风险对我国产生的影响。经济法将经济安全纳入其原则体系，有助于借助经济法制，尤其是宏观经济调控法律体系，构筑起我国的经济安全网，既分享世界经济全球化带来的利益成果，又将国际经济风险控制在最低程度。

二、经济安全原则的实现

实践一下！

结合经济安全原则，我们来讨论一下吧！

1. 发生在我国的"三鹿奶粉"事件，被国外媒体称为"食品安全事件中的 911 事件"，拷问着"中国制造"，其影响肯定超过经济领域，波及政治领域。

2. 发生在我国的可口可乐公司申请收购汇源公司，在审查此申请收购过程中，既应适用反垄断法关于垄断的审查，还应当按照国家安全审查的规定进行国家安全审查。

3. 发生在我国的胡士泰等四名力拓雇员因涉嫌窃取我国国家机密被上海市国家安全局刑拘。据报道，胡士泰等人通过贿赂获得的机密信息应该包括国内各大钢企的原料库存周转天数、进口矿需求、吨钢单位毛利、生铁的单位消耗等财务数据。机密遭窃，让力拓摸清了我国钢铁业的谈判底线，我国谈判中的被动局面不言而喻。自 2002 年以来，铁矿石价格飙升，除 2007 年的谈判我国居于主动外，其余年份均处于被动。测算显示，我国为此累计多支付 7000 亿元。

结合经济安全原则分析以上三则案例。

经济法主要通过以下方式和途径来确保经济安全原则的实现：

1. 通过市场主体调控法设置特殊市场准入制度，使那些可能对国家经济安全构成威胁的项目无法通过行政审批，如我国《外商投资产业指导目录》（2011年修订）详细罗列了我国鼓励外商投资产业、限制外商投资产业目录、禁止外商投资产业目录，其中禁止外商投资的产业就有不少涉及我国的安全，包括经济安全。

2. 通过宏观调控法对影响我国经济安全的产业和项目进行适度干预和调控，确保我国经济安全。如通过调整贷款政策，增加夕阳产业的贷款成本，抑制高能耗、污染环境企业的发展；通过调整税收优惠政策，使有助于提高国家经济竞争力和经济安全指数的产业和项目（如农业技术推广、农业基础设施、高科技企业、新材料企业等）获得更多的税收优惠，从而得到更多的发展机会和空间。

我要复习！

好，经济安全原则的基本知识点学习完了，让我们来复习一下吧。

1. 你一定要知道的（如果已掌握请打钩）：

经济法经济安全原则的含义、要求及实现途径 ☐

2. 下列体现了经济法的经济安全原则的是（   ）。

A.《外商投资产业指导目录》罗列了禁止外商投资产业的目录

B.《中国加入 WTO 议定书》详细规定了不同行业的关税调整进度表

C. 某市政府在《产业发展规划》中明确将可能造成较大污染的某行业排除在规划目录之外

D. 某省政府为适应国际市场竞争，在新制定的《税收优惠产业目录》中将新材料企业的税收予以了降低

解析：这四项从不同角度体现了经济法的经济安全原则，因此 ABCD 项均正确。

学习单元六　可持续发展原则

一、可持续发展原则的含义及基本要求

1987 年，联合国世界环境与发展委员会在《我们共同的未来》中提出，所谓可持续发展是指，"既满足当代人的需求，又不对后代人满足其自身需求的能力构成危害的发展"。90 年代中后期可持续发展在中国上升到一种治国方略的高度。可持续发展的提出是人类认识论上又一次具有革命性意义的突破，这一思想强调的不仅仅是人的发展与自然环境的和谐，更是人的发展与社会环境的和谐，也唯有人与环境和谐的实现才能实现人类的可持续发展。这一思想的提出深化了发展理念，即不仅仅以人类社会横向的当代的利益和谐为出发点，更以人类社会纵向的代际利益的和谐为出发点。当然就纵向而言也不仅仅是代际的，因为就人类社会某一代人的利益而言也是可以持续的且应该是有益的。这种发展不但强调速度，更强调连续性与稳定性。因此可持续发展就是在稳定中求发展、在发展中求稳定的辩证的逻辑统一。

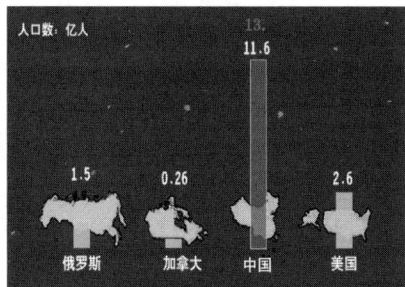

中国与俄罗斯、加拿大、美国的
面积和人口的比较

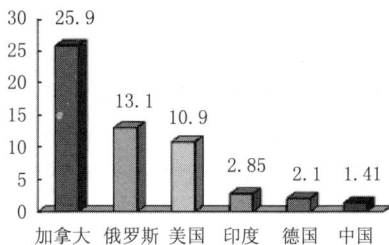

我国人均耕地与世界主要国
家比较（单位：亩/人）

由上面两图可见，我国实现可持续发展的目标任务相当繁重。

可持续发展思想涵盖了经济、人口、环境、科技、社会保障的各个方面，这一思想反映于上层建筑之时就必然有相应的法律制度予以保障。因此，经济法的可持续发展原则，是指通过经济法规范的调整使资源既能满足当代人生存和发展的需求，又不会对后代人的生存和发展构成威胁和影响，实现资源在不同代人之间的公平合理利用。

可持续发展的基本要求，在于正确处理人与自然，当代人与后代人之间的关系。每一个人在做出自己的行为选择时，不仅要考虑本代人之间的利益平衡，同时要考虑代际人之间利益的平衡。经济法作为维护社会全局和长远利益的法律部门，自然应将可持续发展作为自己的基本原则。

二、可持续发展原则的实现

经济法主要通过以下方式和途径来确保可持续发展原则的实现：

1. 通过宏观调控法律规范的调整实现资源的可持续利用，如通过发展战略规划的制定可以对自然资源进行有计划利用，实现资源利益的代际公平。

2. 通过环境资源法律规范的调整对资源合理利用和环境有效保护进行控制，如通过《中华人民共和国矿产资源法》、《中华人民共和国土地管理法》、《中华人民共和国森林法》、《中华人民共和国草原法》等法律对矿产资源、土地资源、森林资源、草原资源等主要自然资源的可持续利用进行有效控制，通过《中华人民共和国水污染防治法》、《中华人民共和国海洋环境保护法》、《中华人民共和国大气污染防治法》、《中华人民共和国固体废物污染环境防治法》等法律对生态环境进行有效保护。

3. 设置特殊市场准入制度，通过行政审批将那些高能耗、污染环境，对可持续发展构成威胁的企业和项目进行排除，既保护当代人的利益又维护代际公平。

✓ 提示

经济法的基本原则是相互联系、相互促进、缺一不可的有机体系。它们的逻辑联系是：寻求资源的优化配置，是经济法首先追求的目标；在寻求资源优化配置的过程中，国家干预起着不可忽视的作用，但是国家干预必须是适度的，必须以社会公共利益为自己的出发点和归宿，具体来讲，就是要有利于促进和保障经济公平、确保经济安全和可持续发展的实现。

我要复习!

好，可持续发展原则的基本知识点学习完了，让我们来复习一下吧。

1. 你一定要知道的（如果已掌握请打钩）：

经济法可持续发展原则的含义、要求及实现途径 ☐

2. 经济法通过下列哪些途径实现了可持续发展原则？（   ）

A. 《中华人民共和国矿产资源法》、《中华人民共和国土地管理法》、《中华人民共和国森林法》、《中华人民共和国草原法》等法律对矿产资源、土地资源、森林资源、草原资源等主要自然资源的可持续利用进行有效控制

B. 通过《中华人民共和国水污染防治法》、《中华人民共和国海洋环境保护法》、《中华人民共和国大气污染防治法》、《中华人民共和国固体废物污染环境防治法》等法律对生态环境进行有效保护

C. 通过《中华人民共和国公司登记条例》、《中华人民共和国合伙企业登记管理条例》等法规将那些高能耗、污染环境，对可持续发展构成威胁的企业和项目进行排除

D. 通过各级政府制定的《国民经济和社会发展计划》、《国民经济和社会发展战略规划》实现对自然资源的有计划利用

解析：这四项从不同角度体现了经济法的可持续发展原则，因此 ABCD 项均正确。

我的笔记

_____

_____

_____

第二部分　市场主体调控法律制度

第四章

企业形态法定化与企业法律形态

☞ 导　学

1. 本章主要讲授企业形态法定化的定义、本质和我国企业的法定组织形态。

2. 企业形态法定化一方面意味着投资设立企业的当事人选择企业组织形式的自由受到限制，体现了国家干预；另一方面，企业形态法定化意味着投资设立企业的当事人可以在法律规定的企业形态中选择其进入市场的具体组织形式，即如果法律能够为投资设立企业的当事人提供尽可能多的企业形态以供其自主选择，那么企业形态法定化也具有促进自由的作用。因此，企业形态法定化是一个涉及国家干预与企业自由经营之间关系处理的重大问题。

☞ 学习内容

学习单元一　企业形态法定化

一、企业形态法定化的定义

企业形态法定化，是指国家以法律形式确认企业形态，以便于建立起相应形态的企业法律制度和科学的企业法律、法规体系的过程。企业形态法定化有如下特点：

1. 企业形态法定化是法律对企业形式的认可。企业分类标准的多样性所导致的企业在社会经济生活中表现形式的繁杂，决定了法律不可能对现实经济生活中存在的每一种企业形式都予以认可。法律的任务，只在于找出企业形式在规范中的恰当表达方式；企业形态法定化即是找出一定的企业分类标准，适用这种标准划定企业，以法律的形式对划定出的企业予以认可的过程。

2. 企业形态法定化是对企业形态的法律模式选择。在众多的企业分类中，择取何者为法律上承认的分类，是立法者必须解决的问题。而如何抉择，需要考虑多方面的因素，在若干模式中进行选择。企业形态法定化实际上就是这样一种对各种企业分类方法进行选择，并在此基础上将具有法律意义的企业分类方法及其所划定的企业反映到企业立法之中的过程。

> 👍 建议
>
> 对于企业形态的法定化不妨这样理解：投资人设立什么样的企业，选择什么样的企业形式必须在法律的框架内选择，而不是随心所欲自我创造。

3. 企业形态法定化的目的，在于建立相应企业形态的法律制度和科学的企业法律、法规体系。企业形态法定化蕴涵着对企业的分类，但企业形态法定化所蕴涵的企业分类具有鲜明的目的性，这就是在对企业进行分类的基础上建立相应企业形态的法律制度和科学的企业法律、法规体系。企业形态法定所包含的企业分类的这种目的，使得它区别于经济学以及其他意义的企业划分，因为经济学以及其他意义上的企业划分，尽管可能与企业法律制度或企业法律、法规体系的建立存在牵连，但其主要目的在于从不同的角度研究和统计社会经济生活中企业的构成状况，从而为经济决策提供基本的数据。

二、企业形态法定化的实质

投资人有选择企业形态的自由，但这个自由是在法律框架内的自由，所以，企业形态法定化的实质是国家行使经济权力、对投资者选择企业形态的自由进行限制，也是公权向私权领域渗透的体现。

企业是人的要素与物的要素的结合，按照市场经济的一般逻辑，人的要素和物的要素如何组合，应当是投资者自由决定的事项。由投资者和资本的趋利秉性所决定，投资者不仅会将资本投向最能营利的领域，而且还将按照有利于其营利的方式组织企业。在此情况下，如果国家不对企业的形态做出规定，而任由投资者完全根据自己的意志来决定，那么社会经济生活中企业的形态必然呈现纷乱的状况。这会给企业交易的相对人带来对交易结果进行判断和预期的困难，导致交易成本的增加。企业形态法定化实际上就是国家为了克服企业形态的纷乱，按一定的标准划分企业，在此基础上以法律形式固定企业类别的活动过程。目前，在中国，投资人欲设立公司，只能在一人有限公司、一般有限公司和股份公司的范围内进行选择。

投资者投资设立企业，是一种典型的民事法律行为，即私权行为。从民法角度看，这种行为应遵循意思自治的原则，包括企业形态选择在内的决策事项，都应按照投资者的自主意志办理。但从经济法角度看，国家依其职权划定可供投资者选择的企业形态，并以法律的形式加以规定和强制推行，这显然是公权对投资者投资设立企业这种私权的介入。它承认并尊重投资者选择企业形态的自由，但又为投资者的选择自由设定必要的限度。在投资者选择企业形态方面，正是投资者的意思自治和企业形态法定化二者的良性互动，推动着企业的日益繁荣。

思考

如果国家对企业的形态不作规定，任由投资人自由选择，将会出现什么后果（请打钩）：

企业形式千奇百怪，交易相对人无法认识和甄别 ☐

企业的资信能力无法判断，交易相对人无法判断交易风险 ☐

管理部门管理成本大幅度增加，纳税人负担加重 ☐

学习单元二　我国企业的法律形态

企业的形态是极其繁多的，按经济性质的不同，企业可以划分为国有企业、集体所有制企业、私营企业、混合所有制企业等形态；按行业或所属部门的不同，企业可以划分为工业企业、农业企业、商业企业和交通运输企业等形态；按经营方式的不同，企业可划分为生产企业、批发企业和零售企业等形态；按规模大小的不同，企业可划分为大型企业、中型企业、小型企业等形态；按地域范围的不同，企业可以划分为城市企业和乡村企业等形态；按投资者和资本来源的不同，企业可以划分为内资企业和外商投资企业；按照组织形式或责任制度的不同，企业可以划分为独资企业、合伙企业和法人企业等形态。企业的形态随着社会经济生活内容的丰富而不断发展变化，每一个企业都可以从不同的侧面表现其自身的存在。20世纪90年代以来，随着社会主义市场经济体制的确立和企业法律制度的逐步完善，我国的企业法律形态也逐步清晰和明朗。就目前而言，我国的企业法律形态可以作如下划分：

一、依所有制形式为标准划分的企业法律形态

依照所有制形式，企业可以分为国有企业、集体所有制企业、私营企业。

（一）国有企业

《全民所有制工业企业法》第2条　全民所有制工业企业（以下简称企业）是依法自主经营、自负盈亏、独立核算的社会主义商品生产和经营单位。

企业的财产属于全民所有，国家依照所有权和经营权分离的原则授予企业经营管理。企业对国家授予其经营管理的财产享有占有、使用和依法处分的权利。

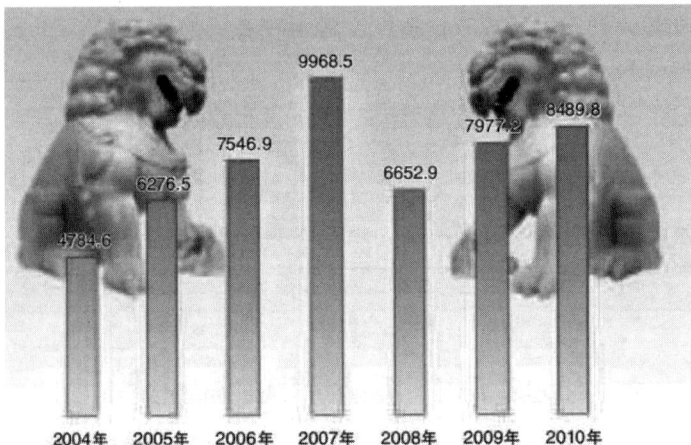

2004年~2010年央企利润情况（单位：亿元）

国有企业又称为全民所有制企业，按照我国《全民所有制工业企业法》的界定，国有企业是指财产归国家所有，依法自主经营、自负盈亏、独立核算的商品生产和经营单位。随着现代企业制度的建立，国有企业通过改制采用了公司的形式。按照 2008 年《企业国有资产法》的相关规定，由国家出资的国有独资企业、国有独资公司、国有资本控股公司、国有资本参股公司被统称为国家出资企业。仅就国有资本在企业中所占数量而言，目前我国的国有企业应当是指由国家出资的国有独资企业、国有独资公司、国有资本控股公司。国有企业具有以下法律特征：

1. 企业中的国有资产属于国家所有即全民所有。根据我国《宪法》的规定，生产资料的社会主义公有制是我国社会主义经济制度的基础，国有经济是社会主义全民所有制经济，国有企业的一切财产归全民所有。在现阶段，由国家作为统一的所有权主体，代表全体人民行使企业所有权人的权利，企业则依国家授权，进行具体的经营管理活动。财产权归属的特殊性，是国有企业区别于其他所有制形式企业的根本点。

2. 国有企业的经营管理实行所有权和经营权分离的原则。为适应商品经济发展的要求，国有企业的经营管理实行"两权分离"的原则，即企业财产的所有权属于国家，由国务院代表国家行使国有资产所有权，国务院和地方人民政府依照法律、行政法规的规定，分别代表国家对国有企业履行出资人职责，享有出资人的权益。具体而言，国务院和地方人民政府设立国有资产监督管理机构，根据本级人民政府的授权，代表本级人民政府对企业履行出资人职责。企业对国家授予其经营管理的财产依照法律、行政法规以及企业章程享有占有、使用、收益和处分的权利。

3. 国有企业具有法人资格。在"两权分离"的原则下，无论采用何种形式，国有企业均依法享有经营权，并承担相应的义务。在此基础上，企业依法取得法人资格，以国家授予其经营管理的财产承担民事责任。因此，国有企业是自主经营、自负盈亏、独立核算的具有法定权利能力和行为能力的企业法人。

（二）集体所有制企业

集体所有制企业是企业财产归劳动群众集体所有，企业由劳动群众民主管理，实行集体积累、按劳分配、适当分红的企业法人。同国有企业一样，集体所有制企业是独立从事生产经营活动的单位，是以营利为目的的经济实体。但与国有企业不同，集体所有制企业的财产不属于全民所有，而是由一个集体经济组织范围内的劳动群众集体所有。这就决定了集体所有制企业在财产权归属、经营管理、分配等方面具有不同于国有企业的特点。

相关法律规范主要有：1990 年 6 月 3 日国务院发布的《乡村集体所有制企业条例》、1991 年 9 月 9 日国务院颁布的《城镇集体所有制企业条例》以及 1996 年 10 月 29 日全国八届人大第 22 次常委会通过的《乡镇企业法》。

根据现行法律、法规的规定，集体所有制企业划分为城镇集体所有制企业和乡村集体所有制企业。城镇集体所有制企业是指财产属于城镇劳动群众集体所有，实行共同劳动，分配方式上以按劳分配为主体的经济组织。乡村集体所有制企业是乡（含镇）、村（含村民小组）农民集体举办的，财产属于乡村农民集体所有的经济组织。

（三）私营企业

私营企业是指由自然人投资设立或由自然人控股，以雇佣劳动为基础的营利性经济组织。包括按照《公司法》、《合伙企业法》、《私营企业暂行条例》规定登记注册的私营有限责任公司、私营股份有限公司、私营合伙企业和私营独资企业。

私营合伙企业是指按《合伙企业法》或《私营企业暂行条例》的规定，由两个以上自然人按照协议共同投资、共同经营、共负盈亏，以雇佣劳动为基础，对债务承担无限责任的企业。

建议

理解私营企业时注意，私营合伙企业不具有法人资格；私营有限责任公司既包括两个自然人设立的有限公司，也包括一个自然人设立的有限公司，都具有法人资格；独资企业不具有法人资格。

私营有限责任公司是指按《公司法》、《私营企业暂行条例》的规定，由两个以上自然人投资或由单个自然人控股的有限责任公司。私营有限责任公司包括只有一个自然人股东设立的有限责任公司。

私营独资企业即个人独资企业，《个人独资企业法》第 2 条规定："本法所称个人独资企业，是指依照本法在中国境内设立，由一个自然人投资，财产为投资人个人所有，投资人以其个人财产对企业债务承担无限责任的经营实体。"

二、依投资人对企业的财产责任为标准划分的企业法律形态

依照投资人对企业的财产责任为标准，企业可分为独资企业、合伙企业和法人企业。

1. 独资企业是由一人出资经营并对企业的债务承担无限责任的企业。在我国，此种意义上的独资企业按照《私营企业暂行条例》或《个人独资企业法》设立和经营。

2. 合伙企业是由两个以上的投资者协议出资、至少有一名投资者对企业的债务承担无限责任的企业。在我国，2006 年 8 月 27 日修订的《合伙企业法》规定的合伙企业，是指自然人、法人和其他组织依照该法在中国境内设立的普通合伙企业和有限合伙企业；普通合伙企业由普通合伙人组成，合伙人对合伙企业债务承担无限连带责任；有限合伙企业由普通合伙人和有限合伙人组成，普通合伙人对合伙企业债务承担无限连带责任，有限合伙人以其认缴的出资额为限对合伙企业债务承担责任。

3. 法人企业是依法设立的具有法人资格的企业。在我国，法人企业的投资者仅以出资额为限对企业负责，企业则以其全部资产对其债务承担清偿责任。

三、依是否存在涉外因素为标准划分的企业法律形态

依据是否具有涉外因素，企业可以分为涉外企业和非涉外企业。

1. 涉外企业即外商投资企业，是指外国人（自然人或者法人）依照中华人民共和国法律，在中国境内以私人直接投资方式参与设立或者独立设立的企业。包括中外合资经营企业、中外合作经营企业和外资企业。涉外企业具有如下法律特征：

（1）涉外企业是外国人参与或独立设立的企业。外国人是指外国企业、其他经济组织或个人。外国人"参与"设立的企业，指外国人与中国人共同设立的企业，包括中外合资经营企业和中外合作经营企业。外国人"独立"设立的企业，指企业的全部资本都由外国人提供而设立的企业，即外资企业。

（2）涉外企业是依照中华人民共和国法律，在中国境内设立的具有中国国籍的企业。根据中国法律的规定，涉外企业经中国审批机构批准，在中国境内设立，并由中华人民共和国工商行政管理部门发给营业执照。这说明涉外企业是中国企业，具有中国国籍，受中国法律的管辖和保护。

（3）涉外企业是外国人以私人直接投资方式设立的。根据这一特征，凡利用外国政府或国际经济组织的贷款，亦即通过间接投资方式兴办的企业，不属于外商投资企业范畴。只有外国人作为企业的设立人参与或独立设立的企业，即外国人以兴办企业这种直接投资方式设立的企业，才属于涉外企业范畴。

2. 非涉外企业即通常所谓的内资企业，是指全部资本均来源于境内投资者的企业。

四、依经营规模和组织方式为标准划分的企业法律形态

依联合经营的规模和组织方式的不同，企业可分为一般联营企业和企业集团。

《民法通则》第51条　企业之间或者企业、事业单位之间联营，组成新的经济实体，独立承担民事责任、具备法人条件的，经主管机关核准登记，取得法人资格。

第52条　企业之间或者企业、事业单位之间联营，共同经营、不具备法人条件的，由联营各方按照出资比例或者协议的约定，以各自所有的或者经营管理的财产承担民事责任。依照法律的规定或者协议的约定负连带责任的，承担连带责任。

1. 一般联营企业是指企业之间、企业与其他组织之间依法在自愿、平等、

互利的基础上建立起来的经济组织。联营企业包括两种形式：①法人型联营企业。按照规定，企业之间或者企业、事业单位之间联营，组成新的经济实体，独立承担民事责任，具备法人条件，经主管机关核准登记，取得法人资格。②合伙型联营企业。按照规定，企业之间或者企业、事业单位之间联营，共同经营、不具备法人条件的，为合伙型联营企业。

2. 企业集团是指由若干独立企业根据生产经营需要而组建的具有多层次组织结构的经济联合组织。企业集团一般分为两种：一种是协作型联合企业集团，集团内所有企业是平等的，集团是由商业目的而结合并统一管理的企业所组成；另一种是从属型联合企业集团，集团中有一个母公司（支配公司，也称集团公司），其他为从属公司或为关联公司（合伙、参股、合同联结）。在从属型联合企业集团中，集团成员可分为4个层次：第一个层次——集团公司（也称核心企业，法律地位为母公司，公司内部有若干分公司或分厂）；第二个层次——子公司（也称核心层、紧密层，与集团公司是母子关系）；第三个层次——参股、合伙（半紧密层，与集团公司是参股或合伙关系）；第四个层次——合同型企业（松散层，与集团公司是合同关系）。

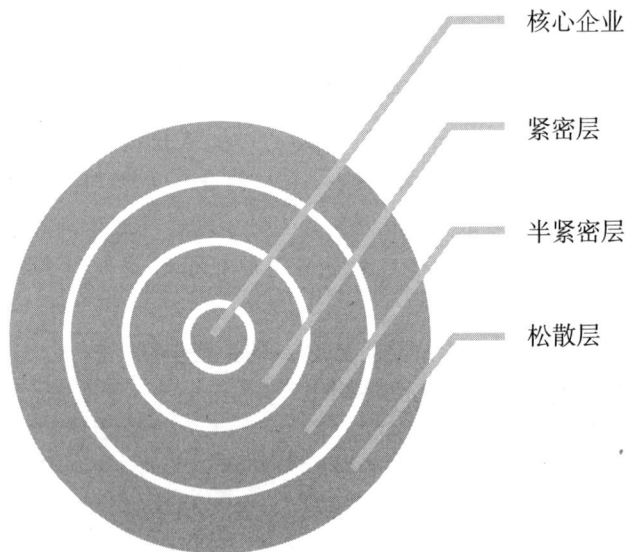

核心企业

紧密层

半紧密层

松散层

企业集团具有如下法律特征：

（1）企业集团具有联合性。由多个具有独立法人地位的企业或单位，根据生产经营的需要进行联合经营，是企业集团产生的原因。因此，联合性是企业集团的特征，也是其与联营企业的共同点。

（2）企业集团的组织形式具有多层次性。根据我国的立法和实践，企业集团是一种具有多层次组织结构的经济组织。由于各集团成员与集团的关系在密切程度上有所不同，因而企业集团一般由紧密联合的核心层、紧密层、半紧密、松散联合层组成，这必然形成企业集团组织形式的多层次性。企业集团的成员是自主经营、独立核算、自负盈亏、照章纳税、能够独立承担经济责任、具有法人资格的经济实体。集团成员之间，尤其是集团核心层与其他成员的连接方式具有多样性，可以是股权连接，也可以是合同连接。企业集团本身不具备法人资格。

（3）集团管理机构是由各成员企业依据集团章程协商成立的管理机构，一般称为理事会，管理机构的管理活动，是建立在股权控制和合同约定的基础上，由支配企业行使其民事权利或者成员企业自愿限制、放弃自己的部分权力和独立性而实现与他人联合所形成的一种经济关系。

（4）集团内部依据集团章程实行统一管理，即企业集团的管理机构或支配企业对集团所属成员企业的生产经营活动实行统一指挥、指导和协调。

（5）企业集团内各成员加入集团后，并不丧失法人的独立性，而只是在一定程度上丧失了经营管理的独立性，成员企业作为独立纳税人的性质不变，各成员的法人地位是平等的，以充分协商为原则。

我要复习！

根据前面所学知识，判断以下说法的正误（正确的请打钩）：

国有企业对其经营管理的财产既享有所有权，又享有经营权 □

乡镇企业属于集体所有制企业，企业财产属于乡镇集体组织所有 □

外商独资企业属于外国企业 □

企业集团就是集团公司，具有法人资格 □

我的笔记

_____

_____

_____

_____

第五章

市场准入制度

导 学

1. 本章主要讲授市场准入制度的界定、作用、构成以及作为一般市场准入制度的企业登记制度和作为特殊市场准入制度的审批许可制度。

2. 现代市场已不是简单的日常消费品和生产资料市场，而是由产品市场和要素市场构成的复杂体系，人们进入特定的市场，特别是关系国计民生或社会公众利益的市场，都必须具备相应的资质条件，通过相应的审查备案乃至于许可。同时，人们进入什么市场，在什么地方设立企业，这都是涉及一国产业结构、产品结构和生产力布局是否合理的重大问题。经济法中的市场准入法律制度正是为解决这些问题而建立起来的，目的在于塑造适格的市场主体，并贯彻国家的产业政策，以弥补民法的不足。

学习内容

学习单元一　市场准入制度概述

一、市场准入制度界定

《民法通则》第41条　全民所有制企业、集体所有制企业有符合国家规定的资金数额，有组织章程、组织机构和场所，能够独立承担民事责任，经主管机关核准登记，取得法人资格。

在中华人民共和国领域内设立的中外合资经营企业、中外合作经营企业和外资企业，具备法人条件的，依法经工商行政管理机关核准登记，取得中国法人资格。

《公司法》第8条　设立有限责任公司、股份有限公司，必须符合本法规定的条件。符合本法规定的条件的，登记为有限责任公司或者股份有限公司；不符合本法规定的条件的，不得登记为有限责任公司或者股份有限公司。

> 法律、行政法规对设立公司规定必须报经审批的，在公司登记前依法办理审批手续。

市场准入制度，指在一国之内，政府对市场主体资格的确立、审核和确认以及对商品和服务进入市场领域的许可。它包括市场主体资格和商品服务质量的实体条件和取得许可资格的程序条件，其表现是国家通过立法，规定市场主体资格和商品服务质量的条件及取得程序，并通过审批和登记程序执行。它的本质是政府职能干预市场的表现形式，是一国政府在国内调控市场、管理经济的重要方式，是一种弥补市场缺陷的事前控制手段。市场准入制度是国家对市场进行干预的基本制度，它作为政府管理的第一环节，既是政府管理市场的起点，又是一系列后续管理措施实施的基础。

在现代市场经济中，作为交易对象的商品和服务通常具有高度的专业性和技术性特征，不具备特定的专业和技术条件的经营者，不仅不能为消费者和用户提供充分满足其需求的商品和服务，而且，往往会导致消费者和用户重大的利益损害。如果某种产品和服务的经营者不具备从事该项产品和服务经营所必须具备的物质条件和能力，让其进入市场，从事这种产品的生产经营活动，很可能将一种危险引入市场，不仅会给人们的生产生活带来影响，而且给市场带来极大的混乱。

二、市场准入制度的作用

1. 规范市场主体，使市场主体普遍具备从事市场经营活动的能力。在现代社会，一方面，人们普遍依赖市场获得生活来源；另一方面，经济技术的发展，对从事市场经营活动者又提出了更高的要求。市场主体从事某种生产经营活动，必须具备从事该活动的基本条件和能力，否则，社会公众的普遍利益就不能得到保障，市场也不可能正常的运转。通过登记制度，使每一市场主体在进入市场之前，就具备作为市场主体的基本条件，否则不准入场，从而为稳定市场秩序，保证市场功能的充分发挥奠定了基础。

建议

市场准入的通俗理解就是你能不能作为一个市场主体进入市场经济领域，比如，你能不能随便挂个牌子就以公司名义做生意？能不能自己做主设立股份公司向社会发行股票？

2. 为市场主体设置准入条件，有利于市场的交易安全。交易安全不仅依赖于交易规则的完善、交易主体的诚信能力，而且还要有交易主体资格的严格把关。交易主体彼此审查对方的资格和行为能力具有一定的局限性，而国家管理机构根据法律规定的准入条件，认真审查、严格把关，并把是否符合条件作为市场准入界限，不仅成本低，而且信誉度高，是有效遏制不符合条件的企业进入市场，减少欺诈的重要措施。

3. 对不同领域和不同行业的市场主体设置不同的准入条件，有利于国家对市场的宏观调控。市场准入是市场经济条件下政府对市场主体资格的微观规制。它以一定既有市场主体的资质情况为标准，在一定程度和一定时期内限制某些主体进入市场，或者鼓励某些企业进入市场，对于从宏观上调控市场的产业结构、产品结构具有重要的作用。

4. 有效避免外国企业对国内企业的冲击。市场准入制度，将企业的经营范围、投资领域、经营模式等进行明确地规定，可以依法规避外资企业对市场的不当冲击，保护市场秩序，避免不正当竞争乃至于市场垄断。

> ✓ **提示**
>
> 你知道吗，如果没有市场准入制度，下列行为便会大行其道，市场竞争便会混乱不堪：
>
> 遍地都是"环球公司"、"国际公司"、"中国某某公司"。
>
> "无技术、无设备、无人员"的专业公司与真正具有资质的专业公司鱼龙混杂。
>
> 因为无注册、无备案，为公司诈骗、合同诈骗等违法行为提供了更大的便利。

三、市场准入制度的构成

> ？ **知识扩展**
>
> #### 小知识——不同的市场准入立法模式
>
> 1. 自由放任模式。即国家对主体进入市场采取不干预政策，任何人以任何方式进入市场，从事生产经营活动，都不被法律所禁止。
>
> 2. 特许主义模式。特许主义是指由专门法律或命令的方式准许市场主体进入市场，它主要用于通过设立企业进入市场的情形。
>
> 3. 准则主义模式。准则主义是指由法律规定企业设立的必要条件，只要按照法定条件设立企业，不必经过行政批准，企业即可登记成立。
>
> 4. 行政许可主义模式。行政许可主义，又称核准主义，指企业经国家行政机关批准才能设立。
>
> 5. 严格准则主义模式。严格准则主义仍然以准则主义为基础，但立法对主体进入市场准则的规定比单纯的准则主义严格。
>
> 6. 混合模式。即根据市场主体的性质或市场主体拟从事的市场经营活动的类型等具体情况，分别采用行政许可主义和准则主义。

市场准入制度是一个多层次的制度体系。根据市场类别的不同，市场准入制度体系主要由以下两个层面的制度构成：

1. 一般市场准入制度。这是任何一个市场经营主体进入市场，从事市场经营活动都必须遵守的一般条件和程序规则。一般市场准入制度是国家对每一个人和组织进入市场，成为合法的市场经营主体而设立的、具有普遍适用效力的市场准入制度。比如，工商登记制度就属于一般市场准入制度。任何个人和组织要成为合法的市场主体，都必须具备一般市场主体准入制度规定的基本条件，履行其规定的程序手续，否则，便不能成为合法的市场经营主体。

2. 特殊市场准入制度。这是规定市场经营主体进入特殊市场从事经营活动所必须具备的条件和程序规则的制度。特殊的市场经营活动对于经营者必然有特殊的要求，只有具备了这些特殊市场准入制度所要求的特殊条件，并且履行了它所规定的特殊程序，取得进入这一市场进行经营活动的资格，才能在特殊的市场领域进行经营活动。与一般市场准入相比，其特殊性主要体现在企业设立的行政审批许可上，即自然人或法人为了从事一定活动，必须向监管机构申请执照或者许可的情形。由于执照或许可是在受监管活动发生之前颁发的，有称之为事前审批。而事前审批的目的是为了避免发生损害社会公共利益的行为；评估所从事该活动的人行为的潜在质量，以确定其是否达到要求的标准。如从事药品生产的企业，必须具备生产某种药品所应当具备的物质技术条件，同时，按照国家有关规定取得生产许可证，才能从事该药品的生产。

思考

在不同的时期、不同的经济背景下不同国家所采用的市场准入立法模式是不一样的，而且任何一种模式都有其优越性，也有无法避免的弊端，结合当下的中国国情，思考一下，哪种模式更有利于我国市场经济的发展？

我要复习！

根据上面所学的知识，申请成立下列公司，哪些适用特殊市场准入制度？（　　　）

A. 中国银行

B. 锅炉制造有限责任公司

C. 生物制药公司

D. 航天设备工程公司

E. 小商品销售有限责任公司

学习单元二 一般市场准入法律制度的企业设立登记制度

一、工商登记的基本类型

工商登记是政府在对申请者进入市场的条件进行审查的基础上，通过注册登记，确认申请者从事市场经营活动资格，使其获得实际营业权的各项活动的总称。工商登记的基本类型有两种：企业登记和个体工商户营业登记。

（一）企业登记

> 《公司登记管理条例》第2条 有限责任公司和股份有限公司（以下统称公司）设立、变更、终止，应当依照本条例办理公司登记。
>
> 第3条 公司经公司登记机关依法核准登记，领取《企业法人营业执照》，方取得企业法人资格。
>
> 自本条例施行之日起设立公司，未经公司登记机关核准登记的，不得以公司名义从事经营活动。

企业登记以企业为对象，通常由拟设立企业的负责人员签署登记申请书，向工商行政部门提出登记申请。根据现行法律规定，我国企业登记有两种：一为企业法人登记；二为营业登记。

1. 企业法人登记。拟设定的企业符合法人条件的，可以申请企业法人登记。通过企业法人登记，领取营业执照后，申请登记的企业获得企业法人资格，并作为独立的法人获得营业权。

全民所有制企业、集体所有制企业、联营企业、外商投资企业、有限责任公司、股份有限公司具备法人条件的，都可以申请企业法人登记。经登记后，发给企业法人营业执照，其法人资格便获得国家的承认，该企业可以法人资格参加市场经营活动，独立地享受权利、承担义务，并以其所有的或经营管理的资产承担责任。

在中国境内设立的外商投资企业，属于中国企业，具备法人条件的，可以申请法人登记，登记注册后，发给企业法人营业执照，取得中国法人资格，同时，有权在中国境内从事登记范围内的生产经营活动。

2. 营业登记。不具备法人条件的经济组织，不能申请企业法人登记，但是，可以申请营业登记。营业登记不能使登记的经济组织获得法人资格，但是，可以使其获得营业资格。经登记取得营业执照后，该经济组织可以在登记的范围内从事市场经营活动。根据现行法律规定，不具备法人条件的联营企业、企业法人的分支机构、事业单位、科技性社会团体设立的经营单位以及从事经营活动的事业单位和科技性社会团体，具备国家规定的营业条件的，经工商行政管理机关核准登记注册，领取营业执照，取得合法营业权。但由于其不具备法人资格，因此，其在市场经营活动中不能像法人企业那样独立地以自己的名义享受权利，承担义务和责任。

外国企业在中国境内设立的分支机构不具备法人资格的，也可以申请营业登记。经登记注册后，发给营业执照，取得在中国境内从事生产经营活动的合法营业权。但外国企业在中国设立的常驻代表机构则不能在中国申请营业登记或企业法人登记，只能按照法律规定在中国申请外国企业常驻代表机构登记，经登记后，可以常驻中国（登记期限为 1 年，但可以申请办理延期登记），代表该外国企业在中国境内从事相关业务活动，但不得直接从事市场经营活动。

（二）个体工商户营业登记

《个体工商户登记管理办法》第 2 条　有经营能力的公民经工商行政管理部门登记，领取个体工商户营业执照，依法开展经营活动。

公民个人或家庭从事工商经营活动的，可以申请营业登记。经审核批准后，发给营业执照，申请登记的个人或家庭可以进入市场，从事工商业生产经营活动。

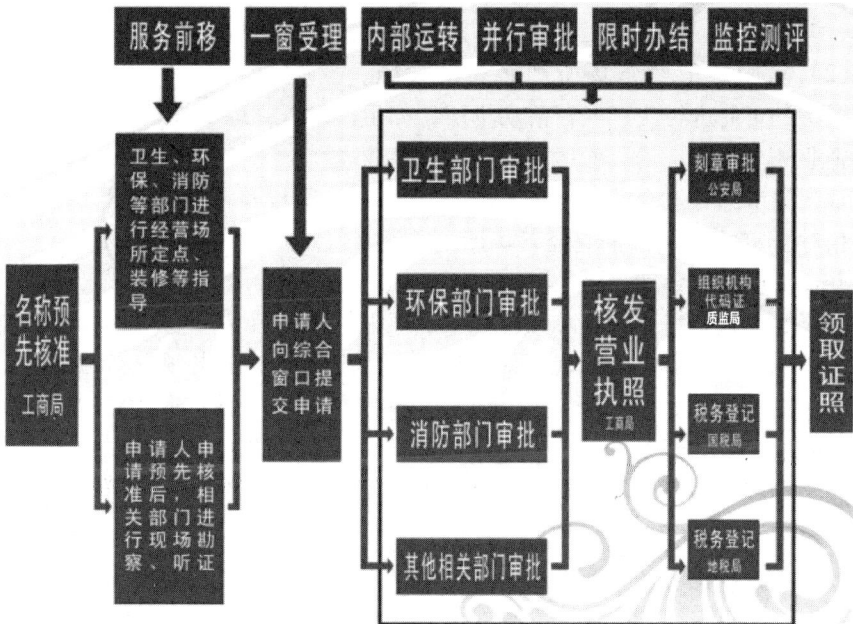

企业市场准入并联审批流程图

二、工商登记的一般条件

（一）企业法人登记的条件

企业法人登记既是企业获得营业权的程序，又是确认其法人资格的程序。目前，我国企业法人登记有两种类型：一为一般的企业法人登记，适用《企业法人登记管理条例》的规定；二为公司登记，适用《公司登记管理条例》的规定。

1. 一般企业法人登记的条件。一般企业法人登记，适用于全民所有制企业、集体所有制企业、联营企业，在中华人民共和国境内设立的外商投资企业、私营企业以及依法需要办理企业法人登记的其他企业，但《公司登记管理条例》规定，依照公司法规定设立的各种公司以及依照外商投资企业法设立的有限责任公司，按照公司登记管理条例的规定进行。根据《企业法人登记管理条例》的规定，一般企业要获得企业法人登记，应具备以下条件：

（1）有自己的名称、组织机构和章程。一般情况下，企业名称应由字号（商号）、所属行业（或经营特点）、组织形式等部分组成，同时应冠以所在地行政区划名称。企业法人的组织机构通常包括企业法人的代表机构、经营决策机构、监督机构、民主管理机构等。企业法人的组织机构的设置应当符合有关法律、法规的规定。企业章程是企业法人活动的准则。章程一般包括企业法人的名称、设立依据、宗旨、经营范围、注册资本、组织机构、法定代表人等内容。

（2）有固定的经营场所和必要的设施。经营场所是企业进行生产经营活动场所，如生产性企业的车间、厂房、库房等，商业性企业的店堂、门市部等。企业经营场所应当是固定的或相对固定的场所，企业经营场所的变更，应当办理变更登记手续。

必要的设施是指企业从事章程规定范围内的生产经营活动所必需的机器设备和其他物质条件。如果企业不具备这些设施，就不可能进行正常的生产经营活动。

（3）有符合国家规定并与其生产经营和服务规模相适应的资金数额和从业人员。必要

> ✓ **提示**
>
> 根据国务院的有关规定，自 1995 年 5 月 29 日起，除国务院决定设立的全国性公司、国家级大型进出口企业和企业集团及其他全国性企业以外，其他新设立的公司一律不得在名称中冠以"中国"、"中华"、"全国"、"国家"、"国际"等字样。

的资金既是企业正常地从事生产经营活动的基本条件，又是其承担各种义务和责任的物质保障。因此，适当金额的资金也是企业进入市场应当具备的基本条件。从业人员是企业进行经营活动的另一基本要素，从业人员的数量和素质要

求，应符合法律规定，没有规定的，应当与企业经营规模相适应。

（4）能够独立承担民事责任。法人作为独立的市场经营主体，与其他组织在市场经营活动中的基本差别之一就是其有独立的法律人格，能够独立承担民事责任。因此，能够独立承担民事责任也是企业法人登记的基本要求。法人能否独立承担民事责任，应当从多方面综合进行考察。其中，最关键的是该申请登记的法人对其经营管理的财产是否有独立的财产权。此外，在经营管理过程中，企业还应当能够独立以自己的名义享受权利、承担义务，并实行独立核算，自负盈亏。

（5）有符合国家法律、法规和政策规定的经营范围。经营范围是企业设立后所从事的生产经营活动的范围。企业从事的生产经营活动必须符合国家法律、法规的规定，不得为法律、法规所禁止，不得违反社会公共利益，以从事非法活动为目的而设立的企业不可能取得法律的承认。

2. 公司登记的条件。公司作为企业形态的一种类型，在产权关系、组织机构、责任承担等方面与一般企业有很多不同的地方。在公司登记条件上，法律也作了特别的规定。在我国，关于公司登记的条件的规定主要见于《公司法》和《公司登记管理条例》，公司登记后，发给企业法人营业执照。因此，公司登记属于企业法人登记的一种形式。除国有独资公司外，有限责任公司的登记应当符合以下条件：①股东人数符合法定人数。根据公司法规定，设立有限责任公司，股东人数应在50人以下。②股东出资达到法定最低限额。其中，一人有限责任公司的注册资本最低限额为人民币10万元，股东应当一次足额缴纳公司章程规定的出资额；有限责任公司注册资本的最低限额为人民币3万元。法律、行政法规对有限责任公司注册资本的最低限额有较高规定的，从其规定。③股东共同制定公司章程。公司章程是创设公司并规范公司行为的法律文件，对公司、股东、董事、监事和经理都具有约束力。制定公司章程的行为本质上属于共同行为，应由公司的全体股东参加，反映全体股东的意志。不是股东共同制定的公司章程，因产生的程序不合法，公司设立本身的合法性也会因此受到影响。④有公司名称和符合有限责任公司要求的组织机构。公司应当有自己的名称，设立公司应当申请公司名称预先核准。经核准后，按核准的公司名称办理有关审批和设立手续。有限责任公司的组织机构，应根据公司法中有关规定设置。⑤有固定的生产经营场所和必要的生产经营条件。

股份有限公司登记，应当符合公司法中关于股份有限公司设立条件的规定，这些条件包括：①发起人符合法定人数。根据公司法的规定，设立股份有限公司，应当有2人以上200人以下为发起人，其中须有半数以上的发起人在中国境内有住所。②发起人认缴和社会公开募集的股本达到法定资本最低限额。股份有限公司注册资本的最低限额为人民币 500 万元。法律、行政法规对股份有限公司注册资本的最低限额有较高规定的，从其规定。如，根据《商业银行法》的规定，设立商业银行注册资本最低限额为 10 亿元人民币，城市合作商业银行注册资本最低限额为 1 亿元，农村合作商业银行注册资本最低限额为 5000 万元。③股份发行、筹办事项符合法律规定。以发起方式设立的，由发起人书面认足公司章程规定发行的股份，认足后，应即缴纳全部股款，以实物、工业产权、非专利技术或者土地使用权抵作股款的，应当办理财产权转移手续。以募集设立方式设立的，发起人认购的股份不得少于公司股份总数的 35%。其余股份应当向社会公开募集。公司发起人必须按照公司法的规定认购股份，承担公司筹办事宜。股份有限公司的设立，须经国务院授权的部门或省级人民政府批准。发起人募集股份时，须经国务院证券管理部门批准。④发起人制订公司章程，并经创设大会通过。公司章程由发起人制订，须经出席创业大会过半数表决通过。⑤有公司名称，建立符合股份有限公司要求的组织机构。⑥有固定的生产经营场所和必要的生产经营条件。

符合以上条件的，登记机关应当予以登记，经登记后，发给企业法人营业执照，股份有限公司便可以按照法律和章程规定从事各种生产经营活动。

公司章程范例：

有限责任公司章程

第一章　总　则

第一条　依据《中华人民共和国公司法》（以下简称《公司法》）及有关法律、法规的规定，由　　　等　　　方共同出资，设立　　　有限责任公司，（以下简称公司）特制定本章程。

第二条　本章程中的各项条款与法律、法规、规章不符的，以法律、法规、规章的规定为准。

第二章　公司名称和住所

第三条　公司名称：

第四条　住所：

第三章　公司经营范围

第五条　公司经营范围：（注：根据实际情况具体填写）

第四章　公司注册资本及股东的姓名（名称）、
出资方式、出资额、出资时间

第六条　公司注册资本：　　　万元人民币。

第七条　股东的姓名（名称）、认缴及实缴的出资额、出资时间、出资方式如下：

股东姓名或名称	认缴情况			设立（截至变更登记申请日）时实际缴付			分期缴付		
	出资数额	出资时间	出资方式	出资数额	出资时间	出资方式	出资数额	出资时间	出资方式
合计	其中货币出资								

（注：公司设立时，全体股东的首次出资额不得低于注册资本的20%，也不得低于法定的注册资本最低限额，其余部分由股东自公司成立之日起两年内缴足；其中投资公司可以在5年内缴足。全体股东的货币出资金额不得低于注册资本的30%。请根据实际情况填写本表，缴资次数超过两期的，应按实际情况续填本表。一人有限公司应当一次足额缴纳出资额）

第五章　公司的机构及其产生办法、职权、议事规则

第八条　股东会由全体股东组成，是公司的权力机构，行使下列职权：

（一）决定公司的经营方针和投资计划；

（二）选举和更换非由职工代表担任的董事、监事，决定有关董事、监事的报酬事项；

（三）审议批准董事会（或执行董事）的报告；

（四）审议批准监事会或监事的报告；

（五）审议批准公司的年度财务预算方案、决算方案；

（六）审议批准公司的利润分配方案和弥补亏损的方案；

（七）对公司增加或者减少注册资本作出决议；

（八）对发行公司债券作出决议；

（九）对公司合并、分立、解散、清算或者变更公司形式作出决议；

（十）修改公司章程；

（十一）其他职权。（注：由股东自行确定，如股东不作具体规定应将此条删除）

第九条　股东会的首次会议由出资最多的股东召集和主持。

第十条　股东会会议由股东按照出资比例行使表决权。（注：此条可由股东自行确定按照何种方式行使表决权）

第十一条　股东会会议分为定期会议和临时会议。

召开股东会会议，应当于会议召开 15 日以前通知全体股东。（注：此条可由股东自行确定时间）

定期会议按（注：由股东自行确定）定时召开。代表 1/10 以上表决权的股东、1/3 以上的董事、监事会或者监事（不设监事会时）提议召开临时会议的，应当召开临时会议。

第十二条　股东会会议由董事会召集，董事长主持；董事长不能履行职务或者不履行职务的，由副董事长主持；副董事长不能履行职务或者不履行职务的，由半数以上董事共同推举一名董事主持。

（注：有限责任公司不设董事会的，股东会会议由执行董事召集和主持）

董事会或者执行董事不能履行或者不履行召集股东会会议职责的，由监事会或者不设监事会的公司的监事召集和主持；监事会或者监事不召集和主持的，代表 1/10 以上表决权的股东可以自行召集和主持。

第十三条　股东会会议作出修改公司章程、增加或者减少注册资本的决议，以及公司合并、分立、解散或者变更公司形式的决议，必须经代表 2/3 以上表决权的股东通过。（注：股东会的其他议事方式和表决程序可由股东自行确定）

第十四条　公司设董事会，成员为　　　人，由　　　　产生。董事任期　　年，任期届满，可连选连任。

董事会设董事长 1 人，副董事长　　　人，由　　　　　产生。（注：股东自行确定董事长、副董事长的产生方式）

第十五条　董事会行使下列职权：

（一）负责召集股东会，并向股东会议报告工作；

（二）执行股东会的决议；

（三）审定公司的经营计划和投资方案；

（四）制订公司的年度财务预算方案、决算方案；

（五）制订公司的利润分配方案和弥补亏损方案；

（六）制订公司增加或者减少注册资本以及发行公司债券的方案；

（七）制订公司合并、分立、变更公司形式、解散的方案；

（八）决定公司内部管理机构的设置；

（九）决定聘任或者解聘公司经理及其报酬事项，并根据经理的提名决定聘任或者解聘公司副经理、财务负责人及其报酬事项；

（十）制定公司的基本管理制度；

（十一）其他职权。（注：由股东自行确定，如股东不作具体规定应将此条删除）

（注：股东人数较少或者规模较小的有限责任公司，可以设 1 名执行董事，不设

董事会。执行董事的职权由股东自行确定)

第十六条 董事会会议由董事长召集和主持;董事长不能履行职务或者不履行职务的,由副董事长召集和主持;副董事长不能履行职务或者不履行职务的,由半数以上董事共同推举一名董事召集和主持。

第十七条 董事会决议的表决,实行1人1票。

董事会的议事方式和表决程序。(注:由股东自行确定)

第十八条 公司设经理,由董事会决定聘任或者解聘。经理对董事会负责,行使下列职权:

(一)主持公司的生产经营管理工作,组织实施董事会决议;

(二)组织实施公司年度经营计划和投资方案;

(三)拟订公司内部管理机构设置方案;

(四)拟订公司的基本管理制度;

(五)制定公司的具体规章;

(六)提请聘任或者解聘公司副经理、财务负责人;

(七)决定聘任或者解聘除应由董事会决定聘任或者解聘以外的负责管理人员;

(八)董事会授予的其他职权。

(注:以上内容也可由股东自行确定)

经理列席董事会会议。

第十九条 公司设监事会,成员 人,监事会设主席1人,由全体监事过半数选举产生。监事会中股东代表监事与职工代表监事的比例为 : 。

(注:由股东自行确定,但其中职工代表的比例不得低于1/3)

监事的任期每届为3年,任期届满,可连选连任。

(注:股东人数较少规格较小的公司可以设1~2名监事)

第二十条 监事会或者监事行使下列职权:

(一)检查公司财务;

(二)对董事、高级管理人员执行公司职务的行为进行监督,刘违反法律、行政法规、公司章程或者股东会决议的董事、高级管理人员提出罢免的建议;

(三)当董事、高级管理人员的行为损害公司的利益时,要求董事、高级管理人员予以纠正;

(四)提议召开临时股东会会议,在董事会不履行本法规定的召集和主持股东会会议职责时召集和主持股东会会议;

(五)向股东会会议提出提案;

(六)依照《公司法》第152条的规定,对董事、高级管理人员提起诉讼;

(七)其他职权。(注:由股东自行确定,如股东不作具体规定应将此条删除)

监事可以列席董事会会议。

第二十一条 监事会每年度至少召开一次会议，监事可以提议召开临时监事会会议。

第二十二条 监事会决议应当经半数以上监事通过。

监事会的议事方式和表决程序。（注：由股东自行确定）

第六章 公司的法定代表人

第二十三条 董事长为公司的法定代表人，（注：也可是执行董事或经理），任期 年，由 选举产生，任期届满，可连选连任。（注：由股东自行确定）

第七章 股东会会议认为需要规定的其他事项

第二十四条 股东之间可以相互转让其部分或全部出资。

第二十五条 股东向股东以外的人转让股权，应当经其他股东过半数同意。股东应就其股权转让事项书面通知其他股东征求同意，其他股东自接到书面通知之日起满 30 日未答复的，视为同意转让。其他股东半数以上不同意转让的，不同意的股东应当购买该转让的股权；不购买的，视为同意转让。

经股东同意转让的股权，在同等条件下，其他股东有优先购买权。两个以上股东主张行使优先购买权的，协商确定各自的购买比例；协商不成的，按照转让时各自的出资比例行使优先购买权。

（注：以上内容亦可由股东另行确定股权转让的办法）

第二十六条 公司的营业期限 年，自公司营业执照签发之日起计算。

第二十七条 有下列情形之一的，公司清算组应当自公司清算结束之日起 30 日内向原公司登记机关申请注销登记：

（一）公司被依法宣告破产；

（二）公司章程规定的营业期限届满或者公司章程规定的其他解散事由出现，但公司通过修改公司章程而存续的除外；

（三）股东会决议解散或者一人有限责任公司的股东决议解散；

（四）依法被吊销营业执照、责令关闭或者被撤销；

（五）人民法院依法予以解散；

（六）法律、行政法规规定的其他解散情形。

（注：本章节内容除上述条款外，股东可根据《公司法》的有关规定，将认为需要记载的其他内容一并列明）

第八章 附 则

第二十八条 公司登记事项以公司登记机关核定的为准。

第二十九条 本章程一式 份，并报公司登记机关 1 份。

全体股东亲笔签字、盖公章：

年 月 日

（二）非企业法人和个体工商户登记的一般条件

不具备法人条件的联营企业、企业法人所属的分支机构、总公司所属的分公司、事业单位和科技性社会团体设立的经营单位、从事经营活动的事业单位和科技性社会团体以及个体工商户，具备国家规定的营业条件的，可以申请营业登记，经工商行政管理部门核准登记后，发给《营业执照》，也可以进入市场，从事一定范围内的生产经营活动。但营业登记仅意味着这些组织可以参与市场经营，经过营业登记的组织虽然可以参加市场经营活动，但并不具有独立、完整的市场主体人格，通常不能独立地承担民事责任。

关于企业和其他经济组织的营业登记条件，现行法律并无明确的规定，从工商行政实务来看，通常要求：

1. 进行营业登记的企业或其他经济组织必须属于法律规定的范围。

2. 申请营业登记应当经其所隶属的企业法人或总公司或其他上级单位的批准，并由上级单位法定代表人或负责人签署登记申请书。

3. 应当有自己的名称和营业场所。

4. 有合法的经营范围。

5. 有明确的负责人。

个体工商户营业登记的一般条件包括：

1. 申请人属于法律规定可以从事个体工商业经营的人员。可以申请从事个体工商业经营的人员包括有经营能力的城镇待业人员、失业人员、农村村民以及国家政策允许的其他人员，如国家政策允许的城镇退休职工、离退休人员、停薪留职人员、下岗职工、侨居中国的外国公民等。

2. 申请人应当具有劳动能力。即申请人必须是年满16周岁以上的，具有从事工商业经营活动能力的人。

3. 采用个体经营方式。即经营者应当直接参与生产经营活动，雇佣人数一般不得超过8人。否则，应当申请私营企业登记。

4. 有一定数额的注册资金。注册资金的金额根据其所申请的经营规模、经营范围和经营方式等因素确定。

5. 符合法律规定的经营范围。根据有关规定，个体工商户可以从事的经营活动范围包括：工业、手工业、建筑业、交通运输业、商业、饮食业、服务业、修理业等。

6. 个体工商户所从事的生产经营活动属于按规定需要审批的，应当首先取得有关部门的批准。

符合上述条件的，应当予以核准注册。经核准注册后，应当发给营业执照。临时从事个体工商业经营的，或外地居民在本地经营的，可以发给临时营业执照。领取营业执照的个体工商户，成为合法的市场经营主体，可在登记的范围内从事市场经营活动。

三、工商登记管理机关

工商登记的登记机关是工商行政管理部门。根据申请登记的市场主体的类别、规模、隶属关系的不同分别由不同级别的工商行政管理部门进行登记。其中，经国务院或国务院授权部门批准的全国性企业、企业集团、经营进出口业务的企业，由国家工商行政管理部门登记注册。中外合资经营企业、中外合作经营企业、外资企业由国家工商行政管理局或国家工商行政管理局授权的地方工商行政管理局核准登记注册。全国性企业的子企业、经省级人民政府或其授权的部门批准设立的企业、企业集团、有进出口业务的企业，由省、自治区、直辖市工商行政管理部门核准登记注册。其他企业由所在市、县（区）工商行政管理局核准登记注册。

公司登记的登记机关也是各级工商行政管理部门，其中，国家工商行政管理局负责登记的公司包括：国务院授权部门批准设立的股份有限公司，国务院授权设立的投资公司，国务院授权投资机构或部门单独投资或者共同投资设立的有限责任公司，外商投资的有限责任公司，以及依照法律的规定或者按照国务院的规定应当由国家工商行政管理局登记的其他公司。省级工商行政管理局负责登记的公司包括：省级人民政府批准设立的股份有限公司，省级人民政府授权投资的公司，国务院授权投资的机构或者部门与其他出资人共同投资设立的有限责任公司，省级人民政府授权投资的机构或部门单独或者共同投资设立的有限责任公司，国家工商行政管理局委托登记的公司。其他公司的登记由市、县工商行政管理局负责进行。

非法人组织和个体工商户的营业登记事项一般由其所在市、县、区工商行政管理局负责进行。

四、工商登记事项

工商登记的登记事项根据登记的种类不同而有差别。一般企业法人登记的登记事项包括：企业法人的名称、住所、经营场所、法定代表人、经济性质、经营范围、经营方式、注册资金、从业人数、经营期限、分支机构等。公司登记的登记事项包括：公司名称、住所、法定代表人、注册资本、企业类型、经营范围、营业期限、有限责任公司股东或股份有限公司发起人的姓名和名称。

非法人组织的登记事项一般包括：组织名称、营业场所、负责人和经营范围等。个体工商户的登记事项包括：姓名、住所、经营场所、从业人数、注册资金、经营范围、经营方式等。

登记事项发生变更的应当办理变更登记手续。

五、工商登记程序

（一）申请与受理

企业法人营业登记一般由企业组建负责人向有管辖权的登记机关提出申请，独立承担民事责任的联营企业办理企业法人登记，由联营企业的组建负责人申请。申请时应当提交组建负责人签署的登记申请书、主管部门或审批机关的批准文件、组织章程、资金信用证明、验资证明或资金担保、企业主要负责人身份证明、住所和经营场所证明以及其他有关文件和证件。

申请有限责任公司设立登记，由全体股东指定的代表或者共同委托的代理人向公司登记机关申请设立登记，设立国有独资公司，应当由国家授权的投资机构或者国家授权的部门作为申请人申请设立登记。申请时，应提交以下文件：公司董事长签署的设立登记申请书，全体股东指定代表或共同委托代理人的证明，公司章程，具有法定资格的验资机构出具的验资证明，股东的法人资格证明或自然人的身份证明，载明公司董事、监事、经理姓名、住所的文件以及委派、选举或聘用有关人员的证明，公司法定代表人任职文件和身份证明，企业名称预先核准通知书，公司住所证明，法律、法规规定设立有限责任公司必须报经审批的，还应提交有关批准文件。

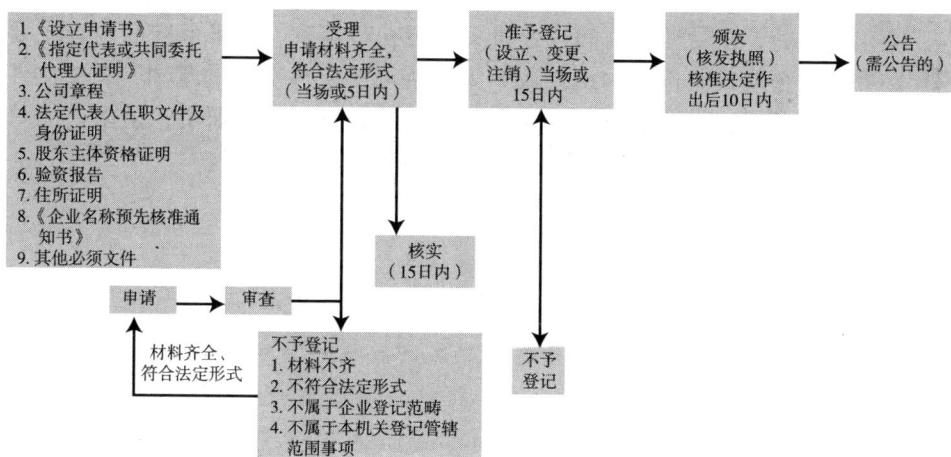

注:
1. 申请人到登记场所申请材料齐全、符合法定形式的予以受理。不需申请材料核实的，应当当场作出准予登记。
2. 通过邮寄方式提交的，自受理之日起15日内作出准予登记的决定。
3. 通过传真、电子数据交换、电子邮件等方式申请的，自收到原件之日起15日内作出准予（原件与受理人的申请材料一致）或不准予（原件与受理的申请材料不一致）登记的决定；未收到原件的，自发出《受理通知书》之日起60日内作出不予登记的决定。
4. 需要对申请材料核实的，自受理之日起15日内作出是否准予登记的决定。

有限责任公司登记注册工作程序流程图

　　申请股份有限责任公司设立登记，董事会应当于创设大会结束后 30 日内向公司登记机关提出申请。登记时，应当提交以下文件：公司董事长签署的设立登记申请书；国务院授权的部门或者省级人民政府的批准文件，募集设立的股份有限公司还应当提交国务院证券管理部门的批准文件；创立大会的会议记录；公司章程；筹办公司的财务审计报告；具有法定资格的验资机构出具的验资证明；发起人的法人资格证明或者自然人的身份证明；载明公司董事、监事、经理姓名、住所的文件以及委派、选举或者聘用有关人员的证明；公司法定代表人任职文件和身份证明；企业名称预先核准通知书，公司住所证明。公司经营范围中有法律规定必须报经审批的项目的，应当提交国家有关部门的批准文件。

　　非法人组织申请营业登记一般由该组织的上级单位提出申请，申请时应当提交上级组织法人代表或负责人签署的登记申请，有关上级组织法律地位的证明（如总公司的企业法人营业执照），营业场所的使用证明，登记机关要求的其他材料。

　　个体工商户申请营业登记的，由本人或户主提出申请，提交的文件包括：本人或户主提出的申请书，申请人及从业者的身份证明，申请人待业或不在业状况证明，户籍证明等，从事的生产经营活动应经国家事先批准的，应当提交国家有关部门的批准文件。

　　申请提出后，由受理申请的登记机关进行初步审查，初步审查的内容主要是申请登记的企业或其他社会组织或个人是否属于应当登记的范围，有关文件和手续是否齐备等，经初步审查符合条件，发给企业登记注册书，由申请人填写后，连同其他申报材料，报登记机关，登记机关方予以受理。

```
┌──────────────┐      ┌──────────────┐      ┌──────────────┐
│ 受理         │      │ 准予登记     │      │ 核准（核发） │
│ 申请材料齐   │ ──→  │（设立、变更、│ ──→  │ 执照         │
│ 全，符合法   │      │ 注销）当场或 │      │ 核准决定作   │
│ 定形式（当   │      │ 15日内       │      │ 出后10日内   │
│ 场或5日内）  │      │              │      │              │
└──────────────┘      └──────────────┘      └──────────────┘
                                                    │
                                                    ↓
┌──────┐   ┌──────┐   ┌──────────────┐      ┌──────────────┐
│ 申请 │──→│ 审查 │   │ 核实（15     │      │ 公告         │
└──────┘   └──────┘   │ 日内）       │      │（需公告的）  │
                      └──────────────┘      └──────────────┘

 材料齐全、          ┌──────────────┐      ┌──────┐
 符合法定形式        │ 不予受理     │      │ 不予 │
                     │ 1. 材料不齐  │      │ 登记 │
                     │ 2. 不符合法定形式      └──────┘
                     │ 3. 不属于企业登记
                     │    范畴
                     │ 4. 不属于本机关登
                     │    记管辖范围事项
                     └──────────────┘
```

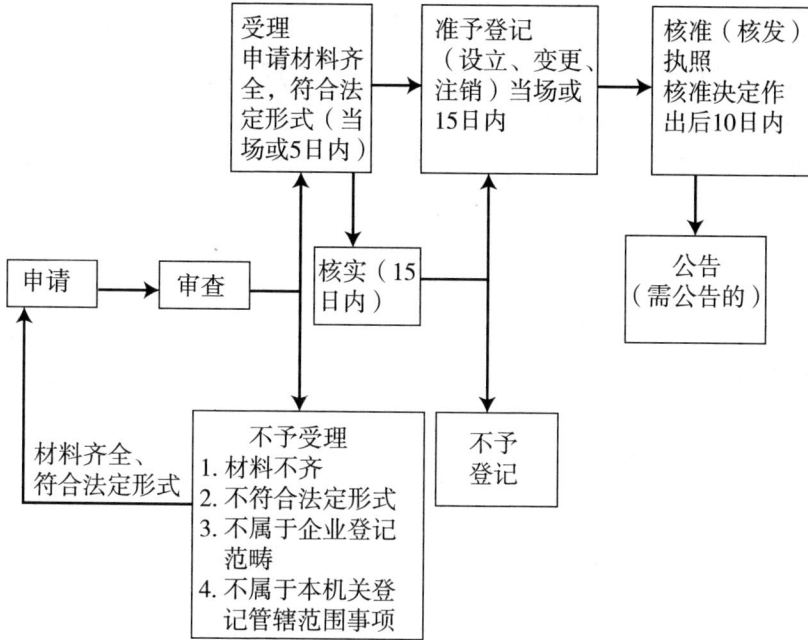

个体工商户登记注册工作程序流程图

（二）审查

登记机关审查的内容主要包括两个方面：①申请人提交的材料是否真实、合法、有效。如批准文件是否由有权批准的机关作出，是否为伪造，是否在有效期内，有关证明文件是否真实，申请企业是否对有关经营场所享有土地使用权或其他权利，资金的来源是否合法，是否为企业的自有资金，企业章程是否合法等。②申请登记的企业、其他组织或个人是否具备法律规定的应予注册登记的各项条件。即在审查、核实以上材料的基础上，根据法律的有关规定，判断申请人是否符合法律规定的登记条件。不符合登记条件的，不予核准。

（三）核准

经审查符合核准注册条件的，应当作出核准通知书，通知申请人已经核准注册；不符合条件的，也应及时通知申请人。

（四）发照

经审查核准的，登记机关应通知申请人本人、法定代表人或其他负责人领取营业执照。申请登记的企业法人或公司即告成立，并取得实际的营业权，申请人可以凭营业执照刻制印章，开立银行账户，申请纳税登记，并开业从事登记范围内的生产经营活动。

企业法人、非法人组织或个体工商户需要变更登记事项，须到原登记机关办理变更登记。企业法人、非法人组织或个体工商户因法定事由需要终止营业的，应依法办理注销登记手续。注销登记后，其作为市场主体的资格也因此而丧失。

实践一下！

看一看现实中的营业执照

我要复习！

通过下面的归纳，让我们来复习一下。

工商登记 ⎰ 企业登记 ⎰ 企业法人登记
⎱   ⎱ 非企业法人营业登记
         ⎱ 个体工商户营业登记

工商登记程序：

申请与受理 ⟹ 审查 ⟹ 核准 ⟹ 发照

工商登记的登记机关是工商行政管理部门。

学习单元三　特殊市场准入制度——审批许可制度

一、审批许可的分类

审批许可制度，是指由国家有关部门对社会成员直接或设立企业和其他类型的经济组织进行特定的生产经营活动进行审查，在符合法律规定的情况下，准许其进入某种市场，从事生产经营活动的一种市场准入制度。

准入审批制度根据其适用对象的不同有两种类型：一为个人进入特殊市场的准入审批制度；二为企业设立审批和营业许可制度。审批制度作为一种特殊市场准入制度，它仅适用于意图进入市场，从事某种特别类型的生产经营活动的组织和个人。其存在之所以必要，是因为某些市场经营活动与社会公共利益的关系极大，需要国家进行比一般企业更为严格的管理和控制。

根据申请人要求进入的市场类型不同，国家有关部门可以采取不同的批准许可方式，从现行立法的规定来看，批准许可的方式有三种类型：①立法特许。即由国家立法或行政机关根据有关部门或人员的请求，对设立某一市场主体从事特定类型的市场经营活动进行审查，并在此基础上，通过发布法规，设立该市场主体。立法特许属于特许设立的一种形式，在现代各国普遍运用较少，除非对国民经济和社会公共利益有特别重大影响的市场经营机构，否则，不采用这种方式设立。在我国，各种国家专业银行就是通过立法特许的方式设立的。②专项批准。即由国家有关部门对设立企业从事特定市场经营活动进行审查，并作出行政决定，批准其设立的行为。专项批准由国家有关部门根据相关当事人的申请，就设立企业的行为进行特别审查，以确定是否批准。通常以行政批文的形式作出。③通过颁发许可证的方式许可。即国家有关机关就设立从事批准许可范围内经营活动的企业或对现有企业要求从事许可范围内的生产经营活动的申请进行审查，在认为符合条件时，由审批机关颁发许可证，准许其从事该范围内的生产经营活动的行为，这是目前使用最普遍的一种形式。

根据审批许可内容不同，可将其分为设立审批和经营许可审批两类。设立审批所针对的是设立法律规定需要履行审批手续的企业或其他经济组织的行为而进行的。企业设立行为本质上是一种私法上的商事行为，无须经过国家的特别许可，但如果发起人决定设立的企业从事依法需要国家审批许可才能经营的业务，那么，如果不事先办理审批手续，便可能产生设立后不能从事拟订生产经营活动的后果，这样势必会造成资源的严重浪费。因此，对于政府来说，应当允许企业在筹建之前或筹建过程中申请国家批准或许可；对于发起人来说，他们也应当享有这种权利。经过批准而设立的企业，在设立后一般便取得从事审批范围内的生产经营活动的权利。经营许可审批，即已经设立的市场主体，为从事法律规定需要经国家许可才能经营的业务而申请国家有关部门予以批准和许可的行为。例如，非药品生产经营的企业要求从事药品生产经营的，可以向卫生行政部门申请许可，经批准后，便取得从事药品生产经营活动的权利。

二、审批许可的适用范围

审批许可制度主要适用于从事特定类型的生产经营活动。根据2004年7月1日实施的《行政许可法》的规定，对下列事项可以设立行政许可：①直接涉及国家安全、公共安全、经济宏观调控、生态环境保护以及直接关系人身健康、生命财产安全等特定活动，需要按照法定条件予以批准的事项；②有限自然资源开发利用、公共资源配置以及直接关系公共利益的特定行业的市场准入等，需要赋予特定权利的事项；③提供公众服务并且直接关系公共利益的职业、行业，需要确定具备特殊信誉、特殊条件或者特殊技能等资格、资质的事项；④直接关系公共安全、人身健康、生命财产安全的重要设备、设施、产品、物品，需要按照技术标准、技术规范，通过检验、检测、检疫等方式进行审定的事项；⑤企业或者其他组织的设立等，需

要确定主体资格的事项；⑥法律、行政法规规定可以设定行政许可的其他事项。尽管行政许可法的规定是就设立行政许可的一般情况而作出的，但是，其对经济领域中行政许可的设定同样适用，在经济领域，市场主体所从事经营活动，也可能涉及以上各种需要设立许可的情形。例如，对食品生产经营实行审批许可制度，主要是基于食品与人民身体健康和生命安全的直接关系；对从事土地开发经营实行审批许可制度，则主要是因为其资源的有限性以及这种活动对公共利益的密切关联性；对从事公共交通、能源供应、医疗服务等经营活动实行审批许

可，则属于上述第三类情形，主要是基于这些活动本质上属于公共服务，并且直接关系公共利益；对锅炉压力容器等使用实行许可审批，则属于第四类情形，因为这些设备直接关系到公共安全和人身健康、生命财产安全等。

　　审批许可的具体项目，由国家立法机关、行政机关或省级立法、行政机关根据上述范围通过法律、行政法规以及地方法规或规章确定。其中，省级人民政府以规章形式只能设定临时性的行政许可，临时性的行政许可实施满一年需要继续实施的，应当提请本级人民代表大会及其常委会制定地方性法规。公民、法人从事的市场经营活动，依法应当事先取得许可的，应当按照有关审批许可程序，事先取得批准、许可，取得批准、许可后，其所从事的生产经营活动，才能获得法律的保护。否则，国家有关部门有权依法予以取缔。

实践一下！

根据以上所学知识，判断以下企业的设立是否要进行许可。

1. 危险化学品的制造、存储、经营企业 ☐

2. 营业性射击场和制造、销售弩及营业性射击场开设弩射击项目 ☐

3. 银行业金融机构 ☐

4. 非银行金融机构 ☐

5. 广播电视节目及电视剧制作 ☐

6. 经营性测绘业务 ☐

7. 特种设备制造与经营 ☐

8. 文物经营企业 ☐

9. 境外可利用废物经营 ☐

三、审批许可管理机构

　　审批许可机构根据市场主体经营的商品服务类别的不同而有差别。从事药品生产经营的，由卫生行政部门负责审批；金融业经营机构的设立，由中国人民银行负责审批；从事证券业务的，由证监会审批；设立外商投资企业的，由对外经济贸易行政管理部门审批；从事文物经营的，由文物管理部门审批；从事计量器具生产、修理的，由技术监督行政管理部门审批；从事食品生产经营的，由卫生行政部门审批；从事烟草业经营的，由烟草专卖行政管理部门审批等。

四、审批许可的条件

审批过程中，国家有关部门将根据申请人申请从事的生产经营活动的内容或设立企业的性质不同，按照不同的条件进行审查。例如，开办药品生产经营企业，审查的内容主要包括拟从事药品生产经营的企业是否具有与所生产的药品相适应的技术人员、技术工人、厂房、设施和卫生环境，是否具备检验机构、人员和必要的仪器设备等。设立中外合资企业，主要审查拟设立的中外合资企业是否采用先进的技术设备和科学的管理方法；是否能够增加产品的品种，提高产品的质量；是否有利于节约能源和原材料；是否有利于企业技术改造；是否有利于扩大产品出口，增加外汇收入；通过中外合资是否有利于培训技术人员和经营管理人员；是否有损中国主权，违反中国法律；是否符合中国经济发展的要求；是否会造成环境污染；合营各方签订的协议、合同、章程是否显属不公，损害合营一方的权益等有关各种具体市场经营主体的设立审批条件。

五、审批许可的效力

国家有关部门对市场主体从事特定的生产经营活动的审批许可，是国家机关行使许可权的行为。无论是立法特许、专项审批，还是许可证的颁发都说明国家已经认为拟设立或已经存在的企业或其他经济组织符合从事特定市场经营活动的条件，从而允许其从事此方面活动。审批许可后，设立相关企业的行为以及从事特定范围内的生产经营活动的行为，便成为一种合法的行为。获得批准许可而设立的市场主体或者获得批准许可经营的市场主体便有权从事批准许可范围内的生产经营活动。但这并不因此而使它们取得市场经营主体资格，要获得市场主体的资格，还必须符合作为市场主体的必须具备的其他条件。实际上，在许多情况下，获得批准后相关企业的筹建工作才开始进行，企业本身仍不存在，或正在筹建之中，根本没有从事市场经营活动的基本条件，不可能是合格的市场主体。另一方面，一些企业本来就已经存在，是合法的市场主体，为了扩大经营范围，申请从事需要审批许可才能经营的业务。很明显，审批许可程序不同于工商登记程序，审批的后果是使某一市场主体获得从事某类特殊生产经营活动资格，而非作为市场主体的一般资格。

我要复习！

1. 在我国，批准许可的方式有三种类型，即（A）立法特许、（B）专项批准和（C）通过颁发许可证的方式许可。根据以下所学知识，判断下列企业的设立或经营采用什么样的批准许可？

（1）国有银行的设立（　　）

（2）网络、有线电视、电信业务的经营（　　）

（3）危险物品的运输业务（　　）

（4）勘察设计院的设立（　　）

解析：（1）A。（2）B。（3）C。（4）C。

2. 审批许可能否代替工商登记？

解析：不能。获得批准许可只是说明将来该主体便有资格从事批准许可范围内的生产经营活动，并不因此而具有市场经营主体资格，要获得市场主体的资格，还必须符合作为市场主体的必须具备的其他条件，并办理工商登记。实际上，在许多情况下，获得批准后相关企业的筹建工作才开始进行，企业本身仍不存在，或正在筹建之中，根本没有从事市场经营活动的基本条件，不可能是合格的市场主体。

我的笔记

第六章

我国企业运行中的国家干预法律制度

导　学

企业的逐利性与市场经济的自由性决定了企业在运行中可能产生的盲目性，如果无限放任，即可能导致市场的无序状态，为了克服企业在市场中的盲目性，维护公共利益，构建企业运行中的国家干预法律制度已成为历史的必然；掌握企业运行中国家干预法律制度产生的历史背景、国家干预法律制度与企业自主经营的关系以及我国企业运行中的国家干预法律制度的内容。

学习内容

学习单元一　企业治理结构的国家干预法律制度

一、对国有企业的治理结构进行特别干预

《全民所有制工业企业法》第44条　厂长的产生，除国务院另有规定外，由政府主管部门根据企业的情况决定采取下列一种方式：①政府主管部门委任或者招聘。②企业职工代表大会选举。

政府主管部门委任或者招聘的厂长人选，须征求职工代表的意见；企业职工代表大会选举的厂长，须报政府主管部门批准。

第55条　政府或者政府主管部门依照国务院规定统一对企业下达指令性计划，保证企业完成指令性计划所需的计划供应物资，审查批准企业提出的基本建设、重大技术改造等计划；任免、奖惩厂长，根据厂长的提议，任免、奖惩副厂级行政领导干部，考核、培训厂级行政领导干部。

按照《全民所有制工业企业法》的规定，国家对国有企业治理结构的特别干预，主要表现在三个方面：①在企业内部组织机构的产生问题上，政府或政府主管部门拥有最终决定权。按照规定，不仅政府或政府主管部门可以直接委派企业的厂长（或者经理，下同），而且，即便是职工民主推选的厂长人选，亦

需政府或政府主管部门批准，同时，政府或政府主管部门还对副厂级行政系统的领导人拥有一定的决定权。②在企业内部组织机构的构成方面，立法确认了厂长、职工代表大会和党委共存于一体的体制。厂长负责生产经营决策；职工代表大会对有关职工生活福利的重大事项以及其他与职工利益密切相关的重大问题享有决定权；党委则对国家的路线、方针和政策在企业中的贯彻、实施实行保证、监督。这种将

> **建议**
>
> 对国有企业的治理结构进行必要的干预的必要性在于：便于国家对市场的宏观调控；便于监控国有资产；便于国有企业尽社会责任。

职工代表大会和党组织作为企业机构的制度安排，旨在推动企业承担并实现对劳动者的社会责任，以及在企业中切实贯彻国家的意志。③在企业内部组织机构的权限问题上，立法给予了多方面的限制，旨在为政府或政府主管部门干预企业运行留下余地或提供依据。其突出体现，是确认了政府或政府主管部门对企业决策的参与体制，诸如企业的计划决策权、人事任免权、奖惩权等基本权限均由政府或政府主管部门与厂长分享。

按照《公司法》的规定，国家对全部资本属国家所有的公司治理结构的特别干预，主要体现在两个方面：①实行职工董事制度。按照规定，两个以上的国有企业或者两个以上的其他国有投资主体投资设立的有限责任公司，其董事会成员中应当有职工代表；国有独资公司的董事会成员中也应当有职工代表。与此不同，其他有限责任公司的董事会成员中是否有职工代表，由公司自行决定。②对国有独资公司的决策权进行限制。按照规定，国有独资公司由国务院或者地方人民政府授权本级人民政府国有资产监督管理机构履行出资人职责；国有资产监督管理机构行使股东会职权，也可授权董事会行使股东会的部分职权，决定公司的重大事项，但公司的合并、分立、解散、增加或者减少注册资本和发行公司债券，必须由国有资产监督管理机构决定，其中重要的国有独资公司合并、分立、解散、申请破产的，应当由国有资产监督管理机构审核后，报本级人民政府批准。

二、对多数决定原则进行限制

> 《公司法》第 106 条　股东大会选举董事、监事，可以依照公司章程的规定或者股东大会的决议，实行累积投票制。
>
> 本法所称累积投票制，是指股东大会选举董事或者监事时，每一股份拥有与应选董事或者监事人数相同的表决权，股东拥有的表决权可以集中使用。

一股一权和资本多数决是传统公司法上的两项基本原则。一股一权体现了股东在参与公司法律关系时，权利享有的平等，实现了风险负担与出资额及公司决策之间的比例性平等，反映了公司资合性的本质要求。资本多数决以股东所持股份的多少来决定表决权的多少，通过表决权的多数决定公司决议，其以一股一权为基础，是对风险负担的合理分配，体现了股东的平等要求和少数服从多数的民主原则，对平衡股东间的利益冲突、使公司快速有效地形成决策、保护和刺激股东的投资热情具有重要意义。但是，资本多数决原则合理运作的前提是股东间利益的一致性，在公司的实际运行中，股东间尤其是大股东与中小股东之间不可避免地存在利益冲突，此时，一股一权和资本多数决，反而为大股东谋求个人利益、损害公司及中小股东的利益提供了"合法"的手段，造成拥有多数权利意味着拥有了全部权利，拥有少数权利意味着没有权利的结果，放大了股份平等下表决权作用力之差异而导致的股东地位失衡，用表决过程的程序性公平掩盖了表决结果的实质不公。因此，一些国家的立法对多数决定原则作了限制，一旦多数决定侵犯股东的股权，受害股东得请求法院解散公司、请求法院对不当行为进行干预或者请求法院指定审计人对公司进行审计，甚至可以提起派生诉讼。我国《公司法》第152条对股东派生诉讼作出了规定："董事、高级管理人员有本法第150条规定的情形的，有限责任公司的股东、股份有限公司连续180日以上单独或者合计持有公司1%以上股份的股东，可以书面请求监事会或者不设监事会的有限责任公司的监事向人民法院提起诉讼；监事有本法第150条规定的情形的，前述股东可以书面请求董事会或者不设董事会的有限责任公司的执行董事向人民法院提起诉讼。监事会、不设监事会的有限责任公司的监事，或者董事会、执行董事收到前款规定的股东书面请求后拒绝提起诉讼，或者自收到请求之日起30日内未提起诉讼，或者情况紧急、不立即提起诉讼将会使公司利益受到难以弥补的损害的，前款规定的股东有权为了公司的利益以自己的名义直接向人民法院提起诉讼。"

实践一下！

设某公司拟选5名董事，公司股份共100股，股东20名，其中2名大股东共持有51股，其他18名小股东共持有49股。若按通常的投票方法，则2名大股东就可使他们如意的5名董事人选全部当选，每名人选得51票。若实行累积投票法，则每股表决权是5个，两名大股东总计表决权为255个，其他小股东245个，这时，小股东们便有可能使自己如意的2名董事人选当选，1名得122票，1名得123票，而大股东只能选上3名自己的董事。

另外，随着现代公司权力由股东会向董事会的转移，谁掌控了董事会就意味着能够通过董事会来影响公司的一般营运与业务执行，最大限度地实现自己的意志。董事会或监事会的成员均由股东大会选举，并依资本多数决原则进行表决，这无疑也为大股东滥用资本多数决打开了方便之门。中小股东由于所持股份较少，难以选出自己的代表参与公司的经营管理并对公司管理层进行有效监督，沦为了大股东转嫁风险或获取利益的对象。为了解决这一问题，公司法引入了一项新的制度，即累积投票制。

累积投票制（Cumulative voting）是指股东在股东大会选举董事或者监事时，其所持的每一股份都拥有与股东大会拟选举的董事或者监事数量相等的投票权，股东既可以把全部投票权集中选举一人，亦可分散选举数人，最后按得票多少决定当选董事或监事。实行累积投票制，一方面可以增大中小股东赢得董事席位、参与公司经营管理的机会，有利于提高中小股东投资的积极性，降低其投资风险；另一方面可以协调股东间的利益关系，防止大股东滥用权力，为图私利而损害公司的利益，并可发挥董事会内部的平衡与制约作用，实现管理的民主化。

三、对充任企业机构的自然人的任职资格进行限定

> 《全民所有制工业企业厂长工作条例》第 8 条　厂长应当具备以下条件：①有从事社会主义建设事业的革命精神，能坚持企业的社会主义经营方向；②熟悉本行业生产业务，懂得有关的经济政策和法律、法规，善于经营管理，有组织领导能力；③廉洁奉公，联系群众，有民主作风；④大中型企业的厂长一般应当具有大专以上文化水平，小型企业的厂长一般不应低于中等文化水平，或者通过国家厂长考试，成绩及格；⑤身体健康，能适应工作的需要。

1986 年 9 月国务院发布的《全民所有制工业企业厂长工作条例》对厂长的政治、业务、思想品质、文化、身体等各种条件作了全面要求。《公司法》本着维护公司和股东利益、确保交易安全的精神，对公司董事、监事、高级管理人员的任职资格作了规定，比如《公司法》第 70 条规定："国有独资公司的董事长、副董事长、董事、高级管理人员，未经国有资产监督管理机构同意，不得在其他有限责任公司、股份有限公司或者其他经济组织兼职。"这些限定，意味着企业机构的组成人员并非当事人完全自由决定的事项，尽管它们可被视为经营企业的当然要求，然而其所包含的公共政策及为实现公共政策而进行国家干预的取向，才是最为基本的和主要的应有之义。

> ⌛ **思考**
>
> 　　请思考一下，为什么要对国有企业的治理结构进行特别干预？如何干预？
>
> 　　**解析**：分析要点：①国有企业的投资者是国家；②一般的国有企业都涉及国计民生，其经营状况都国家社会有重大影响。
>
> 　　干预方式有三种：①在企业内部组织机构的产生问题上，政府或政府主管部门拥有最终决定权。②在企业内部组织机构的构成方面，立法确认了厂长、职工代表大会和党委共存于一体的体制。③在企业内部组织机构的权限问题上，立法给予了多方面的限制，旨在为政府或政府主管部门干预企业运行留下余地或提供依据。

学习单元二　企业生产经营活动的国家干预法律制度

　　企业的经营活动是指企业以营利为目的，直接面向市场所进行的物质产品生产和劳务提供活动，不包括企业内部组织机构的运作以及企业的变更、终止和资产重组等行为。

　　企业生产经营活动是企业运行中的国家干预法律制度发生作用最为明显、最为直观和最为重要的领域。可以说，我国经济法所构建的基本法律制度，都直接或间接地对企业的生产经营活动发生着干预作用。

一、企业越权效力的认定

> 　　《民法通则》第92条　没有合法依据，取得不当利益造成他人损失的，应当将取得的不当利益返还受损失的人。

　　在国外公司法中，公司超越其组织章程，从事经营范围以外的活动，即为越权（Ultra Vires）。对于这种越权，法律赋予其无效的后果，此即公司法上的越权原则（Doctrine of Ultra Vires）。越权原则起源于19世纪的英国，后被许多国家所接受。其确立的宗旨主要有二：一是保护公司股东的利益；二是保护公司投资债权人（即公司债券购买者）的利益。在立法者看来，公司股东抑或投资债权人都是在对公司的经营目的有了正确认识后才决定向公司投资的，他们不应承担公司越权所带来的投资风险。从这个宗旨可以看出，越权原则所追求的主要是公平，即公司股东和投资债权人对公司经营风险分担的公平。然而，随着时间的推移，越权原则不仅严重地损害了效率，而且其本身所追求的公平也难以真正付诸实现。原因在于：①越权原则给社会交易带来了极大的不便。对公司而言，它要求其严格按照章程规定的经营范围开展业务活动。若意欲从事经营范围之外的活动，则必须修改章程，办理变更登记后始得为之。这无疑增加了公司的交易成本，也往往使公司失去良好的商业机会。对公司的交易相对人而言，这一原则要求他们知悉公司章程的内容，为避免交易的无效，交易相对人在与公司交易前须认真研读公司章程，若未这样做或对公司章程有误解，都将推定为有过错并将承担相应的责任。这对公司交易相对人而言显然是不便的。②越权原则往往成为公司规避义务的工具。按照越权原则，公司一旦发现某项交易可能对自己带来不利后果时，便可援引越权原则逃避由此所生之债务和责任。③越权原则对股东确有一定的保护作用，但对公司的投资债权人却难以发挥切实的保护功能。因为股东在法律上有权阻止公司的越权交易，必要时还可代表公司进行诉讼，请求法院宣布越权交易无效；而公司的投资债权人无权参加公司管理，无法阻止公司的越权交易，也难以避免公司越权交易所带来的风险。④有的公司章程制订者为避免公司越权，方便公司交易，常使公司章程的目的条款变得笼统、含糊，这就使得越权原则在很大程度上失去了其存在的价值。⑤越权原则对公司的交易相对人有失公正。越权原则将公司越权的部分责任强加给交易相对人，甚至公司只要将章程公告，即可视为已向交易相对人履行了告知义务，交易相对人事实上对公司的经营范围一无所知亦不能免责。

正是因为越权原则的种种弊端，20世纪60年代开始，许多国家都对其进行了改革。一方面对公司的目的作放宽解释，只要公司董事认为某项业务有利于公司，且法律上并无明文禁止，从事该业务就不会导致公司越权；另一方面，强化对善意相对人的保护，放弃推定与公司从事交易的人已经了解到公司目的条款的理论，除非公司能证明交易相对人在与公司交易中确实知道公司的目的条款或者有恶意，否则，不会轻易支持公司提出的越权交易无效的主张。

我国越权无效的观念源于高度集权的计划经济体制。在这种体制下，国家为了落实经济计划，对各个企业都划定了经营范围，超经营范围经营不仅对国家的管理权威构成威胁，而且将使国家制订的经济计划指标难以落实，因此，超经营范围交易自然无效。显然，这种理念已经与市场经济的自由思想相冲突，也与目前世界上的通行做法相违背。

我国新修订的《公司法》已删除"公司应当在登记的经营范围内从事经营活动"的规定，意在防止以越权无效来对抗善意第三人。作出这一修改后，更有利于保护交易安全。但《民法通则》第42、49条，《全民所有制工业企业法》

第16条,《企业法人登记管理条例》第13、30条等,仍有企业必须在核准登记的范围内从事经营活动的规定。这是在新形势下对企业运行干预过多的体现,有必要进行相应的改革。

二、法人人格否认制度的确立

> 《公司法》第20条   公司股东应当遵守法律、行政法规和公司章程,依法行使股东权利,不得滥用股东权利损害公司或者其他股东的利益;不得滥用公司法人独立地位和股东有限责任损害公司债权人的利益。
>
> 公司股东滥用股东权利给公司或者其他股东造成损失的,应当依法承担赔偿责任。
>
> 公司股东滥用公司法人独立地位和股东有限责任,逃避债务,严重损害公司债权人利益的,应当对公司债务承担连带责任。

法人人格否认或公司人格否认是外国公司法上的一项重要制度,是指在具体的法律关系中,基于特定的事由,否认企业法人(或公司,下同)的独立人格,并在此基础上重新配置义务和责任的法律制度。其适用的结果通常是使股东对企业法人的债务承担无限责任,或者撇开企业法人的存在使股东承担公法义务;在某些场合则不考虑企业法人和股东各自的独立人格,使企业法人承担股东的责任,如,股东将其可用于偿债的财产转移至企业法人名下,便有可能产生企业法人对其股东的债务承担责任的情形。在英美法系国家,该制度又被称为"刺破公司面纱"(Piercing Corporate Veil)。在一些大陆法系国家,该制度有时被称为"直索"(即直接向股东追索)。法人人格否认并不意味着对法人人格予以永久剥夺,其效力仅限于特定的法律关系中;法人的独立人格在个案中被否认,并不影响法人在其他法律关系中的独立人格。因此,法人人格否认的效力是对人的,而非对世的。此点使得它区别于法人的撤销或强制解散。

> ## ❓ 知识扩展
>
> 公司人格否认的情形:
>
> 1. 公司资本不充足。实践中公司法人人格的利用者常采取虚假出资与抽逃出资的方式,滥用公司人格,损害债权人利益。
>
> 2. 利用公司法人人格规避合同义务。① 以逃避债务为目的,转移资产,终止原公司,另设新公司实现逃债目的,属典型的滥用公司法人人格的行为。② 利用债权人对公司人格的信赖,以公司为工具,在交易中骗取利益。③ 规避契约上的不作为义务。

　　3. 利用公司法人人格规避法律义务。① 利用公司法人资格规避公司法：如为规避竞业禁止义务而作为控股股东另设公司从事竞业交易等规避公司法的行为。② 利用公司法人资格规避税法：股东滥用公司人格，通过利润价格转移，恶意破产等手段达到逃避税收目的。③ 利用公司法人资格规避执行法，为逃避执行设公司，将个人财产转移至公司，其目的在于逃避执行。

　　4. 公司法人人格形骸化。① 公司人格混同：公司与股东或公司与其他公司之间已混为一体，如实践中一套人马，两块牌子情形属人格混同，以及组织机构重合统一。② 公司财产混同：公司营业场所、主要设施、公司资本、公司财产利益一体化，互相混合使用无法分开。③ 公司业务混同：公司与股东或公司与其他公司从事相同业务，公司的交易行为及交易价格无法独立掌控；交易资金、公司业务无真实或连续记录，公司在外观上丧失独立性。

　　法人人格否认是为了克服法人人格独立及由此所决定的法人责任独立（或者说法人的股东的有限责任制）的弊端而出现的一项制度。进言之，法人人格独立所要求的股东有限责任制使股东的投资风险得以减轻，不至于像负无限责任的投资者那样因投资设立和经营企业而使其其他财产受到牵连，因而可以鼓励投资积极性，繁荣社会经济。但另一方面，法人人格独立及其相应的制度安排也为股东滥用法人人格，谋取法外利益提供了可能。法人人格否认正是在承认法人人格独立的前提下，促使股东在生产经营活动中正确运用法人独立人格，杜绝利用法人独立人格损人利己，真正实现法律应有的公平、正义价值与实效的制度。显然，法人人格否认制度反映了国家对股东自由意志的干预。在国外，法人人格否认适用的情形是较为广泛的，主要包括利用企业法人规避法律、利用企业法人规避合同或侵权责任、利用企业法人转移资产以逃避强制执行、企业法人与股东的人格混同、股东对企业法人非法过度控制等。应当说，股东将企业法人作为谋取法外利益的工具进行经营的上述做法，在我国现实生活中已相当普遍。而且，近年来我国经济生活中还呈现出一些市场经济发达国家所没有或鲜见的滥用公司人格的现象。如，利用公司签订合同以骗取预付款；国有企业的领导人员或其亲信设立私营公司，由私营公司低价购进商品，高价售予国有企业，使国有企业的资金不断进入私营公司名下，导致国有资产流失；一些人为利用国家对外商投资企业的优惠待遇，热衷于将自己的企业变换为外商投资企业，但并不注意经营机制的转换，甚至虚拟外方股东和外方出资，搞假合资、假合作或假外资企业。

　　为了防止和处理滥用法人人格谋取法外利益的行为，我国新修订的《公司法》第20条增加了法人人格否认制度的规定，即公司股东滥用股东权利给公司或者其他股东造成损失的，应当依法承担赔偿责任；公司股东滥用公司法人独立地位和股东有限责任，逃避债务，严重损害公司债权人利益的，应当对公司债务承担连带责任。

> **思考**
>
> 　　2010年1月18日，A经工商局核准登记成立。据工商局登记材料记载，A是B公司出资500万元设立的有限责任公司，B公司是A公司唯一股东。同年4月、7月，A公司与C公司先后签订了两份淀粉买卖合同，货款总额64万元。合同签订后，C公司依约履行了供货义务，A公司收到淀粉后也先后向C公司支付了货款20万元。2011年6月19日，C公司以A公司未按约定付清货款为由向法院起诉，要求A公司支付淀粉货款44万元及逾期付款违约金；以B公司的财产与A公司的财产混同为由，要求B公司对上述债务承担连带清偿责任。B公司应诉后认为，A公司是依法成立的有限责任公司，B公司只是A公司的股东，根据公司法及相关法律的规定，股东以出资额为限对公司承担责任，B公司已经履行了出资义务，不应对A公司的债务承担责任。
>
> 　　**提示**：根据《公司法》第64条"一人有限责任公司的股东不能证明公司财产独立于股东自己的财产的，应当对公司债务承担连带责任"的规定，对于财产独立之事实的证明，适用举证责任倒置来分配举证责任，即只要与一人有限责任公司发生纠纷的相对人提出法人人格否认的主张，股东就要对公司财产是否独立于其财产承担绝对的举证责任，只要股东不能证明其财产独立于公司财产的，便要对公司债务承担连带责任。

学习单元三　企业变更和终止的国家干预法律制度

　　与企业的设立一样，企业的变更和终止不仅涉及企业及其出资者的自身利益，而且对社会公共利益乃至国家利益也会产生直接和间接的影响。因此，企业的变更和终止不应是完全由当事人自由决定事项，而应当同时接受国家干预的制约。在某些极端的场合（如企业因违法而被政府或政府主管部门责令撤销），国家干预还呈现出绝对的权威性。依我国现行法，国家对企业变更和终止的干预，主要体现在以下几方面：

一、对部分企业的变更和终止实行行政许可

这在我国社会主义市场经济体制确立前后的企业法中都有体现，如，《全民所有制工业企业法》规定，企业合并或者分立，依照法律、行政法规的规定，由政府或者政府主管部门批准（第18条）。《中外合资经营企业法实施条例》规定，在下列情况下，应由董事会提出解散申请书，报审批机构批准（第102条）：企业发生严重亏损，无力继续经营；合营一方不履行合营企业协议、合同、章程规定的义务，致使企业无法继续经营；因自然灾害、战争等不可抗力遭受严重损失，无法继续经营合营企业未达到其经营目的，同时又无发展前途；等等。此外，《中外合作经营企业法》（第7条）及其《中外合作经营企业实施细则》（第48条）、《外资企业法》（第10条）及其《外资企业法实施细则》（第75条）亦有类似规定。对企业变更和终止实行行政许可，其主要目的，在于保证企业的活动符合国家利益和社会公共利益，尤其是符合国家的产业等政策。当然，本着有利于公司按照市场的情况，根据效率的原则运行的考虑，我国现行《公司法》放松了对公司变更和终止的行政管制，没有对公司变更和终止的行政许可作出专门规定。

二、对企业的变更和终止实行登记管理

企业变更和终止应向企业登记主管机关办理登记，这是我国企业法的一项基本要求。为使企业登记管理有所依据，我国先后发布了《企业法人登记管理条例》、《公司登记管理条例》等专门规范。同时，立法还确立了企业的年度检验和证照管理制度，从而使企业的登记与管理更紧密地结合起来，并使登记管理经常化。对企业的变更和终止实施登记管理，其主要目的在于确立企业的主体资格（诸如企业合并、分立等变更可能产生新的企业），向社会公众公示企业的基本情况以确保交易安全，同时使登记机关及时掌握社会经济生活中企业的构成及各个企业的状况，从而为制定国民经济和社会发展规划、进行工商管理和宏观经济调控提供依据。

三、引导企业实现资源优化配置

资源优化配置是指按效用最大化原则组合多种资源。经济发展的历史表明，市场是实现资源优化配置最有效的手段，然而，这并不意味着国家在促进资源优化配置方面是无能为力的，在确保市场对资源配置发挥基础作用的同时，保留适度的国家干预，可避免资源的低效配置和浪费。为此，我国企业法对企业的变更和终止规定了一些引导措施，以适应资源优化配置之需，进行产业结构、产品结构和企业组织结构的调整。我国有关法规中关于产品不符合国家产业政策或无市场销路的企业实行转产的规定，对转入国家急需发展的产业的企业给

予减免所得税的规定，即为此种引导的体现。

四、预防企业利用变更和终止形成垄断

企业的变更和终止在很多情况下都涉及企业资产的重组问题。在没有外在力量制约的条件下，企业变更和终止的结果，往往是社会资源集中度的提高。这种资源集中度的提高有利于形成企业的规模优势，取得规模经济的效果。但是，资源的过度集中又会造成市场集中度的不适当提高，从而形成垄断势力，限制、排斥竞争。因此，早在 20 世纪 80 年代初期及中期，我国在有关推动联合，保护竞争的规定中，便提出了既要推动企业联合，允许甚至鼓励企业通过兼并、组建企业集团等方式实现合并，又要反对过大规模的企业合并，防止经济力过度集中的垄断企业产生的思想。企业法中关于企业变更和终止的行政许可规定，以及实践中政府部门以产业政策为指导对企业变更和终止进行审批，其初衷之一亦在于此。

我要复习!

通过前面的理论学习，我们来判断一下下列说法哪些是正确的。

1. 国有企业合并或者分立，依照法律、行政法规的规定，由政府或者政府主管部门批准。☐

2. 中外合资企业发生严重亏损，无力继续经营，应由董事会提出解散申请书，报审批机构批准。☐

3. 企业的产品不符合国家产业政策或无市场销路的，国家可以引导其转产或终止。☐

4. 政府部门以产业政策为指导可以对企业变更和终止进行行政干预。☐

我的笔记

第七章

企业社会责任

导　学

　　企业来自于社会，也必将还原于社会，这是一种新形势下的社企关系。企业的生生死死，发展壮大或被淘汰出局，都要由社会来承接它失败的代价。更主要是，社会是企业的生存环境，没有一个好的环境，企业也难以生存。新形势下的企业与社会关系，一个重要表现就是企业要通过纳税和缴费的形式来履行应尽的社会保障的责任，增强社会的保障能力，而不是千方百计逃避这一责任。企业既具有营利的属性，又具有服务社会的属性。本章主要研究企业在经营活动中的社会人属性。全面了解企业社会责任提出和确立的背景，掌握企业社会责任的基本含义和主要内容；在此基础上，深刻领会经济法中的企业角色定位以及企业社会责任的时代意义。

学习内容

学习单元一　企业社会责任的界定

一、企业社会责任的定义和特点

　　企业社会责任，是指企业在谋求投资者利润最大化之外所负有的维护和增进社会利益的义务。在英、美等国，企业社会责任理念主要是针对作为企业的公司、特别是大型股份有限公司权力的膨胀以及由此所引发的社会问题而形成的，故而，企业社会责任在这些国家经常被具体化为公司社会责任。

　　企业社会责任的特点：

　　1. 企业社会责任的实质为企业的义务，严格意义上的法律责任是指因违反

> **思考**
>
> 　　当社会出现重大灾难的时候，企业是否应该伸出援助之手？这是法定义务，还是道义责任？
>
> 　　保护环境，人人有责，作为一个大型企业，在对外排放废水、废气时，是否仅仅满足于不超标即可？

了法定义务或契约义务，或不当行使法律权利、权力所产生的，由行为人承担的不利后果。对于企业而言，尽管不承担社会责任将产生某种道义上的甚至法律上的否定性后果，但企业社会责任并非一种法律责任，而是履行社会责任的义务。

2. 企业社会责任以企业的非股东利益相关者为企业义务的相对方。按照各国的通常理解，此所谓"企业的非股东利益相关者"（Non - stockholders, Non - shareholde - rs），为企业的利益相关者（Stakeholders）之构成部分，系指在股东之外，受企业决策与行为直接或间接影响的一切人。在企业社会责任的倡导者看来，因企业的非股东利益相关者与企业经营存在利害关系（Stakes），故企业对他们的利益负有一定的维护和保障之责，此种责任即企业社会责任；企业的非股东利益相关者也便成为企业社会责任的相对方。

3. 企业社会责任是企业的法律义务和道德义务的统一。法律义务是法定化的且以国家强制力作为其履行的现实和潜在保证的义务。这种义务在法律上不仅有具体的内容和履行上的要求，而且对于怠于或拒不履行也有否定性的法律评价和相应的法律补救，因此，它实际上是对义务人的"硬约束"，是维护基本社会秩序所必需的最低限度的道德的法律化。道德义务是未经法定化的、由义务人自愿履行且以国家强制力以外的其他手段作为其履行保障的义务。这种义务的内容存在于一定社会的道德意识之中，通过人们的言行和道德评价表现出来。由于这种义务不以国家强制力为其履行保障，而只能通过义务人的责任感以及教育、规劝、鼓励、舆论评判等非法律手段的引导和促使来确保其承担，因而它实际上是对义务人的"软约束"，是在法律义务之外对人们提出的更高的道德要求。企业社会责任作为企业对社会负有的一种义务，并非单纯的法律义务或道德义务，而是这两者的统一。例如，企业按照环境保护法规定预防和治理环境污染，是企业的法律义务；企业按照比环境保护法的要求更为严格的标准预防和治理环境污染，则是企业的道德义务。

4. 企业社会责任是对传统的股东利润最大化原则的修正和补充。传统的企业和企业法以个人（股东）本位为出发点，认为最大限度地营利从而实现股东利润最大化是企业最高甚至唯一的目标。企业社会责任则以社会本位为出发点，认为企业的目标应是二元的，除最大限度地实现股东利润最大化外，还应尽可能地维护和增进社会利益。在现代社会中，股东利润与社会利益并非对立而是相辅相成，过分地追求某一个方面而忽视另一个方面，都可能走向问题的反面。所以，企业社会责任是对股东利润最大化这一传统原则的修正和补充，且这一修正和补充并不否认股东利润最大化原则，其主旨在于以企业的二元目标代替传统的一元企业目标。

二、企业社会责任的基本内容

企业社会责任在不同的国家、同一国家的不同历史时期有着不同的内容。从总体上看，在早期，人们观念中的企业社会责任仅指企业进行慈善性活动和其他社会福利活动的道德义务。随着企业对社会影响力的不断增强，人们对安全、生态等社会问题的日益重视以及由此所生之强制性立法的逐步增加，企业社会责任亦相应包含了更为宽泛的内容。近年来，企业社会责任已被普遍理解为企业在追求利润最大化之外，对企业的所有非股东利益相关者所负有的责任。然而，由于企业的利益相关者极为广泛，因而对企业所负担的社会责任的具体内容亦难以作出全面的划定；也正是缘于此，学界对企业社会责任之外延迄今尚无统一的界定。一般而言，企业社会责任包括但不限于以下几项内容：

建议

企业社会责任感的最主要表现：

企业排序	公众排序
① 快速发展，保持盈利	① 尽量减少环境污染
② 向社会捐款捐物	② 员工福利及工作环境
③ 员工福利及工作环境	③ 产品质量及售后服务
④ 产品质量及售后服务	④ 为弱势群体解决就业
⑤ 为弱势群体解决就业	⑤ 纳税多少
⑥ 与其他厂商关系融洽	⑥ 快速发展，保持盈利
⑦ 纳税多少	⑦ 向社会捐款捐物
⑧ 尽量减少环境污染	⑧ 与其他厂商关系融洽

数据支持：北京大学民营经济研究院、零点调查集团

（一）对雇员的责任

一般来讲，在公司制企业中，雇员仅仅是企业的劳动者而非团队成员，但雇员的利益和命运与企业的运营休戚相关。因此，雇员是企业的一种重要的利益相关者。为了促使企业切实保障和充分考虑雇员的利益，当代各国均无一例外地将企业对雇员的责任列为企业社会责任的一项主要内容。企业对雇员的责任是多方面的，既包括在劳动法意义上保证雇员实现其就业和择业权、劳动报酬获取权、休息休假权、劳动安全卫生保障权、职业技能培训享受权、社会保险和社会福利待遇权等劳动权利的法律义务，也包括企业按照高于法律规定的标准对雇员担负的道德义务。西方有学者提出，企业对于能否通过裁员、降低雇员薪金、削减劳动安全保护和员工培训开支来降低企业的生产经营成本，以及能否通过延长雇员劳动时间来提高企业产量等问题应当慎重决策，其意旨就是要求企业在追求利润的过程中尽可能地兼顾雇员的利益，从而真正担负起对雇员的责任。

（二）对消费者的责任

消费者是企业产品的接受者和使用者，其生活水平的高低在很大程度取决于企业所提供的产品的品种、质量、价格等因素。消费者的分散性、求偿能力的局限性以及现代科技的发达所导致的产品缺陷的隐蔽性，又使得消费者在客观上处于一种社会弱者的地位。鉴于此，企业社会责任的倡导者们都将企业对

消费者的责任视为企业社会责任的一项重要内容。此项责任的主旨，在于促使企业充分尊重消费者的权益和需求，真正承担起增加产品花色品种、确保并不断提高产品品质、抑制通货膨胀和狂乱物价等方面的法律义务和道德义务。

（三）对债权人的责任

企业的债权人与企业的债务人均是企业的交易相对人，但与企业的债务人对企业负有债务责任不同，企业的债权人对企业享有权利（即债权），或言之，企业对其债权人负有债务责任。这一责任是否被切实地予以履行，涉及企业的债权人所预期的经济利益能否得以实现的重大问题，因此，企业的债权人是企业的一类重要利益相关者。企业的债权人和债务责任内容在具体的法律关系中是特定的，因而此种情形下企业对其债权人所负的债务责任是对人性质的，受民法调整。但除此之外，企业还对作为整体的债权人群体负有确保交易安全的责任，这一责任要求企业在任何情况下对任一债权人都合法、善意、无过失地为交易行为，切实履行依法订立的合同。这是与基于具体的法律关系所生之特定债务稍有不同的一种抽象的、一般的责任，于某种意义上讲，此种责任具有一定程度的对世性质。在国外学者的心目中，作为企业社会责任对待的企业对债权人的责任，更多的是指这一责任。

（四）对环境、资源的保护与合理利用的责任

这是企业对环境和资源所有现实的和潜在的受益人所负担的一项责任。环境、资源的保护与合理利用，不仅关系到当代人类的切身利益，而且事关子孙后代的生存和发展，是实现人类社会可持续发展的前提和关键。企业对环境、资源的保护与合理利用承担责任，这是企业对全人类和后代人负责的体现，故企业的这项责任是一种典型的企业社会责任。

（五）对所在社区经济社会发展的责任

这是企业以其所在社区或者所在社区的居民为相对方的责任。企业与其所在的社区有着密不可分的联系，企业给社区经济带来了繁荣，但也使社区居民成为污染等由企业造成的危害的最大或最直接的受害者；社区当局为企业提供治安、基础设施等方面的必要保障，从而使企业的生产经营活动能够得以正常展开。这些，都意味着企业应对社区承担某些特殊责任。近年来，在西方国家，这类责任无不列为企业社会责任的基本内容之一。它要求企业积极参与并资助社区公益事业和公共工程项目建设，协调好自身与社区内各方面的关系。由于此种责任实为企业按照高于法律规定的标准，对其所在的社区这一企业的特殊利害关系方承担的责任，因此，它属于一种道德义务。

（六）对社会福利和社会公益事业的责任

企业的此项责任包含的内容颇为广泛，诸如向医院、养老院、患病者、贫

困者等进行慈善性捐赠，招聘残疾人、缺乏劳动技能者或其他就业困难者，向教育机构提供奖学金或其他款项，参与预防犯罪或为预防犯罪提供资金等，均属此列。企业对社会福利和社会公益事业的责任系传统的企业社会责任。这一责任是以高于法律的标准对企业所作的要求，其履行尽管受到国家和社会的肯定和褒扬，但又必须以出于企业的自愿为前提，因而它是一种典型的道德义务。

实践一下！

请根据企业社会责任的 6 个方面对你周围的大型企业进行评估，看看他们在哪些方面做得仍有欠缺。

1. 对政府的责任：如可持续发展、促进就业、维护社会稳定、依法纳税、安全生产等；
2. 对消费者的责任：促进科技创新与进步、提供安全可靠优质的产品及服务等；
3. 对企业员工的责任：劳动保护、保障薪酬待遇及社会保险和福利等；
4. 对社会公众的责任：热心社区建设、积极参与扶贫及公益慈善事业等；
5. 对社会及自然环境的责任：注重节能减排、保护自然与环境等；
6. 对企业利益相关方的责任：重合同、守信用、诚信经营等。

学习单元二　我国关于企业社会责任的立法规定

一、企业承担社会责任的概括性规定

我国《公司法》第 5 条规定："公司从事经营活动，必须遵守法律、行政法规，遵守社会公德、商业道德，诚实信用，接受政府和社会公众的监督，承担社会责任。"这是我国企业立法首次对企业社会责任作出确认，标志着我国企业承担社会责任立法的重大突破。此外，《合伙企业法》第 7 条也规定："合伙企业及其合伙人必须遵守法律、行政法规，遵守社会公德、商业道德，承担社会责任。"

二、关于职工参与企业经营管理的规定

吸收职工参与企业的经营管理（以下简称职工参与），在其他国家尤其是德国、荷兰等欧洲国家向来被视为是维护职工合法权益以及企业对职工承担责任

的一种重要方式。在我国，职工参与也有着悠久的历史。《全民所有制工业企业法》规定，企业通过职工代表大会和其他形式实行民主管理；职工代表大会是企业实行民主管理的基本形式，是职工行使民主管理的权力机构；职工代表大会不仅对依法应由厂长决定的事项享有审议并提出意见和建议的职权，而且对事关职工切身利益的事项享有审查同意或者否决的权力甚至审议决定的职权。在集体所有制企业法中，除职工的民主管理得到确认外，职工大会或职工代表大会还被规定为企业的权力机构。私营企业法和外商投资企业法则规定企业通过工会等形式实行民主管理。在公司法中，职工参与相对而言规定得更为充分。例如，《公司法》第18条规定："公司研究决定改制以及经营方面的重大问题、制定重要的规章制度时，应当听取公司工会的意见，并通过职工代表大会或者其他形式听取职工的意见和建议。"除此之外，还规定了职工监事制度、国有独资公司的职工董事制度，并明确规定公司监事会职工代表比例的下限。

> **？ 知识扩展**
>
> SA8000标准是全球第一个"企业社会责任认证标准"，它要求企业在获取合法利润的同时承担社会责任，对环境保护、劳动条件、工会权力、员工的健康和安全及员工的培训和薪酬等设立了最低要求。人们设计该标准的宗旨是"赋予市场经济以人道主义精神"，提倡企业承担社会责任主要是为了强化企业人性化的科学管理方式，促使其内部环境更加融洽，与周边自然环境和民众的关系更加和谐，这样既推动了社会的平稳发展也为企业谋求长远利益创造了条件。

三、关于职工劳动保护的规定

劳动保护与职工参与一样，也是维护职工合法权益的一种重要措施，同时又是企业对职工应尽的一项社会责任。我国现行企业法律、法规对此作了明文规定，如《全民所有制工业企业法》第41条、《城镇集体所有制企业条例》第22条、《私营企业暂行条例》第30条以及《公司法》第17条均要求企业执行国家有关劳动保护的规定，建立必要的规章制度和劳动安全卫生设施，保障职工的安全和健康。我国企业承担的对职工的社会责任，主要有：按照《劳动法》中的规定，保护职工的合法权利，保障职工的福利待遇，完善《劳动法》对职工的劳动报酬、劳动合同、劳动时间、劳动条件以及劳动福利、社会保险、工伤保险以及其他方面的措施。重视对职工工伤、辞退、解约、就业培训和再教育等方面的法律上的禁止性和鼓励性规定。保障职工的结社自由，完善工会制度，并为职工组织提供必要的场所和支持。加强集体合同的作用和公平就业，禁止使用童工和强迫劳动等方面的要求。此外，《破产法》等法律也规定了对破产企业职工的保护，对企业所欠职工工资和报酬的保护，属于对劳动者已付出劳动的获取劳动报酬权的保护；对劳动者因企业破产解除劳动合同的补偿金的保护，属于对劳动者未来损失的保护，都应该优先受偿。

四、关于环境保护的规定

污染，是生产过程中的排放物超过自然所能承受和化解的程度而导致这些排放物沉积并影响人之身体健康或再生产的进行的现象。由于生产技术的发达及环境保护意识的相对薄弱，污染物的排放贯穿于生产的整个环节。建设生态文明，基本形成节约能源资源和保护生态环境的产业结构、增长方式、消费模式，循环经济形成较大规模，可再生能源比重显著上升，主要污染物排放得到有效控制，企业在其中发挥着重要作用。自觉履行环保社会责任，积极参与建设生态文明的伟大实践，是企业落实发展科学发展观、实现可持续发展、建设环境友好型社会的必然选择。环境保护作为企业对社会应尽的一项社会责任，在《全民所有制工业企业法》（第41条）、《城镇集体所有制企业条例》（第22条）、《私营企业暂行条例》（第45条）等企业法律法规中作了规定，按照这些规定，企业应落实环境保护措施，做到文明生产。

思考

2010年7月3日，紫金矿业集团的紫金山铜矿湿法厂9100立方米的污水流入汀江，导致部分河段水质污染、大量鱼类死亡、大批渔民血本无归。这是一种什么性质的责任？

五、关于对债权人、用户和消费者负责的规定

作为企业社会责任的重要内容，企业对债权人的责任，至关重要的是必须切实履行依法订立的合同，确保交易安全；对用户和消费者的责任，主要体现为保证产品和服务的质量。对此，《全民所有制工业企业法》（第35、38条）、《城镇集体所有制企业条例》（第22条）、《消费者权益保护法》（第三章）、《产品质量法》（第三章）、《食品安全法》（第5条）等法律、法规对此作了明确规定。此外，《公司法》还开宗明义，在第1条将保护公司债权人的合法权益规定为公司立法的宗旨之一。

六、关于精神文明建设和遵守职业道德、社会公德、商业道德的规定

在企业法律、法规中规定精神文明建设和遵守职业道德、社会公德、商业道德的内容，是我国企业立法的一大特色。精神文明建设和遵守职业道德、社会公德、商业道德直接涉及社会公众的利益，与作为物质文明建设的营利有联系，更有区别。故企业进行精神文明建设和遵守职业道德、社会公德、商业道

德可视为是企业社会责任的内容。对此问题,《全民所有制工业企业法》（第4、5条）、《城镇集体所有制企业条例》（第22条）、《公司法》（第5条）等企业法律、法规有明文规定。

？ 知识扩展

2006年中国"最具社会责任企业"20家（排名不分先后）:[1]

国家电网公司、中国铝业公司、中国机械工业集团公司、大连万达集团股份有限公司、海航集团有限公司、华立集团有限公司、建龙钢铁控股有限公司、内蒙古蒙牛乳业（集团）股份有限公司、内蒙古伊利实业集团股份有限公司、青岛啤酒股份有限公司、苏宁电器（行情 资讯）集团股份有限公司、上海浦东发展银行、太原钢铁（集团）有限公司、雅昌企业（集团）有限公司、亿利资源集团、招商银行股份有限公司、北京松下彩色显像管有限公司、诺华中国、微软（中国）有限公司、英特尔（中国）有限公司

📖 我的笔记

_____

_____

_____

_____

_____

_____

---

[1] 信息来源：腾讯财经，http://finance.QQ.com，2006年12月21日23:27。

第三部分　市场秩序调控法律制度

第八章

反垄断法

导　学

1. 本章专门学习反垄断法的基本理论和制度，包括反垄断法的概念、分类、反垄断法律关系和我国反垄断法的基本规定；重点把握垄断协议，滥用市场支配地位行为，经营者集中，滥用行政权力排除、限制竞争等垄断行为的基本情形及相应法律责任。

2. 请先预习《中华人民共和国反垄断法》（以下简称《反垄断法》）和《最高人民法院关于审理因垄断行为引发的民事纠纷案件应用法律若干问题的规定》后再进入本章的学习。

学习内容

学习单元一　反垄断法概述

一、垄断

> 《反垄断法》第3条　本法规定的垄断行为包括：①经营者达成垄断协议；②经营者滥用市场支配地位；③具有或者可能具有排除、限制竞争效果的经营者集中。

（一）垄断的定义

法律上的垄断，是指各国反垄断法中规定的，垄断主体对市场的经济运行过程进行排他性控制，或对市场竞争进行实质性限制，妨碍公平竞争秩序的行为或状态。

法律意义上的垄断一般具有两个显著的特征，即危害性和违法性。进言之，法律上的垄断是对市场竞争构成实质性危害的行为或状态，相应地，也是违反各国法律明文禁止规定的行为或状态。当然，法律上的垄断具有危害性和违法性，这是就整体和一般而言的。有些限制竞争行为，虽然也对市场竞争构成一定的威胁，但是得到法律的豁免；有些企业尽管在市场中居于优势地位，但是并未滥用这种优势，则不能列入反垄断法规制的垄断范围。

（二）垄断的分类

在理论上，基于不同的分析需要，人们对垄断进行了多种划分，其中主要的分类方法有：

1. 以垄断者的数量为标准，垄断可分为独占垄断、寡头垄断和联合垄断。独占垄断也被称为完全垄断，是指一家企业对整个行业的生产、销售和价格有完全的排他性控制能力的情形。这是垄断程度最高的垄断，也是为各国法律所严格禁止的垄断。寡头垄断又被称为寡占，是指相关市场上为少数市场主体垄断的垄断。联合垄断，是指多个相互间有竞争关系并有相当经济实力的企业，通过一定的形式（如限制竞争协议等），联合控制某一产业的生产或销售的状态。

2. 以产生的原因为标准，垄断可分为经济垄断、国家垄断、行政垄断、自然垄断等。国家垄断，是指由国家对某一产业的生产、销售等进行直接控制，不允许其他市场主体进入该市场领域的情况。行政垄断，是指由行政机构设置的市场进入障碍而形成的垄断。地方和部门保护主义就是典型行政垄断。自然垄断，是由于特定行业的市场的自然条件或原因而产生的垄断经营。

3. 依据法律对垄断的态度，可分为非法垄断与合法垄断。非法垄断，是指违反法律规定并应承担相应法律责任的垄断；合法垄断，是指法律允许并不承担法律责任的垄断。

> ✓ **提示**
>
> 不是所有的垄断都不好，有的垄断对消费者是有好处的，因此，法律不对其进行处罚。

我国《反垄断法》所指的垄断行为包括：经营者达成垄断协议；经营者滥用市场支配地位；具有或者可能具有排除、限制竞争效果的经营者集中。"滥用行政权力排除、限制竞争"尽管没有规定为垄断行为，但仍纳入了《反垄断法》中进行规制。

二、反垄断法的定义和法律关系

（一）反垄断法的定义

反垄断法是调整国家在规制市场主体（企业、企业联合组织）或其他机构以控制市场为目的而实施的反竞争行为的过程中所发生的社会关系的法律规范的总和。反垄断法可以分为广义和狭义两种。广义的反垄断法，不仅指包括以"反垄断法"命名的法律，还包括其他反垄断法律规范；狭义的反垄断法仅指以"反垄断法"命名的法律，在我国则指《中华人民共和国反垄断法》。

（二）反垄断法律关系

反垄断法法律关系，是指市场主体或市场主体之间的限制竞争行为反垄断法调整后所形成的权利义务关系或职权职责关系，包括主体、客体和权利义务三个构成要素。

1. 反垄断法律关系的主体，是指反垄断法律关系的参与者，即依据国家反垄断法享有权利（或职权）和承担义务（或职责）的当事人。主要包括：垄断行为的实施者、垄断行为的规制者、垄断行为的受害者。

2. 反垄断法律关系的客体，也是市场秩序规制法律关系的客体，即市场秩序，只是反垄断法律关系的客体更为集中地体现在市场垄断与竞争的秩序方面。

3. 反垄断法律关系的内容包括反垄断中的权利（或职权）、义务（或职责）。反垄断法对主体权利（或职权）和义务（或职责）的设定不同于其他经济法律关系，反垄断法对垄断行为的实施者多为禁止或限制性的义务规定。与此相反，对垄断行为的受害者则几乎都是救济性的权利规定。

我要复习！

好，本单元的基本知识点学习完了，让我们结合前面提出的这道思考题来复习一下吧。

1. 你一定要知道的（如果已掌握请打钩）：

垄断的定义及分类 ☐

反垄断法的定义 ☐

2. 深入理解

准确把握《反垄断法》关于垄断类型的规定，对于正确适用本法具有重要作用。依《反垄断法》规定，下列属于垄断行为的是（　　）。

A. 经营者利用市场支配地位

B. 经营者达成垄断协议

C. 经营者集中

D. 政府利用行政权力宏观调控

解析：A 没有"滥用"的字眼；B 符合法律规定；C 没有提到限制竞争的目的；D 不是垄断行为。

学习单元二　垄断协议及其法律规制

一、垄断协议及其种类

《反垄断法》第13条　禁止具有竞争关系的经营者达成下列垄断协议：
①固定或者变更商品价格；②限制商品的生产数量或者销售数量；③分割销售市场或者原材料采购市场；④限制购买新技术、新设备或者限制开发新技术、新产品；⑤联合抵制交易；⑥国务院反垄断执法机构认定的其他垄断协议。

本法所称垄断协议，是指排除、限制竞争的协议、决定或者其他协同行为。

《反垄断法》第14条　禁止经营者与交易相对人达成下列垄断协议：
①固定向第三人转售商品的价格；②限定向第三人转售商品的最低价格；
③国务院反垄断执法机构认定的其他垄断协议。

（一）垄断协议的概念

垄断协议，也称为卡特尔协议（Cartel）或者限制竞争协议（Restraint Agreements），是指两个或者两个以上具有竞争关系的企业之间达成旨在排除、限制竞争的协议。这种协议不仅仅是指企业间达成的正式书面协议，也包括非书面的联合行动合意。我国《反垄断法》规定的垄断协议是指排除、限制竞争的协议、决定或者其他协同行为。

（二）垄断协议的种类

根据各国的立法实践，限制市场竞争协议可以分为横向垄断协议和纵向垄断协议两类。

1. 横向垄断协议。横向垄断协议又称水平垄断协议，是指具有竞争关系的经营者之间达成的垄断协议。比如，在生产或者销售过程中处于同一阶段的生产商之间、零售商之间或批发商之间达成的垄断协议。固定价格、划分市场、产量控制、联合抵制等是横向垄断协议的常见形式，也是反垄断法规制的主要对象。主要包括：

（1）固定价格的协议（Price Fixing）。固定价格协议，是指具有竞争关系的行为人通过协议、决议或者协同行为来确定、维持或者改变价格的行为，在我国也称为价格联盟行为。

（2）市场划分协议（Market and Consumer Allocations）。市场价格的控制不仅可以通过固定价格的协议，而且还可以企业间相互承诺不予开展竞争的间接协议进行，如划分各自经营的市场。市场划分协议也是横向垄断协议的重要表现方式，它包括划分地理市场和划分用户（消费者）市场等不同类型。

（3）控制生产或销售数量的协议（Production Controls）。这是企业之间为了维持相关商品价格高位状态以保障企业的超高利润而采用限制生产和销售产品数量的协议，人为地造成市场始终处于"不饱和"状态，获取不正当的利益。

> √ 提示
>
> 横向垄断协议是与纵向垄断协议相对应的。二者对竞争危害的程度不同。横向垄断协议对竞争的危害既直接又严重；纵向垄断协议较横向垄断协议间接得多，程度也更轻，法律对其管制的严厉程度远远不及横向垄断协议。

（4）联合抵制协议（Boycotts，Collective Refusal to Deal）。它是指经营者通过联合共同不与其他竞争者（供应商或者客户）交易，排挤竞争对手的协议。

2. 纵向垄断协议。纵向垄断协议，是指具有纵向关系的企业之间基于协议限制竞争的行为。此处的纵向关系是指产销关系，或处于销售链条中的不同环节或在成本构成上有密切关系的企业之间的关系。纵向垄断协议行为主要表现为价格限定协议行为。我国《反垄断法》第14条对纵向垄断协议行为进行了规定。

二、垄断协议的法律认定

有关垄断协议行为的认定是反垄断执法的关键，它具体包含垄断协议行为构成要件认定与豁免适用条件两个方面基本内容。

（一）垄断协议的构成要件

1. 主体的认定。垄断行为的主体是指在同一经济层次中的有竞争关系的企业（横向垄断），或者具有供销关系的企业（纵向垄断）。

2. 具有垄断的共同目的。主体之间具有垄断的"合意"是认定横向垄断行为的主观要件。这种合意包括有法律拘束力的意思表示和不具有法律效力的其他合意表示。

3. 实施了垄断的行为。这是从客观方面认定垄断行为的条件。企业之间不管有没有以书面形式订立协议或者口头的非正式协议，只要通过协调行为共谋，采取了垄断的实际行动，就属于法律所规制的内容。

4. 导致垄断的后果。这是指企业间的协议、决议或其他安排对于垄断市场后果之间存在某种关联性。多数国家都认为对市场的影响不一定要实际发生，只要能证明对市场的影响在一定程度上有发生的可能性及这种影响的严重性，就足以推断这种影响的存在。

思考

2007年7月26日，十多家知名方便面企业同时宣布统一调价，最高涨价幅度达到40%，平均提价幅度为20%。8月16日，国家发改委认定"世界方便面协会中国分会"及相关企业的上述行为违反了相关法律规定，已构成相互串通并操纵价格行为，要求"世界方便面协会中国分会"及相关企业立即改正错误，消除不良影响，并将进一步调查处理。

请根据所学知识和《反垄断法》的规定，对该案进行分析思考。

提示：这是一起由行业协会组织领导的价格垄断协同行为。

（二）限制垄断协议的豁免

垄断协议的豁免制度是指对于违反法律规定的企业之间的协议或者联合行为，由于具有某些有益的作用，并且足以抵消其垄断所造成的危害，经审批机关批准予以豁免其违法责任的制度。我国《反垄断法》第15条也规定了若干种可以豁免的情形：

建议

记忆理解《反垄断法》中规定的各项情形，并且认识到其中前五项，经营者应证明协议不会严重限制竞争，并能使消费者分享利益。

《反垄断法》第15条 经营者能够证明所达成的协议属于下列情形之一的，不适用本法第13条、第14条的规定：①为改进技术、研究开发新产品的；②为提高产品质量、降低成本、增进效率，统一产品规格、标准或者实行专业化分工的；③为提高中小经营者经营效率，增强中小经营者竞争力的；④为实现节约能源、保护环境、救灾救助等社会公共利益的；⑤因经济不景气，为缓解销售量严重下降或者生产明显过剩的；⑥为保障对外贸易和对外经济合作中的正当利益的；⑦法律和国务院规定的其他情形。

属于前款第1~5项情形，不适用本法第13条、第14条规定的，经营者还应当证明所达成的协议不会严重限制相关市场的竞争，并且能够使消费者分享由此产生的利益。

三、对垄断协议的法律制裁

《反垄断法》第46条　经营者违反本法规定，达成并实施垄断协议的，由反垄断执法机构责令停止违法行为，没收违法所得，并处上一年度销售额1%以上10%以下的罚款；尚未实施所达成的垄断协议的，可以处50万元以下的罚款。

经营者主动向反垄断执法机构报告达成垄断协议的有关情况并提供重要证据的，反垄断执法机构可以酌情减轻或者免除对该经营者的处罚。

行业协会违反本法规定，组织本行业的经营者达成垄断协议的，反垄断执法机构可以处50万元以下的罚款；情节严重的，社会团体登记管理机关可以依法撤销登记。

第50条　经营者实施垄断行为，给他人造成损失的，依法承担民事责任。

由于垄断协议对市场竞争的严重影响，因此各国反垄断法对其加以格外关注。如果经营者之间的垄断协议得不到反垄断法的豁免，那么他们将面临反垄断法的严厉惩罚。根据各国的立法及其实践，垄断协议的法律责任主要有以下几种：

1. 依法宣告协议无效。法院根据法律规定直接宣告各类垄断的协议决议自始无效。

2. 行政制裁。行政机关发布禁止协议、废止禁止的命令，对行为人处以罚金等。

3. 刑事制裁。对于价格固定协议、市场划分协议以及联合抵制等行为适用自身违法原则，实施刑事制裁，包括监禁和罚金。

4. 民事制裁。多数国家规定由于垄断协议受到损害的可以提出损害排除的诉讼。

对于我国因垄断而提起的民事诉讼，《最高人民法院关于审理因垄断行为引发的民事纠纷案件应用法律若干问题的规定》进行了具体规定。

我要复习!

通过下面的练习，让我们来复习一下。

1. 你一定要知道的（如果已掌握请打钩）：

垄断协议的概念及其种类 ☐

垄断协议的构成要件及豁免情形 ☐

垄断协议的法律制裁 ☐

2. 深入理解

理解垄断协议的认定及豁免情形。

甲乙公司违反《反垄断法》的规定，达成垄断协议。根据《反垄断法》的规定，下列表述中，正确的有（　　）。

A. 如果实施垄断协议的，由反垄断执法机构责令停止违法行为

B. 如果实施垄断协议的，由反垄断执法机构没收违法所得

C. 如果实施垄断协议的，由反垄断执法机构并处上一年度销售额1%以上10%以下的罚款

D. 如果尚未实施垄断协议的，反垄断执法机构可以处其50万元以下的罚款

解析：根据《反垄断法》的规定，以上4项均属正确表达，故全选。

学习单元三　滥用市场支配地位行为的法律规制

一、滥用市场支配地位及其基本表现形式

《反垄断法》第17条　本法所称市场支配地位，是指经营者在相关市场内具有能够控制商品价格、数量或者其他交易条件，或者能够阻碍、影响其他经营者进入相关市场能力的市场地位。

（一）滥用市场支配地位行为的定义

滥用市场支配地位（Abuse Dominant Position），又称滥用市场优势地位，是指企业获得一定的市场支配地位以后，滥用这种地位，对市场的其他主体进行不公平的交易以排除竞争对手或以其他方式限制竞争的行为。滥用市场支配地位不仅直接影响了市场竞争机制健康发展，还严重损害了消费者福利。我国《反垄断法》规定的市场支配地位，是指经营者在相关市场内具有能够控制商品价格、数量或者其他交易条件，或者能够阻碍、影响其他经营者进入相关市场能力的市场地位。

（二）滥用市场支配地位行为表现形式

综观现代各国反垄断法中所禁止的滥用市场支配地位的行为，主要有以下几种：

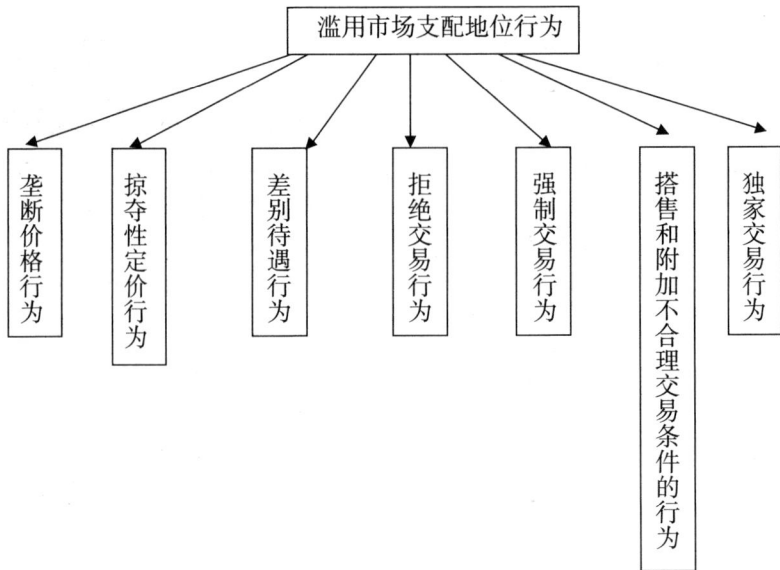

1. 垄断价格行为，是指具有市场支配地位的经营者在一定时期内以超高价格销售产品或者以超低价格购买商品的行为。它严重损害了消费者的利益，实际上是一种对购买者的剥削行为。因此，作为直接损害消费者利益的优势地位企业的垄断定价行为应受到反垄断法的规制。

2. 掠夺性定价行为，是指处于市场支配地位的企业以牺牲短期利益（低于成本的价格）的手段销售商品，在竞争对手被排挤出市场后再将产品价格提高到边际成本以上的垄断行为。之所以称为"掠夺性"定价，是基于优势企业在达到目的之后会提高价格以获取超额利润，不仅补偿其先前降价销售的损失，还要凭借独占地位掠夺更多的利益。因此，掠夺性定价行为受到各国反垄断法的禁止。

3. 差别待遇行为，是指处于市场支配地位的企业在没有正当理由的情况下，对条件相同的交易对象，就其提供的商品的价格或者其他条件给予明显区别对待的行为。

4. 拒绝交易行为，在欧共体的竞争法中又被称为拒绝供货，是指具有市场支配地位的经营者无正当理由，拒绝向其他经营者销售商品的行为。

5. 强制交易行为，是指处于市场支配地位的企业采取利诱、胁迫或者其他手段，迫使其他企业违背自己的意愿与之进行交易或者促使其他企业从事限制竞争的行为。它包括强迫他人与自己交易、强迫他人不与自己的竞争对手的进行交易、迫使竞争对手放弃或回避与自己竞争，等等。

6. 搭售和附加不合理交易条件的行为，是指在相关产品市场上拥有优势地位的企业在出售产品或服务时，强迫买方接受与该产品或服务无关的产品或服务的行为，或者要求买方签订接受与该产品或服务无关的产品与服务的协议。

7. 独家交易行为，又称为排他性交易（Exclusive Dealing），是指处于市场支配地位的企业要求经营伙伴在特定的市场内只能与其交易而不得与它的竞争对手进行交易的行为。

我国《反垄断法》第17条对禁止经营者从事的滥用市场支配地位行为进行了具体规定。

二、市场支配地位的认定

（一）市场支配地位的认定依据

> 《反垄断法》第18条　认定经营者具有市场支配地位，应当依据下列因素：①该经营者在相关市场的市场份额，以及相关市场的竞争状况；②该经营者控制销售市场或者原材料采购市场的能力；③该经营者的财力和技术条件；④其他经营者对该经营者在交易上的依赖程度；⑤其他经营者进入相关市场的难易程度；⑥与认定该经营者市场支配地位有关的其他因素。

由于滥用市场地位的认定既要涉及对是否存在市场支配地位进行认定，还有涉及对是否存在滥用进行认定，因此要对一个经营者的具体行为是否存在滥用市场支配地位进行认定比较困难。为此，我国《反垄断法》第18条对认定滥用市场支配地位应考虑的基本因素进行了规定，反垄断执法机构应依据这些因素对某个经营者的行为是否构成滥用市场支配地位进行评判和认定。

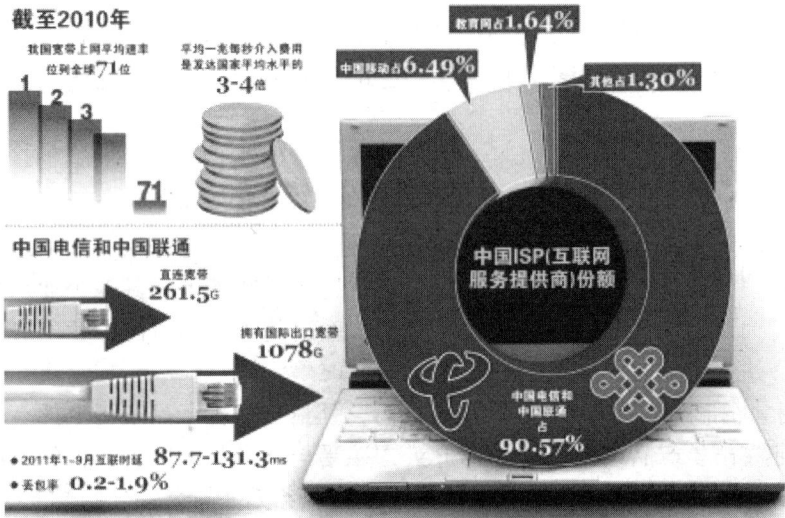

（二）市场支配地位的认定标准

> 《反垄断法》第 19 条　有下列情形之一的，可以推定经营者具有市场支配地位：①一个经营者在相关市场的市场份额达到 1/2 的；②两个经营者在相关市场的市场份额合计达到 2/3 的；③三个经营者在相关市场的市场份额合计达到 3/4 的。
>
> 有前款第 2 项、第 3 项规定的情形，其中有的经营者市场份额不足 1/10 的，不应当推定该经营者具有市场支配地位。被推定具有市场支配地位的经营者，有证据证明不具有市场支配地位的，不应当认定其具有市场支配地位。

根据行为主义理论，企业获得市场支配地位本身并不违反法律；只有当特定的企业滥用这种市场优势地位时，法律才对其加以限制或者禁止。我国反垄断法规定市场支配地位的最终认定应该结合三个标准，即市场结构标准、市场行为标准、市场结果标准。

1. 市场结构标准。即根据经营者在相关市场的占有率来判断其是否处于支配地位，在市场支配地位的判别认定标准中最为常用，毕竟市场份额很容易辨认。

2. 市场行为标准。即根据经营者自身的行为来判断其是否处于市场支配地位，如果经营者在实施销售或价格调整行为时，不受其他竞争者和消费者的影响，就表明其具有市场支配地位。

3. 市场结果标准。即根据经营者的实际经营效果来判断其在市场中的支配地位和控制力。

> **思考**
>
> 关于市场支配地位，下列哪些选项是符合我国《反垄断法》规定的？
> （ ）
>
> A. 一个经营者在相关市场的市场份额达到 1/2 的，推定该经营者具有市场支配地位
>
> B. 两个经营者在相关市场的市场份额合计达到 2/3，其中有的经营者市场份额不足 1/10 的，不应当推定该经营者具有市场支配地位
>
> C. 3 个经营者在相关市场的市场份额达到 3/4，其中有两个经营者市场份额合计不足 1/5 的，不应当推定该两个经营者具有市场支配地位
>
> D. 被推定具有市场支配地位的经营者，有证据证明不具有市场支配地位的，不应该认定其具有市场支配地位
>
> **答案**：A、B、D。

三、滥用市场支配地位的认定

> 《反垄断法》第 17 条 禁止具有市场支配地位的经营者从事下列滥用市场支配地位的行为：①以不公平的高价销售商品或者以不公平的低价购买商品；②没有正当理由，以低于成本的价格销售商品；③没有正当理由，拒绝与交易相对人进行交易；④没有正当理由，限定交易相对人只能与其进行交易或者只能与其指定的经营者进行交易；⑤没有正当理由搭售商品，或者在交易时附加其他不合理的交易条件；⑥没有正当理由，对条件相同的交易相对人在交易价格等交易条件上实行差别待遇；⑦国务院反垄断执法机构认定的其他滥用市场支配地位的行为。

市场经济的精髓在于竞争，竞争构成了市场经济体制的内在要素，是市场经济最基本的运行机制。然而，市场主体为了回避竞争的压力和风险，总是千方百计地对竞争加以限制，企图追求或维护某种垄断地位。因此，滥用市场支配地位的实质在于阻碍和排除市场竞争。根据我国《反垄断法》的规定，滥用市场支配地位的行为可分为两类：

（一）针对消费者的剥削性滥用

所谓针对消费者的剥削性滥用，是指以不公平的价格进行交易。这种滥用行为表现为，直接或者间接地实行不公平的购买或者销售价格或者其他不公平的交易条件，其目的是从消费者身上取得垄断利润，如霸王条款就是典型的滥

用市场支配地位的垄断行为。

(二)针对竞争对手的妨碍性滥用

针对竞争对手的妨碍性滥用,其滥用行为的目的是排除竞争对手。至少应满足以下三个构成条件:一是行为人在市场上占支配地位;二是行为人所实施的排他行为不具有正当性或合理性;三是这种行为会严重损害市场甚至相邻市场上的竞争,甚至排除竞争。如拒绝提供许可和掠夺性定价就是针对竞争对手的妨碍性滥用市场支配地位行为。

四、对滥用市场支配地位的法律制裁

《反垄断法》第47条 对滥用市场支配地位的行为,反垄断执法机构可以责令停止违法行为,没收违法所得,并处上一年度销售额1%以上10%以下的罚款。

第50条 经营者实施垄断行为,给他人造成损失的,依法承担民事责任。

基于滥用市场支配地位对市场竞争的损害一般都是相当严重的,因此都受到各国反垄断法的严厉制裁。综观各国(地区)的反垄断法规定,主要包括以下几个方面:

1. 行政处罚。它一般由专门执行反垄断职能的机构作出。如德国《反限制竞争法》第22条第5款规定,对滥用市场支配地位的企业,卡特尔局可以禁止该企业从事滥用行为。

2. 民事赔偿。如日本《反垄断法》第25条规定:"进行私人垄断……的事业者,对被损害者负有赔偿的责任。"美国法律还规定,垄断企业的受害者可以就其损失提起3倍赔偿之诉。

3. 刑事处罚。具体有罚金、拘役和有期徒刑等。如韩国《反垄断法》规定,对滥用市场支配地位的企业可处以1亿元以下的罚金和两年以下的徒刑,并实行法人和行为人的"两罚"原则。我国台湾"公平交易法"第35条规定,独占事业有滥用市场垄断力之行为者,可处行为人3年以下有期徒刑、拘役或科新台币100万元以下罚金。

我国《反垄断法》第47条和第50条对滥用市场支配地位垄断行为的责任进行了具体规定。

我要复习！

好，滥用市场支配地位行为的基本知识点学习完了，让我们结合前面提出的这道思考题来复习一下吧。

1. 你一定要知道的（如果已掌握请打钩）：

滥用市场支配地位行为的定义及表现形式 ☐

滥用市场支配地位行为的认定 ☐

对滥用市场支配地位的法律制裁 ☐

2. 深入理解（结合思考题）

案情简介：2010 年秋天，一场始于互联网软件间的争端事件在中国民众中间引起了轩然大波。腾讯和奇虎 360 两家互联网公司的互相"掐架"不仅引起了双方用户的高度关注，更让全社会都将目光投向这场风波，甚至最后在国家工信部的调停之下双方才达成和解，恢复相互间软件的兼容，但双方在这期间的一些做法引起了巨大的非议，许多人对腾讯公司的做法是否"滥用了市场支配地位"热议纷纷。

案例分析：（1）市场支配地位的认定。在这个案例中，我们要认定的是腾讯公司的市场支配地位。首先从相关市场上来说，在本例中共有两个：一个是腾讯公司通过 QQ 客户端软件占有绝对市场占有率的中国互联网即时通讯服务市场；另一个是奇虎 360 占有一定优势地位的中国互联网安全服务市场，同时我们断定这也是腾讯公司想要取得支配地位的市场。腾讯公司在我国互联网即时通讯服务市场取得的支配地位，应是通过正当竞争手段得来的，具有正当性。腾讯宣布将在装载有 360 的电脑上停止运行 QQ 软件，这一举措等于借腾讯和 360 争端这一矛盾，变相地强迫 QQ 用户卸载 360 软件。这体现了腾讯在互联网即时通讯服务市场上有着相当大的支配力，以至于用户对其产生了依赖性，从而使它能通过逼迫用户做出选择而排挤其他软件。而从市场结果标准上来看，最终被迫卸载 360 各种软件的 QQ 用户达 6000 万，腾讯公司达到了他们的目的，而这一举措显然是以严重损害消费者利益为代价的。

（2）滥用地位的认定。腾讯的行为是一种妨碍性的滥用市场支配地位的行为，因为从目的上看，这种行为的目的是要排挤竞争对手，在相邻市场上排除竞争，以取得相邻市场上的支配地位。腾讯的滥用行为可以概括为以下的过程：它利用的 QQ 软件在互联网即时通讯服务市场上的支配地位，搭售了一系列的产品（如 QQ 音乐、QQ 农场、QQ 空间等），而这些产品都是被打包下载的，这样它就使自己的附属产品扩散到了相邻的市场；接下来，腾讯通过在即时通讯市场上的支配地位和 360 的冲突，逼迫消费者放弃和自己附属产品成竞争关系的产品，排除相邻市场上的竞争。因此在本例中，腾讯公司通过滥用自己在互联网即时通讯服务市场上的支配地位，排除了相邻市场上，即互联网安全服务市场上的竞争，属于妨碍性的滥用。

但是，从新形势下互联网的竞争关系看来，供给方垄断特定市场是一种普遍的正常的合理的现象，在特定市场上的市场支配地位是竞争的结果，也更易被竞争所推翻。由此我们可以看出，在互联网经济环境下的滥用市场支配地位行为具有之前传统市场中不具有的复杂性，在这一环境下的滥用市场支配地位乃至反垄断实践，仍有很长的路要走。

学习单元四　经营者集中的法律规制

一、经营者集中行为及其类型

《反垄断法》第 20 条　经营者集中是指下列情形：①经营者合并；②经营者通过取得股权或者资产的方式取得对其他经营者的控制权；③经营者通过合同等方式取得对其他经营者的控制权或者能够对其他经营者施加决定性影响。

经营者集中，又称为结合或者合并，是指经营者之间通过合并、取得股权或者资产以及经营结合等方式，取得对其他经营者的控制权、影响力的情形。我国《反垄断法》所调整的经营者集中有三种形式或类型。

1. 经营者合并。经营者合并，是指两个或两个以上的企业通过订立合并协议，合并为一家企业的法律行为。经营者合并通常有两种方式：一种方式是吸收合并，又称存续合并，指两个或两个以上的企业合并时，其中一个或一个以上的企业并入另一家企业的法律行为，通常是实力强大的企业吸收合并弱小企业；另一种方式是新设合并，是指两个或者两个以上的企业组合成为一家新企业的法律行为，原有的两家企业不再存在，结合成为一家新的企业。经营者合并是两个或两个以上企业自愿的共同行为，必须遵守法律规定，通过依法订立的合同来完成，并产生相应的法律后果；有的还须依法经有关部门批准。

2. 经营者通过取得股权或者资产的方式取得对其他经营者的控制权。有两种方式：一种方式是一家企业通过购买、置换等方式取得另一家或几家企业的股权，该企业成为另一家或几家企业的控股股东并进而取得对其他经营者的控制权；另一种方式是一家企业通过购买、置换、抵押等方式取得另一家或几家企业的资产，该企业成为另一家或几家企业的控股股东或实际控制人，取得对其他经营者的控制权。

3. 经营者通过合同等方式取得对其他经营者的控制权或者能够对其他经营者施加决定性影响。一家企业可以通过委托经营、联营等合同方式与另一家或几家企业之间形成控制被控制关系或者可以施加决定性影响。也可以通过合同方式直接或者间接控制其他经营者的业务或人事等方面，或者在业务或人事方面施加决定性影响。

思考

下列哪些情形属于《反垄断法》规定的经营者集中？（ ）

A. 经营者合并

B. 经营者通过取得股权或者资产的方式取得对其他经营者的控制权

C. 经营者通过合同取得对其他经营者的控制权

D. 经营者通过合同外的方式取得能够对其他经营者施加影响的地位

答案： A、B、C、D。

二、对经营者集中的审查

《反垄断法》第 21 条 经营者集中达到国务院规定的申报标准的，经营者应当事先向国务院反垄断执法机构申报，未申报的不得实施集中。

对经营者集中的反垄断审查包括初步审查和进一步审查（实质审查）两个阶段。

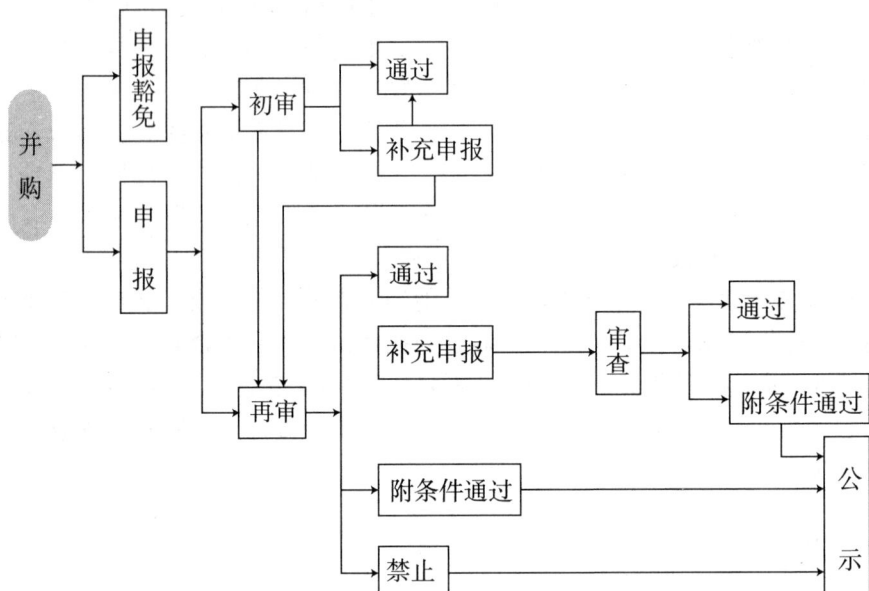

（一）申报文件

经营者申报经营者集中应提交的文件和资料包括：申报书；集中对相关市场竞争状况影响的说明；集中协议；参与集中的经营者经会计师事务所审计的上一会计年度财务会计报告；国务院反垄断执法机构规定的其他文件、资料。其中，申报书应当载明参与集中的经营者的名称、住所、经营范围、预定实施集中的日期和国务院反垄断执法机构规定的其他事项。

（二）审查

1. 初步审查。初步审查，是指反垄断执法机构在较短时间内对经营者集中行为进行初步的评估，以决定是否有必要进入实质审查阶段的程序。国务院反垄断执法机构应当自收到经营者提交的符合法律规定的文件、资料之日起 30 日内，对申报的经营者集中进行初步审查，作出是否实施进一步审查的决定，并书面通知经营者。国务院反垄断执法机构作出决定前，经营者不得实施集中。国务院反垄断执法机构作出不实施进一步审查的决定或者逾期未作出决定的，经营者可以实施集中。

2. 实质审查。实质审查，是指在初步审查的基础上，根据一定的因素和标准，就经营者集中对竞争的影响作出评估和判断，以决定是否禁止该项经营者集中的程序。实质审查应当自国务院反垄断执法机构作出决定实之日起 90 日内审查完毕，作出是否禁止经营者集中的决定，并书面通知经营者。作出禁止经营者集中的决定，应当说明理由。审查期间，经营者不得实施集中。存在下列情形之一的，国务院反垄断执法机构经书面通知经营者，可以延长前款规定的审查期限，但最长不得超过 60 日，经营者同意延长审查期限的；经营者提交的文件、资料不准确，需要进一步核实的；经营者申报后有关情况发生重大变化的。国务院反垄断执法机构逾期未作出决定的，经营者可以实施集中。

（三）经营者集中审查应考虑的基本因素

根据我国《反垄断法》第 27 条的规定，国务院反垄断执法机构审查经营者集中，应当考虑下列因素：参与集中的经营者在相关市场的市场份额及其对市场的控制力；相关市场的市场集中度；经营者集中对市场进入、技术进步的影响；经营者集中对消费者和其他有关经营者的影响；经营者集中对国民经济发展的影响；国务院反垄断执法机构认为应当考虑的影响市场竞争的其他因素。

三、经营者集中的禁止与豁免

（一）经营者集中的禁止

国务院反垄断执法机构应当根据《反垄断法》的规定，对具体的经营者集中是否会产生或者可能产生具有排除、限制竞争的效果进行综合评估，对于会明显产生限制竞争过的经营者集中作出禁止经营者集中的决定。作出禁止决定的，应当书面通知并说明理由。

（二）经营者集中的豁免

经营者能够证明该集中对竞争产生的有利影响明显大于不利影响，或者符合社会公共利益的，国务院反垄断执行机构可以作出对经营者集中不予禁止的决定。

对于不予禁止的经营者集中，国务院反垄断执法机构可以决定附加减少集中对竞争产生不利影响的限制性条件。经营者具有执行与反垄断政府机构达成的限制性条件的协议和接受反垄断执法机构关于执行协议情况监督的义务。

> **建议**
>
> 这些理由包括：提高国际竞争力的；挽救濒临破产的经营者的；有助于提高生产经营效率的；维护社会公共利益和消费者利益的。

> **思考**
>
> 下列关于经营者集中的选项中，符合《中华人民共和国反垄断法》规定的是（　　）。
>
> A. 甲公司拥有乙公司 51% 的表决权股份，未事先向国务院反垄断执法机构申报即实施集中
>
> B. 甲公司和乙公司都是丙集团的全资子公司，现丙集团将甲公司和乙公司合并，但并未事先向国务院反垄断执法机构申报

C. 经营者提交文件、资料向国务院反垄断执法机构申报集中后，反垄断执法机构应当自收到经营者文件、资料之日起 30 日内对申报的经营者集中进行初步审查

D. 对于国务院反垄断执法机构作出的禁止经营者集中的决定，经营者可依法申请行政复议或者提起行政诉求

答案： C。

四、对经营者集中的法律规制

《反垄断法》第 48 条　经营者违反本法规定实施集中的，由国务院反垄断执法机构责令停止实施集中、限期处分股份或者资产、限期转让营业以及采取其他必要措施恢复到集中前的状态，可以处 50 万元以下的罚款。

从世界各国反垄断立法来看，经营者集中的法律责任主要有：

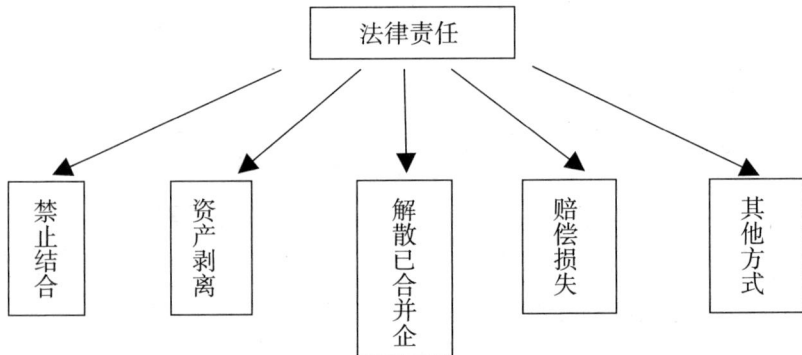

1. 禁止结合。德国法律规定，如果可以预见因经营者集中将出现控制市场的地位或加强控制市场的地位，反垄断当局就可以禁止此合并。一旦做出禁止合并的处分，企业就不得完成该合并，其他人也不得参与完成合并。我国《反垄断法》第 48 条规定，经营者违反本法规定实施集中的，由国务院反垄断执法机构责令停止实施集中、限期处分股份或者资产、限期转让营业以及采取其他必要措施恢复到集中前的状态，可以处 50 万元以下的罚款。

2. 资产剥离。经营者集中业务的结合使得原来拥有优势的企业更增强了市场支配地位，因此，剥离优势企业的某些强势业务就成为反垄断的法律救济方式之一。美国的经营者集中中被以资产剥离方式解决的比例高达 30%，美国电话电报公司（AT&T 公司）于 1982 年由于美国司法部的起诉，被决定放弃其控股的地方性电话营业公司就是一例。欧盟在所有申报合并的案件中，除了无条

件批准的以外，其他案件77%是通过资产剥离的方式结案的。我国商务部《关于实施经营者集中资产或业务剥离的暂行规定》对资产或业务剥离的内容、方式和程序作出了具体规定。

3. 解散已合并企业。即对于合并后有损市场竞争的企业，反垄断主管机关下令解散已经结合的企业团体。如德国法律规定，如果联邦卡特尔局下令禁止的合并已经完成，则必须进行解散。

4. 赔偿损失。即当企业结合已经对社会造成危害时，应加以必要的惩戒，如合并损害了其他经营者或消费者的权益，合并者应承担相应的损害赔偿责任。

5. 其他方式。对于人事兼任、合资经营、委托经营等形式的经营者集中，还可采用解除职务、宣告合同无效等方式进行处罚。严重的还有刑事责任，如美国反垄断法规定，对不经申报擅自合并的企业，法院可处以违反期内每天高达1万美元的罚金。

我要复习！

好，经营者集中的基本知识点学习完了，让我们结合前面提出的这道思考题来复习一下吧。

1. 你一定要知道的（如果已掌握请打钩）：

经营者集中的概念及类型 ☐

对经营者集中的审查 ☐

对经营者集中的法律规制 ☐

2. 深入理解（结合思考题）

通过本单元学习，思考对经营者集中进行审查应当考虑哪些因素？

（1）参与集中的经营者在相关市场的市场份额及其对市场的控制力；

（2）相关市场的市场集中度；

（3）经营者集中对市场进入、技术进步的影响；

（4）经营者集中对消费者和其他有关经营者的影响；

（5）经营者集中对国民经济发展的影响；

（6）国务院反垄断执法机构认为应当考虑的影响市场竞争的其他因素。

提示：请参看我国《反垄断法》第27条的规定。

学习单元五　滥用行政权力排除、限制竞争的法律规制

一、滥用行政权力排除、限制竞争及基本情形

👍 **建议**

在这一部分中，您首先需要认清滥用行政权力排除、限制竞争行为的主体是什么，它是由于政府行政机关的行政行为的作用而形成的垄断，注意跟之前几类情形行为主体的对比。

（一）滥用行政权力排除、限制竞争行为的概念

滥用行政权力排除、限制竞争行为是指行政机关和公共组织滥用行政权力排除或者限制竞争而形成垄断的行为。

我国《反垄断法》第五章也专门对滥用行政权力排除、限制竞争作出了规定。

（二）行政性垄断表现形式及其认定

行政性垄断在社会实践的表现形式是多样的，对现象的认识有助把握本质要件；而本质要件的把握能够有助于我们更好界定复杂的政府行为。

1. 地区垄断。地区垄断是指地方政府或政府授权机构通过行政权力设置市场壁垒，达到人为地削弱地区外经营者竞争能力的行为。

2. 部门垄断。部门垄断是政府行政部门，特别是行业主管部门利用其合法拥有的权力资源，如行政许可、生产要素的分配、投资审批等限制企业竞争的行为。

3. 行政性强制交易。行政强制交易行为指行政垄断的主体直接以行政权力为根据而发生的经营行为，包括政府及其所属部门通过限定他人与其指定的市场主体进行交易，或者使得这些经济实体在同一市场中与其他经济实体相比处于更加优越的特权地位。

4. 行政性限制竞争协议行为。行政性限制竞争协议行为是指政府及其所属部门或者授权的公共组织与其他的行政机关或者经营实体签订控制价格、划分市场范围、限制其他经济实体进入市场或将其排除在市场之外的任何形式的协议。

二、滥用行政权力排除、限制竞争行为的构成要件

1. 主体要件。行政垄断主体为行政机关及被行政授权的具有公共事务职能的组织。中央政府的垄断行为不属于行政性垄断，而属于国家垄断。国家垄断在世界各国都不同程度地存在着，并且都受法律保护。但是这种垄断行为由于特定的目的仅限于重要的行业和产品，并且根据不同时期的实际情况，垄断的范围也会作相应的调整。

2. 主观要件。行政性垄断的主观要件是行政权力的滥用，即行政性垄断行为的违法性。构成此要件需要注意以下两方面的内容：一是滥用行政权力的行为，既包括行政机关的不当行政行为，也包括越权行为。二是行政权力的滥用方式主要表现在三个方面：①排除性，即在一定经济领域里，使某些市场主体的经营活动难以继续进行；②支配性，即对市场主体的经营活动进行制约，直接或间接剥夺市场主体的经营自主权；③妨碍性，即对公正平等的竞争秩序的妨碍，指存在着给竞争带来不良影响的危险性，而不必是已经发生了结果。

3. 客观要件。行政性垄断的客观要件是对竞争的实质性限制和损害，即行为的危害性。确定行政性垄断的危害性可以从两个方面来认定：①相关市场主体的竞争受到实质性限制。比如地方政府采取优惠政策扶植本地弱小企业，对外地企业采取歧视政策限制外地商品进入本地市场。②相关市场主体的经济利益受到损害。

> **思考**
>
> 　滥用行政权力排除、限制竞争的行为，是我国《反垄断法》规制的垄断行为之一。关于这种行为，下列哪些选项是正确的？（　　）

A. 实施这种行为的主体，不限于行政机关
B. 实施这种行为的主体，不包括中央政府部门
C. 《反垄断法》对这种行为的规制，限定在商品流通和招投标领域
D. 《反垄断法》对这种行为的规制，主要采用行政责任的方式
答案：A、D。

三、滥用行政权力排除、限制竞争行为的法律责任

规制行政性垄断的关键在于对行为主体法律责任和具体的处罚规定。行政性垄断行为有的是通过具体的行政行为实施的，如强制性交易、设置关卡等，但更多的则是通过抽象行政行为实施，如政府通过行政程序制定含有排除或者限制竞争内容的政府令和行政规章，妨碍市场公平竞争。因此，对行政性垄断的法律责任也就分为对具体行政行为的规制和对抽象行政行为的规制。

1. 具体行政行为的法律责任。这类行为的法律责任一般和市场垄断主体行为的责任相同。根据《反垄断法》第51条规定，行政机关和法律、法规授权的具有管理公共事务职能的组织滥用行政权力，实施排除、限制竞争行为的，由上级机关责令改正；对直接负责的主管人员和其他直接责任人员依法给予处分。反垄断执法机构可以向有关上级机关提出依法处理的建议。法律、行政法规对行政机关和法律、法规授权的具有管理公共事务职能的组织滥用行政权力实施排除、限制竞争行为的处理另有规定的，依照其规定。

2. 抽象行政行为的法律责任。对于政府颁布限制竞争的法令和决议等，造成市场竞争受损害的，各国反垄断法通过设定特别的规定加以规范。如俄罗斯反垄断法规定："联邦行政权力机构、俄联邦各部门的行政权力机构、各市政当局指向限制竞争的法令和行为"，与反垄断法规相抵触或者因这类机构不履行或不恰当履行其职责而使经济实体或个人受到损害时，应该通过民事法规消除这类损害。

我要复习！

通过下面的练习，让我们来复习一下。
1. 你一定要知道的（如果已掌握请打钩）：
滥用行政权力排除、限制竞争行为的概念 □
行政性垄断表现形式及其认定 □
滥用行政权力排除、限制竞争行为的构成要件 □
滥用行政权力排除、限制竞争行为的法律责任 □

2．深入理解

理解哪些属于行政垄断行为及其法律责任。

（1）某市政府所属有关部门的下列哪一行为违反《反不正当竞争法》的规定？（　　）

A．市卫生局成立的儿童保健专家组受某生产厂家委托，对其婴儿保健产品提供质量认证标志并收取赞助费

B．市工商局和市电视台联合举办消费者信得过产品评选活动，评选中违反公平程序而使当选的前8名全部为本市产品

C．市交管局规定，全市货运车辆必须在制定的两张品牌中选择安装一款车辆运行记录器，否则不予年检；其指定品牌为本地的"波浪"牌和法国的NJK牌

D．市政府决定对酒厂减免地方税以提供财政支持

答案：C。

（2）甲市某酒厂酿造的"蓝星"系列白酒深为当地人喜爱。甲市政府办公室发文件制定该酒为"接待用酒"，要求各机关、企事业单位、社会团体在业务用餐时，饮酒应以"蓝星"系列为主。同时，酒厂公开承诺：用餐者凭室内各酒楼出具的证明，可以取得消费100元返还10元的奖励。下列关于此事的说法哪项是不正确的？（　　）

A．甲市政府办公室的行为属于限制竞争行为

B．酒厂的做法尚未构成商业贿赂行为

C．上级机关可以责令甲市政府改正错误

D．监督检查部门可以没收酒厂的违法所得，并处以罚款

答案：D。

学习单元六　对涉嫌垄断行为的调查

《反垄断法》第38条　反垄断执法机构依法对涉嫌垄断行为进行调查。对涉嫌垄断行为，任何单位和个人有权向反垄断执法机构举报。反垄断执法机构应当为举报人保密。

> 举报采用书面形式并提供相关事实和证据的，反垄断执法机构应当进行必要的调查。

一、涉嫌垄断行为的调查主体

反垄断执法机构为涉嫌垄断行为的调查主体，依法对涉嫌垄断行为进行调查。根据《反垄断法》第 38 条规定，对涉嫌垄断的行为，任何单位和个人均有权向反垄断执法机构进行举报。这说明，我国反垄断法对举报人资格没有限制。

二、反垄断调查措施

《反垄断法》第 39 条规定了执法机构调查涉嫌垄断行为时可以采取的措施，这些措施说明，反垄断执法机构依法行使对涉嫌垄断行为的调查权，不得越权调查；另一方面说明，鉴于涉嫌垄断行为的复杂性和隐蔽性，反垄断法赋予执法机构比较广泛的调查权。

执法机构调查涉嫌垄断行为，向负责人书面报告并经批准，可以采取下列措施：

1. 进入被调查的经营者的营业场所或者其他有关场所进行检查；
2. 询问被调查的经营者、利害关系人或者其他有关单位或者个人，要求其说明有关情况；
3. 查阅、复制被调查的经营者、利害关系人或者其他有关单位或者个人的有关单证、协议、会计账簿、业务函电、电子数据等文件、资料；
4. 查封、扣押相关证据；
5. 查询经营者的银行账户。

👍 **建议**

因为上述措施对被调查人的人身权和财产权有较大影响，《反垄断法》第39条第2款还规定了反垄断法执法机构采取调查措施的程序：一是事先须向反垄断执法机构主要负责人进行书面报告；二是这个报告须事先得到反垄断执法机构主要负责人的批准。

三、反垄断调查的基本要求

1. 反垄断执法机构调查涉嫌垄断行为，执法人员不得少于2人，并应当出示执法证件。执法人员进行询问和调查，应当制作笔录，并由被询问人或者被调查人签字。

2. 反垄断执法机构及其工作人员对执法过程中知悉的商业秘密负有保密义务。

3. 反垄断执法机构对涉嫌垄断行为调查核实后，认为构成垄断行为的，应当依法作出处理决定，并可以向社会公布。

4. 对反垄断执法机构调查的涉嫌垄断行为，被调查的经营者承诺在反垄断执法机构认可的期限内采取具体措施消除该行为后果的，反垄断执法机构可以决定中止调查。

四、反垄断调查中的基本权力（利）和义务

《反垄断法》第41条　反垄断执法机构及其工作人员对执法过程中知悉的商业秘密负有保密义务。

第42条　被调查的经营者、利害关系人或者其他有关单位或者个人应当配合反垄断执法机构依法履行职责，不得拒绝、阻碍反垄断执法机构的调查。

第43条　被调查的经营者、利害关系人有权陈述意见。反垄断执法机构应当对被调查的经营者、利害关系人提出的事实、理由和证据进行核实。

（一）执法机关的权力和义务

1. 执法机关的权力。

（1）依法调查的权力。《反垄断法》第39条规定，执法机构调查涉嫌垄断行为时可以采取的措施，执法机关有权依照该条规定进行调查。

（2）决定中止调查的权力。执法机关对反垄断执法机构调查的涉嫌垄断行为，被调查的经营者承诺在反垄断执法机构认可的期限内采取具体措施消除该行为后果的，反垄断执法机构可以决定中止调查。中止调查的决定应当载明被调查的经营者承诺的具体内容。

2. 执法机关的义务。

（1）保密义务。《反垄断法》第41条规定，反垄断执法机构及其工作人员对执法过程中知悉的商业秘密负有保密义务。这里的商业秘密是指不为公众所知悉、能为权利人带来经济利益、具有实用性并经权利人采取保密措施的技术信息和经营信息。技术信息一般指产品的设计、配方、制作工艺、制作方法等；经营信息一般是企业的管理诀窍、客户名单、货源情报、产销策略、招投标中的标底及标书内容等信息。

（2）公布调查结果的义务。反垄断执法机构对涉嫌垄断行为调查核实后，认为构成垄断行为的，应当依法作出处理决定，并可以向社会公布。

（3）依照规定恢复调查的义务。反垄断执法机构决定中止调查的，有下列情形之一的，反垄断执法机构应当恢复调查：①经营者未履行承诺的；②作出中止调查决定所依据的事实发生重大变化的；③中止调查的决定是基于经营者提供的不完整或者不真实的信息作出的。

（二）被调查人的权利和义务

1. 陈述权。《反垄断法》第43条规定，被调查的经营者、利害关系人有权陈述意见。反垄断执法机构应当对被调查的经营者、利害关系人提出的事实、理由和证据进行核实。这就是被调查人的陈述权，即他们有权向反垄断执法机构表达自己的观点和意见。

被调查人的陈述既可发生在反垄断执法机构对案件的调查中，也可发生在案件审理中，还可发生在执法机构对案件作出决定之前。一般来说，一个情况不管是法律的还是事实的，如果当事人未能获得机会就该情况表明自己的观点，这个情况就不能作为执法机关对案件裁决的依据。

2. 配合调查的义务。《反垄断法》第42条规定，被调查的经营者、利害关系人或者其他有关单位或者个人应当配合反垄断执法机构依法履行职责，不得拒绝、阻碍反垄断执法机构的调查。

我要复习！

通过下面的练习，让我们来复习一下。

1. 你一定要知道的（如果已掌握请打钩）：

垄断行为的调查主体及反垄断调查的措施 ☐

反垄断调查的基本要求 ☐

反垄断调查中经营者和被调查人的基本义务和权利 ☐

2. 深入理解

通过本单元学习，识记反垄断调查过程中的基本要求。

反垄断执法机构调查涉嫌垄断行为，执法人员不得少于（　　），并应当出示执法证件。

A. 6人　　　　　B. 2人　　　　　C. 5人　　　　　D. 0人

答案： B。

✒ 我的笔记

_____

_____

_____

_____

_____

_____

_____

_____

_____

_____

_____

_____

_____

_____

_____

_____

_____

_____

_____

第九章

反不正当竞争法

导　学

1. 本章专门学习反不正当竞争法的基本理论和制度，包括反不正当竞争法的概念、特征和我国反不正当竞争法的基本规定；重点把握如何正确分析、认定和处理混淆行为、虚假宣传行为、侵犯商业秘密行为、不正当有奖销售行为、商业贿赂行为、诋毁他人商誉行为、不正当招投标行为等不正当竞争行为的基本情形及其相应法律责任。

2. 请先预习《中华人民共和国反不正当竞争法》（以下简称《反不正当竞争法》）和《最高人民法院关于审理不正当竞争民事案件应用法律若干问题的解释》后再进入本章的学习。

学习内容

学习单元一　反不正当竞争法概述

> 《反不正当竞争法》第 2 条　本法不正当竞争行为就是指经营者违反法律规定损害其他经营者的合法权益，扰乱社会经济秩序的行为。

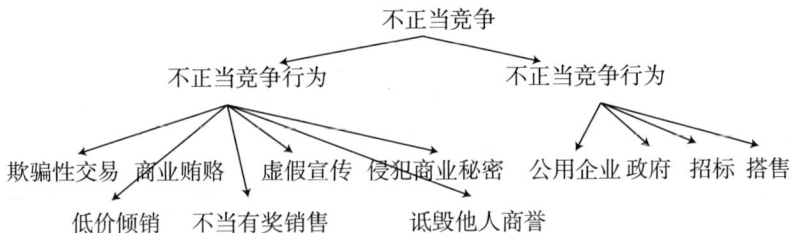

不正当竞争行为的类型

一、不正当竞争行为

（一）概念

不正当竞争，也称为不公平竞争、违法竞争，是随着市场竞争的日益激烈而产生的一种现象。不正当竞争行为，是指经营者违反《反不正当竞争法》规定，在市场交易中违反自愿、平等、公平、诚实信用的原则和工人的商业道德，以不正当手段损害其他经营者的合法权益，扰乱社会经济秩序的行为。

（二）特征

1. 主体特征。不正当竞争的行为主体具有特定性，只能是经营者。

2. 性质特征。不正当竞争行为是违法行为，从事不正当竞争行为的经营者将承担相应的法律责任。

3. 客体特征。不正当竞争行为侵害了其他经营者的合法权益（直接客体）和正常社会经济秩序（间接客体）。

思考

下列各项，不属于不正当竞争行为构成要件的是（　　）。

A. 经营者违反法律规定　　B. 损害其他经营者的合法权益

C. 扰乱社会秩序　　　　　D. 不正当竞争行为给受害人造成了重大损失

答案：D。

二、反不正当竞争法的定义和特征

（一）反不正当竞争法的定义及调整对象

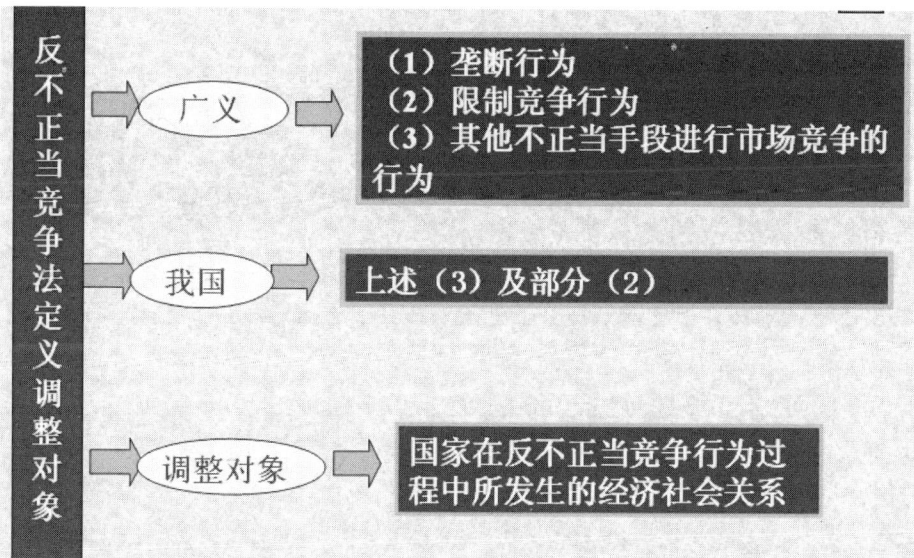

1. 反不正当竞争法，是指调整在维护公平竞争、制止不正当竞争过程中发生的社会关系的法律规范的总称。

2. 反不正当竞争法是调整市场竞争过程中因规制不正当竞争行为而产生的社会关系的法律规范的总称。首先，该法调整的是市场交易中的竞争关系；其次，该法调整的是由不正当竞争行为而引发的各种社会关系。

（二）我国《反不正当竞争法》的立法宗旨及特征

1. 我国《反不正当竞争法》的立法宗旨：为保障社会主义市场经济健康发展，鼓励和保护公平竞争，制止不正当竞争行为，保护经营者和消费者的合法权益，制定此法。

2. 我国《反不正当竞争法》的特征。

（1）既规范影响市场机构的行为又规范具体竞争行为。

（2）实体法与程序法相结合。

（3）公法与私法相结合。

我要复习！

好，本单元的基本知识点学习完了，让我们结合前面提出的这道思考题来复习一下吧。

1. 你一定要知道的（如果已掌握请打钩）：

不正当竞争行为的概念和特征 ☐

反不正当竞争法的定义和特征 ☐

2. 深入理解（结合思考题）

理解各种情形下经营者行为是否构成了不正当竞争。

甲和乙都是经营家电的经营者，如果甲在销售家电时总是有意地使其销售价格低于乙的定价，他们之间虽然没有发生任何经济交往，但如果甲的销售价格明显低于成本，那么即对乙构成了不正当竞争，因此要承担相应的法律责任。

学习单元二　混淆行为及其法律规制

一、混淆行为的定义及特征

（一）混淆行为的定义

混淆行为是指，经营者在市场经营活动中，以种种不实手法对自己的商品或服务作虚假表示、说明或承诺，或不当利用他人的智力劳动成果推销自己的商品或服务，使用户或者消费者产生误解，扰乱市场秩序、损害同业竞争者的利益或者消费者利益的行为。

（二）混淆行为的特征

与其他不正当竞争行为相比，除具备不正当竞争行为的一般特征外，混淆行为的显著特征是，能使用户或消费者对进行混淆行为的经营者所销售的产品和服务的质量状况产生误解。

二、混淆行为的表现形式

> 《反不正当竞争法》第5条　经营者不得采用下列不正当手段从事市场交易，损害竞争对手：①假冒他人的注册商标；②擅自使用知名商品特有的名称、包装、装潢，或者使用与知名商品近似的名称、包装、装潢，造成和他人的知名商品相混淆，使购买者误认为是该知名商品；③擅自使用他人的企业名称或者姓名，引人误认为是他人的商品；④在商品上伪造或者冒用认证标志、名优标志等质量标志，伪造产地，对商品质量作引人误解的虚假表示。

根据以上规定，混淆行为有四种类型：假冒他人注册商标；擅自使用与知名商品相同或相近似的名称、包装、装潢；擅自使用他人的企业名称或姓名；在商品上伪造或者冒用质量标志。其中前三种行为属于商业混同行为，后一种行为属于质量标志欺骗行为。

（一）假冒他人注册商标

注册商标权是知识产权的重要权利之一。商标法对注册商标权的内容、行使方式、保护范围作了专门规定。反不正当竞争法将假冒他人的注册商标作为不正当竞争行为予以禁止，其立法意图是编织更严密的法网，使这种行为受到来自商标法和反不正当竞争法两方面的防范和制裁。因此，在法律责任上，反不正当竞争法规定对此种行为依据商标法加以处罚。若不能适用商标法制裁，而行为人确实对他人注册商标造成损害的，可依据反不正当竞争法追究法律责任。

（二）擅自使用与知名商品相同或近似的名称、包装、装潢，造成混淆

一般认为，知名商品是指为相关公众所知悉并拥有一定信誉的商品。如获得省、部级名优产品称号以及获得国家驰名商标称号的产品，均被认为是知名商品。商业混同行为的一个特点就是要借他人之商标、产品等已经获得的信誉推销自己的产品或服务，因而，仿冒知名商品也就成了一种较为普遍的不正当竞争手段。值得注意的是，仿冒知名商品的方式是多种多样的，既可以是冒用，也可以是模仿（近似）；既可以表现为名称，也可以表现为包装、装潢等。此外，这种行为在客观上必须给交易的相对人造成认识上的混淆。

（三）擅自使用他人的企业名称或者姓名，引人误认为是他人的商品

企业的名称不仅具有唯一性，且为企业所独有，与企业不可分离。据我国企业法的规定，企业对其名称享有专用权，其他任何人不得侵犯。但是，由于企业名称与企业和企业产品的信誉相联系而具有重要的商业价值，因而也是欺骗性交易侵害的对象。至于姓名，这里有特定的含义，一般是指从事经营的个体经营者在经营中听使用的与其经营相联系的姓名。如个体工商户、个人合伙在市场活动中使用的名字，像"陈某某火锅"、"王某某菜刀"等，如果他人未经允许使用了这些姓名，造成混淆，即构成不正当竞争。

（四）伪造或冒用质量标志、伪造产地，对商品质量作引人误解的虚假表示

产品的质量标志是产品质量信誉的集中体现，这些标志主要有认证标志、名优标志、等级标志等。一些经营者在竞争中伪造或者冒充质量标志，以此争

取交易机会并谋取高额经济利益，从而损害了竞争秩序，故这种行为为法律所禁止。至于商品的产地，往往与商品的信誉有机地联系在一起，从而也具有相当的商业价值。他人伪造产地，会给真正拥有该产地的同类产品造成损害，并损害消费者的利益，故也是一种典型的不正当竞争。

> ### 思考
> 　　甲公司发现乙公司仿冒其"相国酒"的特有名称和装潢，拟诉请法院认定乙公司的行为构成不正当竞争，责令停止侵权并赔偿损失。关于甲公司应当举证的事项，哪些是正确的？（　　）
> 　　A. 甲公司的"相国酒"在相关市场上具有一定的知名度
> 　　B. "相国酒"是甲公司特有的商品名称，其装潢具有显著特征
> 　　C. 乙公司的"相国酒"名称和装潢与甲公司的混同，导致混淆
> 　　D. 乙公司的仿冒行为给甲公司造成了损害
> 　　答案：A、B、C、D。

三、对混淆行为的法律规制

在我国，混淆行为受多种法律的调整，为了保持法律之间的统一性，我国《反不正当竞争法》充分考虑了与《商标法》、《产品质量法》之间的协调。《反不正当竞争法》第21条第1款规定："经营者假冒他人的注册商标，擅自使用他人的企业名称或者姓名，伪造或者冒用认证标志、名优标志等质量标志，伪造产地，对商品质量作引人误解的虚假表示的，依照《中华人民共和国商标法》、《中华人民共和国产品质量法》的规定处罚。"同时，对于《商标法》、《产品质量法》未作规定的混淆行为，《反不正当竞争法》则作了相应的处理性规定。

就本意上，混淆行为都受《反不正当竞争法》的规制。因此，这里仅指前述《商标法》、《产品质量法》未作规定而必须由《反不正当竞争法》直接规定具体调整方法的情形。

《反不正当竞争法》第21条第2款规定："经营者擅自使用知名商品特有的名称、包装、装潢，或者使用与知名商品近似的名称、包装、装潢，造成和他人的知名商品相混淆，使购买者误认为是该知名商品的，监督检查部门应当责令停止违法行为，没收违法所得，可以根据情节处以违法所得1倍以上3倍以下的罚款；情节严重的，可以吊销营业执照；销售伪劣产品，构成犯罪的，依法追究刑事责任。"

我要复习！

好，本单元的基本知识点学习完了，让我们结合前面提出的这道思考题来复习一下吧。

1. 你一定要知道的（如果已掌握请打钩）：

混淆行为的定义及特征 ☐

混淆行为的表现形式 ☐

对混淆行为的法律规制 ☐

2. 深入理解（结合思考题）

思考以下习题，在各种情形下判断是否构成混淆行为。

(1) 根据《反不正当竞争法》的规定，下列哪一行为属于不正当竞争行为中的混淆行为？（　　）

A. 甲厂在其产品说明书中作夸大其词的不实说明

B. 乙厂的泉水使用"清凉"商标，而"清凉矿泉水厂"是本地一知名矿泉水厂的名称

C. 丙商场在有奖销售中把所有的奖券刮奖区都印上"未中奖"字样

D. 丁酒厂将其在当地评奖会上的获奖证书复印在所有的产品包装上

解析：只有 B 选项符合混淆行为的构成要件，A、C 分别是虚假宣传和非法有奖销售行为，D 属于正当行为。

(2) 甲欲购买"全聚德"牌的包装烤鸭，临上火车前误购了商标不同而外包装十分近似的显著标明名称为"仝聚德"的烤鸭，遂向"全聚德"公司投诉。"全聚德"公司发现，"仝聚德"烤鸭的价格仅为"全聚德"的1/3。如果"全聚德"起诉"仝聚德"，其纠纷的性质应当是下列哪一种？（　　）

A. 诋毁商誉的侵权纠纷

B. 低价倾销的不正当竞争纠纷

C. 欺骗性交易的不正当竞争纠纷

D. 企业名称侵权纠纷

答案：C。

学习单元三　虚假宣传行为及其法律规制

《反不正当竞争法》第9条　经营者不得利用广告或者其他方法，对商品的质量、制作成分、性能、用途、生产者、有效期限、产地等作引人误解的虚假宣传。

广告的经营者不得在明知或者应知的情况下，代理、设计、制作、发布虚假广告。

一、虚假宣传行为的定义及其表现形式

（一）虚假宣传的定义

虚假宣传行为，是指经营者利用广告或其他宣传方法，对商品或服务作与实际情况不符的公开宣传，引起或足以引起其交易相对人对商品或服务产生错误认识的行为。

（二）虚假宣传行为的表现形式

虚假宣传在现实生活中有多种表现形式。根据不同的标准，可以作不同的分类。如根据实施主体的不同，可以将虚假宣传划分为：广告主的虚假宣传、广告经营者的虚假宣传和其他经营者的虚假宣传等。下面介绍两种主要的分类方法：

1. 虚假广告宣传和其他虚假宣传。根据宣传是否采用广告，可以将虚假宣传分为虚假广告宣传和其他虚假宣传。这种区分不仅在《广告法》上具有重要意义，而且对我们全面认识虚假宣传同样具有重要意义。

虚假广告宣传是指通过广告宣传，不真实地介绍商品或服务情况，从而引人误解的行为。这种行为有三个特点，即采用广告宣传形式、内容不具有真实性、引起人们的误解。如，滥用各种夸张性语言或绝对化语言（如使用"国家级"、"最高级"、"最佳"等用语）；滥用公众对名人、专家、国家领导人、权威机构的信任作广告宣传；使用含糊其辞、模棱两可的语言或形象作广告；虚构产品或服务的获奖情况、商标权或专利权的授予情况、销售地区或数量等；隐瞒商品或服务本身具有的法律、法规要求应予明示的瑕疵；无根据地使用各种数据、百分比作广告宣传；假冒他人注册商标、专利、厂商名称等侵权性广告；等等。

其他虚假宣传指利用非广告的其他宣传方法，对商品或服务作引人误解的宣传。在实践中，引人误解的虚假宣传主要采用的是广告形式，但宣传的方式很多，除广告这一形式外，还有多种宣传方式。如，举办展览会、展销会、博览会、订货会，举办新闻发布会、产品鉴定会、座谈会，散发宣传材料、价格标签，公共场合下领导人对某种产品或服务发表讲话等。在这些宣传活动中，如果经营者提供的信息确实让一般公众发生了误解，同样构成引人误解的虚假宣传。

2. 虚假宣传和引人误解的宣传。根据宣传内容本身是否真实，可把引人误解的虚假宣传分为虚假宣传和引人误解的宣传。这种分类的意义在于，它表明不仅虚假的宣传行为可能构成不正当竞争，某些真实的宣传同样可能构成不正当竞争。

虚假宣传是指经营者对商品或服务情况所作的与客观实际不符，并引人误解的宣传。其根本的特征是宣传内容本身不真实，并引人误解。即宣传的内容传递给人们的信息与产品或服务的实际状况不相符合，而这些信息又引起了人们的误解。不真实的内容主要有：捏造的信息、夸大的信息、错误的信息、含混的信息、虚假的承诺、无端的保证等。

引人误解的宣传指经营者对商品或服务情况所作的可能真实但却引人误解的宣传。其特点是：宣传内容可能是真实的，但宣传的效果是引人误解的。如不当的比喻、不当的暗示、错误的联想、含糊的表述等，都可能引起人们的误解。从实践中的情况来看，这种行为往往是基于人们的过失而发生的，但有时却是经过经营者的精心策划而实施的。如蓄意将"正在申请专利"改为"已经申请了专利"，从语言文字上看，两者似无实质的不同，但从一般公众的认知角度来看，"已经申请了专利"和"已经获得专利"不易区分，从而引起人们的误解。

建议

本单元的学习，要注意学会将虚假宣传同上一单元所学的混淆行为区分开来，接下来将揭示虚假宣传行为的行为要点，以作区分之用，请注意把握。

二、虚假宣传行为的一般认定

虚假宣传与欺骗性交易、商业诽谤、虚假广告等行为均有一定的联系或相似之处，从理论上划清这些行为之间的界限，对于正确认定和处理引人误解的虚假宣传，有着重要的意义。虚假宣传行为具有如下行为要点：

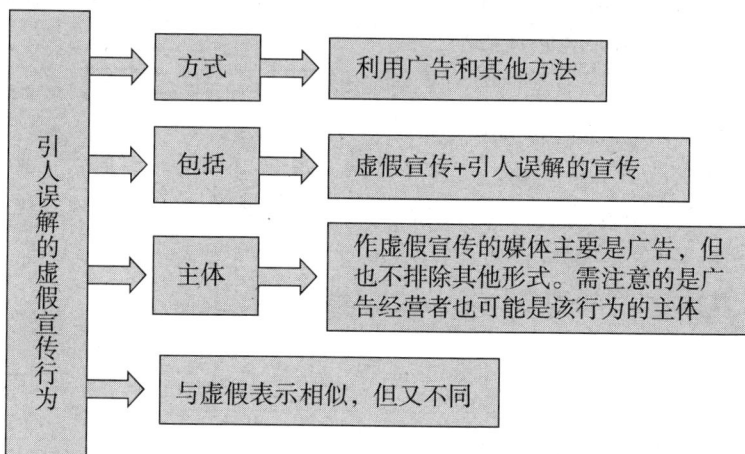

1. 主体是实施产品或服务宣传的经营者。引人误解的虚假宣传的主体，可以是卖方，也可以是买方；可以是广告主，也可以是广告经营者，还可以是以广告以外的其他方法进行虚假宣传的其他经营者。

2. 行为发生于宣传过程中。作为引人误解的虚假宣传，必须与宣传相联系。换言之，只有在商业宣传中才可能发生引人误解的虚假宣传，这是虚假宣传与普通欺骗性交易行为的根本区别。

3. 所作的宣传引人误解。经营者的宣传行为，必须在客观上引起人们的错误认识，即引人误解，具有社会危害性。否则就没有引人误解的虚假宣传。至于引起人们误解的原因是什么，可以在所不问。因此，在法律上，引人误解是构成虚假宣传的最终标准或根本标准。

这里涉及两个问题：首先，如何才能判断某一宣传行为"引人误解"。判断引人误解的标准并不取决于宣传者的理解，而取决于受宣传对象对宣传的理解。一般说来，这种理解应以普通消费者的认知能力，即一般公众的认识和判断能力为标准，只要一般大众受经营者宣传的影响而对其商品或服务发生了错误认识，即可认定为引起了误解。其次，虚假宣传与引人误解并不具有完全的对应关系。对客户和消费者不产生误解的宣传即使不真实，也不构成引人误解的虚假宣传；相反，引起消费者误解的宣传即使是真实的，也应当认定为不正当竞争。

4. 主观方面既包括故意也包括过失。引人误解的虚假宣传，行为人往往具有欺骗和误导购买者选购商品或接受服务的目的，故多数情况下系故意所为。但是，在过失的情况下，只要经营者的宣传在客观上导致了人们的误解，也会成立引人误解的虚假宣传。如经营者在发布广告时，对关键性内容表述不当或表述错误，引起人们的误解；又如广告发布者因不认真审查广告内容而盲目发布了虚假广告，均构成虚假宣传。

思考

某商场在电视上做广告，声称其新进一批法国巴黎时尚服装，现正进行打折优惠，消费者纷纷前往购买，后来消费者发现服装并非产自法国，而是由国内厂家生产的，则该商场的行为是（　　　　）。

A. 假冒他人注册商标行为　　　　B. 虚假宣传行为

C. 伪造产地的行为　　　　　　　D. 正当广告宣传行为

答案：B。

三、虚假宣传行为的法律责任

从立法形式上看，各国一般对引人误解的虚假宣传采用综合调整方法。我国对引人误解的虚假宣传的法律规制与其他国家及国际上的做法基本相同。除《反不正当竞争法》作出原则性规定外，还在《消费者权益保护法》、《广告法》、《药品管理法》等相关法律中，从不同的角度作了相应的规定。

引人误解的虚假宣传的法律责任，可分为民事责任、行政责任和刑事责任。《反不正当竞争法》第 24 条规定："经营者利用广告或者其他方法，对商品作引人误解的虚假宣传的，监督检查部门应当责令停止违法行为，消除影响，可以根据情节处以 1 万元以上 20 万元以下的罚款。广告的经营者，在明知或者应知的情况下，代理、设计、制作、发布虚假广告的，监督检查部门应当责令停止违法行为，没收违法所得，并依法处以罚款。"根据责任主体的不同，主要有以下几个方面：

1. 经营者（广告主）的法律责任。《反不正当竞争法》第 24 条第 1 款规定，经营者利用广告和其他方法，对商品作引人误解的虚假广告的，监督检查部门应责令停止违法行为，消除影响，并可根据情节处 1 万元以上 20 万元以下的罚款。

2. 广告商的法律责任。《反不正当竞争法》第 24 条第 2 款规定，广告经营者在明知或应知情况下，代理、设计、制作、发布虚假广告的，监督检查部门应当责令停止违法行为，没收违法所得，并依法处以罚款。这里的"依法"，指《广告法》。《广告法》第 37 条规定的罚款，指广告费用 1 倍以上 5 倍以下的罚款。情节严重的，可停止其广告业务；构成犯罪的，依法追究刑事责任。

3. 连带责任。《广告法》第 38 条规定，发布虚假广告，欺骗和误导消费者，使其合法权益受到损害的，经营者应负担民事责任。广告经营者、广告发布者明知或应知广告虚假仍设计、制作、发布的，应依法承担连带责任。广告经营者、广告发布者不能提供广告主的真实名称、地址的应承担全部民事责任。

社会团体和其他组织，在虚假广告中向消费者推荐商品或者服务，使消费者的合法权益受到损害，应当依法承担连带责任。

我要复习！

好，本单元的基本知识点学习完了，让我们结合前面提出的这道思考题来复习一下吧。

1. 你一定要知道的（如果已掌握请打钩）：

虚假宣传行为的定义及特征 ☐

虚假宣传行为的一般认定 ☐

对虚假宣传行为的法律规制 ☐

2. 深入理解（结合思考题）

思考以下习题，判断构成虚假宣传行为的各主体应当如何承担责任。

欣欣公司为了宣传其新开发的保健品，虚构保健品功效，并委托某广告公司设计了谁吃谁明白的广告，聘请大腕明星做代言人，邀请某社会团体向消费者推荐，在报刊和电视上高频率的发布引人误解的不实广告。根据《反不正当竞争法》的规定，下列哪些选项是正确的？（　　　）

A. 欣欣公司不论其主观状态如何，都必须对虚假广告承担法律责任

B. 广告公司只有在明知保健品功效虚假的情况下才承担法律责任

C. 明星代言人即使对厂商造假不知情，只要蒙骗了消费者，就应当承担民事责任

D. 社会团体在虚假广告中向消费者推荐商品，应承担民事连带责任

答案：A、D。

解析：根据《反不正当竞争法》第9条规定，经营者不得利用广告或者其他方法，对商品的质量、制作成分、性能、用途、生产者、有效期限、产地等作引人误解的虚假宣传。广告的经营者不得在明知或者应知的情况下，代理、设计、制作、发布虚假广告。因此，A项正确。根据该法第20条规定，经营者违反本法规定，给被侵害的经营者造成损害的，应当承担损害赔偿责任，被侵害的经营者的损失难以计算的，赔偿额为侵权人在侵权期间因侵权所获得的利润；并应当承担被侵害的经营者因调查该经营者侵害其合法权益的不正当竞争行为所支付的合理费用。被侵害的经营者的合法权益受到不正当竞争行为损害的，可以向人民法院提起诉讼。因此，B项错误。《反不正当竞争法》没有规定代言人是否要承担民事责任。而《广告法》第38条规定："违反本法规定，发布虚假广告，欺骗和误导消费者，使购买商品或者接受服务的消费者的合法权益受到损害的，由广告主依法承担民事责任；广告经营者、广告发布者明知或者应知广告虚假仍设计、制作、发布的，应当依法承担连带责任。"也没有规定代言人的责任问题，所以C项是错误的。根据《产品质量法》第58条规定，社会团体、社会中介机构对产品质量作出承诺、保证，而该产品又不符合其承诺、保证的质量要求，给消费者造成损失的，与产品的生产者、销售者承担连带责任。因此，D项正确。因此，本题选择A、D选项。

学习单元四　侵犯商业秘密行为及其法律规制

思考

下列关于侵犯商业秘密罪的说法哪些是正确的？（　　　）

A. 窃取权利人的商业秘密，给其造成重大损失的，构成侵犯商业秘密罪

B. 捡拾权利人的商业秘密资料而擅自披露，给其造成重大损失的，构成侵犯商业秘密罪

C. 明知对方窃取他人的商业秘密而购买和使用，给权利人造成重大损失的，构成侵犯商业秘密罪

D. 使用采取利诱手段获取权利人的商业秘密，给权利人造成重大损失的，构成侵犯商业秘密罪

提示：通过本单元的学习，对本题进行解答。

一、商业秘密的定义和特征

（一）商业秘密的定义

我国《反不正当竞争法》对商业秘密的定义是：不为公众所知悉，能为权利人带来经济利益，具有实用性，并经权利人采取保密措施的技术信息和经营信息。商业秘密权是权利人劳动成果的结晶，是权利人拥有的一种无形财产权，《反不正当竞争法》将侵犯商业秘密行为作为不正当竞争行为予以禁止是十分必要的。商业秘密不同于专利和注册商标，只要获得及使用手段合法，它可以为多个权利主体同时拥有和使用。如自主研究开发，通过反向工程破译他人商业秘密等。

（二）商业秘密的特征

> 《国家工商行政管理局关于禁止侵犯商业秘密行为的若干规定》第2条　本规定所称不为公众所知悉，是指该信息是不能从公开渠道直接获取的。
>
> 《最高人民法院审理科技纠纷案件的若干问题的规定》第51条　非专利技术成果受民法通则、反不正当竞争法、技术合同法及其实施条例等法律、法规保护。非专利技术成果应具备下列条件：……②处于秘密状态，即不能从公共渠道直接获得。

商业秘密是法律关系的一种特殊客体，其具有以下一些基本特征：

1. 秘密性。秘密性也称非公知性，是商业秘密最核心的特征，指该种信息不为公众所知悉。一般认为，这种秘密性应该是相对的，即法律并不要求商业秘密是处于绝对的、完全的保密状态下。因为一项商业秘密在使用和管理中是无法避免在一定范围内或一定程度上向外界公开的。内部雇员、合作对象、政府审批的行政机关人员等都有可能接触到商业秘密的内容，但只要权利人采取了一定的保密措施，就可以认定是处于秘密状态的信息。

2. 保密性。保密性有人又称之为管理性，指权利人对这种秘密采取了一定的保密措施。不过，法律只要求采取了相对合理的保密措施即可，而并不要求

其措施必须万无一失。

3. 经济性。经济性也称为价值性，它是指商业秘密的使用可以为权利人带来经济上的利益。

4. 实用性。指商业秘密能适用于工农业生产和经营，并创造经济效益和社会效益。

任何信息只有同时符合以上四个特征，才能构成法律上所称的商业秘密。

❖   百事可乐与可口可乐的"配方"
       构成商业秘密，公司对其守口如瓶

公务员上岗前要进行保密教育培训

二、侵犯商业秘密行为的表现形式

商业秘密作为一种信息，具有无形资产的特征。因此，对商业秘密的侵害行为与对物权的侵权行为有很大的不同。我国在立法中吸收了世界各地的经验，对侵犯商业秘密行为的表现形式以列举的方式作了规定。

（一）以不正当手段获取他人商业秘密

"获取"他人商业秘密的"不正当手段"，是指一切违反诚实信用、公平竞争原则，直接从权利人处获取商业秘密的行为。美国的《统一商业秘密法》规定的"不正当手段"包括"窃取、贿买、不真实表示、违反或诱使违反保密义务、或者通过电子方法或其他方法窥探"。事实上，不正当手段是不可能列举穷尽的。因此，在具体的案件审理中，还需对个案进行分析，只要侵权人不是以正当手段获得，就可以认定为是以不正当手段获得。我国《反不正当竞争法》

对"不正当手段"具体规定为："以盗窃、利诱、胁迫或者其他不正当手段获取权利人的商业秘密"的行为。

建议

这里需注意，如果不是用非法手段，而是用正当合法的手段获取商业秘密的，不构成对商业秘密的侵害。如利用公开发行的报刊、杂志、产品信息或在其他公开场所进行观察、研究，所得出的结论偶然与其他人的商业秘密相一致的，以及通过权利人的许可获知商业秘密等，都不成立本罪。

（二）恶意披露、使用或允许他人使用以违法手段获得的商业秘密

这是行为人侵犯他人商业秘密的继续。非法获取他人商业秘密的行为人将其所获取的商业秘密转告第三人或利用各种方式将其泄露，或自己使用或允许他人使用该商业秘密，都会使权利人受到的损害进一步扩大。我国《反不正当竞争法》第10条第1款第2项对此明确规定，"披露、使用或者允许他人使用以前项手段获取的权利人的商业秘密"，是侵犯商业秘密的行为。

（三）违反约定或者违反权利人的要求披露、使用或允许他人使用商业秘密的行为

行为人可以通过正当手段获得商业秘密，如通过合作合同等。此时，行为人对商业秘密的权利人即负有相应的保密、不得擅自使用等义务，这些义务可以是明示的，也可以是默示的。行为人如果违反这些义务，擅自披露、使用或者允许他人使用该商业秘密，就应当被认定为不正当竞争行为。我国《反不正当竞争法》第10条第1款第3项规定，禁止"违反约定或者违反权利人有关保守商业秘密的要求，披露、使用或者允许他人使用其所掌握的商业秘密"的行为。

（四）第三人侵犯商业秘密的行为

我国《反不正当竞争法》将其称为"视为侵犯商业秘密的行为"，指第三人明知或应知转让人获得该商业秘密是不当取得，或取得后披露、使用或者准许他人使用，仍予以受让或披露的行为。

三、侵犯商业秘密行为的法律责任

最初意义上的商业秘密立法，是作为对专利制度的补充而出现的。随着公平竞争制度的发展，商业秘密的保护逐渐被纳入了竞争法的范围。改革开放以来，我国先后通过多部法律，如《民法通则》、《合同法》、《反不正当竞争法》、《刑法》等，从多个角度对侵犯商业秘密的行为予以了规制。

关于侵犯商业秘密行为的民法责任，根据《反不正当竞争法》第20条以及

我国《民法通则》、《合同法》等法律的规定，对侵犯商业秘密的行为，权利人可以要求行为人承担停止侵害、返还财产、赔偿损失等民事责任。

对于侵犯商业秘密的犯罪行为，我国《刑法》作了相应的规定，有侵犯商业秘密行为，给商业秘密的权利人造成重大损失的，处3年以下有期徒刑或者拘役，并处或者单处罚金；造成特别严重后果的，处3年以上7年以下有期徒刑，并处罚金；单位侵犯他人商业秘密的，对单位判处罚金，并对其直接负责的主管人员和其他直接责任人员，同样依照上述规定处罚。

我要复习！

好，本单元的基本知识点学习完了，让我们结合前面提出的这道思考题来复习一下吧。

1. 你一定要知道的（如果已掌握请打钩）：

商业秘密的定义和特征 ☐

侵犯商业秘密行为的表现形式 ☐

侵犯商业秘密行为的法律责任 ☐

2. 深入理解（结合思考题）

思考以下习题，学会分析侵犯商业秘密罪的构成要件。

被告人李某大学毕业后，受雇于某市好又多百货商业广场有限公司，任资讯部副课长。1997年8月，李在明知公司对资讯部有"不准泄露公司内部任何商业机密信息，不准私自使用FTP上传或下载信息"规定的情况下，擅自使用FTP程式，将公司的供货商名称地址、商品购销价格、公司经营业绩及会员客户通讯录等资料，从公司电脑中心服务器上下载到自己使用的终端机，秘密复制软盘，到其他商业机构兜售。W有限公司与李某商谈并查看部分资料打印样本后，于1997年8月13日以2万元现金交易成功。李的"兜售"行为持续到同年10月13日，后案发。据某资产评估事务所估评证明：好又多百货商业广场有限公司自1997年9月初业绩开始下跌，月销售收入较8月份下跌15.63%，669万元。

解析：本案李某的行为构成侵犯商业秘密罪。我国《刑法》第219条第3款规定，商业秘密，是指不为公众所知悉，能为权利人带来经济利益，具有实用性并经权利人采取保密措施的技术信息和经营信息。所谓技术信息指的是技术配方、技术诀窍、技术流程等。所谓经营信息应包括与经营有关的重大决策，与自己有往来的客户情况、经营方式、经营目标、经营策略等。本案李某所盗卖的"好又多"商业信息，属于商业秘密。本案中，李某身为电脑资讯部的副课长，明知公司规定不得私自拷贝、复印商业秘密，为了获取非法利益，仍然秘密窃取了"好又多"商业秘密，并出售给好又多公司的同行业竞争者 W 有限公司。李的行为符合刑法关于侵犯商业秘密罪的构成要件。根据刑法规定，侵犯商业秘密罪与非罪的界限，在于所采取的不正当手段侵犯商业秘密，是否给权利人造成重大损失。本案好又多公司的商业秘密是权利人好又多公司花费巨大资金所建立，李的盗卖行为使该公司经营业绩大幅下降，导致竞争优势丧失或弱化，已经构成造成重大损失，故该罪成立。

学习单元五　不正当有奖销售行为及其法律规制

《反不正当竞争法》第 13 条　经营者不得从事下列有奖销售：①采用谎称有奖或者故意让内定人员中奖的欺骗方式进行有奖销售；②利用有奖销售的手段推销质次价高的商品；③抽奖式的有奖销售，最高奖的金额超过5000 元。

一、不正当有奖销售的定义和危害

（一）不正当有奖销售的定义

不当有奖销售是指经营者在有奖销售的过程中弄虚作假或违反法律的限制向客户提供巨额奖励的行为。由于这种有奖销售违背了诚实信用原则和法律对有奖销售的限制，已经超越了商业习惯和法律的界限，因而，在性质上属于不正当竞争，为各国竞争法所禁止。

（二）不正当有奖销售的定义的危害

在商品的销售活动中，作为经营者的一种促销手段，有奖销售在一定程度上可以刺激人们的购买欲望，吸引消费者购买商品，给经营者带来一定经济利益。但是，不正当的有奖销售，往往会影响消费者正常选择商品。而且，由于有奖销售的竞争日趋激烈，特别是经济实力雄厚的大型商业企业推出规模更大、金额更高的有奖销售，这就会引起增加成本、提高销售价格等后果，使本来的质量、价格和服务的正常竞争受到扭曲，损害消费者的权益。同时，中小企业因资金不足而无力设奖，造成顾客流失，给中小企业的销售活动带来冲击，破坏了市场的竞争秩序。

二、不正当有奖销售的表现形式

依据我国《反不正当竞争法》第 13 条的规定，不当有奖销售的表现形式主要有以下三种：

（一）欺骗性有奖销售

欺骗性有奖销售，即经营者采用欺骗方式进行有奖销售的行为。这种欺骗既可以发生在附赠的场合，也可以发生在悬赏抽奖的场合。从实践中来看，欺骗性有奖销售多数发生于悬赏抽奖的过程之中。故悬赏抽奖过程中的欺骗行为是法律规制的重点。欺骗性有奖销售具体又表现为以下几种：

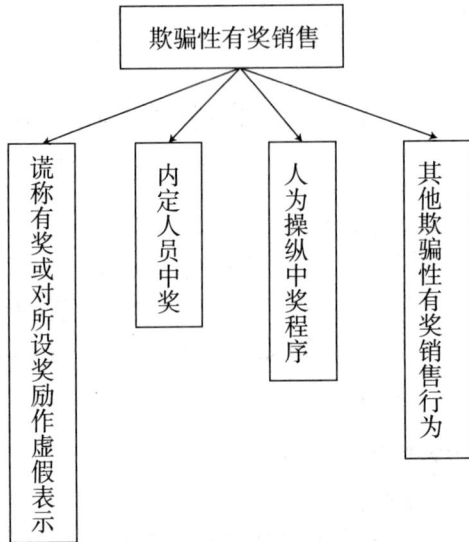

```
                    ┌──────────────┐
                    │  欺骗性有奖销售  │
                    └──────────────┘
          ┌──────────┬────┴────┬──────────┐
          ↓          ↓         ↓          ↓
    ┌─────────┐ ┌──────┐ ┌──────┐ ┌──────────┐
    │谎称有奖或对│ │内定人│ │人为操│ │其他欺骗性 │
    │所设奖励作 │ │员中奖│ │纵中奖│ │有奖销售行为│
    │虚假表示  │ │    │ │程序 │ │        │
    └─────────┘ └──────┘ └──────┘ └──────────┘
```

1. 谎称有奖或对所设奖励作虚假表示。谎称有奖是经营者在悬赏抽奖的过程中对外诈称其商品为有奖销售，以招揽顾客购买，实际上该经营者并未采取任何有奖销售的安排，或者对所设奖的种类、中奖概率、最高奖金额、总金额、奖品种类、数量、质量、方法等作虚假的表示，致使购买者受骗上当。在这种情况下，参加购买的消费者根本不能中奖或者所得的奖励与原告知的奖励根本不符。

2. 内定人员中奖。关于内定人员，有的学者又称为内部人员。但我们认为，"内部人员"的范围太窄，不能涵盖实践中的诸多现象，而"内定人员"的范围较宽，这一提法能较准确地反映实际情况。内定人员中奖就是经营者在悬赏抽奖的过程中将中奖的机会事先直接分配给特定的单位或个人的行为。在内定人员中奖的情况下，经营者实际上剥夺了普通客户（非内定人员）的中奖机会，普通客户成了事实上的受骗上当者。

3. 人为操纵中奖程序。即经营者在悬赏抽奖的过程中，故意将设有中奖标志的产品、奖券不投放市场或者不与无奖的商品、奖券一起投放市场；故意将带有不同奖金金额、不同奖励等级的奖券按不同的时间阶段投放市场。

4. 其他欺骗性有奖销售行为。实践中欺骗性有奖销售的表现形式是多种多样的，前述三种行为并不能包括所有的情形。虽然有的行为不属于前述三种行为，但是只要发生于有奖销售过程中，并在实质上构成欺骗，即可以认定其为不正当有奖销售。如在有奖销售中隐瞒事实真相、以各种借口拒绝兑奖等，也是欺骗性有奖销售行为。

思考

下列哪些属于欺骗性有奖销售行为？（　　　）

A. 谎称有奖销售或者对所设奖的种类，中奖概率，最高奖金额，总金额，奖品种类、数量、质量、提供方法等作虚假不实的表示

B. 采取不正当的手段故意让内定人员中奖

C. 故意将设有中奖标志的商品、奖券不投放市场或者不与商品、奖券同时投放市场；故意将带有不同奖金金额或者奖品标志的商品、奖券按不同时间投放市场

D. 某百货商场进行有奖销售活动，最高奖额为 6000 元

答案： A、B、C。

（二）推销质次价高的商品

质次价高的商品是消费者不愿意接受的，应通过消费者的选择淘汰出市场。但有些经营者不是依靠提高质量、降低成本、改善服务等方式进行竞争，而是利用购买者投机获利的侥幸心理，借有奖销售来推销质次价高的商品，使优质产品无法公平地与劣质产品进行竞争，发生"劣货驱逐良货"的不正常现象。因此，利用有奖销售推销质次价高的商品，也是法律上规定的一种典型的不当有奖销售行为。对于什么是"质次价高"的商品，应由工商行政管理机关依市场同期同类产品的价格、质量和购买者的投诉进行认定。

（三）不当巨额有奖销售

有奖销售有利有弊，为了趋利避害，法律必须对其加以适度控制。就奖励的幅度、金额来看，如果法律没有一定的限制，同样会导致竞争秩序的混乱。按我国《反不正当竞争法》第 13 条第 3 项的规定，抽奖式的有奖销售最高奖的

金额不得超过 5000 元。因此，凡是在有奖销售活动中，最高奖的金额超过 5000 元的，即为不正当巨额有奖销售。另据规定，如果是以非现金的物品或者其他经济利益作奖励的，则按照同期市场同类商品或服务的正常价格来折算其金额。

三、不正当有奖销售行为的法律责任

不正当有奖销售行为在各国普遍存在，只是表现形式和程度有所不同。大部分国家对不正当有奖销售在公平竞争法律中作出明确规定，以此来限制和规范企业的竞争行为。关于不正当有奖销售行为，主要有以下几方面的法律责任：

> **建议**
>
> 各国对于限制和禁止的不正当有奖销售大致有两种：一是对附赠式有奖销售中的不正当竞争的法律规制；二是对悬赏式的有奖销售中的不正当竞争的法律规制。我国《反不正当竞争法》侧重于对悬赏抽奖式的有奖销售进行规制，一方面对有奖销售的最高奖金额限定为 5000 元人民币，另一方面对悬赏抽奖式有奖销售中的不正当竞争行为作了列举，并对其法律责任进行规定。

（一）民事责任

根据我国《反不正当竞争法》的规定，由于实施不正当有奖销售行为，给被侵害的经营者造成损害的，应当承担损害赔偿责任，被侵害的经营者的损失难以计算的，赔偿额侵权人在为侵权期间因侵权所获得的利润；并应当承担被侵害的经营者因调查该经营者侵害其合法权益的不正当竞争行为所支付的合理费用。被侵害的经营者的合法权益受到不正当竞争行为损害的，可以向人民法院提起诉讼。

（二）行政责任

经营者违反《反不正当竞争法》第 13 条规定进行有奖销售的，监督检查部门应当责令停止违法行为，可以根据情节处以 1 万元以上 10 万元以下罚款。

（三）刑事责任

对于欺骗性有奖销售，如果情节严重的话，应该以诈骗罪追究刑事责任。对于利用有奖销售的手段推销质次价高的商品的，如果商品因质量问题致人损害的，可以依据《产品质量法》和《刑法》追究刑事责任。

我要复习!

好，本单元的基本知识点学习完了，让我们结合前面提出的这道思考题来复习一下吧。

1. 你一定要知道的（如果已掌握请打钩）：

不正当有奖销售的定义和危害 ☐

不正当有奖销售的表现形式 ☐

不正当有奖销售行为的法律责任 ☐

2. 深入理解（结合思考题）

结合本单元学习内容，分析以下案例。

案情简介： 某保龄球馆系一营利性保龄球馆。1998年春节，该保龄球馆举办有奖活动，规定只要在该馆打满三局，且总分为688分的顾客，即可获得该馆的特等奖商品房一套。此有奖活动一经公布，该保龄球馆的顾客人数剧增。最后，特等奖被丁某获得。丁某系该保龄球馆的工作人员，其得到特等奖后，即将商品房交还单位，单位奖励给他5000元。当地工商局收到知情人的检举后，即前往该保龄球馆调查，经查检举情况属实。

案例分析： 本案涉及了两种不正当有奖销售行为：欺骗性有奖销售行为和巨奖销售行为。欺骗性有奖销售，即经营者采用欺骗方式进行有奖销售的行为，在本案中的具体表现形式为内定人员中奖，即该保龄球馆所设特等奖由其工作人员所得，并在其工作人员得到特等奖后，将奖品收回，给予一定奖励。此外，凡是在有奖销售活动中，最高奖的奖金超过5000元的，即为不正当巨额有奖销售。本案中商品房的价值远高于5000元，可以认定某保龄球馆的有奖活动属于巨奖销售。因此，应由当地工商部门对该保龄球馆进行行政处罚，没收其非法所得。

学习单元六　商业贿赂行为及其法律规制

《反不正当竞争法》第8条　经营者不得采用财物或者其他手段进行贿赂以销售或者购买商品。在账外暗中给予对方单位或者个人回扣的，以行贿论处；对方单位或者个人在账外暗中收受回扣的，以受贿论处。经营者销售或者购买商品，可以以明示方式给对方折扣，可以给中间人佣金。经营者给对方折扣、给中间人佣金的，必须如实入账。接受折扣、佣金的经营者必须如实入账。

一、商业贿赂行为的定义和法律特征

（一）商业贿赂行为的定义

所谓商业贿赂，是指经营者以一定的金钱、实物或其他利益，收买交易相对人或其有关人员，以获得交易机会的行为。

（二）商业贿赂行为的法律特征

商业贿赂行为具有以下几个特征：

1. 主体的范围广泛。从实践来看，任何经营者都可能成为商业贿赂的主体，不论是买方还是卖方，不论是法人、其他经济组织还是公民个人。尤其值得注意的是，商业贿赂的主体较为特殊，它不仅包括享有经营主体资格的经营者，而且包括在经营者的业务中承担一定工作任务或代为履行一定职责的个人（如推销员、采购员等）。这些人本身并不具有经营

建议

这里需注意：行为的主体是经营者和受经营者指使的人（包括其职工）；其他主体可能构成贿赂行为，但不属于商业贿赂。

主体资格，在履行职责时他们代表经营者，但进行商业贿赂时却不一定代表经营者。

2. 主观上存在故意。商业贿赂的实质是私下买通对方或对方有关人员从而获得交易机会。因此，它只能由故意构成。其直接目的是获得交易机会，而其最终效果则排挤了竞争对手。

3. 存在主交易行为之外的利益交易行为。商业贿赂是在所达成的交易之外进行的一种利益交易。在这一交易过程中，经营者给予对方或对方有关人员一定的金钱、实物或其他利益以换取交易。故双方之间除主交易行为外，必然还存在"额外"的利益交易行为。

这里的"有关人员"，是指对主交易起一定影响或决定作用的个人，如企业领导、代理人（如推销员、采购员）等。这里的"利益"范围较广，可以是金钱，也可以是实物，还可以是其他利益，如长期为他人提供免费车辆，免费提供国内外旅游，付给他人一定数额的有价证券或免费购货凭证，为他人代办调动或子女就学手续，等等。

应当注意的是，如果一方给予另一方某种利益符合商业习惯，则不能认定为商业贿赂。如正常的接待宴请、馈赠价值小的纪念品或礼品等，就不能认定为"利益交易"。

4. 贿赂行为是秘密进行的。这有两层含义：一是商业贿赂行为是不公开的、私下进行的，贿赂的双方总是设法隐蔽他们之间的利益交易；二是在财务上不开票据，也不入账、不计账，或者是制作假票据、制作假账。正因为如此，商业贿赂具有相当大的隐蔽性。

二、商业贿赂的认定

关于商业贿赂的认定，根据商业贿赂主体所处地位的不同，将商业贿赂分为商业行贿和商业受贿。

（一）商业行贿

商业行贿是指经营者为了获得交易机会而以一定的金钱、实物和其他利益收买对方或其相关人员的行为。商业行贿与商业贿赂的意思相近，构成要件也基本相同，只不过商业行贿是从给付利益一方的角度反映商业贿赂的特征而已。根据行贿人动机的不同，商业行贿可以分为三种情形：

1. 为争取获得交易机会而行贿。在这种情况下，经营者追求的利益是合法的，只是能否获得这种利益尚处于不确定状态，为了能实际获得这种利益而采用行贿手段。如建筑施工单位根据相应资质等级承包相应规模的工程建设是法律允许的，但这并不等于某一建筑施工单位就必然能承包到某一具体工程，因为其他施工单位也在竞争。如果该建筑施工单位为了排挤竞争对手而以财物收买工程发包方，就构成商业行贿行为。

2. 为实现确定的合法利益而行贿。此时经营者所追求的利益是合法的，而且是应该得到的确定利益，但由于要谋求尽快、最好地实现该利益，或者因受到对方或对方有关人员的故意刁难、拖延等而行贿。

3. 为获得非法利益而行贿。经营者不具有某种合法的权利和利益，通过合法的途径也不可能获得这种权利和利益，但为了追求这种利益而行贿。如不具备某种产品的法定经营条件，为了取得该产品的经营权而行贿；又如不具备投标条件而通过行贿参与投标；再如通过行贿制造、销售假冒伪劣产品等。

(二) 商业受贿

商业受贿是指经营者或代其履行一定职能的内部人员以及有关国家工作人员，索取或接受经营者的财物或其他利益，并为支付财物或其他利益的经营者谋取交易机会或经济利益的行为。商业受贿与商业行贿是互相依存的，禁止商业行贿必须同时禁止商业受贿。因此，我国《反不正当竞争法》第 8 条同时将商业行贿和商业受贿列入禁止之列。

需要说明的是，商业受贿与商业行贿虽然相互依存，但两者在构成上还是略有区别：首先，在主体上，商业受贿的主体非常宽泛，一般不受是否具有经营资格的限制。如无经营主体资格的个人、国家工作人员等，都可成为商业受贿的主体。其次，商业受贿中既有受贿，也有索贿，但一般情况下商业行贿都是以受贿方自愿接受为实现条件的，索贿往往是受贿方主动要求甚至强迫对方给予好处，是一种较为特殊且性质恶劣的受贿方式。

三、商业贿赂行为的法律责任

思考

甲厂为了促销本厂生产的电视机，在业务活动中，私下给乙商场回扣，并且不入账，对此行为下列处理方式错误的是 (   )。

A. 构成犯罪的，依法追究刑事责任

B. 不构成犯罪的，监督检查部门可以根据情节处以 1 万元以上 20 万元以下的罚款

C. 不构成犯罪的，监督部门对违法所得予以没收

D. 吊销营业执照

答案： D。根据《反不正当竞争法》第 22 条规定即可以得出答案。

商业贿赂行为可以分为一般商业贿赂行为和严重商业贿赂行为（构成犯罪的商业贿赂行为）。因此，商业贿赂行为由《反不正当竞争法》和《刑法》共

同调整。《反不正当竞争法》第 22 条规定："经营者采用财物或者其他手段进行贿赂以销售或者购买商品，构成犯罪的，依法追究刑事责任；不构成犯罪的，监督检查部门可以根据情节处以 1 万元以上 20 万元以下的罚款，有违法所得的，予以没收。"与此相应，《刑法》第 163 条第 1、2 款规定，公司、企业或者其他单位的工作人员利用职务上的便利，索取他人财物或者非法收受他人财物，为他人谋取利益或违反国家规定，收受各种名义的回扣、手续费，归个人所有的，数额较大的，处 5 年以下有期徒刑或者拘役；数额巨大的，处 5 年以上有期徒刑，可以并处没收财产。第 164 条第 1、3 款又规定："为谋取不正当利益，给予公司、企业或者其他单位的工作人员以财物，数额较大的，处 3 年以下有期徒刑或者拘役；数额巨大的，处 3 年以上 10 年以下有期徒刑，并处罚金。……单位犯前两款罪的，对单位判处罚金，并对其直接负责的主管人员和其他直接责任人员，依照第 1 款的规定处罚。"此外，据《刑法》第 163 条第 3 款之规定，国有公司、企业或者其他国有单位中从事公务的人员和国有公司、企业或者其他国有单位委派到非国有公司、企业以及其他单位从事公务的人员，构成商业受贿的，应按《刑法》第 385 条和第 386 条规定的受贿罪论处。

我要复习!

好，本单元的基本知识点学习完了，让我们结合前面提出的这道思考题来复习一下吧。

1. 你一定要知道的（如果已掌握请打钩）：

商业贿赂行为的定义和法律特征 ☐

商业贿赂的认定 ☐

商业贿赂行为的法律责任 ☐

2. 深入理解（结合思考题）

结合本单元学习内容，分析以下案例。

案情简介：原告系某商厦物业管理有限公司（以下简称物业公司），其经营的某商厦是向个体经营户出租经营摊位的商场。原告在经营期间，为促使导游引导外地游客到其商厦购物，规定凡导游带领游客到商厦购物的，按游客人数给付导游和司机一定金额的"导购费"。被告工商行政管理局（以下简称工商局）查明后，认为原告物业公司为促进其商场商品销售，用现金贿赂旅行社导游及司机，让导游及司机带游客到商厦购物，原告物业公司的行为已构成商业贿赂，根据《中华人民共和国反不正当竞争法》第 22 条的规定,工商局于 2002 年 11 月 22 日对原告物业公司作出行政处罚决定,要求物业公司立即停止商业贿赂行为,并处以罚款 3 万元。物业公司对该处罚不服,于 2002 年 12 月 5 日向法院起诉,要求撤销处罚决定书。

案例分析: 本案所涉及的主要法律问题是如何界定商业贿赂行为。商业贿赂有严格的构成要件:①商业贿赂主体是经营者。商业贿赂的主体必须是经营者,未在工商行政管理机关登记注册、非经营者不能成为商业贿赂的主体。②商业贿赂行为人主观上有在经营活动中争取交易机会,排斥竞争的目的。③客观上采用了以秘密给付财物或其他手段贿赂对方单位或个人行为,主要表现为回扣。回扣的表现形式包括现金、实物和提供其他报酬或服务,如本案中为对方提供"导购费"等。④商业贿赂是违法行为。商业贿赂排斥正当竞争,损害了其他竞争对手的利益,违反了诚实信用、公平竞争的经济道德准则,为我国法律所禁止。

本案中原告将其向导游、司机支付的"导购费"称为"佣金",认为不属于"回扣",不构成商业贿赂行为。原告的这一辩称涉及回扣与佣金的区别:①佣金是由经营者付给中介人或居间人的,而回扣则是付给交易相对人的;②佣金是以明示的方式公开支付的,回扣是秘密给付的;③佣金是履行居间合同的形式,是支付给中间人的正当的劳务报酬,回扣是利用交易相对人权力来获取交易机会;④佣金不仅要规定于合同中,而且要按正规程序出具票据、记入会计账目,缴纳税收;回扣既不入账,也不纳税,属"黑色收入"。

本案中,首先,导游及司机属交易相对人,而非中间人。如本文前述,导游和司机对游客有着特殊的影响力,游客到异地旅游购物,不熟悉当地情况,吃、穿、住、行、购物都要听从导游的安排。导游的安排和宣传基本决定了游客购物地点,因此,导游和司机应是交易的相对人。其次,"导购费"是暗中支付给导游和司机的,导游和司机收取"导购费"并不明示给游客和旅行社。再次,原告物业公司给付导游和司机"导购费",并不是因其付出了相应劳动,而是要利用其对游客特殊影响力获得交易机会。最后,原告所称的"导购费"入账是指原告向各经营户收取的费用入账,但不是法律上所讲的佣金给付入账。而且,按法律规定,导游和司机收取费用也应该入账,并且缴纳税收。但事实上,导游和司机既不入账也不缴税。因此,"导购费"性质上不是佣金而是回扣。

故本案原告在支付给导游和司机"回扣"的情况下,诱使游客到其经营的商场购物,使其处于不公平的竞争地位,构成了商业贿赂行为,应依法承担相应责任。

学习单元七　诋毁他人商誉行为及其法律规制

> 《反不正当竞争法》第 14 条　经营者不得捏造、散布虚伪事实，损害竞争对手的商业信誉、商品声誉。

一、诋毁他人商誉行为的定义和法律特征

（一）诋毁他人商誉行为的定义

诋毁他人商誉也称商业诽谤，是指经营者为了获得竞争利益，捏造、散布虚假事实，损害他人商誉、侵犯他人商誉权的行为。

（二）诋毁他人商誉行为的法律特征

作为一种侵犯商誉的侵权行为，诋毁他人商誉行为具有以下法律特征：

1. 行为主体是经营者。这里的经营者当然是指市场主体，也就是专门从事商品生产或者经营的法人、其他组织和个人。经营者实施侵犯商誉行为，有两种途径：①经营者自己亲自实施；②经营者通过他人或利用他人实施。这里的他人是指被挑唆、收买、指使或被欺骗而实施侵害他人商誉的社会组织或者个人。从实践中来看，可能是被侵害者的同业竞争者，也可能是政府主管部门或其工作人员，还可能是其他组织或个人。

2. 行为人主观上是出于故意。一般认为，过失侵害他人的商誉，并不构成不正当竞争行为（尽管可能构成民法上的侵权行为）。换言之，竞争法上的侵害他人商誉的行为，必须是出于故意，而且应当以削弱竞争对手的竞争能力为目的。

3. 侵害的客体是特定经营者的商誉权。商誉权是商誉的法律表现形式。商誉是商品信誉和商业信誉的总称。商业信誉是一个市场主体立足于市场，进行商业竞争的重要条件，是市场主体整体实力和综合发展水平的集中体现。一般说来，商业信誉表现在一个企业的商

> **建议**
>
> 根据法律规定，行为主体应是具有竞争关系的经营者，除此之外的其他主体的诋毁行为不能构成本法上的商业诽谤行为，而只能构成《民法通则》上的民事侵权行为或者《刑法》上的犯罪行为。

业道德、商品质量、服务质量、资信及价格的水平等方面。其特征有如下几方面：①社会性，即商业信誉主要是人们对一个市场主体的评价，是社会对一个

市场主体的承认程度；②信息性，即商誉在社会中具体体现为一种信息，也就是说商誉是通过人们的信息传递来传播的；③作为一种无形财产，商誉却不能直接产生经济价值。商誉要产生效益，还必须通过一定的媒介。如商誉只能是通过他人或自己的宣传，使客户产生信赖，而才有可能与自己进行交易。商誉权是商誉在法律上的反映，是指市场主体依法对其商誉享有的专有权和商誉不受侵犯的权利；商业诽谤行为实质上是对商誉权的侵害。侵害特定经营者的商誉权有两层含义：①侵犯他人的商誉权，而侵犯商誉权与侵害具体的产品或具体的某一笔交易在本质上是不同的；②这种商誉应当为特定的市场主体所拥有，即商誉必须由明确、具体和不能取代的当事人所有。

4. 客观上表现为捏造、散布有损他人商誉权的虚假信息。首先，侵权者一般既要捏造事实，又要散布这种捏造的事实；但是如果明知是捏造的事实，而出于不正当竞争的目的，仍然予以散布的，也可以构成商誉侵权。其次，散布的事实必须是虚假的，即从客观上看，这种所谓的事实是根本不存在的。因此，在传播真实情况中发生一定的误差，不能构成诋毁他人商誉（但可能构成侵犯商业秘密）。最后，虚假的事实必须对商誉权不利，或者造成商誉权受损。

> **思考**
>
> 根据我国《反不正当竞争法》和相关法律的规定，下列哪一种关于诋毁商誉行为的哪一种表述是正确的？（ ）
>
> A. 新闻单位被经营者唆使对其他经营者从事诋毁商誉行为的，可与经营者构成共同的不正当竞争行为
>
> B. 经营者通过新闻发布会形式发布影响其他同业经营者商誉的信息，只要该信息是真实的，不构成诋毁行为
>
> C. 诋毁行为只能是针对市场上某一特定竞争对手实施的
>
> D. 经营者对其他竞争者进行诋毁，其主观心态既可以是故意，也可以是过失
>
> 答案：B。

二、诋毁他人商誉的认定

在现实经济生活中，诋毁他人商誉的表现形式是多种多样的。根据具体手段的不同，大体上可以将诋毁他人商誉行为归纳为以下几类：

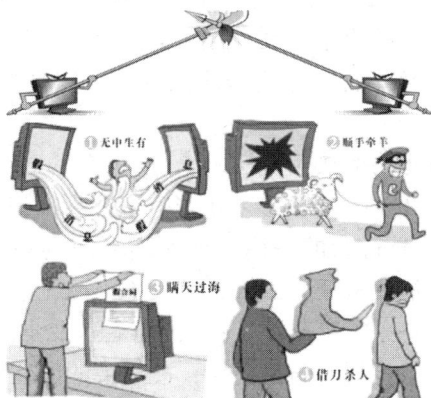

（一）产品附属资料中诋毁他人商誉

即在自己的产品说明书及其他文字说明资料中，故意贬低他人的产品信誉。如在说明书中明确说明自己的产品有几大好处，而某某的同类产品则有几大"害处"；又如在给产品配备的宣传册中，声称某某等几家企业已"即将破产"，而只有他们还"如日中天"等。典型的案例是 1992 年某省洗涤剂厂在其产品的包装上写道："普通洗衣粉、肥皂均含磷、含铝，会引发人体患老年痴呆症等多种疾病。"并同时吹嘘自己的产品"无毒、无害"。

（二）产品交易中诋毁他人商誉

这是指在具体的产品交易过程中，向自己的客户吹嘘自己，攻击他人、贬低他人的信誉。其主要特点是发生于具体的交易过程中，一般是以口头的方式散布不利于同业竞争者的谣言。

（三）新闻、广告中诋毁他人商誉

这是指在新闻媒介发布的新闻、刊登的广告中，对他人的商誉进行攻击或贬低的行为。由于这种行为以新闻媒介为手段，故影响最广、危害性极大。如刊登贬低他人商誉的对比广告，在新闻中故意无中生有，中伤他人的产品等；又如利用召开新闻发布会之机，吹捧自己、贬低他人等。

（四）在公众中散布谣言诋毁他人商誉

即经营者为了贬低他人的商誉而在公众中散布不利于竞争对手的谣言。如编造"某公司要破产"、"某公司已经发不出工资"、"某厂在生产中掺杂掺假"、"公安机关已经在追查某公司的违法犯罪行为"等"内部消息"、"小道消息"向公众散布。这种方式的特点是以口头形式向不特定的多数人传播不利于其竞争对手的虚假消息，以破坏竞争对手的商誉，并使自己从中获利。

（五）组织、唆使、雇佣他人诋毁他人商誉

即经营者组织、唆使或者利用他人捏造、散布不利于竞争对手的虚假事实，损害竞争对手的商誉。其特点是组织、唆使、利用他人的经营者并不出面，而是在幕后操纵，因而比较隐蔽。对受损害的经营者而言，举证也比较困难。因此，有关部门在处理具体案件时，应当注意查明事实真相，追究幕后操纵者的法律责任。

三、诋毁他人商誉行为的法律责任

我国《反不正当竞争法》对许多不正当竞争行为都规定了专门的法律责任，但是并未对诋毁他人商誉行为的法律责任作出专门的规定。因此，一般认为，对诋毁他人商誉行为的法律责任应当依据《反不正当竞争法》第 20 条第 1 款规定的总原则加以确定。该条第 1 款规定："经营者违反本法规定，给被侵害的经营者造成损害的，应当承担损害赔偿责任，被侵害的经营者的损失难以计算的，赔偿额为侵权人在侵权期间因侵权所获得的利润；并应当承担被侵害的经营者因调查该经营者侵害其合法权益的不正当竞争行为所支付的合理费用。"此外，地方法规中的规定与此规定也大同小异，并无本质的差别。从这些规定来看，我国立法对诋毁他人商誉行为的法律责任，规定得太轻，基本上停留于民事责任的范围之内。

为了弥补《反不正当竞争法》的缺陷，我国 1997 年修订的《刑法》已经对诋毁他人商誉行为的刑事责任作了规定。根据《刑法》第 221、231 条的规定，犯商业诽谤罪的，处 2 年以下有期徒刑或者拘役，并处或者单处罚金。单位犯本罪的，对单位判处罚金，并对其直接负责的主管人员和其他直接责任人员，依照上述规定处罚。

我要复习！

好，本单元的基本知识点学习完了，让我们结合前面提出的这道思考题来复习一下吧。

1. 你一定要知道的（如果已掌握请打钩）：

诋毁他人商誉行为的定义和法律特征 □

诋毁他人商誉的认定 □

诋毁他人商誉行为的法律责任 □

2. 深入理解（结合思考题）

结合本单元所学内容，完成以下练习。

乙厂的下列行为，哪一项构成诋毁他人商誉行为？（　　）

A. 向甲公司的工作人员行贿，以获得甲厂的技术秘密

> B. 向本市大型商场的购货人员行贿，使他们只采购本厂产品
> C. 在电视广告中发布使人误解的虚假宣传
> D. 在电视广告中散布虚假事实，损害竞争者的商品信誉
> **答案：** D。

学习单元八　不正当招投标行为及其法律规制

《反不正当竞争法》第 15 条　投标者不得串通投标，抬高标价或者压低标价。投标者和招标者不得相互勾结，以排挤竞争对手的公平竞争。

一、不正当招投标行为的定义和法律特征

（一）不正当招投标行为的定义

不正当招投标行为，也称串通招标投标，它是指招标者与投标者之间或者投标者之间采用不正当手段，对招投标事项进行串通，以排挤竞争者或者损害招标者利益的行为。

（二）不正当招投标行为的法律特征

1. 不正当招投标行为侵犯的是复杂客体。它不仅侵犯了我国对正常招标投标竞争行为的管理秩序，同时也侵犯了他人的合法财产权益，往往给其他相关人（招标人或其他投标人）造成财产上的损害，有时甚至会损害相关人以外的国家、集体、公民的合法利益。

2. 在客观方面，行为主体必须实施了非法串通投标活动并且情节严重的行为。它通常有两种行为形态：

招标代理机构　业主　投标人
工程招投标
背后勾搭

(1) 投标人之间的串通投标报价行为。它是指投标人彼此之间通过口头或书面协议、约定,就投标报价及其他投标条件私下串通,相互勾结,采取非法联合行动,以避免相互竞争;或者相互约定在相关项目招标中轮流中标,形成"围标集团",中标人给予该集团中其他落标人一定补偿,共同损害招标人或其他投标人利益的行为。

(2) 投标人与招标人之间的串通投标行为。它是指招标人在招标投标活动中,在确定中标人时不是从价格、质量与工期保证、企业的生产能力、人员素质、财产状况、技术水平、信誉等方面进行综合评定,而是以不正当手段与特定投标人私下串通,相互勾结,使招标投标流于形式,共同损害其他投标人的合法利益,损害相对人以外的国家、集体、公民的合法利益的行为。

3. 该行为的主体情况比较复杂。一般而言,主体为身份犯。只要是具有招标资格或投标资格,实施了非法串通投标行为,并且危害社会达到一定严重程度的行为人,不管是年满 16 周岁且具有刑事责任能力的自然人还是单位,均可成为行为主体。

4. 主观方面的表现只能是故意。所谓故意,是指行为人(即招标人或投标人等行为主体)明知自己在招标投标过程中私下实施的串通投标的不正当竞争行为,会损害相对人(招标人或者其他投标人)的合法利益,损害相对人以外的国家、集体、公民的合法利益,而希望或放任这种结果发生的心理态度。该行为主体都具有通过不正当招投标行为来获取非法利益中饱私囊的目的。由于不正当招投标行为是一种共同行为,必须由两个以上自然人或单位共同故意实施而构成。

思考

按照我国相关法律规定,投标人之间以下哪些行为不属于串通投标的行为?(　　)

A. 相互约定抬高或者降低投标报价

B. 约定在招标项目中分别以高、中、低价位报价

C. 相互探听对方投标标价

D. 先进行内部竞价,内定中标人后再参加投标

答案:C。

二、不正当招投标行为的认定

不正当招投标行为,从实施者不同的角度出发,存在以下几种表现形式:

1. 投标者之间的串通招投标行为。

（1）投标者之间相互约定，一致抬高或者压低投标报价；

（2）投标者之间相互约定，在投标项目中轮流以高价或者低价中标；

（3）投标者之间先进行内部竞价，内定中标者，然后再参加投标；

（4）投标者之间其他串通投标行为。

2. 投标者与招标者之间进行相互勾结，实施排挤竞争对手的公平竞争的行为。

（1）招标者在公开开标前，开启标书，并将投标情况告知其他投标者，或者协助投标者撤换标书，更换报价；

（2）招标者向投标者泄露标底；

（3）投标者与招标者商定，在招标投标时压低或者抬高标价，中标后再给投标者或者招标者额外补偿；

（4）招标者预先内定中标者，在确定中标者时以此决定取舍；

（5）招标者和投标者之间其他串通招标投标行为。

以上从立法角度进行归纳、描述的招标投标中的不正当竞争行为的表现形式几乎囊括了实际招标投标活动实施过程中存在的不正当竞争行为的所有表现形式，而在实际的招标投标活动中，不正当竞争行为往往同时以多种形式一起出现。

三、不正当招投标行为的法律责任

> 《反不正当竞争法》第 27 条　投标者串通投标，抬高标价或压低标价；投标者和招标者相互勾结，以排挤竞争对手的公平竞争的，其中标无效。监督检查部门可以根据情节处以 1 万元以上 20 万元以下的罚款。

除《反不正当竞争法》之外，《招投标法》第五章也明确规定了各类不正当招投标行为所对应的法律责任。如有违反相关法律规定的不正当招投标行为的，应当承担以下法律责任：

1. 罚款。依照《招投标法》第 50、53 条规定，对于串通投标的行为，有关行政监督部门应当对招标人、投标人处以中标项目金额 5‰ 以上 10‰ 以下的罚款。对单位直接负责的主管人员和其他直接责任人员处单位罚款数额 5% 以上 10% 以下的罚款。所谓"应当"，指有关行政监督部门仅享有在法律规定的处罚幅度内决定具体罚款数额的自由裁量权，而无决定是否处以罚款自由裁量权，只要行为人有前述违法行为，有关行政监督部门就应当对其处以罚款。

2. 并处没收违法所得。没收违法所得是由行政主体实施的将行政违法行为人的部分或者全部违法收入、物品或者其他非法占有的财物收归国家所有的处罚方式。没收可以视情节轻重而决定部分或者全部没收。没收的物品，除应当予以销毁及存档备查外，均应上交国库或交由法定专管机关处理。并处没收违法所得的前提是，行为人因实施前述违法行为获取了非法利益。

3. 取消投标人的投标资格。取消投标资格属于行为罚，即限制或者剥夺违法行为人某种行为能力或者资格的处罚措施，有时也称为能力罚。依照《招投标法》第53条规定，投标人有前述违法行为，情节严重的，有关行政监督部门应当取消其1~2年内参加依法必须进行招标项目的投标资格并予以公告。行为人的违法行为是否属于情节严重，应当从违法行为所使用的手段等方面进行判断。被取消投标资格的投标人，在有关行政监督部门指定的期限内，不能够参与依法必须进行招标项目的投标。另外，需要指出的是，投标人因此丧失的投标资格仅限于依法必须进行招标的项目，投标人能否参加非强制招标项目的投标，应无疑问。指定的期限过后，应当恢复被取消投标资格的投标人参与强制招标项目的投标资格。

4. 吊销营业执照。依照《招投标法》第54条规定，情节严重的情况下，工商行政管理机关应当吊销串通投标的投标人的营业执照。所谓情节严重，是指通过取消投标人一定期限内参与强制招标项目投标资格尚不足以实现制裁目的的情况。在此情况下，就需要从根本上取消行为人的行为能力。与取消投标人一定期限的投标资格相比，吊销营业执照的处罚更为严厉，它是对投标人从事经营活动资格的取消。

5. 追究刑事责任。串通投标的行为情节严重构成犯罪的，应当依法追究违法行为人的刑事责任。单位构成犯罪的，对单位判处罚金，对直接负责的主管人员和其他直接责任人员处以相应的刑罚。

6. 赔偿损失。因串通投标造成他人损失的，还应当依法承担赔偿责任。这里的损失仅指财产损失而不包括精神损害。所谓精神损害是指民事主体因其人身权利受到不法侵害，使其人格利益和身份利益遭到损害或者遭受精神痛苦，要求侵权人通过财产赔偿等方法进行救济和保护的民事法律制度。由于在投标活动中，受害人因串通投标遭受的损失多为财产损失，而不包括精神损失，所以损害赔偿的范围应限定在财产损害的赔偿内。

我要复习！

好，本单元的基本知识点学习完了，让我们结合前面提出的这道思考题来复习一下吧。

1. 你一定要知道的（如果已掌握请打钩）：

不正当招投标行为的定义及法律特征 ☐

不正当招投标行为的认定 □

不正当招投标行为的法律责任 □

2. 深入理解（结合思考题）

结合本单元所学内容，完成以下案例分析。

案情简介： 2001 年年初，某市决定兴建一条连接本市两河岸交通的大桥，采取招标方式选择承包商。某建筑公司为保证能以最低的标价中标，多方寻找能获得其他建筑公司投标价的机会。在得知负责本次招标的张某是本公司一职员李某的大学同学后，该公司领导让李某去说情，并承诺如果该公司能够获得承包权的话，就给李某 1 万元、张某 10 万元的好处费。李某去找张某，张某答应帮忙，并在投标截止日前一天把其他建筑公司的投标价和投标文件等信息泄露给了该公司。据此，该建筑公司以低于上述最低投标价 1.5 万元和其他更优惠的条件在投标截止最后期限前递交了投标书。在评标、决标过程中，张某利用其负责人的地位对评标委员会其他成员施加影响，致使该建筑公司最终获得了该大桥的施工合同。其他建筑公司对此事很不满意，举报到工商行政部门。工商行政管理部门经过仔细的调查取证，经查证：其他建筑公司反映的情况属实，依《反不正当竞争法》第 14 条、第 27 条裁定该中标无效，并对该建筑公司处以 20 万元人民币的罚款，将受贿的张某和行贿的李某及该建筑公司有关人员移送司法机关处理。

案例分析： 本案涉及招投标中的不正当竞争行为及其法律责任问题。

1. 该建筑公司的行为已经构成不正当竞争。我国《反不正当竞争法》第 15 规定："投标者不得串通投标，抬高标价或者压低标价。投标者和招标者不得相互勾结，以排挤竞争对手的公平竞争。"而本案中的建筑公司利用其职员李某与招标的张某之间的同学关系相互勾结，排挤其他投标者，致使其他投标者失去中标机会，已构成不正当竞争。

2. 该建筑公司应当承担相应的法律责任。我国《反不正当竞争法》第 27 条规定："投标者串通投标，抬高标价或者压低标价；投标者和招标者相互勾结，以排挤竞争对手的公平竞争的，其中标无效。监督检查部门可以根据情节处以 1 万元以上 20 万元以下的罚款。"因此建筑公司的中标无效，监督检查部门可以根据情节处以 1 万元以上 20 万元以下的罚款。

我的笔记

第十章

消费者权益保护法

导　学

1. 本章专门学习消费者权益保护法的基本理论与制度，包括消费者权益保护法的概念及特征，消费者权利的概念及种类，经营者的义务；重点把握消费者权益的国家保护措施，消费者组织的设置与职责，违反消费者权益保护法所应承担的法律责任以及消费者争议解决途径等内容。

2. 请先预习《中华人民共和国消费者权益保护法》（以下简称《消费者权益保护法》）后再进入本章学习，通过本章的学习要求学员能应用消费者权益保护法的基础知识解决具体案例。

学习内容

学习单元一　消费者权益保护法概述

一、消费者的界定

> 《消费者权益保护法》第 2 条　消费者为生活消费需要购买、使用商品或者接受服务，其权益受本法保护；本法未作规定的，受其他有关法律、法规保护。

根据我国《消费者权益保护法》的立法宗旨，消费者是指为生活消费需求而购买、使用商品或接受服务的人。具体而言，有以下方面的法律特征：

（一）主体方面

本法所指的消费者，主要是指自然人，但也包括购买生活消费品，以满足自然人消费需要的组织。比如，为职工准备午饭而订餐的公司；为发年终福利而购买水果的单位。

（二）客体方面

本法所指的客体是商品和服务。消费客体涵盖的范围很大，涉及人们的衣食住行、医疗、文化、教育、保险等生活消费所需要的各个方面的商品和服务。法律禁止购买、使用的商品和禁止接受的服务不属于消费者权益保护法规定的商品和服务。

建议

记忆概念时，可通过对概念的分解，进行分段记忆，同时联系我们日常生活中关于消费的经验，将实践经验与理论一一对应，记忆概念就变得非常简单。

（三）性质方面

本法所指的消费性质是生活消费。生活消费是人们为了生存和发展而消耗物质产品和精神产品的行为过程，与人们的日常生活密切相关。

（四）方式手段

本法所指的消费方式包括购买、使用商品和接受服务。在生活消费中，商品的购买者可以是该商品的使用者；也可以是购买者购买商品后供他人使用。在服务消费中，服务的购买者可以自己享受该服务，也可以购买后供他人享受该服务。

思考

通过您所掌握的消费者的概念，请在您所认为属于消费者的选项后面打钩。

为准备晚饭而到菜市场选购蔬菜的张三 ☐

到旅行社为父母选购旅游服务的李四 ☐

为满足市场需求而购进原材料而进行生产的甲企业 ☐

解析： 上述选项中，第一项和第二项属于消费者，第三项由于甲企业不是生活消费而不能界定为消费者。通过前面的学习，您知道了吗？

二、消费者权益保护法的定义和特征

（一）消费者权益保护法的定义

消费者权益保护法的定义有狭义和广义之分。狭义上仅指《消费者权益保护法》，该法是我国保护消费者权益的基本法律。广义上指保障消费者合法权益，规制经营者经营活动，调整生活消费关系的法律规范的总称。除了《消费者权益保护法》，还包括《民法通则》、《产品质量法》、《反不正当竞争法》、《商标法》、《广告法》、《食品卫生法》、《价格法》以及其他法律、法规中有关消费者权益保护的规范。

（二）消费者权益保护法的特征

1. 明确消费者的权利。消费者权益保护法的根本宗旨是保护消费者权益，本法明确规定了消费者的权利，包括两种：一是人身利益，即消费者的生命、健康、名誉、安全等不受经营者非法侵害；二是财产权利，即消费者所享有的财产在交易过程中不受非法侵害。

2. 限制经营者的生产经营。消费者权益保护法在明确消费者权利的同时也明确了经营者的义务，这是本法最根本的特征。关于经营者的义务也包括两种，即强制性规范和禁止性规范。强制性规范是指法律所确定的权利、义务应严格遵守，不容改变；禁止性规范是指法律规定不得为一定行为的规范。强制性和禁止性规范体现了国家对经营者义务的固定化和对破坏这种法律关系的禁止。

3. 规范内容具有综合性。首先，消费者保护法调整多种社会关系，包括消费者与生产经营者之间的关系、国家与消费者之间的关系、国家与生产经营者之间的关系等。其次，消费者保护法中既包括消费者权利、经营者义务这些实体性规范，又包含如消费纠纷处理等程序性规范，是实体法与程序法的有机统一。最后，消费者保护法规定的法律责任具有综合性。由于侵犯消费者权益的行为具有多种形态，在程度上也表现出轻重不一，所以一般民事责任、行政责任和刑事责任兼备。

4. 兼具预防和救助功能。消费者权益保护法对消费者权益的保护主要通过以下两种途径解决：一是通过对各种商品质量标准、安全卫生标准、计量、商品标示、广告等的规范，预防损害消费者权益行为的发生，如国家发布的各种计量标准、质量标准等；二是通过法律为消费者提供救济，在损害发生后弥补损失，如《消费者权益保护法》中对消费争议解决途径的规定。可见，消费者权益保护法具有预防和救助双重功能。

建议

在这一部分中，您需要了解关于消费者权益保护法的狭义和广义之分，准确地界定概念，才能更好地理解本法的特征。本法特征突出，包含的内容也较庞杂，一时理解不了也不要着急，这些内容会在以后的学习单元中逐个出现！

三、消费者权益保护法的立法宗旨和基本原则

经济的发展越快速，消费者的权益就越需要保护。消费者权益保护立法自第二次世界大战后至今，已成为世界各国保护本国消费者权益所采取的最重要手段，我国也不例外。1993 年 10 月 31 日八届全国人大常委会第四次会议通过

了《中华人民共和国消费者权益保护法》，该法于 1994 年 1 月 1 日起生效。这是我国历史上第一部专门调整消费者在生活消费中所发生的社会关系的法律。根据 2009 年 8 月 27 日第十一届全国人民代表大会常务委员会第十次会议《关于修改部分法律的决定》，《中华人民共和国消费者权益保护法》第一次被修改。2013 年 10 月 25 日第十二届全国人民代表大会常务委员会第五次会议《关于修改〈中华人民共和国消费者权益保护法〉的决定》对该法进行了第二次修改。

（一）消费者权益保护法的立法宗旨

1. 保护消费者合法权益。随着资本主义经济发展，消费者权益保护问题也日趋严重。自垄断资本主义出现之后，经营者的生产技术越来越先进，消费产品的科技含量也越来越高，消费者在交易活动中由于缺乏了解消费品的专业知识而处于弱势地位，经营者却对消费者的消费心理与习惯了如指掌。在这场日渐不平等的交易活动中，国家对消费者合法权益的保护就显得尤为必要。

2. 维护社会秩序。我国正处在社会主义市场经济快速发展的时期，力求经济发展环境的稳定和交易的有序进行。由于目前消费者在交易活动中明显处于弱势地位，交易双方的地位长期不平衡必然致使经济发展的缓慢，导致社会生产生活秩序的混乱。所以具有立法权的国家立法机关通过立法活动，对消费者的合法权益进行保障，并对经营者的经营活动进行限制，能够很好地改变消费者处于弱势的局面。保障消费者合法权益也是维护社会秩序的重要体现。

3. 促进社会主义市场经济的发展。消费者作为社会主义市场经济的重要组成，保护其合法权益对市场经济的发展尤为重要。对每个消费者合法权益的保护和对每个不法经营者的惩罚就是保护全社会经济的发展。随着全球经济的发展，我国与世界经济市场的接轨，必然要求国内经济市场的更加繁荣和有序，将保护消费者合法权益的措施制度化、规范化才能促进社会主义市场经济的完善与发展。

（二）消费者权益保护法的基本原则

1. 自愿、平等、公平、诚实信用的原则。《消费者权益保护法》第 4 条明确规定："经营者与消费者进行交易，应当遵循自愿、平等、公平、诚实信用的原则。"经营者和消费者在从事交易活动时，应彼此尊重、平等相待，意思表示真实；要诚实守信，以善意的方式履行其义务，不得规避法律规定和合同约定。所以，本法在有关消费者的权利方面又明确规定了消费者的自主选择权、公平交易权、受尊重权等；在经营者的义务中也明确规定了经营者应当诚信的一些具体义务；在法律责任方面规定了经营者违反此原则的处罚措施。

2. 国家保护消费者的合法权益不受侵害的原则。国家应当采取各种措施保护消费者的合法权益不受侵害，如通过立法、行政执法、加强司法工作等手段维护消费者的合法权益，这是国家的一项基本职能。《消费者权益保护法》明确了消费者的权利，并基于倾向保护消费者合法权益的目的对经营者设定了相应的义务，也规定了国家机关在消费者合法权益保护方面的职责；在消费争议的解决、消费者权益受到损害的救济问题上，规定了一系列有利于消费者的程序和措施，这些都是国家贯彻这一原则的具体体现。

3. 全社会共同保护消费者合法权益的原则。《消费者权益保护法》第6条规定："保护消费者的合法权益是全社会共同的责任。国家鼓励、支持一切组织和个人对损害消费者合法权益的行为进行社会监督。大众传播媒介应当做好维护消费者合法权益的宣传，对损害消费者合法权益的行为进行舆论监督。"各级政府及有关部门应加强市场监管力度，切实保护消费者的合法权益。企业应诚信经营，守法经营，承担相应的义务和社会责任。消费者应树立科学的消费观念和消费方式，依法维护自身的合法权益，对经营者的商品和服务进行监督。新闻媒体应充分履行消费维权舆论监督的责任。这一原则要求动员国家、集体和个人的力量，逐步形成全社会共同保护消费权益的社会机制。

4. 充分、及时、有效保护原则。

（1）充分保护消费者的合法权益。《消费者权益保护法》规定了消费者的9项权利，基本上包括了消费者在生活消费中应享有的权利。如果《消费者权益保护法》未作规定，应由其他法律进行保护。

（2）及时保护消费者的合法权益。行政监督机关和司机机关，发现损害消费者合法权益的行为应及时立案查处。消费者保护组织、新闻媒体以及消费者，发现损害消费者合法权益的行为应及时举报或曝光。

（3）有效保护消费者的合法权益。《消费者权益保护法》不仅要求经营者对消费者承担修理、重作、更换、退货、补足商品数量的责任，退货款和服务费用或者赔偿的责任，而且还要求经营者承担人身、财产损害赔偿责任，承担因欺诈行为造成损害的加倍赔偿责任。

建议

在这一部分中，您首先需要回忆消费者权益保护法的概念和特征，以便理解消费者权益保护法的立法宗旨。然后，将所学知识和生活经验相结合，思考我国现行消费者权益保护立法和保护目的之间的关联，就能很好地推理出消费者保护法的立法基点和原则。

![我要复习！]

我要复习！

1. 你一定要知道的（如果已掌握请打钩）：

消费者概念 ☐

消费者权益保护法的概念和特征 ☐

消费者权益保护法的立法宗旨和基本原则 ☐

2. 深入理解（结合思考题）

在案例分析题中，我们应结合问题整理出案例给予的信息，找出争议焦点，方便解答和处理纠纷。

图/朱慧卿 新华社发

索赔难

　　张三在商场购买一条纯羊毛毯，售价 500 元，商场明示"打折商品，概不退换"。张三使用一天后发现毛毯掉毛严重，于是到质监局去鉴定，鉴定结果表明毛毯并非羊毛制品。张三到商场要求退货并赔偿因此造成的损失，商场回应：产品表明"打折商品，概不退换"，你只好自认倒霉。张三感到很沮丧。

　　请问：商场违反了我国消费权益保护法的哪些内容？

　　解析：商场表明"换季商品，概不退换"，违反了《消费者权益保护法》第 23 条之规定，经营者提供商品或服务，应当按照国家规定或与消费者的约定，承担包修、包换、包退或其他责任的，应当履行，不得故意拖延或无理拒绝。"三包"是《消费者权益保护法》对商品经营者的强制性规定，商品经营者无权单方面声明免责。本案中商店规定"打折商品，概不退换"显然违法。

学习单元二　消费者的权利

《消费者权益保护法》第 7 条　消费者在购买、使用商品和接受服务时享有人身、财产安全不受损害的权利。

消费者有权要求经营者提供的商品和服务，符合保障人身、财产安全的要求。

第 14 条　消费者在购买、使用商品和接受服务时，享有人格尊严、民族风俗习惯得到尊重的权利，享有个人信息依法得到保护的权利。

一、消费者权利的定义和特征

（一）消费者权利的定义

消费者的权利，指法律所规定的、消费者在消费领域中所享有的权利。消费者权利可以表现为消费者有权自己作出一定的行为，也可以表现为消费者有权要求他人作出一定的行为。消费者的权利是消费者利益在法律上的体现，是国家对消费者进行保护的前提和基础。1983 年国际消费者联盟为了纪念消费者权利的提出，把每年 3 月 15 日定为"国际消费者权益保护日"。

（二）消费者权利的特征

1. 保障消费者的基本生存权。求生是人类原始的本能，而生存权就是人类最基本的权利。在现代社会中，维持人类基本的生存需求，体现在对基本生活需要的商品和服务的需求。消费者通过等价交换以获取商品和服务，满足生存的需求。所以，确保消费者的生命健康安全是保障消费者权利最重要的体现。

建议

对于消费者权利的概念和特征了解即可，重点是记忆即将学习的我国消费者享有的基本权利内容。能够完整地理解消费者权利和特征对下面的学习将有很大帮助！

2. 实现消费者的发展权。马斯洛需求层次理论指出人的需求不会、也不可能仅停留在生存需求的水平上。当最基本的生存需求得到满足以后，高层次的需求也就应运而生。在现代社会中，体现为人们对高端商品和服务的需求。这种需求的满足是人们获得自身完善和发展的重要表现，是对个人发展的肯定。

3. 维护交易公平，社会稳定。消费者权利的确认和实现能够确保社会经济的发展和安定。经营者与消费者之间的博弈体现为交易活动中的矛盾和冲突，有效的预防和解决这种矛盾冲突是维护交易公平，保证社会稳定的关键。从立法上确认并保障实现消费者权利，有利于社会经济发展的稳定。

二、我国消费者享有的基本权利

（一）安全保障权

安全保障权又称保障安全权，是消费者最重要、最基本和最关心的权利。它是指消费者购买、使用商品和接受服务时，享有人身、财产安全不受损害的权利。包括人身安全权和财产安全权两项内容。商品和服务有国家标准和行业标准的，必须符合该标准。如果商品和服务没有国家标准、行业标准的，必须符合社会公认的安全、卫生标准。由于消费者取得产品和服务是用于生活消费，所以经营者必须绝对保证产品和服务不会损害消费者的生活与健康。消费者依法有权要求经营者在提供商品或服务时，必须满足保障人身、财产安全的基本要求。

（二）知悉真情权

知悉真情权又称知情权、了解权，是指消费者享有知悉其购买、使用商品或接受服务的真实情况的权利。知情权是消费者正确选择商品或服务以及正确加以使用的前提。根据消费者权益保护法的规定，为了确保消费者的知情权，消费者可以要求经营者提供商品或服务的相关信息。主要包括：①关于商品或者服务的基本情况；②关于商品的有关技术的状况；③关于商品的售后服务的情况。

（三）自主选择权

自主选择权又称选择权，是指消费者享有的自主选择商品或者服务的权利。消费者可以根据自己的经验、爱好、需求，自主判断、自主决策、自主选择商品或服务，在购买商品或接受服务时，不受任何人的强制。这是消费者的一项最基本的权利。主要包括：①自主选择商品或服务的经营者的权利；②自主选择商品品种或者服务方式的权利；③自主决定购买或者不购买任何一种商品，接受或者不接受任何一项服务的权利；④在自主选择商品或者服务时，享有进行比较、鉴别和挑选的权利。

（四）公平交易权

公平交易权，是指消费者在购买商品或者接受服务时，享有获得质量保障、价格合理、计量正确等公平交易条件的权利。公平交易权的功能在于确保消费者的经济利益不受侵害，在公平合理的交易条件下支付对价，满足消费主体的需求。在消费法律关系中，消费者与经营者的法律地位平等，当二者进行交易时，都享有公平交易的权利。主要体现在以下两个方面：①消费者在购买商品或者接受服务时，有权获得质量保障、价格合理、计量正确等公平交易条件；

②消费者有权拒绝经营者的强制交易行为。

（五）依法求偿权

依法求偿权即损害赔偿权，是指消费者在因购买、使用商品或者接受服务受到人身、财产损害时，依法享有的要求获得赔偿的权利。

商品购买者、使用者、接受服务者和受损害的第三人（第三人是除商品的购买者、使用者和服务的接受者之外的，因为偶然原因而在事故现场受到损害的其他人），因购买、使用商品或者接受服务而造成损害时，都可以依法行使求偿权。

商品经营者应赔偿受害人的全部损失。造成人身伤害的，应赔偿医疗费、医疗期间的护理费、因误工减少的收入、残疾者生活自助器具费用和生活补助费等；对于完全丧失劳动能力的，还应支付其负有抚养和赡养责任的人所必需的生活费。造成受害人死亡的，应支付丧葬费、抚养费、死者生前抚养和赡养的人所必需的生活费等。

（六）依法结社权

依法结社权是指消费者享有的依法成立或参加维护自身合法权益的社会团体的权利。消费者与经营者相比，处于弱者的地位。消费者依法行使结社权，可以使消费者从弱小、分散走向强大和集中，从而加强消费者与拥有雄厚实力的经营者相抗衡的力量。目前，我国的消费者社会团体主要是中国消费者协会和地方各级消费者协会。

（七）知识获取权

知识获取权是指消费者享有的获得有关消费和消费者权益保护方面的知识的权利。消费者获得有关知识的权利，其功能主要在于确保消费者掌握所需商品或者服务的知识和使用技能，以及获取所需的法律知识，以便正确使用商品和接受服务，提高自我保护能力。该权利主要体现两方面：①获得有关消费方面的知识，比如有关消费观的知识，有关商品和服务的基本知识，有关市场的知识；②获得有关消费者保护方面的知识，主要是指消费者权益保护的法律、法规和政策，以及保护机构和争议解决途径等方面的知识。

（八）维护尊严权

维护尊严权又称受尊重权，是指消费者在购买、使用商品和接受服务时，享有其人格尊严、民族风俗习惯得到尊重，不受侵犯的权利。尊重消费者的人格尊严和民族风俗习惯，是尊重和保障人权的重要内容，也是社会文明的标志。消费者的消费活动以获取商品或接受服务为目的，不能以丧失人格尊严为代价。因为人格尊严对于一个独立的主体是至关重要的，丧失了人格尊严，实质上也就丧失了主体资格。因此，法律规定经营者不得对消费者进行侮辱、诽谤，不得搜查消费者的身体及其携带的物品，不得侵害消费者的人身自由。

（九）监督批评权

监督批评权是指消费者享有的对商品和服务以及保护消费者权益工作进行监督的权利。其主要内容包括：消费者有权检举、控告侵害消费者权益的行为和国家机关及其工作人员在保护消费者权益工作中的违法失职行为，有权对保护消费者权益工作提出批评、建议。

建议

生活消费活动中的消费者作为私权主体，应当享有民法主体所应享有的一切基本权利，比如：公平交易、诚实信用、意思自治等。如果您对消费者的9项权利理不出头绪，不妨从民事主体所享有的权利的角度联系对比记忆，说不定会有不一样的效果。

思考

通过您所掌握的经营者义务的基本知识，请在您在正确的选项后面打钩。

经营者利用虚假广告提供商品或服务，消费者权利因此受到侵害，可以向经营者求偿 ☐

经工商部门认定为不合格的商品，消费者要求退货的，经营者应当退货 ☐

消费者在交易活动如果只选不买，经营者可以强迫交易 ☐

解析： 上述选项中，第一项和第二项正确，第三项侵犯了消费者的自由选择权，消费者可以选择商品或服务，也可以选择是否购买。您都做对了吗？

我要复习！

好，消费者权利基本知识点学习完了，让我们结合下面提出的这道思考题来复习一下吧。

王某在汽车销售公司订购了手动挡轿车一辆，约定了价款并支付了定金。但在提车时，王某发现所购车辆已被加装导航仪及进口脚垫，且被要求必须支付相应对价，否则不能提车。王某再三交涉未果，为了能够提车，无奈支付了导航仪和进口脚垫的对价。此后，王某向当地消费者协会和新闻媒体反映了该公司强迫交易的行为，并诉至法院要求退还加装导航仪及进口脚垫的对价并对车辆恢复原状。

请问：汽车销售公司在汽车交易活动中侵犯了消费者王某的何种基本权利？

解析：汽车销售公司在交易活动中侵犯了消费者王某的自主选择权和公平交易权。在市场交易中，经营者应当遵循自愿、平等、公平、诚实信用的原则，遵守商业道德，在销售商品时，不得违背购买者的意愿搭售商品或者附加不合理的条件。法院认为，汽车销售公司未经王某同意在其订购的车辆上自行加装了导航仪和进口脚垫，该行为剥夺了王某的自主交易权。王某支付了相应对价的行为并非其真实意思，故判决撤销了汽车销售公司的强迫交易行为，并判令其返还相应价款、恢复车辆原状。

学习单元三　经营者的义务

《消费者权益保护法》第 16 条　经营者向消费者提供商品或者服务，应当依照本法和其他有关法律、法规的规定履行义务。

经营者和消费者有约定的，应当按照约定履行义务，但双方的约定不得违背法律、法规的规定。

经营者向消费者提供商品或者服务，应当恪守社会公德，诚信经营，保障消费者的合法权益；不得设定不公平、不合理的交易条件，不得强制交易。

第 19 条　经营者发现其提供的商品或者服务存在缺陷，有危及人身、财产安全危险的，应当立即向有关行政部门报告和告知消费者，并采取停止销售、警示、召回、无害化处理、销毁、停止生产或服务等措施。采取召回措施的，经营者应当承担消费者因商品被召回支出的必要费用。

经营者的义务，是指法律规定或者消费者与经营者约定的，在消费过程中经营者必须对消费者作出一定行为或者不作出一定行为的约束。经营者的义务有以下特点：

1. 义务主体是经营者，具体包括生产者、销售者和提供服务者。

2. 义务可以表现为消费者要求经营者作出一定行为，也可以表现为要求经营者必须抑制一定的行为。

3. 经营者的义务是由法律规定的或是与消费者约定的。

4. 经营者义务的履行是由国家强制力保障的。

经营者的义务与消费者的权利是对立统一的概念。消费者的权利在一定程度上是通过经营者履行义务来实现的。在消费法律关系中，经营者的义务是与消费者的权利相对应的，消费者所享有的权利一般就是经营者应承担的义务。经营者的义务可以表现为消费者要求经营者作出一定的行为，也可以表现为经营者必须抑制一定的行为。《消费者权益保护法》以消费者的权利为主线，以其他法律、法规为基础，并根据消费领域中的特殊需要规定了经营者的义务，具体有以下十项：

一、履行法律义务的内容

经营者的义务有法定和约定之分。凡是《消费者权益保护法》及其他相关法律、法规为经营者所规定的义务为经营者所规定的义务，都是经营者必须履行的法定义务。除此之外，经营者和消费者另有约定的，应依约履行约定义务，但双方的约定不得违背法律、法规的规定。

> **建议**
> 一般了解经营者义务的概念和特征，重点学习经营者的十项义务，此部分内容较多，记忆颇难。学习时，与法条对应记忆将会事半功倍。

二、接受消费者监督的义务

经营者应当听取消费者对其提供的商品或者服务的意见，接受消费者的监督。经营者听取意见和接受监督的义务与消费者享有的监督权是一个问题的两个方面，法律赋予消费者监督权，只是为消费者检举、控告经营者的不法经营提供了法律依据，消费者监督权的真正实现，有赖于经营者主动听取消费者的意见，并主动接受监督。从这个意义上说，经营者听取意见和接受监督的义务，实质上是实现消费者监督权的保障。

三、商品、服务安全保证义务

经营者有保证商品和服务的安全，从而保障消费者人身、财产安全的义务。包括三方面的内容：

1. 要保证符合保障人身、财产安全的要求。

2. 可能危及人身、财产安全的商品和服务应向消费者说明。

3. 要对消费者人身、财产安全切实负责。

经营者应当保证其提供的商品或者服务符合保障人身、财产安全的要求。对可能危及人身、财产安全的商品和服务，应当向消费者作出真实的说明和明确的警示，并说明和标明正确使用商品或者接受服务的方法以及防止危害发生的方法。经营者发现其提供的商品或者服务存在严重缺陷，即使正确使用商品或者接受服务仍然可能对人身、财产安全造成危害的，应当立即向有关行政部门报告和告知消费者，并采取停止销售、警示、召回、无害化处理、销毁、停止生产或服务等防止危害发生的措施。

四、信息提供义务

《消费者权益保护法》第 20 条规定："经营者向消费者提供有关商品或服务的质量、性能、用途、有效期限等信息，应当真实、全面，不得作虚假或者引人误解的宣传。经营者对消费者就其提供的商品或者服务的质量和使用方法等问题提出的询问，应当作出真实、明确的答复。经营者提供商品或者服务应当明码标价。"经营者应当向消费者提供有关商品或者服务的真实信息，不得作引人误解的虚假宣传。消费者有了解商品和服务的权利，也就是经营者向消费者提供有关商品和服务信息的义务。具体包括三方面内容：①向消费者提供有关商品或服务的真实情况，不得利用广告或其他方法作引人误解的虚假宣传。②对消费者的询问如实答复。③应当明码标价。

商店提供商品应当明码标价，经营者应当标明其真实名称和标记。租赁他人柜台或者场地的经营者，应当标明其真实名称和标记。经营者对消费者就其提供的商品或者服务的质量和使用方法等问题提出的询问，应当作出真实、明确的答复。经营者的此项义务是与消费者的知悉真情权、自主选择权相对应的义务，经营者对此项义务的履行是消费者实现相应权利的前提。

五、身份标明义务

《消费者权益保护法》第 21 条规定："经营者应当标明其真实名称和标记。租赁他人柜台或者场地的经营者，应当标明其真实名称和标记。"企业名称和营业标记的主要功能是区别商品和服务的来源，区别商品和服务的经营主体。它在代表经营者商业信誉的同时，也代表经营者的法律身份，有利于消费者正确判断商品和服务的真实来源并作出正确的消费选择，当其权益受到侵害时可以找到求偿主体。为了进一步维护消费者的合法权益，根据这一规定，经营者应当正确履行以下义务：

1. 使用自己真实的企业名称或营业标记。经营者必须使用经核准登记的企业名称，不得擅自改动使用经核准登记的企业名称。不得仿冒他人的企业名称和他人持有的营业标记。不得仿冒，即使用与他人企业名称或营业标记相近似的并足以造成消费者误认的企业名称或营业标记。

2. 租赁他人柜台或场地经营时,要使用自己真实的名称或营业标记。

3. 通过互联网交易平台从事经营活动时,应当在相关网页的显著位置标明自己的真实名称、地址、经营范围等内容。以确保费者充分了解经营者的真实身份。

六、出具凭证、单据义务

商品的销售者或服务的提供者在合同履行后,有向商品购买者或服务接受者出具证明合同履行的书面凭据的义务。

法律为经营者设定此项义务的目的,一方面是为了防止经营者偷税、逃税,以维护国家税法的尊严;另一方面,则是为了便于解决消费者与经营者之间的消费争议,强调购货凭证和服务单据的证据作用。我国《消费者权益保护法》第 22 条规定了以下三种情况,经营者负有出具购货凭证或服务单据的义务:①依照国家有关规定应当出具的。此处的"有关规定"包括有关法律、法规、规章等的规定。②依照商业惯例应当出具的。此处的"商业惯例"主要指在一些商品交换领域,由于长期交易活动而成为习惯,并逐渐形成的为所有参与交易者公认并普遍遵循的习惯做法。③消费者索要购货凭证或者服务单据。

购货凭证和服务单据通常表现为发票、收据、保修单等形式。它是经营者与消费者之间签订的合同凭证,是消费者借以享受有关权利以及在其合法利益受到损害时向经营者索赔的依据。在消费者利益受到损害的情况下,有关凭证单据可作为申诉、仲裁、诉讼程序中的确定当事人责任的直接证据。

七、商品、服务品质担保义务

经营者有保证消费者所期待的商品或服务的使用价值(即商品或服务应当具有的质量、性能、用途和有效期限)的义务。经营者所提供的商品或者服务,应当符合其明示或默示的质量允诺,即应当承担明示担保和默示担保义务。明示担保是指经营者以广告、产品说明、实物样品或者其他方式表明商品或者服务的质量状况,应当保证其提供的商品或者服务的实际质量与表明的质量状况相符。默示担保是指经营者应当保证在正常使用商品或者接受服务的情况下,其提供的商品或者服务应当具有相应的质量、性能、用途和有效期限,但消费者在购买该商品或者接受该服务前已经知道其存在瑕疵,且存在该瑕疵不违反法律强制性规定的除外。

八、售后服务义务

《消费者权益保护法》第 24 条规定:"经营者提供的商品或者服务不符合质量要求的,消费者可以依照国家规定、当事人约定退货,或者要求经营者履行更换、修理等义务。没有国家规定和当事人约定的,消费者可以自收到商品之日起 7 日内退货；7 日后符合法定解除合同条件的，消费者可以及时退货，不符合法定解除合同条件的，可以要求经营者履行更换、修理等义务。依照前款规定进行退货、更换、修理的，经营者应当承担运输等必要费用。"经营者应当对产品质量负责，在规定的期限内对售出的商品或者提供的服务实行包修、包换、包退和承担其他责任。

九、不得不当免责的义务

《消费者权益保护法》第 26 条第 2、3 款规定："经营者不得以格式条款、通知、声明、店堂告示等方式，作出排除或者限制消费者权利、减轻或者免除经营者责任、加重消费者责任等对消费者不公平、不合理的规定，不得利用格式条款并借助技术手段强制交易。格式条款、通知、声明、店堂告示等含有前款所列内容的，其内容无效。"

十、尊重消费者人格的义务

《消费者权益保护法》第 27 条规定："经营者不得对消费者进行侮辱、诽谤，不得搜查消费者的身体及其携带的物品，不得侵犯消费者的人身自由。"消费者人格尊严受尊重的权利，也就是经营者不得侵犯消费者人格权的义务。消费者享有人格尊严、人身自由不受侵犯的权利，这是消费者最基本的人权。为了保障消费者人身权在消费关系中不受侵犯，经营者不得对消费者进行侮辱、诽谤，不得搜查消费者的身体及其携带的物品，不得侵犯消费者的人身自由。

思考

通过您所掌握的经营者义务的基本知识，请在您所认为违反经营者基本义务的选项后面打钩。

家电商场承诺对自己售出的电器"假一赔十" ☐

饭店老板认为顾客索要餐饮发票的行为是无理取闹 ☐

某化妆品厂商为冒充国际知名品牌产品，故意在其产品包装上标注虚假商标 ☐

解析：上述选项中，第一项没有违反经营者基本义务，属于商品、服务品质担保义务；而第二项和第三项分别违反了出具凭证、单据义务和信息提供义务，通过前面的学习，您知道了吗？

我要复习！

2009 年底，邹某通过电话联系甲公司某市分公司人员办理了某套餐。2011 年 1 月，邹某发现其使用手机话费异常，查询后发现其手机自 2010 年 8 月至 2011 年 1 月，每月均被收取上网费合计 181.32 元，遂至甲公司某市分公司营业厅申请取消 GPRS 功能，后诉至法院，请求判决甲公司某市分公司双倍退还已收取的上网使用费计 362.64 元。经查，邹某使用的某套餐必须由用户在甲公司某市分公司的实体营业厅办理，该套餐中包含 GPRS 功能，按照实际上网流量收费，甲公司某市分公司未能提供邹某开通某套餐的业务受理单。

请问：甲公司某市分公司违反了经营者的哪项基本义务？

解析： 本案中甲公司某市分公司违反了信息提供义务。

经营者在市场交易中应当全面履行信息告知或披露义务，甲公司某市分公司不能提供业务受理单等证据证实邹某知晓开通了 GPRS 功能，且使用该功能会产生相应费用，侵犯了邹某作为消费者接受服务时的知情权，并造成了邹某财产损失，应当承担相应的赔偿责任，但邹某所称的上网费损失是在其知悉手机有上网功能后上网产生，不符合民事欺诈的构成要件，遂判决甲公司某市分公司退还邹某上网费 181.32 元。

学习单元四　消费者权益的国家保护

《消费者权益保护法》规定了国家保护消费者合法权益的基本内容。国家通过立法机关、行政机关和司法机关的各种职能活动，实现对消费者合法权益的保护。

一、消费者权益的立法保护

> 《消费者权益保护法》第 30 条　国家制定有关消费者权益的法律、法规、规章和强制性标准，应当听取消费者和消费者协会等组织的意见。

全国人大及其常委会、国务院及所属的主管机关或省、自治区、直辖市、人大及常委会制定和颁布的关于消费者权益保护方面的各项法律、行政法规是国家充分有效地保护消费者合法权益的基础和依据。主要包括《商标法》、《食品卫生法》、《药品管理法》、《环境保护法》、《广告法》、《产品质量法》、《消费者权益保护法》等，但是涉及服务领域保护消费者权益的法律法规却很少。

二、消费者权益的行政保护

> 《消费者权益保护法》第 31 条　各级人民政府应当加强领导，组织、协调、督促有关行政部门做好保护消费者合法权益的工作，落实保护消费者合法权益的职责。
>
> 各级人民政府应当加强监督，预防危害消费者人身、财产安全行为的发生，及时制止危害消费者人身、财产安全的行为。
>
> 第 33 条　有关行政部门在各自的职责范围内，应当定期或者不定期对经营者提供的商品和服务进行抽查检验，并及时向社会公布抽查检验的结果。
>
> 有关行政部门发现并认定经营者提供的商品或者服务存在缺陷，有危及人身、财产安全危险的，应当立即责令经营者采取停止销售、警示、召回、无害化处理、销毁、停止生产或者服务等措施。

各级人民政府及其所属工商行政管理机关、技术监督部门、卫生监督管理部门、进出口商品检验部门等行政部门是《消费者权益保护法》的主要实施者，它们通过履行各自的行政管理职能，保护消费者的合法权益。主要体现在以下方面：

（一）保护消费者合法权益是政府的重要职责

政府在我国市场经济活动中运用自己的强制力，从保护消费者权益入手，严厉打击和制止制假售假、欺诈销售等不良行为，是对市场机制缺陷的有效弥补，是维护社会和经济良性发展的必要手段。

（二）保护消费者合法权益是工商行政管理部门的基本职能

工商行政管理部门的基本职能之一是代表政府承担着保护消费者权益的任务，作为如此重要的行政部门，应尽职尽责履行自身的职责，切实监督经营者的行为，规范市场秩序，保护好消费者的合法权益，更应该有一种自豪感和做好这项工作的责任感和使命感。

（三）保护消费者合法权益应采取多种措施

1. 加强对消费者权益保护工作的组织领导。

2. 采取灵活多样的方式，把消费者权益保护工作落到实处。

3. 加强"12315"申诉举报服务网络建设，使其在调解消费纠纷，查处侵害消费者合法权益案件，打击制售假冒伪劣商品等经济违法行为中发挥更加积极、主动的作用。

4. 建设一支高素质的消费者权益保护队伍，适应新形势下消保工作的需要。

5. 多方联手、密切配合、在全社会形成消费者权益保护氛围。

建议

关于消费者权益的国家保护学习单元涉及立法、行政和司法保护三个环节，如果您觉得不好理解记忆，可以回想下我国对权利的保护无非就是立足于立法、执法和司法三个方面，相同的知识不必重复背记。

三、消费者权益的司法保护

《消费者权益保护法》第35条　人民法院应当采取措施，方便消费者提起诉讼。对符合《中华人民共和国民事诉讼法》起诉条件的消费者权益争议，必须受理，及时审理。

人民法院和人民检察院是对消费者合法权益实施司法保护的主要机关。人民法院是代表国家行使审判权的司法机关。《消费者权益保护法》特别规定了人民法院对消费者合法权益的保护职责。按规定，人民法院应当采取措施，方便消费者提起诉讼，对符合《民事诉讼法》起诉条件的消费者权益争议必须受理，及时审理，依法惩处侵害消费者权益的违法犯罪行为，加强对消费者的全面保护。

思考

通过您所掌握的该单元的基本知识，请在您所认为正确的表述后面打钩。

消费者购买法律禁止购买的生活消费商品引起的纠纷不属于《消法》调整 ☐

国家在制定有关消费者权益的法律时，应听取消费者的意见 ☐

人民法院对符合《民事诉讼法》起诉条件的消费者权益争议，可以受理 ☐

解析：上述选项中，第一项和第二项正确，第三项错误，第三项中不是"可以"，而是"必须"。您答对了吗？答案可以在前文找到呦！

我要复习！

2010 年 11 月 7 日，陈小姐到一女装店购物。当时，该店正举行"买一送一"的促销活动。陈小姐购买了一件标价为 298 元的羊毛上衣，该女装店赠送了一件标价为 200 元的皮裤。11 月 8 日，陈小姐发现该皮裤穿过后会褪色，要求该女装店退货，该女装店以"赠品概不退换"为由拒绝退货。

请问：1. 女装店是否应退货？为什么？

2. 陈小姐可以通过哪些方式维护自己的权益？

解析：1. 女装店应退货。因为该店违法了经营者应尽的"商品、服务担保义务"，经营者应对自己售出的商品的质量保证可以正常使用，否则，应为消费者修理、更换或者退货。

2. 陈小姐可以通过多种途径维护自己的权益，比如，拨打"12315"消费者权益保护热线进行投诉；向法院就此问题提起诉讼；要求工商管理部门进行调解或者对伪劣产品进行查处。

学习单元五   消费者组织

《消费者权益保护法》第 36 条　消费者协会和其他消费者组织是依法成立
的对商品和服务进行社会监督的保护消费者合法权益的社会组织。

中国消费者协会和地方各级消费者协会，是我国保护消费者合法权益的主要
社会组织。

一、消费者组织概念及其特征

（一）消费者组织概念

消费者组织是为维护消费者合法权益而由消费者自发组织起来的或者由其他
社会团体联合组建的社会团体。消费者组织以切实维护消费者合法权益为宗旨，
完全代表消费者的利益，并站在消费者的立场上开展活动和进行工作。消费者组
织所从事的一切活动都不以营利为目的，其独立或相对独立地进行活动，不受其
他组织及团体的干涉。

（二）消费者组织特征

1. 消费者组织是社会团体；

2. 消费者组织以保护消费者的利益为宗旨；

3. 消费者组织的法律地位较为特殊。

二、消费者协会的设置与职责

（一）消费者协会的设置

消费者协会为保证工作开展和机构正常运转，一般情况下，设置以下工作
部门：

1. 办公室。主要负责消协文秘、公文的管理，内部协调工作，财务管理等各项后勤保障等工作。

2. 投诉监督部。主要受理消费者投诉和咨询，对投诉事项进行调查、调解。就有关损害消费者合法权益问题、行为向有关部门反映、查询，并通过消协维权网站和大众媒体进行揭露、批评。

3. 法律援助中心。主要研究投诉工作中遇

建议

　　重点学习消费者协会的职责及对消费者协会的限制，此部分内容较多。学习时，您应时刻以保护消费者权益为核心思想去联系消费者协会应履行的职责，可以轻松记忆。

到的典型案例，为消费者提供法律咨询和进行相关法律知识的宣传和教育，支持受损害的消费者提出诉讼，协助起草修订本省有关消费者权益保护方面的法规。

4. 组织联络部。主要负责协会组织建设，各理事单位的联系，组织召开理事会议，加强对外交流。

5. 咨询服务部。主要负责向消费者提供消费信息和咨询服务。

6. 宣传部。主要负责协会工作的宣传报道，宣传有关消费者权益保护法律、法规。

7. 消费指导部。主要开展商品比较试验、消费调查、消费警示工作，通过调查比较向有关行政部门提出建议。

8. 消费维权网站。主要负责协会对外宣传工作，及时、准确发布协会工作动态、公布诚信企业等工作。

（二）消费者协会的职责

根据《消费者权益保护法》的规定，消费者协会有以下七项基本职能：

1. 向消费者提供信息和咨询服务；

2. 参与有关行政部门对商品和服务的监督检查；

3. 就有关消费者合法权益问题，向有关行政部门反映、查询、提出建议；

4. 受理消费者的投诉，并对投诉事项进行调查、调解；

5. 投诉事项涉及商品和服务质量问题的，可以提请鉴定部门鉴定，鉴定部门应当告之鉴定结论；

6. 就损害消费者合法权益的行为，支持受害的消费者提起诉讼；

7. 对损害消费者合法权益的行为，通过大众传播媒介予以揭露、批评。

各级人民政府对消费者协会履行职能应当予以支持。消费者组织依法履行以上职责，对商品和服务进行社会监督，保护消费者的合法权益。为了保证消费者协会的权威性、独立性和公正性，法律规定消费者协会不得从事商品经营和营利服务，不得以牟利为目的向社会推荐商品和服务。

三、对消费者协会的限制

> 《消费者权益保护法》第 38 条　消费者组织不得从事商品经营和营利性服务，不得以收取费用或其他牟取利益的方式向消费者推荐商品和服务。

消费者组织是专门从事消费者权益保护工作的公益性组织。其主要任务有两项：一是对商品和服务进行社会监督；二是保护消费者权益。但在实践中，消费者组织的寻租活动并不少见，消费者组织以消费者赋予的权力为筹码向生产者和经营者寻租，必然会失去公正和权威的裁判者资格。

思考

通过您所掌握的该单元的基本知识，请在您所认为正确的表述后面打钩。

消费者协会是对商品和服务进行社会监督的保护消费者合法权益的行政机关 ☐

消协不得从事商品经营和营利性服务，不得以牟利为目的向社会推荐商品和服务 ☐

各级人民政府对消费者协会履行职能应予以支持 ☐

解析：上述选项中，第一项错误，是"社会团体"，不是"行政机关"。第二项和第三项正确。您答对了吗？

我要复习!

1. 你一定要知道的（如果已掌握请打钩）：

消费者协会的职责 ☐

消费者协会的限制 ☐

2. 深入理解

自 2009 年开始的丰田"召回门"事件席卷全球，波及中国消费者。中国有 1.2 万消费者购买的汽车存在质量问题，受到影响。在对待丰田"召回门"事件上，中美出现两重天。美国在对待消费者的问题时，却有各种法律做保障。但我国的有关行政部门和消协却迟迟没有动作，一位地方消费者协会的秘书长谈及此事时表示："那些被召回的汽车消费者未到消协投诉，所以我们不能随便代表消费者。"

请问：（1）该地方消协秘书长的说法是否正确？

（2）消协应如何应对此事件？

解析：（1）该地方消协秘书长的说法错误。消协应主动履行其监督检查问题产品的职责，并通过大众传媒批评、揭露侵害消费者合法权益的行为。

（2）消协应切实《消费者权益保护法》赋予其的七项基本职能：参与有关行政部门对商品和服务的监督检查；就有关消费者合法权益问题，向有关行政部门反映、查询、提出建议；就损害消费者合法权益的行为，支持受害的消费者提起诉讼；对损害消费者合法权益的行为，通过大众传播媒介予以揭露、批评。

学习单元六　违反《消费者权益保护法》的法律责任

经营者侵害消费者合法权益的行为是违法行为，应当承担相应的法律责任。《消费者权益保护法》根据违法行为的不同性质，损害大小，情节轻重，分别确定了民事责任、行政责任和刑事责任。

一、经营者违反《消费者权益保护法》的民事责任

《消费者权益保护法》第52条　经营者提供商品或服务，造成消费者财产损害的，应当依照法律规定或者当事人约定承担修理、重作、更换、退货、补足商品数量、退还货款和服务费用或者赔偿损失等民事责任。

第55条　经营者提供商品或者服务有欺诈行为的，应当按照消费者的要求增加赔偿其受到的损失，增加赔偿的金额为消费者购买商品的价款或者接受服务的费用的3倍；增加赔偿的金额不足500元的，为500元。法律另有规定的，依照其规定。

经营者明知商品或者服务存在缺陷，仍然向消费者提供，造成消费者或者其他受害人死亡或者健康严重损害的，受害人有权要求经营者依照本法第49条、第51条等法律规定赔偿损失，并且有权要求所受损失2倍以下的惩罚性赔偿。

（一）承担民事责任的概括性规定

经营者提供商品或者服务有下列情形之一的，除《消费者权益保护法》另有规定外，应当依照《中华人民共和国产品质量法》和其他有关法律、法规的规定，承担民事责任：①商品存在缺陷的；②不具备商品应当具备的适用性能而出售时未作说明的；③不符合在商品或者其包装上注明采用的商品标准的；④不符合商品说明、实物样品等方式表明的质量状况的；⑤生产国家明令淘汰的商品或者销售失效、变质的商品的；⑥销售的商品数量不足的；⑦服务的内容和费用违反约定的；⑧对消费者提出的修理、重作、更换、退货、补足商品数量、退还货款和服务费用或者赔偿损失的要求，故意拖延或者无理拒绝的；

建议

本单元涉及三种法律责任，您应对此进行清楚区分。根据侵害行为形式、危害程度不同由轻到重分为民事责任、行政责任和刑事责任。民事责任重在赔偿；行政责任由行政机关进行警告或处罚；刑事责任最重，司法机关管辖。

⑨法律、法规规定的其他损害消费者权益的情形。

（二）民事责任的承担方式

1. 侵犯人身权的民事责任。

（1）经营者提供商品或者服务，造成消费者或者其他受害人人身伤害的，应当支付医疗费、治疗期间的护理费、因误工减少的收入等费用，造成残疾的，还应当支付残疾者生活自助用具费、生活补助费、残疾赔偿金以及由其扶养的人所必需的生活费等费用。

（2）经营者提供商品或者服务，造成消费者或者其他受害人死亡的，应当支付丧葬费、死亡赔偿金以及由死者生前扶养的人所必需的生活费等费用。

（3）经营者侵害消费者的人格尊严或者侵犯消费者人身自由的应当停止侵害、恢复名誉、消除影响、赔礼道歉，并赔偿损失。

（4）经营者有侮辱诽谤、搜查身体、侵犯人身自由等侵害消费者或者其他受害人人身权益的行为，造成严重精神损害的，受害人可以要求精神损害赔偿。

（5）经营者明知商品或者服务存在缺陷，仍然向消费者提供，造成消费者或者其他受害人死亡或者健康严重损害的，受害人有权要求经营者依照《消费者权益保护法》第49条、第51条等法律规定赔偿损失，并有权要求所受损失2倍以下的惩罚性赔偿。

2. 侵犯财产权的民事责任。

（1）经营者提供商品或者服务，造成消费者财产损害的，应当依照法律规定或者当事人约定承担修理、重作、更换、退货、补足商品数量、退还货款和服务费用或者赔偿损失等民事责任。

（2）对国家规定或者经营者与消费者约定包修、包换、包退的商品，经营者应当负责修理、更换或者退货。在保修期内两次修理仍不能正常使用的，经营者应当负责更换或者退货。对包修、包换、包退的大件商品，消费者要求经营者修理、更换、退货的，经营者应当承担运输费用。

（3）经营者以邮购方式提供商品的，应当按照约定提供。未按照约定提供的，应当按照消费者的要求履行约定或者退回货款，并应当承担消费者必须支付的合理费用。

（4）经营者以预收款方式提供商品或者服务的，应当按照约定提供。未按照约定提供的，应当按照消费者的要求履行约定或者退回预付款，并应当承担预付款的利息和消费者必须支付的合理费用。

（5）经营者提供商品或者服务有欺诈行为的，应当按照消费者的要求增加赔偿其受到的损失，增加赔偿的金额为消费者购买商品的价款或者接受服务费用的3倍；增加赔偿的金额不足500元的，为500元。法律另有规定的，依照其规定。

二、消费者保护法中的行政责任

经营者有下列情形之一的，除承担相应的民事责任外，其他有关法律、法规对处罚机关和处罚方式有规定的，依照法律、法规的规定执行；法律、法规未作规定的，由工商行政管理部门或者其他有关行政部门责令改正，可以根据情节单处或者并处警告、没收违法所得、处以违法所得 1 倍以上 10 倍以下的罚款，没有违法所得的，处以 50 万以下的罚款；情节严重的，责令停业整顿、吊销营业执照：

1. 提供的商品或者服务不符合保障人身、财产安全要求的；

2. 在商品中掺杂、掺假、以假充真、以次充好，或者以不合格的商品冒充合格商品的；

3. 生产国家明令淘汰的商品或者销售失效、变质的商品的；

4. 伪造商品的产地，伪造或者冒用他人的厂名、厂址，篡改生产日期，伪造或者冒用认证标志等质量标志的；

5. 销售的商品应当检验、检疫而未检验、检疫或者伪造检验、检疫结果的；

6. 对商品或者服务作引人误解的虚假宣传的；

7. 拒绝或者拖延有关行政部门责令对缺陷商品或者服务采取停止销售、警示、召回、无害化处理、销毁、停止生产或者服务等措施的；

8. 对消费者提出的修理、重作、更换、退货、补足商品数量、退还货款和服务费用或者赔偿损失的要求，故意拖延或者无理拒绝的；

9. 侵害消费者人格尊严、侵犯消费者人身自由或者侵害消费者个人信息等依法得到保护的权利的；

10. 法律、法规规定的对损害消费者权益应当予以处罚的其他情形。

经营者有前款规定情形的，除依照法律、法规规定予以处罚外，处罚机关应当记入信用档案，向社会公布。

经营者违反本法规定提供商品或者服务，侵害消费者合法权益，构成犯罪的，依法追究刑事责任。

经营者违反本法规定，应当承担民事赔偿责任和缴纳罚款、罚金，其财产不足以同时支付，先承担民事赔偿责任。

经营者对行政处罚决定不服的，可以依法申请行政复议或者提起行政诉讼。

三、损害消费者利益的主要犯罪类型及刑事责任

《消费者权益保护法》保护的是消费者的生活消费合法权益不被侵害，在实践中，此类侵害构成犯罪，涉及的罪名主要集中在危及民生的生产销售伪劣商品犯罪、侵犯知识产权犯罪、侵犯农民利益的"坑农、害农"犯罪案件。而侵

害消费者权利的经营者应承担的刑事责任体现在以下几方面：

1. 经营者提供商品或者服务，造成消费者或者其他受害人人身伤害或者死亡，构成犯罪的，依法追究刑事责任。

2. 以暴力、威胁等方法阻碍有关行政部门工作人员依法执行职务的，依法追究刑事责任；拒绝、阻碍有关行政部门工作人员依法执行职务，未使用暴力、威胁方法的，由公安机关依照《中华人民共和国治安管理处罚法》的规定处罚。

3. 工作人员有玩忽职守或者包庇经营者侵害消费者合法权益的行为的，由其国家机关所在单位或者上级机关给予行政处分。情节严重，构成犯罪的，依法追究刑事责任。

建议

学习损害消费者权益的主要犯罪类型及刑事责任时，您可以翻开《刑法》法条，对应《刑法》第三章破坏社会主义市场经济秩序罪中关于生产、销售伪劣商品罪的相关罪名——学习，能够帮助您更容易的理解记忆教材内容。

思考

通过您所掌握的该单元的基本知识，请在您所认为正确的表述后面打钩。

经营者作引人误解的虚假宣传的，处以非法所得 1 倍以上 3 倍以下的罚款 ☐

经营者以邮购方式提供商品，应按约定提供，未按约定提供的，应按消费者的要求履行约定或退回货款 ☐

农民购买、使用直接用于农业生产资料，适用《消费者权益保护法》☐

解析：上述选项中，第一项错误，不是"1 倍以上 3 倍以下"，而是"1 倍以上 5 倍以下"。第二项和第三项正确。您答对了吗？

我要复习!

1. 你一定要知道的（如果已掌握请打钩）：

经营者违反《消法》应承担的民事责任 ☐

经营者违反《消法》应承担的行政责任 ☐

2. 深入理解

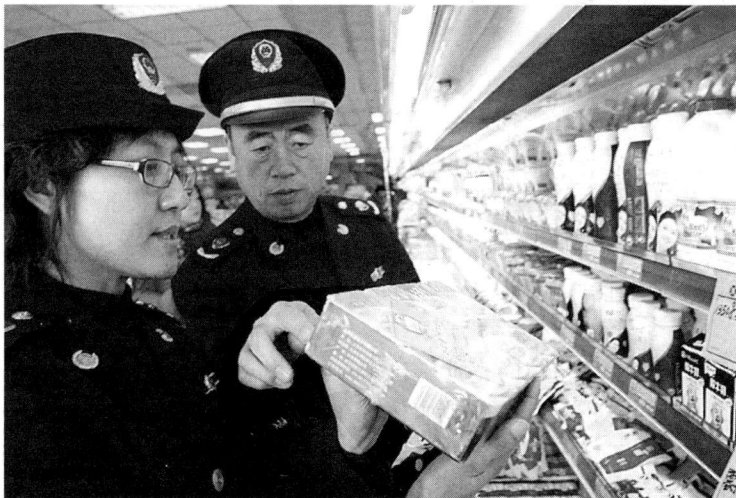

消费者周某到马某的个体皮鞋店买鞋。试穿几双，均感不适就没有购买，马某对此不满，辱骂周某并打了一耳光。经派出所处理，马某被罚款100元，并赔偿周某50元，后周某又到工商局投诉。工商局对马某责令停业整顿3天，并罚款1000元。

请问：工商局的做法有没有法律依据？请具体说明。

解析：有。根据《消费者权益保护法》第9条规定，消费者有自主选择商品或服务的权利。第14条规定，消费者有人格尊严、人身自由不受侵害的权利。第50条第8项规定，侵害消费者人格尊严或者侵犯消费者人身自由的，由工商行政管理部门责令改正，可以根据情节单处或并处警告、没收违法所得，处以违法所得1倍以上5倍以下的罚款，没有违法所得的，处以1万元以下的罚款，情节严重的，责令停业整顿，吊销营业执照。

学习单元七　消费者争议及其解决途径

一、消费者争议及消费者争议当事人的确定

（一）消费者争议

消费争议又称消费纠纷，是指在消费领域中，消费者与经营者之间因消费者权利义务而发生的争执。消费争议主要有以下四类：

1. 消费者在购买、使用商品或接受服务的过程中，由于经营者不依法履行义务或不适当履行义务，或者消费者认为经营者不依法履行或不适当履行义务，致使消费者的合法权益受到损害所产生的争议；

2. 消费者与经营者对提供的商品或者服务看法不一致所产生的争议；

3. 经营者侵犯消费者的权利，或者消费者认为经营者侵犯其权利所产生的争议；

4. 在消费过程中产生的其他争议。

（二）消费者争议当事人的确定

为保证在发生消费争议时，能够准确确定责任承担者，我国《消费者权益保护法》就求偿主体以及最终赔偿主体（责任者）的确定，作出了如下规定：

1. 消费者在购买、使用商品时，其合法权益受到损害的，可以向销售者要求赔偿。销售者赔偿后，属于生产者的责任或者属于向销售者提供商品的其他销售者的责任的，销售者有权向生产者或者其他销售者追偿。

2. 消费者或者其他受害人因商品缺陷造成人身、财产损害的，可以向销售者要求赔偿，也可以向生产者要求赔偿。属于生产者责任的，销售者赔偿后，有权向生产者追偿。属于销售者责任的，生产者赔偿后，有权向销售者追偿。

3. 消费者在接受服务时，其合法权益受到损害的，可以向服务者要求赔偿。

4. 消费者在购买、使用商品或者接受服务时，其合法权益受到损害，因原企业分立、合并的，可以向变更后承受其权利义务的企业要求赔偿。

5. 使用他人营业执照的违法经营者提供商品或者服务，损害消费者合法权益的，消费者可以向其要求赔偿，也可以向营业执照的持有人要求赔偿。

6. 消费者在展销会、租赁柜台购买商品或者接受服务，其合法权益受到损害的，可以向销售者或者服务者要求赔偿。展销会结束或者租赁柜台租赁期满后，也可以向展销会的举办者、柜台的出租者要求赔偿。展销会的举办者、柜台的出租者赔偿后，有权向销售者或者服务者追偿。

7. 消费者因经营者利用虚假广告提供商品或者服务，其合法权益受到损害的，可以向经营者要求赔偿。广告的经营者发布虚假广告的，消费者可以请求行政主管部门予以惩处。广告的经营者不能提供经营者的真实名称、地址的，应当承担赔偿责任。

二、消费者争议的解决途径

消费争议实质上是平等民事主体之间关于民事权利义务的纠纷，在法律性质上属于民事纠纷，因此其解决途径具有显著的民事纠纷处理的特点。根据《消费者权益保护法》的规定，消费争议主要通过下列途径解决：

（一）消费者与经营者协商解决

所谓协商解决，就是由消费争议的双方当事人在平等自愿基础上，就有关争议进行协商，按照公平、合理的原则，摆明事实、分清责任，互相谅解，达成解决争议的一致意见，最终达成解决争议的方案。协商是消费者与经营者解决争议的最基本、最简便、最快捷的方式之一。

（二）请求消费者协会调解

消费者协会是消费者在市场经济条件下维护自身利益而组织起来的群众性的社会团体。其基本任务是保护消费者的合法权益，对商品和服务进行社会监督。消费者协会可以在查明事实的基础上，对当事人的争议进行调解，引导双方自愿协商、解决争议。消费者协会在应消费者的请求调解消费纠纷时，应坚持自愿原则、合法原则和实事求是原则。由消费者协会作为中间协商人参加的调解属民间调解。消费者协会的调解，属于民间调解，不具有法律强制力，一旦当事人对达成的协议反悔，则需要通过其他途径解决争议。

（三）向有关行政部门申诉

消费者在发生消费争议时，不愿意通过协商和解，也不愿意请求调解，或协商和解不成时，亦可以向有关行政部门申诉，要求给予处理，依靠行政手段解决消费者权益争议。有关行政部门主要是工商行政管理机关和质量监督管理机关等，这些机关可以依职权对不法行为做出处罚，以保护消费者合法权益。

> **建议**
>
> 消费者争议解决的途径无论在理论方面或是实践领域都很重要，是本单元的重点，您应着重学习。如果觉得记忆费力，可以联想民事纠纷中处理方法的规定。

（四）提请仲裁机关仲裁

消费者可以依据与经营者达成的仲裁协议，将消费争议提请仲裁机构仲裁。根据我国《仲裁法》的规定，仲裁采取"一裁终局"制度，仲裁裁决具有最终的法律效力。发生消费争议的当事人根据双方达成的仲裁协议，自愿将争议提交仲裁机关依法裁决。仲裁机构作出的仲裁裁决，当事人必须自觉履行。否则，权利人可以申请人民法院强制执行。

（五）向人民法院提起诉讼

消费争议亦可通过民事诉讼程序解决。通过司法审判程序解决消费者权益争议，这是对消费者合法权益最具权威的一种保护方法。凡是符合起诉条件的消费争议，人民法院均应及时受理，依法制裁违法行为，保护消费者的合法权益。

建议

消费者权益保护仅靠法院的司法保护是不够的，现实生活中，每天都在发生消费者权益被侵害的事件，为达到及时有效的解决纠纷，只要是有利于消费者权利的各种手段措施都应付诸实践，进行探索。除了以上经常使用的方法外，您如果有更好的建议不妨写出来，完善我国消费者权益保护体系！

思考

通过您所掌握的该单元的基本知识，请在您所认为正确的表述后面打钩。

消费者在购买、使用商品时，其合法权益受到损害的，只能向销售者要求赔偿，不能向生产者要求赔偿 □

消费者在租赁柜台购买商品或接受服务，其合法权益受到损害的，可以向销售者或服务者要求赔偿，在柜台租赁期满后，也可以向柜台的出租者要求赔偿 □

消费者权益受到侵害时，只能向法院提起诉讼保护合法权益 □

解析：上述选项中，第一项和第三项错误，消费者的权益受到侵害时，可以向销售者要求赔偿，也可以向生产者要求赔偿；消费者权益受到侵害的，可以通过多种途径进行保护，比如，仲裁、调解、向行政机关申诉、提起诉讼等。第二项正确。您答对了吗？

我要复习！

1. 你一定要知道的（如果已掌握请打钩）：

消费争议当事人的确定 □

消费争议的解决途径 □

2. 深入理解

　　王先生在购物中心购买了一只 18K 金劳力士手表。购物中心将质量监督检测中心对该表作出外观件经过改装的检验鉴定证书交给王先生。王先生的劳力士手表经中国商业联合会钟表眼镜商品质量监督检测中心检验，结论为该表为仿制劳力士手表。

　　请问：王先生若要求购物中心赔偿其损失，具体有哪些途径？

　　解析： 有关索赔的途径，首先可以找到生产商或者经营者协商，如果协商不成可以考虑要求消费者协会调解，也可以向质量监督部门投诉。其次王先生凭购物发票也可以要求仲裁机关就买卖合同进行仲裁。最后仍然无法妥善解决的话，可以选择向法院起诉。

　　🖋 **我的笔记**

_____

_____

_____

_____

_____

_____

_____

第十一章

产品质量法

导　学

1. 本章专门学习产品质量法的基本理论与制度，包括产品质量法的概念及特征；重点把握产品质量监督管理法律制度，产品质量责任制度等内容。

2. 请先预习《中华人民共和国产品质量法》（以下简称《产品质量法》）和国家技术监督局《〈中华人民共和国产品质量法〉条文释义》后再进入本章学习，通过本章的学习，要求学员能应用产品质量法的基础知识解决具体案例。

学习内容

学习单元一　产品质量法概述

一、产品与产品质量的定义

> 《产品质量法》第2条第2、3款　本法所称产品是指经过加工、制作，用于销售的产品。
>
> 建设工程不适用本法规定；但是，建设工程使用的建筑材料、建筑构配件和设备，属于前款规定的产品范围的，适用本法规定。

（一）产品的定义

产品是指人们运用劳动手段对劳动对象进行加工而成，用于满足人们生产和生活需要的物品。我国《产品质量法》所确定的"产品"，是指经过加工、制作，用于销售的动产，不包括不动产。

（二）产品质量的定义

产品质量是指产品符合人们需要的内在素质与外观形态的各种特性的综合状态。具体说包括产品的性能、适用性、安全性、耐用性、经济性、卫生性等多方面的内容。当然，与之相伴而生的还有产品质量问题，主要包括两个方面：产品不适用和产品不安全。前者多由于产品瑕疵而形成；后者则由于产品缺陷而发生。

二、产品质量法

在我国，产品质量法有广义和狭义之分。广义的产品质量法是指以产品质量为对象，由不同立法机关制定并具有不同层次效力的法律。狭义的产品质量法特指 1993 年 2 月 22 日第七届全国人大常委会第三十次会议通过的《中华人民共和国产品质量法》，该法于 1993 年 9 月 1 日起正式实施，并于 2000 年进行了修订。该法调整的对象为两层关系：

> **建议**
>
> 关于产品、产品质量和产品质量法应与刚学过的消费者权益保护法联系起来学习。两法都有保护消费者的合法权益的内容，但产品质量法又有自己的特色。耐心学习吧！

1. 产品质量监督管理关系。这一关系是发生在行政机关在履行产品监督管理职能的过程中与生产经营者之间的关系，是管理、监督与被管理、被监督的关系。

2. 产品质量责任关系。这一关系是发生在生产经营者与消费者，用户及其相关第三人之间的、因产品质量问题引发的损害赔偿责任关系，是一种在商品交易关系中发生的平等主体间的经济关系。

我国产品质量法是产品质量管理法和产品责任法的统一体，其特点是：

1. 引导并促使企业树立强烈的质量意识。现代市场经济条件下，"质量就是生命"应成为企业经营管理的目标，尤其是市场竞争已经扩展到了国际市场，产品质量便上升为一个国际性问题。竞争主体经济实力的对比，完全取决于产品质量。在商品经济尚不够发达的我国，企业要想提高产品质量，仅仅依靠企业自身的力量和经济手段是不够的，还必须借助法律、法规这一国家强制性手段，才能真正、有效地帮助企业树立质量意识。

2. 切实保护消费者权益。有效保护消费者、用户与相关第三人的合法权益，是产品质量立法的生命之本。大多数产品质量问题都是在设计、制造、销售等环节中产生的，消费者、购买者在接受该产品或服务时是难以知晓并对此加以有效控制的。因此，如何维护其权益便成为产品立法的宗旨。

3. 维护健康、有序的市场秩序。市场秩序规制法旨在维护交易秩序，进而达到交易安全。因此，产品质量高低是市场交易优劣的一个基本尺度。所以，依法规制产品是保证市场健康发展的最有效的手段，《产品质量法》必须体现这一价值。

🕰️　**思考**

通过您所掌握的该单元的基本知识，请在您所认为正确的表述后面打钩。

建筑工程质量问题属于《产品质量法》调整 ☐

《产品质量法》所调整的产品是指"经过加工、制作"用于销售的产品 ☐

《产品质量法》所调整的对象仅指产品质量责任关系 ☐

解析：上述选项中，第一项和第三项错误，建筑工程质量不属于《产品质量法》调整；《产品质量法》所调整的对象包含两层关系，即产品质量责任关系和产品质量监督管理关系。第二项正确。您答对了吗？

📖　**我要复习!**

1. 你一定要知道的（如果已掌握请打钩）：

产品的界定 ☐

产品质量法的概念 ☐

2. 深入理解

某商店购进一批珠宝钻戒，将只达到 S 级的冒充 VS 级对外销售，经检验鉴定被工商局查扣，货值 45 000 元，该商店还没有销售记录。

请问：该商店属于什么性质的行为？工商机关该如何处理？

　　解析：该商店的行为属于以次充好产品的违法行为。

　　工商局应根据《产品质量法》第 39 条、50 条的规定予以处理。《产品质量法》第 39 条："销售者销售产品，不得掺杂、掺假，不得以假充真、以次充好，不得以不合格产品冒充合格产品。"《产品质量法》第 50 条："在产品中掺杂、掺假，以假充真，以次充好，或者以不合格产品冒充合格产品的，责令停止生产、销售，没收违法生产、销售的产品，并处违法生产、销售产品货值金额 50% 以上 3 倍以下的罚款；有违法所得的，并处没收违法所得；情节严重的，吊销营业执照；构成犯罪的，依法追究刑事责任。"

学习单元二　产品质量监督管理法律制度

一、产品质量认证制度

　　《产品质量法》第 14 条第 2 款　国家参照国际先进的产品标准和技术要求，推行产品质量认证制度。企业根据自愿原则可以向国务院产品质量监督管理部门或者国务院产品质量监督管理部门授权的部门认可的认证机构申请产品认证。经认证合格的，由认证机构颁发产品质量认证证书，准许企业在产品或其包装上使用产品质量认证标志。

　　产品质量认证，是指依据产品标准和相应的技术要求，经认证机构确认，并通过颁发认证证书和认证标志来证明某一产品符合相应标准和技术要求的活动。产品质量认证分为安全认证和合格认证。实行安全认证的产品，必须符合《产品质量法》和《标准化法》的有关规定。实行合格认证的产品，必须符合国家标准或者行业标准的要求。

　　我国产品质量认证制度从性质上来讲，属于自愿认证制，其基本内容是：

　　（一）认证对象

　　我国目前开展产品质量认证的对象主要包括电工产品、电动工具、电线电缆、低压电器、电子元器件、水泥、橡胶、汽车安全玻璃等产品。

> **建议**
>
> 　　本单元的知识有些庞杂，很多专业的名词学习起来可能比较枯燥，您需要重点记忆产品质量监督检查制度，对其他知识做到理解就好。

（二）认证依据

《产品质量法》规定，国家参照先进的产品标准和技术要求，推行产品质量认证制度。这就表明，我国产品质量认证，是根据国家认可的标准进行的。

（三）认证方式

我国产品质量认证方式采用国际上通行的第三方认证制度。质量认证由国务院产品质量监督管理部门或其授权的部门所认可的认证机构承担。

（四）认证种类

按照规定，我国产品质量认证分为合格认证和安全认证两种。

（五）认证原则

我国产品质量认证实行自愿认证制，即产品质量认证由企业自愿申请。

（六）认证条件

按照规定，中国企业、外国企业均可提出认证申请。

二、企业质量体系认证制度

> 《产品质量法》第14条第1款　国家根据国际通用的质量管理标准，推行企业质量体系认证制度。企业根据自愿原则可以向国务院产品质量监督管理部门或者国务院产品质量监督管理部门授权的部门认可的认证机构申请企业质量体系认证。经认证合格的，由认证机构颁发企业质量体系认证证书。

企业质量体系认证，是由国家标准化组织提出，并为国际社会所普遍接受的质量管理措施。企业质量体系认证是对产品质量进行科学管理的制度。它通过一定的方法和程序，把企业的质量保证工作加以标准化和制度化，以达到保证产品质量的目标。企业质量体系认证的依据是国际通用的"质量管理和质量保证"系列标准，即国际标准化组织（ISO）于1987年3月正式发布的ISO9000系列标准。它已为大多数国家所接受，具有世界公认的通向国际市场的"通行证"性质。具体说，它是由国家认可的认证机构，对自愿申请认证的企业的质量体系，进行检查、确认、颁发认证证书，以证明企业质量体系和质量保证能力符合相应标准要求的活动。经认证，可以提高企业信誉，增强市场竞争力。企业质量体系认证的认证机构是国务院技术监督部门或由其授权的部门认可的认证机构，一般指行业认证委员会。

三、产品质量检验制度

> 《产品质量法》第19条　产品质量检验机构必须具备相应的检测条件和能力，经省级以上人民政府产品质量监督管理部门或者其授权的部门考核合格后，方可承担产品质量的检验工作。法律、行政法规对产品质量检验机构另有规定的，依照有关的法律、行政法规的规定执行。

产品质量检验，是指按照特定的标准，对产品质量进行检测，以判明产品是否合格的活动。《产品质量法》关于产品质量检验的规定，主要包括两个方面的内容：

1. 关于产品质量检验的基本要求。按照规定，产品质量应当检验合格，不得以不合格产品冒充合格产品。

2. 关于产品质量检验机构。产品质量检验机构，是指县级以上人民政府产品质量监督管理部门依法设置和依法授权的，为社会提供公正检验数据和检验结论的机构。

产品质量标准分四个等级，即国家标准、行业标准、地方标准和企业标准。国家标准是国家对全国经济、技术发展有重大意义的工业产品的主要性能和特性所做的统一规定，为从事产品设计、生产、检验、包装等提供依据。行业标准是对没有国家标准而又需要在全国某个行业范围内统一的技术要求。它由国务院有关行政主管部门或行业标准化组织制定并批准发布，报国务院标准化行政主管部门备案。地方标准由省、自治区、直辖市标准化行政主管部门制定，并报国务院标准化行政主管部门备案。企业标准是对企业范围内需要协调、统一的技术要求、管理要求和工作要求所制定的标准。企业生产的产品没有国家标准和行业标准的，应当制定企业标准。为适应国际贸易发展的需要，我国鼓励企业积极采用国际标准和国外先进标准。

四、产品质量监督检查制度

《产品质量法》第15条第1款　国家对产品质量实行以抽查为主要方式的监督检查制度，对可能危及人体健康和人身、财产安全的产品，影响国计民生的重要工业产品以及用户、消费者、有关组织反映有质量问题的产品进行抽查。监督抽查工作由国务院产品质量监督管理部门规划和组织。县级以上地方人民政府管理产品质量监督工作的部门在本行政区域内也可以组织监督抽查，但是要防止重复抽查。产品质量抽查的结果应当公布。法律对产品质量的监督检查另有规定的，依照有关法律的规定执行。

第22条　用户、消费者有权就产品质量问题，向产品的生产者、销售者查询；向产品质量监督管理部门、工商行政管理部门及有关部门申诉，有关部门应当负责处理。

第23条　保护消费者权益的社会组织可以就消费者反映的产品质量问题建议有关部门负责处理，支持消费者对因产品质量造成的损害向人民法院起诉。

产品质量监督，从广义上讲，是指国家、社会、用户、消费者对产品质量和产品质量认证体系所做的检验、检查、评价、措施等一系列活动的总称。因此，产品质量监督可分三种基本形式和途径：

（一）行政性监督检查

包括国家监督检查和地方监督检查。国家对产品质量实行以抽查为主要方式的监督检查制度，对可能危及人体健康和人身、财产安全的产品；影响国计民生的重要工业品；用户、消费者反映问题较多的产品进行抽查。监督抽查的方式是由国家技术监督局直接组织国家质量监督检验中心进行抽查，按季抽查和不定期抽查。县级以上的地方产品质量监督部门在本行政区域内也可以组织监督抽查。国务院和地方政府的产品质量监督检查部门应当定期发布其监督检查的产品的质量状况公告。对抽查产品质量不合格的企业，应当进行整改和复查。逾期不改正的，由省级以上人民政府产品质量监督部门予以公告；公告后经复查仍不合格的，责令停业，限期整顿；整顿期满后经复查产品质量仍不合格的，吊销营业执照。

（二）舆论监督和社会团体监督

舆论监督是指广播、电视、报刊等舆论单位，按照国家的有关规定，运用新闻媒介，对产品质量进行监督。社会团体监督主要是指消费者协会和其他消费者组织依法对产品质量进行的社会监督。

（三）用户和消费者的监督

这是对产品质量最直接的监督方式。由于此类监督主体地位相对较弱，因此需要法律作出切实有效的规定。我国的产品质量法和消费者权益保护法，赋予了用户和消费者对产品质量监督的权利，确保了这一监督渠道的畅通。

建议

我国的产品质量监督制度相比于发达国家仍显落后。针对日益增加的消费投诉、消费纠纷，我国现行的监督措施显得无力，如果您对现状也充满担忧，可以拓展视野，看看国外一些做得比较好的国家如何在生产、流通、销售环节监督产品质量的，或许有创新的启发！

思考

通过您所掌握的该单元的基本知识，请在您所认为正确的表述后面打钩。

国家对产品质量实行以抽查为主要方式的监督检查制度 ☐

消费者有权就产品质量问题，向产品的生产者、销售者查询 ☐

销售者执行进货检查验收制度的主要目的是，验明产品的合格证明和其他标识 □

解析： 上述选项中，三项全部正确。您答对了吗？细读前文，都可以找到详细讲述。

🖋 **我要复习！**

1. 你一定要知道的（如果已掌握请打钩）：

产品质量认证制度 □

产品质量检验制度 □

产品质量监督检查制度 □

2. 深入理解

CQC-ISO9001质量认证

甲市天云矿泉水销售中心销售本地产的矿泉水，见依云矿泉水销路好，便印制了依云牌矿泉水检测值标识，贴在本地产的矿泉水上对外销售，被甲市工商局查获。工商局以该销售中心伪造质量认证标志为由，依据《产品质量法》的有关规定实施了行政处罚。

请问：工商局的处罚是否正确？为什么？请具体说明。

解析： 不正确。因为水质检测值是依云矿泉水的水质成分，不是质量认证标志。而质量认证标志是由产品质量认证机构设计，国务院有关行政管理部门统一管理、审批和发布的一种法定专用标志。

对该销售中心的行为应依据《产品质量法》第27条"产品或包装上的标识必须真实"的规定，按照第54条责令改正。《产品质量法》第54条规定："产品标识不符合本法第27条规定的，责令改正。"

学习单元三 产品责任制度

一、产品责任归责原则

> 《产品质量法》第41条 因产品存在缺陷造成人身、缺陷产品以外的其他财产损害的，生产者应当承担赔偿责任。
>
> 生产者能够证明有下列情形之一的，不承担赔偿责任：①未将产品投入流通的；②产品投入流通时，引起损害的缺陷尚不存在的；③将产品投入流通时科学技术水平尚不能发现缺陷的存在的。

根据我国《产品质量法》规定和《侵权责任法》第41条规定："因产品存在缺陷造成他人损害的，生产者应当承担侵权责任。"我国的产品责任适用无过错责任原则。无过错责任原则，也叫无过失责任原则，是指没有过错造成他人损害的、依法律规定应由与造成损害原因有关的人承担民事责任的确认责任的准则。执行这一原则，主要不是根据行为人的过错，而是基于损害的客观存在，根据行为人的活动及所管理的人或物的危险性质与所造成损害后果的因果关系，而由法律规定的特别加重责任。但有下列三种法定情形的应予免责：①产品未投入流通领域的；②投入流通领域时尚未有缺陷的；③产品投入流通领域时现有科学技术尚不能发现缺陷存在的。

只要销售、生产者能提供以上免责事由便可免责。除此之外，司法实践中又确立了以下几种免责情形：①损害是由于消费者擅自改变产品性能、用途或者没有按照产品的使用说明使用并且确因改变或者使用不当造成的；②损害是由于受害人的故意行为造成的；③损害是由于常识性的危险造成的；④产品造成损害是由于使用自身特殊敏感所致；⑤产品已过有效期限；⑥超过诉讼和赔偿请求失效的。

二、产品责任的构成要件

（一）产品有缺陷

产品存在危及人身、财产安全的不合理的危险，或产品不符合保障人体健康和人身、财产安全的国家标准、行业标准。此处的产品仅指经过加工、制作，用于销售的产品。

（二）有损害事实存在

事实损害是指购买者可以根据合同法和侵权责任法的规定要求销售者承担

违约责任或是侵权责任。遭受人身损害的受害者可以是购买者、消费者，也可以是购买者、消费者之外的第三人。

（三）产品缺陷与损害事实之间有因果关系

确认该种因果关系，一般应由受害人举证，受害人举证的事项为缺陷产品被使用或被消费，使用或者消费缺陷产品导致了损害的发生。

三、生产者和销售者的产品质量义务

（一）生产者的产品质量义务

> 《产品质量法》第 26 条　生产者应当对生产的产品质量负责。

1. 生产者的作为义务。

（1）不存在危及人身、财产安全的不合理危险，有保障人体健康，人身、财产安全的国家标准、行业标准的，应当符合该标准。产品不得存在危及人身、财产安全的不合理的危险，是法律对产品质量最基本的要求，直接关系到产品使用者的人体健康和人身、财产安全。生产者违反这一质量保证义务，将要受到严厉的法律制裁。另外，在产品标识方面还要保证清晰、完整。对涉及产品使用安全的事项，应当有完整的中文警示说明、警示标志，并且标注清晰、准确，以提醒人们注意。

（2）具备产品应当具备的使用性能。但是，对产品存在使用性能的瑕疵作出说明的除外。所谓产品具有应当具有的使用性能，是指某一特定产品应当具有其基本的使用功能。产品应当具有使用性能主要体现在两个方面：一方面是在产品标准、合同、规范、图样和技术要求以及其他文件中明确规定的使用性能；另一方面是隐含需要的使用性能。具备产品应当具备的使用性能是本法对生产者保证产品质量所规定的又一法定义务。但是，当生产者对产品使用性能的瑕疵作出说明时，可以免除生产者的此项义务。当然，如果除说明的产品的瑕疵之外，产品还存在未明示的瑕疵的，生产者仍应对未明示部分的产品瑕疵承担相应的担保责任。

（3）符合产品或其包装上注明采用的产品标准，符合以产品说明、实物样品等方式表明的质量状况。

产品质量应当符合明示的质量状况。在产品或者包装上注明采用的产品标准，是表明产品质量符合自身标注的产品标准中规定的质量指标，判定产品是否合格，则以该项明示的产品标准作为依据。当然，生产者明示采用的产品标准不得与强制性的国家标准、行业标准相抵触。产品说明是生产者向消费者提供的文字说明性资料。告知消费者关于产品的有关性能指标、使用方法、安装、保养方法、注意事项，以及有着三包的事项等。所以，产品说明也是生产者向社会明确表示的保证和承诺。实物样品实际上是一种实物标准，实物样品清楚地表明了产品的质量状况。消费者根据实物样品购买的产品应当同样品的质量保证相符。

2. 生产者的不作为义务。

（1）生产者不得生产国家明令淘汰的产品。国家明令淘汰的产品，有的是危害社会整体利益的，如浪费资源、能源，污染环境的产品。有的是威胁或危及社会个体人身健康和财产安全的产品，如一些具有潜在危险的药品。

（2）生产者不得伪造产地，不得伪造或冒用他人的厂名、厂址。产品的产地同产品的构成元素、产品的质量以及产品的信誉息息相关，伪造产品的产地一方面损害了此种产品的信誉，同时这构成对消费者的欺骗。生产者不得伪造或者冒用他人的厂名、厂址，厂名即企业的名称属于该企业享有的专用权。

（3）生产者不得伪造或者冒用认证标志、名优标志等质量标志。所谓"伪造"，是指模仿国家质量认证机关颁发的质量认证标志的样式、图案进行非法制作的行为。所谓"假冒"，是指未经质量标志所有人许可，擅自盗用他人的质量认证标志的行为。产品的质量标志是证明产品符合政府规定的质量标准的一种标志，其标志能证明产品符合规定或潜在需要的特征和特性的总和。认证标志是指产品的提供者将自己的产品提供给相关国家机关或者国家权威机构认可的机构，通过一定的程序进行检测和评定，认为达到规定标准的证明。名优标志是经一定的行政机关或国内、国际的有关组织评选，认为产品质量达到了一定的要求，从而授予企业使用的证明产品质量优良的荣誉标记。认证标志、名优标志都是对产品质量的评价，这种评价一方面是对企业劳动的肯定，同时也给企业的产品带来信誉。

（4）生产者生产产品，不得掺杂、掺假，不得以假充真、以次充好，不得以不合格产品冒充合格产品。"在产品中掺杂、掺假"，是指在产品中掺入杂质或者异物，致使产品质量不符合国家法律、法规或者产品明示质量标准规定的质量要求，降低、失去应有使用性能的行为。"以假充真"，是指以不具有某种使用性能的产品冒充具有该种使用性能的产品的行为。"以次充好"，是指以低等级、低档次产品冒充高等级、高档次产品，或者以残次、废旧零配件组合、拼装后冒充正品或者新产品的行为。"不合格产品"，是指不符合《产品质量法》第26条第2款规定的质量要求的产品。

（二）销售者的产品质量义务

1. 销售者的作为义务。

（1）严格检查、验收进货的质量。销售者要保证所销售的产品符合质量要求，就必须严格执行进货检查验收制度，确保不让假冒产品、不合格产品进入流通领域。销售者在进货时，应当对所进货物进行检查验收，验明产品的合格证明和其他标识。执行进货检查验收制度，不仅是保证产品质量的一个措施，也是保护销售者自身合法权益的一个措施。销售者对所进货物经过检查验收，发现存在产品质量问题时，可以提出异议，经进一步证实所进产品不符合质量要求的，可以拒绝验收进货。如果销售者不认真执行进货检查验收制度，对不符合质量要求的产品，予以验收进货，则产品质量责任随即转移到销售者一方。因此，销售者必须认真执行进货检查验收制度。主要应当查明该产品是否有产品的批准生产文号、合格证明、生产日期、保质期等。对于属于名优产品的，还需要查明该名优产品的标识是否真实，是否属于假冒伪劣产品。

（2）采取措施保持产品质量。销售者除了验明产品合格证明和其他标识以外，也可以对内在质量进行检验，或者委托依法设立的产品质量检验机构进行检验。根据有关行政法规的规定，原装、原封、原标记无异状的产品内在质量，由生产者负责。生产者生产的产品通过销售者到达用户、消费者那里，中间常有一段"时间差"。在此期间内，可能因销售者未采取应有的保质措施而致使产品发生瑕疵或缺陷，所以产品质量法规定了销售者的此项义务。这一规定可以促使销售者增强对产品质量的责任感，防止产品质量在经销期间失效、变质。

（3）执行产品质量标识制度。销售者销售产品的标识应当符合生产者产品或其包装上标识的要求。产品标识，是指用于识别产品或者其特征、特性所做的各种表示的统称。验明标识，是指检查进货产品的标识，包括有中文说明的产品名称、生产厂名、厂址；根据产品的特点和使用要求，需要表明产品规格、等级、所含主要成分的名称和含量，应当在外包装上予以标明，或者预先向消费者提供有关资料。限期使用的产品，在显著位置上应当清晰地标明生产日期和安全试用期或者失效日期。使用不当，容易造成产品本身损坏或者可能危及人身、财产安全的产品，要有警示标志或者中文警示说明。

（4）及时检验义务。买受人收到标的物时应当在约定的检验期间内检验。没有约定检验期间的，应当及时检验。当事人约定检验期间的，买受人应当在检验期间内将标的物的数量或者质量不符合约定的情形通知出卖人。买受人怠于通知的，视为标的物的数量或者质量符合约定。当事人没有约定检验期间的，买受人应当在发现或者应当发现标的物的数量或者质量不符合约定的合理期间内通知出卖人。买受人在合理期间内未通知或者自标的物收到之日起 2 年内未通知出卖人的，视为标的物的数量或者质量符合约定，但对标的物有质量保证期的，适用质量保证期，不适用该 2 年的规定。出卖人知道或者应当知道提供的标的物不符合约定的，买受人不受上述规定的通知时间的限制。

2. 销售者的不作为义务。

（1）销售者不得销售失效、变质的产品。失变质的产品是指产品的功能、效用部分或全部丧失的产品或发生了本质性的物理、化学变化，失去原有的基本使用性能的产品。失效、变质产品不仅已不具备产品应当具备的使用性质，而且还可能存在不合理的危险，影响消费者的人身安全。

（2）销售者不得伪造产地，不得伪造或者冒用他人的厂名、厂址。

（3）销售者不得伪造或者冒用认证标志、名优标志等质量标志。

（4）销售者销售产品不得掺杂、掺假，不得以假充真、以次充好，不得以不合格产品冒充合格产品。

四、产品质量责任

（一）产品质量民事责任

产品质量民事责任，是指产品的生产者、销售者因违反产品质量法规定的或合同当事人约定的产品质量民事义务，应当承担的民事法律后果。根据《产品质量法》的规定，产品质量民事责任主要有两种，即产品瑕疵责任和产品缺陷责任。

1. 产品瑕疵责任。产品瑕疵是指产品不具备应有的使用性能，不符合明示采用的产品质量标准，或不符合产品说明、实物样品等方式表明的质量状况。具体责任形式为：负责修理、更换、退货；给购买产品的用户、消费者造成损失的，负责赔偿。销售者先行履行"三包"及赔偿责任后，如果责任在生产者、供货者，销售者有权向他们追偿。但他们之间如订有购销、加工承揽合同且另有约定的，按合同约定执行。

2. 产品缺陷责任。产品缺陷责任即产品责任，是指产品存在缺陷给受害人造成人身伤害或产品以外的财产损失所产生的法律后果。

（1）生产者产品责任。因产品存在缺陷，造成人身损害以及缺陷产品以外的其他财产损害的，生产者应当承担赔偿责任。如果生产者能证明有下列情形之一的，可以免责：未将产品投入流通的；产品投入流通时，引起损害的缺陷尚不存在的；将产品投入流通时的科学、技术水平尚不能发现缺陷存在的。

（2）销售者产品责任。由于销售者的过错使产品存在缺陷，造成人身、他人财产损害的，销售者应当承担赔偿责任。销售者不能指明缺陷产品的生产者、供货者的，销售者承担赔偿责任。

3. 产品民事责任处理。产品责任处理即对已发生的产品责任的追究程序和具体责任形式。首先，产品责任追究程序。《产品质量法》规定，因产品存在缺陷，造成人身、他人财产损害的，受害人可以向产品的生产者要求赔偿，也可以向产品的销售者要求赔偿。生产者、销售者履行赔偿责任后，其相互之间的责任追究问题，实行过错原则，非责任方可向过错方追偿。其次，责任形式。一是人身伤害责任，因产品存在缺陷造成受害人人身伤害的，侵害人应当赔偿医疗费、因误工减少的收入、残疾者生活补助费等费用，造成受害人死亡的并应当支付丧葬费、抚恤费、死者生前抚养的人的必要的生活费等费用。二是财产损失责任，因产品存在缺陷造成受害人财产损失的，侵害人应当恢复原状或者折价赔偿。受害人因此遭受其他重大损失的，侵害人应当赔偿损失。

4. 产品责任时效。包括诉讼时效和请求权时效。诉讼时效，《产品质量法》规定了产品责任的诉讼时效为 2 年，自当事人知道或应当知道其权益受到损害时起计算。请求权时效，《产品质量法》规定了要求赔偿的请求权期限为 10 年，但是未超过明示的安全使用期的除外。

（二）产品质量行政责任

产品质量行政责任是指生产者、销售者因违反产品质量监督管理法律、法规，而应承担的法律后果。产品质量行政责任的客体包括瑕疵产品、缺陷产品以及违反产品质量标准和违反产品质量监督管理法律、法规的行为。产品质量行政责任由技术监督部门、工商行政管理部门追究和制裁。产品质量行政责任的种类及罚则包括：

1. 生产、销售不符合国家标准、行业标准的产品。凡生产不符合保障人体健康，人身、财产安全的国家标准、行业标准的产品，责令停止生产，没收违法生产的产品和违法所得，并处违法所得 1 倍以上 5 倍以下的罚款，可以吊销营业执照。销售上述产品的，责令停止销售。销售明知是不符合保障人体健康，人身、财产安全的国家标准、行业标准的产品的，没收违法销售的产品和违法所得，并处以罚款，可以吊销营业执照。

2. 生产、销售伪劣产品。生产者、销售者在产品中掺杂、掺假，以次充好，或者以不合格产品冒充合格产品的，违法所得数额 2 万元以上不满 10 万元，情节较轻的，责令停止生产、销售，没收违法所得，并处违法所得 1 倍以上 5 倍以下的罚款，可以吊销营业执照。

> **建议**
> 产品质量行政责任方面的条文规定特别多，而且中间有不少关于数字的记忆很是麻烦。但如果您细心阅读的话，会发现法条对数字的规定一般是 1、3、5，探索其中的规律吧，会节约不少精力和时间去记忆！

3. 生产国家明令淘汰的产品。生产国家明令淘汰的产品的，责令停止生产，没收违法生产所得的产品和违法所得，并处违法所得 1 倍以上 5 倍以下的罚款，可以吊销营业执照。

4. 销售变质、失效的产品。销售变质、失效的产品，责令停止销售，没收违法销售所得的产品和违法所得，并处违法所得 1 倍以上 5 倍以下的罚款，可以吊销营业执照。

5. 生产者、销售者伪造产品产地。生产者、销售者伪造产品产地的，伪造或冒用他人厂名、厂址，伪造或冒用认证标志、名优标志等质量标志的，责令公开更正，没收违法所得，可以并处罚款。

6. 产品标识不符合法律规定。产品标识不符合《产品质量法》规定的，责令改正；有包装的产品标识不符合《产品质量法》规定的，情节严重的，可以责令停止生产、销售，并可处以违法所得 15% ~ 20% 的罚款。

7. 伪造检验数据或结论。伪造检验数据或结论的，责令更正，可以处以所收检验费 1 倍以上 3 倍以下的罚款；情节严重的，吊销营业执照。

从事产品质量监督管理的工作人员滥用职权、玩忽职守、徇私舞弊，尚未构成犯罪的，给予行政处分。

执行行政处罚的机关应为产品质量监督部门（技术监督局）和工商行政管理部门（法律、行政法规另规定行使处罚权的除外），吊销营业执照处罚，只能由工商行政管理部门执行。

（三）产品质量刑事责任

1. 生产者、销售者的刑事责任。

（1）生产、销售不符合保障人体健康，人身、财产安全的国家标准、行业标准的产品，构成犯罪的，依法追究刑事责任。

（2）生产者、销售者在产品中掺杂、掺假，以次充好，或者以不合格产品冒充合格产品，构成犯罪的，依法追究刑事责任。

（3）销售变质、失效的产品，构成犯罪的，依法追究刑事责任。

（4）以行贿、受贿或者其他非法手段采购以上三种产品及以及国家明令淘汰的产品，构成犯罪的，依法追究刑事责任。

2. 国家工作人员的刑事责任。从事产品质量监督管理的国家工作人员滥用职权、玩忽职守、徇私舞弊，以及包庇追究产品质量刑事责任的企业单位或个人，使之不受追诉，根据不同情况依照刑法规定追究刑事责任。

3. 其他刑事责任。以使用暴力、威胁方法阻碍从事产品质量监督管理的国家工作人员依法执行职务的，依照刑法有关规定追究刑事责任。未使用暴力、威胁方法阻碍上述人员执行公务的，按《治安管理处罚法》的规定处罚。

建议

产品质量刑事责任的规定不仅体现在《产品质量法》中，在《刑法》条文中也不少有关的表述。作为拓展知识，您可以对照《刑法》条文进行学习。

✓ **提示**

本单元内容特别多，您应知道我国产品质量责任的归责原则和关于产品质量义务和责任的有关规定。《消费者权益保护法》、《产品质量法》、《刑法》等法律中都有涉及，但内容多不等于难以记忆，将这些知识分类、分层次后，如果您能静下心慢慢阅读、理清思路，理解记忆不是太难的一件事。如果您对本单元的学习有不一样的想法，一定写下来，补充完善您的知识体系！

思考

通过您所掌握的该单元的基本知识，请在您所认为正确的表述后面打钩。

根据产品的特点和使用要求，需要表明产品规格、等级、所含主要成分的名称和含量的，用中文应予以说明 ☐

工商行政管理机关不可以直接适用《产品质量法》处理案件 ☐

因产品存在缺陷造成受害人财产损失的，侵害人应当恢复原状或折价赔偿 ☐

解析： 上述选项中，第一项和第三项正确；第二项错误，工商行政管理机关可以直接适用《产品质量法》处理案件。前文中有完整表述。您答对了吗？

我要复习

通过下面的练习，让我们来复习一下。

1. 你一定要知道的（如果已掌握请打钩）：

生产者和销售者的产品质量义务 ☐

生产者和销售者的产品质量责任 ☐

2. 深入理解

理解区分不当得利返还请求权与其他请求权。

甲市一个体机电商行，将由乙市购进的民用电线的产地涂改伪造成丙市对外销售，经举报被甲市工商机关依据《产品质量法》第30条的规定，实施了行政处罚，当事人提出了异议。

请问：该异议成立吗？为什么？

解析： 异议成立。《产品质量法》第30条规定的是生产者的产品质量责任和义务，该当事人是销售者，应承担第37条关于销售者的产品质量责任和义务。

《产品质量法》第37条规定："销售者不得伪造产地，不得伪造或者冒用他人的厂名、厂址。"

《产品质量法》第53条规定："伪造产品产地的，伪造或冒用他人厂名、厂址的，伪造或者冒用认证标志等质量标志的，责令改正，没收违法生产、销售的产品，并处违法生产、销售产品货值金额等值以下的罚款；有违法所得的，并处没收违法所得；情节严重的，吊销营业执照。"

我的笔记

第十二章

食品安全法

导　学

　　学习本章需理解食品安全的一些基本概念、食品安全监督管理体制、食品安全风险监测和评估管理、食品安全标准的内容和制定要求、食品生产经营的基本要求包括食品添加剂、保健食品等。要了解食品进口制度、食品安全监管制度、食品安全事故的处置制度和相关的法律责任等。本章内容较多，有较多的内容是法律的直接规定，需要注意学习这些法条。

学习内容

学习单元一　食品安全及其管理体制

一、食品与食品安全的定义

　　《食品安全法》第99条　食品，指各种供人食用或者饮用的成品和原料以及按照传统既是食品又是药品的物品，但是不包括以治疗为目的的物品。
　　食品安全，指食品无毒、无害，符合应当有的营养要求，对人体健康不造成任何急性、亚急性或者慢性危害。

　　（一）食品的定义
　　食品是指供人食用或者饮用的成品和原料，还有按照传统既是食品又是药品的物品。以治疗为目的的物品不是食品。
　　理解食品的定义要注意理解什么是"成品"，什么是"原料"。供食用或者饮用的成品是指可以直接食用或者饮用的手工或者工业制成品，除简单加热、冲泡等以外不需要再加工。例如，开袋即食产品、瓶装矿泉水、速冻水饺等。供食用或者饮用的原料是指该产品还不能够直接食用或者饮用，还必须要进行加工，比如，面料可以制成食品但不能直接食用，猪肉可以加工成食品但是不能直接食用。

(二) 食品安全的定义

食品安全是指食品无毒、无害，对人体健康不造成任何急性、亚急性或者慢性危害，符合应当有的营养要求。

理解食品安全，首先想到的是食品应当无毒、无害的；其次就是食品应当符合应当有的营养要求，食品由于缺乏应有的营养会给特定的人造成严重的危害，这一点原来不为人们所知，在发生安徽劣质奶粉造成大头娃娃事件之后才引起高度的重视；最后法律另外从危害的时间性角度规定食品应不对人体健康不造成任何急性、亚急性或者慢性危害。这样食品安全法就比较全面的规定了食品安全的内涵。

👍 建议

记忆概念时，可归纳三个"两点"：不仅包括"食用"还包括"饮用"；不仅包括"成品"还包括"原料"；可以"药品"中也可以作为普通食品的物品需要经过特别许可。

⌛ 思考

在饮用"王老吉"饮料的时候请仔细观察一下配料表，看看会有什么发现，并自行思考和查找相关的法律依据。

提示：非食品原料是不允许加入到食品之中的，能否添加必须经过申报并由主管部门组织评估后审批决定。对上述问题解答可以参考2009年5月14日卫生部新闻办公室《关于王老吉凉茶有关情况的说明》。学习了食品安全法之后平时多观察食品包装及说明，有疑问时多上网搜索你会得到很多意想不到的知识。

二、食品安全法

《食品安全法》第1条　为保证食品安全，保障公众身体健康和生命安全，制定本法。

第2条　在中华人民共和国境内从事下列活动，应当遵守本法：①食品生产和加工（以下称食品生产），食品流通和餐饮服务（以下称食品经营）；②食品添加剂的生产经营；③用于食品的包装材料、容器、洗涤剂、消毒剂和用于食品生产经营的工具、设备（以下称食品相关产品）的生产经营；④食品生产经营者使用食品添加剂、食品相关产品；⑤对食品、食品添加剂和食品相关产品的安全管理。

供食用的源于农业的初级产品（以下称食用农产品）的质量安全管理，遵守《中华人民共和国农产品质量安全法》的规定。但是，制定有关食用农产品的质量安全标准、公布食用农产品安全有关信息，应当遵守本法的有关规定。

食品安全法是调整食品生产、食品经营，食品添加剂、食品相关产品的生产经营全程安全管理的法律规范的总称。食品安全法既调整食品生产经营行为，又调整食品相关的行政管理行为。具体而言，涉及食品生产、食品经营、食品添加剂的生产经营、食品相关产品的生产经营、食品添加剂、食品相关产品的使用、政府对于食品、食品添加剂

建议

经过学习，大家有没有发现关于某法的定义，一般是采取"调整……的法律规范的总称"的形式。了解食品安全法的定义，实际上就是要知道食品安全法的调整对象。

和食品相关产品的安全管理。此外，制定食用农产品的质量安全标准、公布食用农产品安全有关信息也属于本法调整的范围。

上面的定义是狭义的食品安全法，广义的食品安全法还包括国务院制定的实施条例、相关决定、意见、国务院相关部门制定的行政规章、地方人大及其常委会制定的地方性法规、地方政府制定的政府规章，甚至还包括刑法中关于食品安全的条款。因此，广义的食品安全法是以《食品安全法》为中心的法律体系。

我国《食品安全法》是 2009 年 2 月 28 日第十一届全国人民代表大会常务委员会第七次会议通过，2009 年 6 月 1 日起施行，《中华人民共和国食品卫生法》同时废止。

三、我国食品安全管理体制

（一）什么是食品安全管理体制

食品安全管理体制是指一个国家为了保证本国的食品安全而设立的一整套系统化的管理制度和管理机构。一套良好的食品安全管理体制能够从各个角度有效地预防和处理本国的食品安全问题。相反，如果食品安全管理体制上存在明显漏洞，则极容易出现食品安全事件。比如，在"三鹿奶粉"事件中，关于从奶农手中收购原料奶的奶站应该由哪一个政府部门监管在事发之前就存在空白。评价食品安全管理体制好不好，除了通过食品安全管理的实践来验证以外，还可以从食品安全管理全程是不是存在管理漏洞、是不是会造成相关政府部门的相互推诿，即是否全覆盖、是否分工明确、是否运转有效等来考量。这一点对于其他行业也是适用的。

（二）我国的食品安全管理体制的构成

《食品安全法》第 4 条　国务院设立食品安全委员会，其工作职责由国务院规定。

国务院卫生行政部门承担食品安全综合协调职责，负责食品安全风险评估、食品安全标准制定、食品安全信息公布、食品检验机构的资质认定条件和检验规范的制定，组织查处食品安全重大事故。

国务院质量监督、工商行政管理和国家食品药品监督管理部门依照本法和国务院规定的职责，分别对食品生产、食品流通、餐饮服务活动实施监督管理。

第 5 条　县级以上地方人民政府统一负责、领导、组织、协调本行政区域的食品安全监督管理工作，建立健全食品安全全程监督管理的工作机制；统一领导、指挥食品安全突发事件应对工作；完善、落实食品安全监督管理责任制，对食品安全监督管理部门进行评议、考核。

县级以上地方人民政府依照本法和国务院的规定确定本级卫生行政、农业行政、质量监督、工商行政管理、食品药品监督管理部门的食品安全监督管理职责。有关部门在各自职责范围内负责本行政区域的食品安全监督管理工作。

上级人民政府所属部门在下级行政区域设置的机构应当在所在地人民政府的统一组织、协调下,依法做好食品安全监督管理工作。

第6条 县级以上卫生行政、农业行政、质量监督、工商行政管理、食品药品监督管理部门应当加强沟通、密切配合,按照各自职责分工,依法行使职权,承担责任。

我国食品安全管理体制的构成是指我国食品安全管理的相关行政机构及其相互之间的职责分工与配合。我国的食品安全监督管理机构从国务院到县级人民政府主要包括卫生部门、质量监督管理部门、工商行政管理部门、食品药品监督管理部门、农业部门五家。五个政府职能部门之间的关系,可以通过下面这个图来理解和记忆。

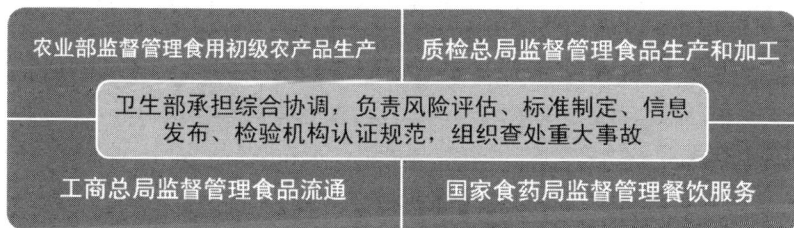

农业部监督管理食用初级农产品生产	质检总局监督管理食品生产和加工
卫生部承担综合协调,负责风险评估、标准制定、信息发布、检验机构认证规范,组织查处重大事故	
工商总局监督管理食品流通	国家食药局监督管理餐饮服务

国务院还设立有食品安全委员会作为国务院食品安全工作的高层次议事协调机构。主要职责是分析食品安全形势,研究部署、统筹指导食品安全工作;提出食品安全监管的重大政策措施;督促落实食品安全监管责任。

在县级以上各级地方政府,食品安全法强调的是政府统一领导、负责,具体包括,建立健全食品安全全程监督管理的工作机制;统一领导、指挥食品安全突发事件应对工作；完善、落实食品安全监督管理责任制，对食品安全监督管理部门进行评议、考核。

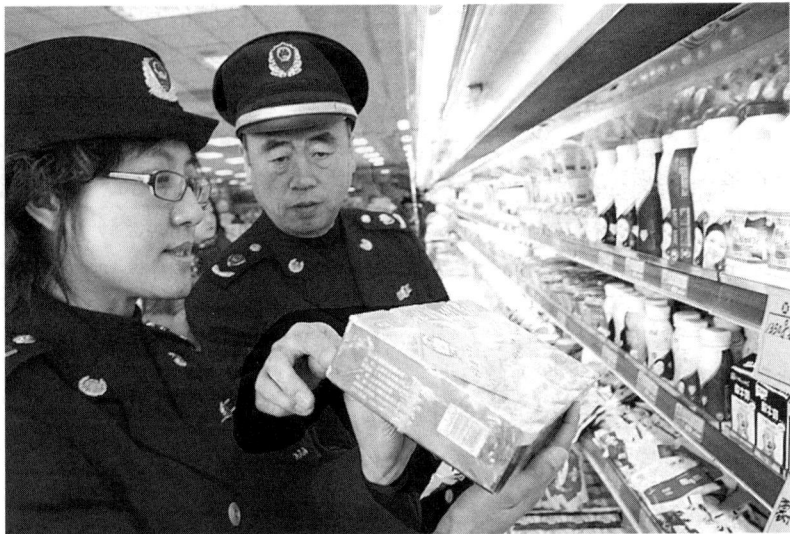

（三）我国食品安全监督管理体制的特点

我国食品安全监督管理体制是典型的多部门协同监管体制，这种监管体制的一方面可以调动各部门的力量，另一方面可能造成部门之间责任相互推诿、权力相互争夺。这首先是源于我国的政府职能正在逐步调整以适应社会主义市场经济体制的需要，现有的政府部门职权结构相对比较分散，而食品安全法也不可能新设立机构只能依赖于现有的行政管理体制。食品安全管理内容本身的重要性、广泛性和复杂性从根本上决定了我国食品安全监督管理体制的特点。《食品安全法》第103条规定国务院根据实际需要可以对食品安全监督管理体制作出调整，这就为在下一轮国务院机构改革中调整食品安全监管体制作出了授权。

> ？ **知识扩展**
>
> 什么是有效的食品安全监督管理体制，必须要根据具体的文化背景、市场成熟度和政治体制等条件来决定，建议通过互联网搜索一下美国、欧盟的食品安全监督管理体制，必定会加深对我国食品安全监管体制问题的思考。

我要复习!

好，食品安全及其管理体制的基本知识点学习完了，让我们来复习一下吧。

1. 你一定要知道的（如果已掌握请打钩）：

《食品安全法》中"食品"的范围 ☐

《食品安全法》的调整范围 ☐

我国的食品安全监管体制 ☐

2. （1）农家井水是《食品安全法》中所指的食品吗？自来水呢？为什么？

（2）一次性筷子生产经营、使用是否属于《食品安全法》的调整范围？

（3）在饭店吃饭发现饭中有虫子，最适合申诉的行政部门是什么？

解析：（1）农家井水不用于经营，井水质量问题不属于《食品安全法》调整范围，相反自来水是商品当然属于调整范围。

（2）一次性筷子是食品相关产品属于《食品安全法》调整范围。

（3）食品药品监督管理部门。

学习单元二　食品安全风险监测和评估制度

一、食品安全风险监测制度

《食品安全法》第11条　国家建立食品安全风险监测制度，对食源性疾病、食品污染以及食品中的有害因素进行监测。

国务院卫生行政部门会同国务院有关部门制定、实施国家食品安全风险监测计划。省、自治区、直辖市人民政府卫生行政部门根据国家食品安全风险监测计划，结合本行政区域的具体情况，组织制定、实施本行政区域的食品安全风险监测方案。

第12条　国务院农业行政、质量监督、工商行政管理和国家食品药品监督管理等有关部门获知有关食品安全风险信息后，应当立即向国务院卫生行政部门通报。国务院卫生行政部门会同有关部门对信息核实后，应当及时调整食品安全风险监测计划。

（一）食品安全风险监测的对象

食品安全风险监测的目的是早发现、早处理，早预防危害的扩大。食品安全风险监测的对象要具有可以监测性，即能够通过监测活动发现而不是需要通过专门的评估才能发现问题。我国食品安全风险监测的对象是对食源性疾病、食品污染以及食品中的有害因素。

1. 食源性疾病。食源性疾病是指由食品中的致病因素进入人体引起的感染性、中毒性等疾病。主要表现为食物中毒、肠道传染病、人畜共患传染病、寄生虫病以及化学性有毒有害物质所引起的疾病。食源性疾病的发病率居各类疾病总发病率的前列，俗语所说的"病从口入"就是指食源性疾病。

2. 食品污染。食品污染主要是指食品及其原料在生产、加工、运输、包装、贮存、销售、烹调等过程中，因农药、废水、污水，不当使用食品添加剂、使用食品原料或者添加剂以外的物质，病虫害和家畜疫病所引起的污染，以及霉菌毒素引起的食品霉变，运输、包装材料中有毒物质等对食品所造成的污染的总称。食品污染可分为生物性污染、化学性污染和物理性污染。

3. 食品中的有害因素。食品中可能存在的有害因素按来源可分为四类：食品污染物，如在生产、加工、贮存、运输、销售等过程中混入食品中的物质，细菌、病毒等生物性有害因素和放射性核素；不当使用的食品添加剂；食品中天然存在的有害物质，如大豆中存在的蛋白酶抑制剂；食品加工、保藏过程中产生的有害物质，如酿酒过程中产生的甲醇、杂醇油等有害成分。有害因素按性质可分为生物性因素、化学性因素和物理性因素三类。

可见，上述食源性疾病、食品污染和食品中的有害因素三个食品安全风险监测的方面的内容是相互交叉的，但是三者从不同角度对应当被监测的对象进行了概括就比较全面。

由于食品中可能存在有害因素的性质、作用各不相同，在食品中所允许的含量水平不同，进行食品安全风险监测的研究方法也大不相同。

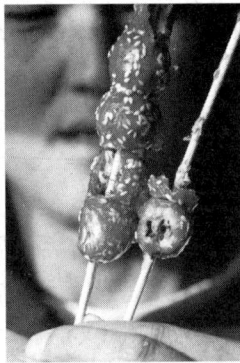

（二）食品安全风险监测的计划、方案

1. 食品安全风险监测计划。国家食品安全风险监测计划，由国务院卫生行政部门会同国务院质量监督、工商行政管理和国家食品药品监督管理以及国务院商务、工业和信息化等部门，根据食品安全风险评估、食品安全标准制定与修订、食品安全监督管理等工作的需要制定。

国务院卫生行政部门会同有关部门除依照《食品安全法》第12条的规定对国家食品安全风险监测计划作出调整外，必要时，还应当依据医疗机构报告的有关疾病信息调整国家食品安全风险监测计划。

2. 食品安全风险监测方案。省、自治区、直辖市人民政府卫生行政部门应当组织同级质量监督、工商行政管理、食品药品监督管理、商务、工业和信息化等部门，依照《食品安全法》第11条的规定，制定本行政区域的食品安全风险监测方案，报国务院卫生行政部门备案。国务院卫生行政部门应当将备案情况向国务院质量监督、工商行政管理和国家食品药品监督管理以及国务院商务、工业和信息化等部门通报。

国家食品安全风险监测计划作出调整后，省、自治区、直辖市人民政府卫生行政部门应当结合本行政区域的具体情况，对本行政区域的食品安全风险监测方案作出相应调整。

（三）食品安全风险监测的具体实施

医疗机构发现其接收的病人属于食源性疾病病人、食物中毒病人，或者疑似食源性疾病病人、疑似食物中毒病人的，应当及时向所在地县级人民政府卫生行政部门报告有关疾病信息。接到报告的卫生行政部门应当汇总、分析有关疾病信息，及时向本级人民政府报告，同时报告上级卫生行政部门；必要时，可以直接向国务院卫生行政部门报告，同时报告本级人民政府和上级卫生行政部门。

思考

请大家结合自己的生活和工作实际思考一下食品安全风险监测要发挥"早发现、早处理、早预防"的作用，还有什么好的制度措施应当引入？

食品安全风险监测工作由省级以上人民政府卫生行政部门会同同级质量监督、工商行政管理、食品药品监督管理等部门确定的技术机构承担。承担食品安全风险监测工作的技术机构应当根据食品安全风险监测计划和监测方案开展监测工作，保证监测数据真实、准确，并按照食品安全风险监测计划和监测方案的要求，将监测数据和分析结果报送省级以上人民政府卫生行政部门和下达监测任务的部门。食品安全风险监测工作人员采集样品、收集相关数据，可以进入相关食用农产品种植养殖、食品生产、食品流通或者餐饮服务场所。采集样品，应当按照市场价格支付费用。

（四）食品安全风险监测的结果处理

食品安全风险监测分析结果表明可能存在食品安全隐患的，省、自治区、直辖市人民政府卫生行政部门应当及时将相关信息通报本行政区域设区的市级和县级人民政府及其卫生行政部门。国务院卫生行政部门应当收集、汇总食品安全风险监测数据和分析结果，并向国务院质量监督、工商行政管理和国家食品药品监督管理以及国务院商务、工业和信息化等部门通报。省级以上人民政府卫生行政、农业行政部门应当及时相互通报食品安全风险监测和食用农产品质量安全风险监测的相关信息。

√ 提示

请尝试着回答以下几个问题，可以帮助你把握本单元的学习内容：食品安全风险监测的对象是什么？监测计划、方案是怎么制定的？具体通过哪些途径来监测？监测发现问题怎么办？

二、食品安全风险评估制度

《食品安全法》第 13 条　国家建立食品安全风险评估制度，对食品、食品添加剂中生物性、化学性和物理性危害进行风险评估。

国务院卫生行政部门负责组织食品安全风险评估工作，成立由医学、农业、食品、营养等方面的专家组成的食品安全风险评估专家委员会进行食品安全风险评估。

对农药、肥料、生长调节剂、兽药、饲料和饲料添加剂等的安全性评估，应当有食品安全风险评估专家委员会的专家参加。

食品安全风险评估应当运用科学方法，根据食品安全风险监测信息、科学数据以及其他有关信息进行。

第 14 条　国务院卫生行政部门通过食品安全风险监测或者接到举报发现食品可能存在安全隐患的，应当立即组织进行检验和食品安全风险评估。

第 15 条　国务院农业行政、质量监督、工商行政管理和国家食品药品监督管理等有关部门应当向国务院卫生行政部门提出食品安全风险评估的建议，并提供有关信息和资料。

国务院卫生行政部门应当及时向国务院有关部门通报食品安全风险评估的结果。

（一）食品安全风险评估的对象

1. 基本规定。食品安全风险评估的对象是食品、食品添加剂中生物性、化学性和物理性危害。由于食品安全法对评估对象规定的抽象性，国务院《食品安全法实施条例》第 12 条对其作出具体规定，便于执行。有下列情形之一的，国务院卫生行政部门应当组织食品安全风险评估工作：

（1）为制定或者修订食品安全国家标准提供科学依据需要进行风险评估的；

（2）为确定监督管理的重点领域、重点品种需要进行风险评估的；

（3）发现新的可能危害食品安全的因素的；

（4）需要判断某一因素是否构成食品安全隐患的；

（5）国务院卫生行政部门认为需要进行风险评估的其他情形。

> **思考**
>
> 食品安全风险监测与食品安全风险评估的分工是如何的？
>
> **提示**：监测的目的是及时发现问题及问题的苗头。评估的目的是对有争议的安全问题通过测验得到科学、权威的结论。

至于具体应当进行生物性、化学性和物理性危害中哪一种或者几种评估，则由评估机构决定。

2. 食品安全风险评估建议。国务院农业行政、质量监督、工商行政管理和国家食品药品监督管理等有关部门依照《食品安全法》第15条规定向国务院卫生行政部门提出食品安全风险评估建议，应当提供下列信息和资料：风险的来源和性质；相关检验数据和结论；风险涉及范围；其他有关信息和资料。

县级以上地方农业行政、质量监督、工商行政管理、食品药品监督管理等有关部门应当协助收集前款规定的食品安全风险评估信息和资料。

（二）食品安全风险评估的实施

国务院卫生行政部门负责组织食品安全风险评估工作，国务院其他部门认为需要进行食品安全评估的只能向国务院卫生行政部门提出建议。这样就保障了食品安全风险评估工作的统一进行。

食品安全风险评估的具体工作由医学、农业、食品、营养等方面的专家组成的食品安全风险评估专家委员会承担。主要职责是：承担国家食品安全风险评估工作，参与制订与食品安全风险评估相关的监测和评估计划，拟定国家食品安全风险评估的技术规则，解释食品安全风险评估结果，开展食品安全风险评估交流，并承担卫生部委托的其他风险评估相关任务。

农产品质量安全风险评估专家委员会是由

> **建议**
>
> 可查阅2009年11月24日《卫生部办公厅关于成立第一届国家食品安全风险评估专家委员会的通知》（卫办监督函〔2009〕1019号）。第一届风险评估专家委员会由42名专家组成。看看专家名单，增加实感。

国务院农业行政部门依据农产品质量安全法成立的。2007 年 5 月 17 日，农业部在北京成立了国家农产品质量安全风险评估专家委员会。对农药、肥料、生长调节剂、兽药、饲料和饲料添加剂等的安全性评估由农业部门负责组织，并且由国家农产品质量安全风险评估专家委员会评估。由于食用农产品是重要的食品原料，所以应当有食品安全风险评估专家委员会的专家参加。

食品安全风险评估应当运用科学方法，根据食品安全风险监测信息、科学数据以及其他有关信息进行。

实践一下！

请同学们通过卫生部网站等途径，查一下最新的一次食品安全风险评估的内容是什么。

（三）食品安全风险评估结果的应用

食品安全风险评估结果是制定、修订食品安全标准和对食品安全实施监督管理的科学依据。食品安全风险评估结果得出食品不安全结论的，国务院质量监督、工商行政管理和国家食品药品监督管理部门应当依据各自职责立即采取相应措施，确保该食品停止生产经营，并告知消费者停止食用；需要制定、修订相关食品安全国家标准的，国务院卫生行政部门应当立即制定、修订。国务院卫生行政部门应当会同国务院有关部门，根据食品安全风险评估结果、食品安全监督管理信息，对食品安全状况进行综合分析。对经综合分析表明可能具有较高程度安全风险的食品，国务院卫生行政部门应当及时提出食品安全风险警示，并予以公布。

国务院卫生行政、农业行政部门应当及时相互通报食品安全风险评估结果和食用农产品质量安全风险评估结果等相关信息。

我要复习!

看到这里，我们来复习一下。

1. 你一定要知道的（如果已掌握请打钩）：

食品安全风险监测的对象和主体 ☐

食品安全风险评估的对象、组织主体和实施主体 ☐

食品安全风险评估结果如何应用 ☐

2. （　　）是制定、修订食品安全标准和对食品安全实施监督管理的科学依据。

A. 食品安全风险方案　　　　　B. 食品安全风险评估结果

C. 食品安全风险评估制度　　　D. 食品安全风险计划

3. 国务院卫生行政部门应当组织食品安全风险评估工作的情形有（　　）。

A. 为制定或者修订食品安全国家标准提供科学依据需要进行风险评估的

B. 为确定监督管理的重点领域、重点品种需要进行风险评估的

C. 发现新的可能危害食品安全的因素的

D. 需要判断某一因素是否构成食品安全隐患的

4. 国家建立食品安全风险监测制度，对（　　）进行监测。

A. 食源性疾病

B. 人群健康状况

C. 食品污染

D. 食品中的有害因素

5. 食品安全风险评估专家委员会一般包括（　　）方面的专家。

A. 医学　　　　　　　　　　B. 农业

C. 食品　　　　　　　　　　D. 营养

6. 国家建立食品安全风险评估制度，对食品、食品添加剂中（　　）危害进行风险评估。

A. 物理性　　　　　　　　　B. 化学性

C. 致病性　　　　　　　　　D. 生物性

答案：2. B（参见《食品安全法》第 16 条）。3. ABCD（参见《食品安全法实施条例》第 12 条）。4. ACD（参见《食品安全法》第 11 条）。5. ABCD（参见《食品安全法》第 13 条）。6. ABD（参见《食品安全法》第 13 条）。

> √ **提示**
>
> 因为食品工业发展迅速，食品安全监管也相应地处于动态完善过程中，学习也要保持一个发展的思维。建议在学习之余或者日常生活当中需要时，多浏览卫生、质监、工商、食药等监管部门的网站，会使获得新的知识。

学习单元三　食品安全标准制度

一、食品安全标准制定的宗旨与内容

> 《食品安全法》第18条　制定食品安全标准，应当以保障公众身体健康为宗旨，做到科学合理、安全可靠。
>
> 第19条　食品安全标准是强制执行的标准。除食品安全标准外，不得制定其他的食品强制性标准。
>
> 第22条第1款　国务院卫生行政部门应当对现行的食用农产品质量安全标准、食品卫生标准、食品质量标准和有关食品的行业标准中强制执行的标准予以整合，统一公布为食品安全国家标准。

（一）食品安全标准制定概述

1. 食品安全标准的概念和特点。食品安全标准是指为了保证食品安全，对食品生产经营过程中影响食品安全的各种要素以及各关键环节所规定的统一技术要求。

食品安全标准具有强制性、统一性的特点。标准根据是否具有强制性，分为强制性标准和推荐性标准。根据《产品质量法》的规定，保障人体健康，人

身、财产安全的标准和法律、行政法规规定强制执行的标准是强制性标准，其他标准是推荐性标准。强制性标准，必须执行，不符合强制性标准的产品，禁止生产、销售和进口。推荐性标准，国家鼓励企业自愿采用。

为了解决一种食品同时有食品卫生标准、食品质量标准以及食用农产品质量安全标准等多套标准的问题，从制度上确保食品安全标准的统一，在明确规定食品安全国家标准由国务院卫生行政部门负责制定、公布的基础上，进一步规定，除食品安全标准外，不得制定其他的食品强制性标准，这样就解决了标准的统一问题。

2. 制定食品安全标准的宗旨和准则。制定食品安全标准的宗旨是保障公众身体健康。制定食品安全标准的过程应当遵循科学合理、安全可靠的准则。

科学合理就是要加强标准的基础性研究，如某些有毒有害物质，农药残留、重金属限量等方面跟踪统计数据等。提高食品安全标准的科学性还要创新标准制定工作机制。要提高标准制定工作的透明度和公众的参与程度，吸收有条件的社团、企业和专家参加标准的制定、修订工作，对于重要标准要充分听取社会各方面的意见。

安全可靠就要求解决我国的食品安全标准总体水平偏低、安全性不高的问题，比如，我国某些标准的限量指标与国际标准中的限量指标相比差距较大，指标水平偏低，甚至某些重要领域至今尚未制定国家标准。因此，要根据我国目前的膳食、地理、环境、加工等影响因素和相关监测数据，在进行食品安全风险评估的基础上及时更新和补充食品相关标准，完善我国的食品安全标准体系。同时，要借鉴国际经验，加强对国际标准和国外先进标准的跟踪、研究。

（二）食品安全标准的内容

食品安全标准应当包括下列内容：

1. 食品、食品相关产品中的致病性微生物、农药残留、兽药残留、重金属、污染物质以及其他危害人体健康物质的限量规定；

2. 食品添加剂的品种、使用范围、用量；

3. 专供婴幼儿和其他特定人群的主辅食品的营养成分要求；

4. 对与食品安全、营养有关的标签、标识、说明书的要求；

5. 食品生产经营过程的卫生要求；

6. 与食品安全有关的质量要求；

7. 食品检验方法与规程；

8. 其他需要制定为食品安全标准的内容。

> ？　**知识扩展**
>
> 　　食品安全标准的内容中有一些专门名词，比如，致病性微生物、重金属、食品添加剂、特定人群的食品等，可以进一步上网查阅增加知识储备也加深对法条的了解，更为重要的是有助于自己在今后的生活中维护自身的食品安全权益。

二、食品安全标准的体系与相应的制定主体

不同食品安全标准的法律地位实际上也取决于制定的主体，下面以食品安全标准的制定主体来分类。

（一）食品安全国家标准的制定主体和程序

> 《食品安全法》第21条　食品安全国家标准由国务院卫生行政部门负责制定、公布，国务院标准化行政部门提供国家标准编号。
>
> 　　食品中农药残留、兽药残留的限量规定及其检验方法与规程由国务院卫生行政部门、国务院农业行政部门制定。
>
> 　　屠宰畜、禽的检验规程由国务院有关主管部门会同国务院卫生行政部门制定。
>
> 　　有关产品国家标准涉及食品安全国家标准规定内容的，应当与食品安全国家标准相一致。
>
> 　　第22条第2款　本法规定的食品安全国家标准公布前，食品生产经营者应当按照现行食用农产品质量安全标准、食品卫生标准、食品质量标准和有关食品的行业标准生产经营食品。
>
> 　　第23条　食品安全国家标准应当经食品安全国家标准审评委员会审查通过。食品安全国家标准审评委员会由医学、农业、食品、营养等方面的专家以及国务院有关部门的代表组成。
>
> 　　制定食品安全国家标准，应当依据食品安全风险评估结果并允分考虑食用农产品质量安全风险评估结果，参照相关的国际标准和国际食品安全风险评估结果，并广泛听取食品生产经营者和消费者的意见。
>
> 　　第26条　食品安全标准应当供公众免费查阅。

1. 制定的主体。国务院卫生行政部门。食品安全国家标准由国务院卫生行政部门负责制定、公布，国务院标准化行政部门提供国家标准编号。《食品安全法》改变了以往食品卫生国家标准由国务院标准化行政部门和国务院卫生行政部门联合发布的公布方式，更有利于食品安全国家标准的及时发布和责任主体的明确。为了保证国家标准编号的统一和连续，食品安全国家标准的编号仍然由国务院标准化行政部门负责提供。

国务院卫生行政部门联合农业行政部门。食品中农药残留、兽药残留的限量规定及其检验方法与规程由国务院卫生行政部门、国务院农业行政部门制定。食品中的农药和兽药残留，涉及食用农产品生产环节对农药和兽药的控制。国务院卫生行政部门、国务院农业行政部门应当按照各自职责，根据食品安全法和国务院的有关规定制定相关标准，对食品中农药残留、兽药残留的限量及其检验方法与规程作出规定。

国务院有关主管部门和国务院卫生行政部门。屠宰畜、禽的检验规程由国务院有关主管部门会同国务院卫生行政部门制定。除国务院卫生行政部门外，生猪、牛、羊等畜禽的屠宰管理还会涉及国务院商务主管部门、农业行政部门等多个部门的职责。国务院有关主管部门应当按照各自职责，根据食品安全法和国务院的有关规定，会同国务院卫生行政部门做好屠宰畜、禽检验规程的制定工作。

食品安全国家标准审评委员会。食品安全国家标准的制定除了由上述主管部门负责制定、公布以外，制定过程中还应当经食品安全国家标准审评委员会审查通过。食品安全国家标准审评委员会由医学、农业、食品、营养等方面的专家以及国务院有关部门的代表组成。制定食品安全国家标准，应当依据食品安全风险评估结果并充分考虑食用农产品质量安全风险评估结果，参照相关的国际标准和国际食品安全风险评估结果，并广泛听取食品生产经营者和消费者的意见。2010 年 1 月 19 日《卫生部关于成立第一届食品安全国家标准审评委员会的通知》（卫监督发〔2010〕6 号）第一届审评委员会由 350 名委员和 20 个单位委员组成。主要职责：审评食品安全国家标准，提出实施食品安全国家标准的建议，对食品安全国家标准的重大问题提供咨询，承担食品安全标准其他工作。委员会下设 10 个专业分委员会。

2. 制定的基本程序。国务院卫生行政部门会同国务院农业行政、质量监督、工商行政管理和国家食品药品监督管理以及国务院商务、工业和信息化等部门制定食品安全国家标准规划及其实施计划。制定食品安全国家标准规划及其实施计划，应当公开征求意见。

国务院卫生行政部门应当选择具备相应技术能力的单位起草食品安全国家标准草案。提倡由研究机构、教育机构、学术团体、行业协会等单位，共同起草食品安全国家标准草案。国务院卫生行政部门应当将食品安全国家标准

> **思考**
>
> 我们知道食品安全标准有一定的稳定性，那么会不会存在这样一种情况：某食品符合当前的国家食品安全标准，但是却造成了食用者损害，这时候食品的生产经营者是否要承担责任呢？
>
> **提示**：可以从"产品责任"构成来思考。

草案向社会公布，公开征求意见。

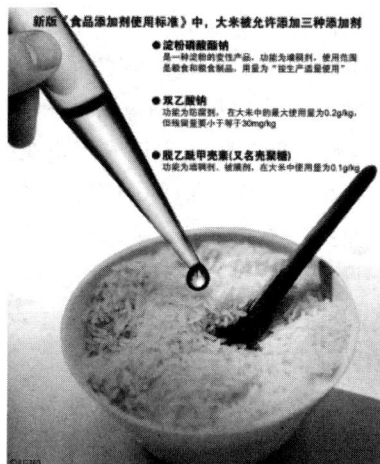

新版《食品添加剂使用标准》中，大米被允许添加三种添加剂
- **淀粉磷酸酯钠**
  是一种淀粉的变性产品，功能为增稠剂，使用范围是糊化食和糊食制品，用量为"按生产需要适量使用"
- **双乙酸钠**
  功能为防腐剂，在大米中的最大使用量为0.2g/kg，但残留量应小于等于每千克30mg/kg
- **脱乙酰甲壳素（又名壳聚糖）**
  功能为增稠剂、被膜剂，在大米中使用量为0.1g/kg

（二）地方和企业层面的食品安全标准

> 《食品安全法》第24条　没有食品安全国家标准的，可以制定食品安全地方标准。
>
> 省、自治区、直辖市人民政府卫生行政部门组织制定食品安全地方标准，应当参照执行本法有关食品安全国家标准制定的规定，并报国务院卫生行政部门备案。
>
> 第25条　企业生产的食品没有食品安全国家标准或者地方标准的，应当制定企业标准，作为组织生产的依据。国家鼓励食品生产企业制定严于食品安全国家标准或者地方标准的企业标准。企业标准应当报省级卫生行政部门备案，在本企业内部适用。

1. 食品安全地方标准由省级卫生行政部门制定。没有食品安全国家标准的情形主要有以下两种：一是需要制定相应的国家标准，但由于技术要求或者制定程序等原因，尚未制定国家标准。二是对一些地方特色食品，由于其生产、流通、食用限制在一定区域范围内，尚不需要制定国家标准。对于这些尚无必要制定食品安全国家标准，又需要在一定区域范围内统一食品安全要求的，可以制定食品安全地方标准，在该区域内统一公布、适用。

注意，只有省、自治区、直辖市人民政府卫生行政部门才能组织制定食品安全地方标准，低于省级的卫生行政部门不能制定，省级的其他食品安全管理有关的部门也不能制定。

制定食品安全地方标准的程序应当参照执行本法有关食品安全国家标准制

定程序和要求。食品安全地方标准制定出来以后还需要报国务院卫生行政部门备案。具体而言，负责制定食品安全地方标准的省级卫生行政部门，在规定的时间内，按规定的要求，向国务院卫生行政部门备案；受理备案的国务院卫生行政部门有权对与相关法律、行政法规、国家标准相抵触的地方标准提出修改建议，责令备案的省级卫生行政部门限期改正或停止执行。

2. 食品安全企业标准。根据有无相应的国家标准或者地方标准，食品安全企业标准可以分为以下两种：一是企业生产的食品没有食品安全国家标准或者地方标准的，应当制定企业标准，这是法律的强制性要求。二是已有食品国家标准或者地方标准的，企业可以制定严于食品安全国家标准或者地方标准的企业标准。国家对此采取鼓励而非强制的态度。

没有食品安全国家标准或者地方标准的，企业标准是该企业组织生产的依据，在企业内部适用。企业在进行食品生产时，应当严格遵循食品安全企业标准的规定，按照该标准组织生产、进行检验，保障其生产的食品的安全。经检验符合标准的，由企业质量检验部门签发合格证书。企业还应当在其食品包装上注明所执行标准的代号、编号、名称。

无论是由于没有相应的食品安全国家标准或者地方标准而制定的食品安全企业标准，还是自行制定的严于国家标准或者地方标准的食品安全企业标准，都应当报省级卫生行政部门备案。省级卫生行政部门收到企业食品安全标准的备案材料后即予以登记。如果发现备案的企业食品安全标准违反有关法律、法规或者低于国家强制性标准或地方标准时，卫生行政部门应当责令申报备案的企业限期改正、停止执行。备案后的食品安全企业标准，是企业组织生产的依据，也是合同交货和仲裁、监督部门进行监督检验的依据。

我要复习！

现在我们来回顾一下食品安全标准方面的法律规定。

1. 你一定要知道的（如果已掌握请打钩）：

食品安全标准的宗旨、基本要求、特点和主要内容 ☐

制定食品安全国家标准的基本体制：组织主体、实施主体、参与主体及其各自职责 ☐

食品安全地方标准和企业标准的制定、备案和效力 ☐

2. 食品安全国家标准由（   ）制定、公布，国务院标准化行政部门提供国家标准编号。

A. 国务院食品安全委员会　　　　B. 国务院卫生行政部门

C. 国家质检总局　　　　　　　　D. 国务院标准化行政部

3. 食品安全标准的性质是（　　　）。

A. 鼓励性标准　　　　　　　　　B. 引导性标准

C. 强制性标准　　　　　　　　　D. 自愿性标准

4. 公众查阅食品安全国家标准时，可以（　　　）。

A. 付费查阅　　　　　　　　　　B. 免费查阅

C. 付费查阅，但应予优惠　　　　D. 付费查阅，但收费价格可协商

5. 省、自治区、直辖市人民政府卫生行政部门组织制定食品安全地方标准，应当参照执行《食品安全法》有关食品安全国家标准制定的规定，并报（　　　）备案。

A. 国务院法制办　　　　　　　　B. 国务院卫生行政部门

C. 全国人大法工委　　　　　　　D. 全国人大常委会

6. 企业生产的食品没有食品安全国家标准或者地方标准的，应当制定（　　　）。

A. 行业标准　　　　　　　　　　B. 企业标准

C. 特殊标准　　　　　　　　　　D. 卫生标准

7. 食品企业标准在本企业内部适用，受理其备案的部门是（　　　）。

A. 省级质量监督部门　　　　　　B. 省级工商行政管理部门

C. 省级卫生行政部门　　　　　　D. 省级食品药品监督管理部门

答案：2. B；3. C；4. B；5. B；6. B；7. C（参见《食品安全法》第21条、第19条、第26条、第24条、第25条）。

学习单元四　食品生产经营制度

一、食品生产经营准入制度

《食品安全法》第29条　国家对食品生产经营实行许可制度。从事食品生产、食品流通、餐饮服务，应当依法取得食品生产许可、食品流通许可、餐饮服务许可。

取得食品生产许可的食品生产者在其生产场所销售其生产的食品，不需

要取得食品流通的许可；取得餐饮服务许可的餐饮服务提供者在其餐饮服务场所出售其制作加工的食品，不需要取得食品生产和流通的许可；农民个人销售其自产的食用农产品，不需要取得食品流通的许可。

食品生产加工小作坊和食品摊贩从事食品生产经营活动，应当符合本法规定的与其生产经营规模、条件相适应的食品安全要求，保证所生产经营的食品卫生、无毒、无害，有关部门应当对其加强监督管理，具体管理办法由省、自治区、直辖市人民代表大会常务委员会依照本法制定。

第30条　县级以上地方人民政府鼓励食品生产加工小作坊改进生产条件；鼓励食品摊贩进入集中交易市场、店铺等固定场所经营。

第31条　县级以上质量监督、工商行政管理、食品药品监督管理部门应当依照《中华人民共和国行政许可法》的规定，审核申请人提交的本法第27条第1～4项规定要求的相关资料，必要时对申请人的生产经营场所进行现场核查；对符合规定条件的，决定准予许可；对不符合规定条件的，决定不予许可并书面说明理由。

（一）一般规定

国家对食品生产经营实行许可制度，经营者如果要从事食品经营活动，必须要取得相关主管部门的行政许可，没有取得食品生产许可证属于无证经营，是违法行为。

1. 食品生产经营许可证的取得。《食品安全法》要求主管部门在进行审核、许可时应当依照《中华人民共和国行政许可法》的规定，审核时既审阅申请资料，必要时又要对申请人的生产经营场所进行现场核查；对符合规定条件的，决定准予许可；对不符合规定条件的，决定不予许可并书面说明理由。投资者开展食品生产经营的程序应遵循"先许可后发执照"的原则。《食品安全法实施条例》第20条规定,设立食品生产企业,应当预先核准企业名称,依照食品安全法的规定取得食品生产许可后,办理工商登记。其他食品生产经营者应当在依法取得相应的食品生产许可、食品流通许可、餐饮服务许可后,办理工商登记。根据我国的食品安全监管体制,食品生产许可、食品流通许可、餐饮服务许可分别由县级以上的质监部门、工商行政管理部门、食品药品监督管理部门审核、许可。

👍 **建议**

学习完本部分以后,有兴趣的同学还可以查找相关的规章制度来拓展一下自己的知识深度。例如国家质量监督检验检疫总局《关于食品生产许可证编号和证书管理的通知》(国质检监函〔2005〕711号)、《食品生产许可管理办法》(国家质量监督检验检疫总局令第129号);国家工商行政管理总局《食品流通许可证管理办法》(国家工商行政管理总局令第44号);卫生部《餐饮服务许可管理办法》(卫生部令第70号)。

❓ **小任务**

为什么《餐饮服务许可管理办法》是卫生部发布的呢?餐饮服务监督管理职责不是由国家食品药品监督管理局承担吗?

建议以这个任务为线索查找一下与食品安全监督有关的部门的"级别"如何,并进一步思考我国的监督体制及其存在的问题。

2. 食品生产经营许可实施的监管。《食品安全法实施条例》规定食品生产许可、食品流通许可和餐饮服务许可的有效期为3年,过期之前应当及时申请办理许可证的延续。许可证登记的事项发生变动的,也应当及时变更。

为保证已经取得食品生产经营许可证的企业守法经营,《食品安全法实施条例》规定,食品生产经营者的生产经营条件发生变化,不符合食品生产经营要求的,食品生产经营者应当立即采取整改措施;有发生食品

安全事故的潜在风险的，应当立即停止食品生产经营活动，并向所在地县级质量监督、工商行政管理或者食品药品监督管理部门报告；需要重新办理许可手续的，应当依法办理。而县级以上质量监督、工商行政管理、食品药品监督管理部门应当加强对食品生产经营者生产经营活动的日常监督检查；发现不符合食品生产经营要求情形的，应当责令立即纠正，并依法予以处理；不再符合生产经营许可条件的，应当依法撤销相关许可。

（二）特别的规定

1. 食品生产经营许可证之间的相互吸收。取得食品生产许可的食品生产者在其生产场所销售其生产的食品，不需要取得食品流通的许可；取得餐饮服务许可的餐饮服务提供者在其餐饮服务场所出售其制作加工的食品，不需要取得食品生产和流通的许可。

2. 不需要取得食品生产经营许可证的情形。目前我国食品生产经营许可制度主要是针对工业化、企业化（包括个体工商户）生产经营活动，对于农民个人销售其自产的食用农产品，则不需要取得食品生产经营的许可。《食品安全法》第29条、第30条同时对于食品生产加工小作坊和食品摊贩从事食品生产经营活动提出了基本要求并授权地方立法规定，要求县级以上地方人民政府鼓励食品生产加工小作坊改进生产条件；鼓励食品摊贩进入集中交易市场、店铺等固定场所经营。

二、食品生产经营的基本要求

《食品安全法》第27条 食品生产经营应当符合食品安全标准，并符合下列要求：①具有与生产经营的食品品种、数量相适应的食品原料处理和食品加工、包装、贮存等场所，保持该场所环境整洁，并与有毒、有害场所以及其他污染源保持规定的距离；②具有与生产经营的食品品种、数量相适应的生产经营设备或者设施，有相应的消毒、更衣、盥洗、采光、照明、通

风、防腐、防尘、防蝇、防鼠、防虫、洗涤以及处理废水、存放垃圾和废弃物的设备或者设施；③有食品安全专业技术人员、管理人员和保证食品安全的规章制度；④具有合理的设备布局和工艺流程，防止待加工食品与直接入口食品、原料与成品交叉污染，避免食品接触有毒物、不洁物；⑤餐具、饮具和盛放直接入口食品的容器，使用前应当洗净、消毒，炊具、用具用后应当洗净，保持清洁；⑥贮存、运输和装卸食品的容器、工具和设备应当安全、无害，保持清洁，防止食品污染，并符合保证食品安全所需的温度等特殊要求，不得将食品与有毒、有害物品一同运输；⑦直接入口的食品应当有小包装或者使用无毒、清洁的包装材料、餐具；⑧食品生产经营人员应当保持个人卫生，生产经营食品时，应当将手洗净，穿戴清洁的工作衣、帽；销售无包装的直接入口食品时，应当使用无毒、清洁的售货工具；⑨用水应当符合国家规定的生活饮用水卫生标准；⑩使用的洗涤剂、消毒剂应当对人体安全、无害；⑪法律、法规规定的其他要求。

以上的详细列举，一方面是方便食品生产经营者和公众的了解，另一方面这些也恰恰是当前部分食品生产经营企业经常存在的问题，需要监管部门在食品生产经营许可审核和日常监管中加以重视。

三、禁止生产经营的食品

《食品安全法》第28条　禁止生产经营下列食品：①用非食品原料生产的食品或者添加食品添加剂以外的化学物质和其他可能危害人体健康物质的食品，或者用回收食品作为原料生产的食品；②致病性微生物、农药残留、兽药残留、重金属、污染物质以及其他危害人体健康的物质含量超过食品安全标准限量的食品；③营养成分不符合食品安全标准的专供婴幼儿和其他特定人群的主辅食品；④腐败变质、油脂酸败、霉变生虫、污秽不洁、混有异物、掺假掺杂或者感官性状异常的食品；⑤病死、毒死或者死因不明的禽、畜、兽、水产动物肉类及其制品；⑥未经动物卫生监督机构检疫或者检疫不合格的肉类，或者未经检验或者检验不合格的肉类制品；⑦被包装材料、容器、运输工具等污染的食品；⑧超过保质期的食品；⑨无标签的预包装食品；⑩国家为防病等特殊需要明令禁止生产经营的食品；⑪其他不符合食品安全标准或者要求的食品。

上述规定中，"致病性微生物"、"农药残留"、"重金属"等专业术语，建议有兴趣的同学课后自行"百度"一下。

四、食品生产经营管理制度

食品生产经营企业应当建立健全本单位的食品安全管理制度，加强对职工食品安全知识的培训，配备专职或者兼职食品安全管理人员，做好对所生产经营食品的检验工作，依法从事食品生产经营活动。

1. 建立生产规范制度。

《食品安全法》第32条　食品生产经营企业应当建立健全本单位的食品安全管理制度，加强对职工食品安全知识的培训，配备专职或者兼职食品安全管理人员，做好对所生产经营食品的检验工作，依法从事食品生产经营活动。

第33条　国家鼓励食品生产经营企业符合良好生产规范要求，实施危害分析与关键控制点体系，提高食品安全管理水平。

对通过良好生产规范、危害分析与关键控制点体系认证的食品生产经营企业，认证机构应当依法实施跟踪调查；对不再符合认证要求的企业，应当依法撤销认证，及时向有关质量监督、工商行政管理、食品药品监督管理部门通报，并向社会公布。认证机构实施跟踪调查不收取任何费用。

第35条　食用农产品生产者应当依照食品安全标准和国家有关规定使用农药、肥料、生长调节剂、兽药、饲料和饲料添加剂等农业投入品。食用农产品的生产企业和农民专业合作经济组织应当建立食用农产品生产记录制度。

县级以上农业行政部门应当加强对农业投入品使用的管理和指导，建立健全农业投入品的安全使用制度。

国家鼓励食品生产经营企业符合良好生产规范要求，实施危害分析与关键控制点体系，提高食品安全管理水平。对通过良好生产规范、危害分析与关键控制点体系认证的食品生产经营企业，认证机构应当依法实施跟踪调查；对不再符合认证要求的企业，应当依法撤销认证，及时向有关质量监督、工商行政管理、食品药品监督管理部门通报，并向社会公布。认证机构实施跟踪调查不收取任何费用。

《食品安全法实施条例》规定，食品生产企业应当就下列事项制定并实施控制要求，保证出厂的食品符合食品安全标准：①原料采购、原料验收、投料等原料控制；②生产工序、设备、贮存、包装等生产关键环节控制；③原料检验、半成品检验、成品出厂检验等检验控制；④运输、交付控制。食品生产过程中有不符合控制要求情形的，食品生产企业应当立即查明原因并采取整改措施。食用农产品生产者应当依照食品安全标准和国家有关规定使用农药、肥料、生长调节剂、兽药、饲料和饲料添加剂等农业投入品。食用农产品的生产企业和农民专业合作经济组织应当建立食用农产品生产记录制度。县级以上农业行政部门应当加强对农业投入品使用的管理和指导，建立健全农业投入品的安全使用制度。

2. 食品生产经营人员健康管理制度。

> 《食品安全法》第34条　食品生产经营者应当建立并执行从业人员健康管理制度。患有痢疾、伤寒、病毒性肝炎等消化道传染病的人员，以及患有活动性肺结核、化脓性或者渗出性皮肤病等有碍食品安全的疾病的人员，不得从事接触直接入口食品的工作。
>
> 食品生产经营人员每年应当进行健康检查，取得健康证明后方可参加工作。

食品生产经营者应当建立并执行从业人员健康管理制度。患有痢疾、伤寒、病毒性肝炎等消化道传染病的人员，以及患有活动性肺结核、化脓性或者渗出性皮肤病等有碍食品安全的疾病的人员，不得从事接触直接入口食品的工作。

食品生产经营人员每年应当进行健康检查，取得健康证明后方可参加工作。

《食品安全法实施条例》规定，食品生产经营者应当依照《食品安全法》第34条的规定建立并执行从业人员健康检查制度和健康档案制度。从事接触直接入口食品工作的人员患有痢疾、伤寒、甲型病毒性肝炎、戊型病毒性肝炎等消化道传染病，以及患有活动性肺结核、化脓性或者渗出性皮肤病等有碍食品安全的疾病的，食品生产经营者应当将其调整到其他不影响食品安全的工作岗位。食品生产经营人员依照《食品安全法》第34条第2款的规定进行健康检查，其检查项目等事项应当符合所在地省、自治区、直辖市的规定。

3. 食品生产过程中的原料采购和产品出厂制度。

《食品安全法》第36条 食品生产者采购食品原料、食品添加剂、食品相关产品，应当查验供货者的许可证和产品合格证明文件；对无法提供合格证明文件的食品原料，应当依照食品安全标准进行检验；不得采购或者使用不符合食品安全标准的食品原料、食品添加剂、食品相关产品。

食品生产企业应当建立食品原料、食品添加剂、食品相关产品进货查验记录制度，如实记录食品原料、食品添加剂、食品相关产品的名称、规格、数量、供货者名称及联系方式、进货日期等内容。

食品原料、食品添加剂、食品相关产品进货查验记录应当真实，保存期限不得少于2年。

第37条 食品生产企业应当建立食品出厂检验记录制度，查验出厂食品的检验合格证和安全状况，并如实记录食品的名称、规格、数量、生产日期、生产批号、检验合格证号、购货者名称及联系方式、销售日期等内容。

食品出厂检验记录应当真实，保存期限不得少于2年。

第38条 食品、食品添加剂和食品相关产品的生产者，应当依照食品安全标准对所生产的食品、食品添加剂和食品相关产品进行检验，检验合格后方可出厂或者销售。

4. 食品经营者的进货查验和贮存制度。

《食品安全法》第 39 条　食品经营者采购食品，应当查验供货者的许可证和食品合格的证明文件。

食品经营企业应当建立食品进货查验记录制度，如实记录食品的名称、规格、数量、生产批号、保质期、供货者名称及联系方式、进货日期等内容。

食品进货查验记录应当真实，保存期限不得少于 2 年。

实行统一配送经营方式的食品经营企业，可以由企业总部统一查验供货者的许可证和食品合格的证明文件，进行食品进货查验记录。

第 40 条　食品经营者应当按照保证食品安全的要求贮存食品，定期检查库存食品，及时清理变质或者超过保质期的食品。

第 41 条　食品经营者贮存散装食品，应当在贮存位置标明食品的名称、生产日期、保质期、生产者名称及联系方式等内容。

食品经营者销售散装食品，应当在散装食品的容器、外包装上标明食品的名称、生产日期、保质期、生产经营者名称及联系方式等内容。

5. 食品标识制度。

《食品安全法》第 42 条　预包装食品的包装上应当有标签。标签应当标明下列事项：①名称、规格、净含量、生产日期；②成分或者配料表；③生产者的名称、地址、联系方式；④保质期；⑤产品标准代号；⑥贮存条件；⑦所使用的食品添加剂在国家标准中的通用名称；⑧生产许可证编号；⑨法律、法规或者食品安全标准规定必须标明的其他事项。

> 专供婴幼儿和其他特定人群的主辅食品，其标签还应当标明主要营养成分及其含量。
>
> 第48条　食品和食品添加剂的标签、说明书，不得含有虚假、夸大的内容，不得涉及疾病预防、治疗功能。生产者对标签、说明书上所载明的内容负责。
>
> 食品和食品添加剂的标签、说明书应当清楚、明显，容易辨识。
>
> 食品和食品添加剂与其标签、说明书所载明的内容不符的，不得上市销售。

食品和食品添加剂的标签、说明书，不得含有虚假、夸大的内容，不得涉及疾病预防、治疗功能。生产者对标签、说明书上所载明的内容负责。食品和食品添加剂的标签、说明书应当清楚、明显，容易辨识。食品和食品添加剂与其标签、说明书所载明的内容不符的，不得上市销售。食品经营者应当按照食品标签标示的警示标志、警示说明或者注意事项的要求，销售预包装食品。

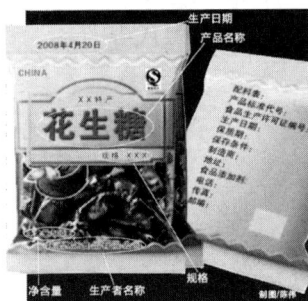

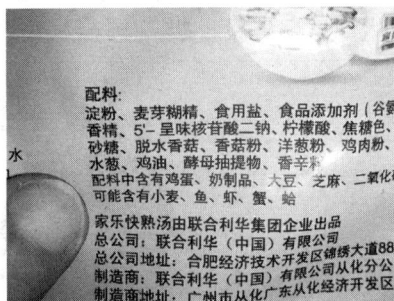

> ✓　提示
>
> 你有没有想起《产品质量法》对产品标识的要求？请比较一下，看看《食品安全法》的规定有什么改进之处。

6. 保健食品管理制度。

> 《食品安全法》第50条　生产经营的食品中不得添加药品，但是可以添加按照传统既是食品又是中药材的物质。按照传统既是食品又是中药材的物质的目录由国务院卫生行政部门制定、公布。
>
> 第51条　国家对声称具有特定保健功能的食品实行严格监管。有关监督管理部门应当依法履职，承担责任。具体管理办法由国务院规定。

声称具有特定保健功能的食品不得对人体产生急性、亚急性或者慢性危害，其标签、说明书不得涉及疾病预防、治疗功能，内容必须真实，应当载明适宜人群、不适宜人群、功效成分或者标志性成分及其含量等；产品的功能和成分必须与标签、说明书相一致。

在国务院保健食品监督管理条例出台以前，2011年10月18日，国务院食品安全委员会办公室印发了《关于进一步加强保健食品质量安全监管工作的通知》（食安办〔2011〕37号）。2011年12月13日，国家食品药品监督管理局印发了《关于贯彻落实国务院食品安全委员会办公室〈关于进一步加强保健食品质量安全监管工作的通知〉的通知》（国食药监办〔2011〕492号）。

7. 食品经营相关的管理制度。

《食品安全法》第52条　集中交易市场的开办者、柜台出租者和展销会举办者，应当审查入场食品经营者的许可证，明确入场食品经营者的食品安全管理责任，定期对入场食品经营者的经营环境和条件进行检查，发现食品经营者有违反本法规定的行为的，应当及时制止并立即报告所在地县级工商行政管理部门或者食品药品监督管理部门。

集中交易市场的开办者、柜台出租者和展销会举办者未履行前款规定义务，本市场发生食品安全事故的，应当承担连带责任。

8. 食品广告管理制度。

《食品安全法》第54条　食品广告的内容应当真实合法，不得含有虚假、夸大的内容，不得涉及疾病预防、治疗功能。

食品安全监督管理部门或者承担食品检验职责的机构、食品行业协会、消费者协会不得以广告或者其他形式向消费者推荐食品。

第55条　社会团体或者其他组织、个人在虚假广告中向消费者推荐食品，使消费者的合法权益受到损害的，与食品生产经营者承担连带责任。

五、食品添加剂管理制度

食品添加剂，是指为改善食品品质和色、香、味以及为防腐、保鲜和加工工艺的需要而加入食品中的人工合成或者天然物质。

1. 食品添加剂的生产实行许可制度。

《食品安全法》第43条　国家对食品添加剂的生产实行许可制度。申请食品添加剂生产许可的条件、程序，按照国家有关工业产品生产许可证管理的规定执行。

第44条　申请利用新的食品原料从事食品生产或者从事食品添加剂新品种、食品相关产品新品种生产活动的单位或者个人，应当向国务院卫生行政部门提交相关产品的安全性评估材料。国务院卫生行政部门应当自收到申请之日起60日内组织对相关产品的安全性评估材料进行审查；对符合食品安全要求的，依法决定准予许可并予以公布；对不符合食品安全要求的，决定不予许可并书面说明理由。

第45条　食品添加剂应当在技术上确有必要且经过风险评估证明安全可靠，方可列入允许使用的范围。国务院卫生行政部门应当根据技术必要性和食品安全风险评估结果，及时对食品添加剂的品种、使用范围、用量的标准进行修订。

2. 食品添加剂的使用制度。

第46条　食品生产者应当依照食品安全标准关于食品添加剂的品种、使用范围、用量的规定使用食品添加剂；不得在食品生产中使用食品添加剂以外的化学物质和其他可能危害人体健康的物质。

　　第47条　食品添加剂应当有标签、说明书和包装。标签、说明书应当载明本法第42条第1款第1~6项、第8项、第9项规定的事项，以及食品添加剂的使用范围、用量、使用方法，并在标签上载明"食品添加剂"字样。

六、食品召回制度

　　《食品安全法》第53条　国家建立食品召回制度。食品生产者发现其生产的食品不符合食品安全标准，应当立即停止生产，召回已经上市销售的食品，通知相关生产经营者和消费者，并记录召回和通知情况。

　　食品经营者发现其经营的食品不符合食品安全标准，应当立即停止经营，通知相关生产经营者和消费者，并记录停止经营和通知情况。食品生产者认为应当召回的，应当立即召回。

　　食品生产者应当对召回的食品采取补救、无害化处理、销毁等措施，并将食品召回和处理情况向县级以上质量监督部门报告。

　　食品生产经营者未依照本条规定召回或者停止经营不符合食品安全标准的食品的，县级以上质量监督、工商行政管理、食品药品监督管理部门可以责令其召回或者停止经营。

　　对依照《食品安全法》第53条规定被召回的食品，食品生产者应当进行无害化处理或者予以销毁，防止其再次流入市场。对因标签、标识或者说明书不符合食品安全标准而被召回的食品，食品生产者在采取补救措施且能保证食品安全的情况下可以继续销售；销售时应当向消费者明示补救措施。

　　县级以上质量监督、工商行政管理、食品药品监督管理部门应当将食品生产者召回不符合食品安全标准的食品的情况，以及食品经营者停止经营不符合食品安全标准的食品的情况，记入食品生产经营者食品安全信用档案。

在《食品安全法》确立食品召回制度以前，我国法律体系中已经不同程度地存在食品召回的制度规定。1993 年颁布的《消费者权益保护法》第 18 条第 2 款规定："经营者发现其提供的商品或者服务存在严重缺陷，即使正确使用商品或者接受服务仍然可能对人身、财产安全造成危害的，应当立即向有关行政部门报告和告知消费者，并采取防止危害发生的措施。"这是我国最早的召回制度规定，但是由于缺乏具体的实施细则而没有得到实施。2007 年 7 月 26 日《国务院关于加强食品等产品安全监督管理的特别规定》（国务院令第 503 号）第 9 条规定："生产企业发现其生产的产品存在安全隐患，可能对人体健康和生命安全造成损害的，应当向社会公布有关信息，通知销售者停止销售，告知消费者停止使用，主动召回产品，并向有关监督管理部门报告；销售者应当立即停止销售该产品。销售者发现其销售的产品存在安全隐患，可能对人体健康和生命安全造成损害的，应当立即停止销售该产品，通知生产企业或者供货商，并向有关监督管理部门报告。生产企业和销售者不履行前款规定义务的，由农业、卫生、质检、商务、工商、药品等监督管理部门依据各自职责，责令生产企业召回产品、销售者停止销售，对生产企业并处货值金额 3 倍的罚款，对销售者并处 1000 元以上 5 万元以下的罚款；造成严重后果的，由原发证部门吊销许可证照。"2007 年 8 月 27 日，国家质量监督检验检疫总局令第 98 号《食品召回管理规定》发布，其作为落实国务院产品召回一般规定的食品领域的配套规定出台。

我要复习！

下面我们来测试一下：

1. 食品生产经营者的下列做法哪项不正确？（   ）

A. 用水应当符合国家规定的生活饮用水卫生标准

B. 使用的洗涤剂、消毒剂应当对人体安全、无害

C. 有食品安全专业技术人员、管理人员，可以没有保证食品安全的规章制度

D. 直接入口的食品应当有小包装或者使用无毒、清洁的包装材料、餐具

2. 食品流通许可的实施机关是县级及其以上地方（   ）。

A. 工商行政管理机关

B. 食品药品监督管理部门

C. 质量监督部门

D. 商务部市场流通管理机关

3. 食品经营者向有登记管辖权的工商行政管理机关申请办理工商登记之前，要依法取得（　　　）。

A. 《卫生许可证》　　　　　　B. 《食品流通许可证》

C. 《生产安全许可证》　　　　D. 《进出口许可证》

4. 食品经营者改变食品流通许可事项（　　　）。

A. 必要时向原许可机关申请变更

B. 向原登记注册机关申请变更

C. 应当向原许可机关申请变更

D. 无须申请变更

5. 取得食品生产许可的食品生产者在其生产场所销售其生产的食品（　　　）。

A. 需要取得食品流通许可

B. 不需要取得食品流通许可

C. 需要取得餐饮许可

D. 需要同时取得食品流通许可和餐饮许可

6. 取得餐饮服务许可的餐饮服务提供者在其餐饮服务场所出售其制作加工的食品（　　　）。

A. 需要取得食品生产许可

B. 需要取得食品流通许可

C. 不需要取得食品生产和流通的许可

D. 需要同时取得食品生产和流通的许可

7. 下列食品中，哪些属于禁止生产经营的？（　　　）

A. 营养成分不符合食品安全标准的专供婴幼儿和其他特定人群的主辅食品

B. 超过保质期的食品

C. 无标签的预包装食品

D. 以上都是

8. 食品生产经营人员取得健康证明后方可参加工作，进行健康检查的周期是（　　　）。

A. 每半年　　　　　　　　　　B. 每年

C. 每2年　　　　　　　　　　D. 每3年

9. 在什么情况下，才可以将某种食品添加剂列入可以使用的范围？
（　　）

A. 在国外已经使用

B. 在我国有长期的使用史

C. 在技术上确有必要且经过风险评估证明安全可靠

D. 有助于增加食品的色、香、味

10. 食用农产品生产者使用农药、肥料、生长调节剂、兽药、饲料和饲料添加剂等农业投入品，应当依照国家有关规定和（　　）。

A. 食品安全企业标准　　　　　　　　B. 食品安全信用记录

C. 食品安全风险监测数据　　　　　　D. 食品安全标准

11. 生产经营的食品中可以添加（　　）。

A. 药品　　　　　　　　　　　　　　B. 任何中药

C. 按照传统既是食品又是中药材的物质　　D. 少数西药

12. 按照传统既是食品又是中药材的物质，其目录由哪个部门制定、公布？（　　）

A. 国务院卫生行政部门

B. 国务院工商行政管理部门

C. 国务院办公厅

D. 国务院质量监督部门

13. 食品经营企业应当建立食品进货查验记录制度，并如实记录
（　　）。

A. 食品的名称、规格、数量　　　　　B. 生产批号、保质期

C. 供货者名称及联系方式、进货日期　　D. 以上都是

14. 食品生产者采购食品原料、食品添加剂、食品相关产品，应当查验供货者的许可证和产品合格证明文件；对无法提供合格证明文件的食品原料，应当（　　）。

A. 先行使用，要求供货方补交合格证明文件

B. 依照食品安全标准进行检验

C. 根据以往经验判断是否可以使用

D. 依照专家意见处理

15. 食品进货查验记录、批发记录或者票据应当真实，保存期限不得少于（　　）。

A. 1 年　　　　　　　　　　　　　　B. 2 年

C. 3 年　　　　　　　　　　　D. 4 年

16. 食品生产企业的食品出厂检验记录应当真实，保存期限不得少于（　　）。

A. 1 年　　　　　　　　　　　B. 2 年

C. 3 年　　　　　　　　　　　D. 4 年

17. 食品经营者销售的预包装食品的包装上，应当有标签，以下关于标签表述不正确的是（　　）。

A. 标签不得含有虚假、夸大的内容

B. 标签不得涉及疾病预防、治疗功能

C. 标签应当清楚、明显，容易辨识

D. 标签应该突出表明功效

18. 食品经营者销售散装食品，应当在散装食品的容器、外包装上标明（　　）。

A. 食品的名称、生产日期　　　　B. 保质期

C. 生产经营者名称及联系方式　　D. 以上都是

19. 预包装食品的包装上应当有标签，标签应当标明（　　）。

A. 名称、规格、净含量、生产日期

B. 成分或者配料表

C. 生产者的名称、地址、联系方式

D. 以上都是

20. 专供婴幼儿和其他特定人群的主辅食品，与普通食品标签相比，其标签特殊要求是标明（　　）。

A. 保质期　　　　　　　　　　B. 主要营养成分及其含量

C. 产品名称　　　　　　　　　D. 产品标准

21. 对于声称具有保健作用的食品，以下哪一种说法不正确？（　　）

A. 内容真实，载明适宜人群和不适宜人群

B. 说明书可以涉及疾病预防、治疗功能

C. 产品成分必须与标签、说明书相一致

D. 不得对人体产生急性、亚急性或者慢性危害

22. 集中交易市场的开办者、柜台出租者和展销会举办者，应当（　　）。

A. 审查入场食品经营者的许可证，明确入场食品经营者的食品安全管理责任

B. 定期对入场食品经营者的经营环境和条件进行检查

C. 发现食品经营者有违反本法规定的行为的，应当及时制止并立即报告所在地县级工商行政管理部门或者食品药品监督管理部门

D. 以上全对

23. 食品生产者发现其生产的食品不符合食品安全标准，以下做法中不正确的是（　　）。

A. 召回已经上市销售的食品

B. 立即停止生产

C. 通知相关生产经营者和消费者

D. 不用记录召回和通知情况

24. 食品经营者发现其经营的食品不符合食品安全标准，以下做法中不正确的是（　　）。

A. 立即停止经营　　　　　　B. 通知相关生产经营者和消费者

C. 记录停止经营和通知情况　　D. 自行处理后，继续销售

25. 在广告中对食品质量作虚假宣传，欺骗消费者的，应依照什么规定给予处罚？（　　）

A.《广告法》　　　　　　　　B.《食品安全法》

C.《消费者权益保护法》　　　D.《产品质量法》

26. 以下关于食品广告内容的表述，不正确的是（　　）。

A. 不得含有虚假或者夸大的内容

B. 不得涉及疾病预防、治疗功能

C. 不得含有食品安全监督管理部门或者承担食品检验职责的机构向消费者推荐食品的内容

D. 可以含有消费者协会向消费者推荐食品的内容

27. 食品安全监督管理部门或者承担食品检验职责的机构、食品行业协会、消费者协会以广告或者其他形式向消费者推荐食品的，其直接负责的主管人员和其他直接责任人员会被处以什么处分？（　　）

A. 罚款

B. 警告

C. 记大过、降级或撤职

D. 开除

答案：1. C（参见《食品安全法》第27条）。2. A（参见《食品安全法》第4条）。3. B（参见《食品安全法实施条例》第20条）。4. C（参见《食品流通

许可证管理办法》第 20 条）。5. B（参见《食品安全法》第 29 条）。6. C（参见《食品安全法》第 29 条）。7. D（参见《食品安全法》第 28 条）。8. B（参见《食品安全法》第 34 条）。9. C（参见《食品安全法》第 45 条）。10. D（参见《食品安全法》第 35 条）。11. C（参见《食品安全法》第 50 条）。12. A（参见《食品安全法》第 50 条）。13. D（参见《食品安全法》第 39 条）。14. B（参见《食品安全法》第 36 条）。15. B（参见《食品安全法》第 36 条）。16. B（参见《食品安全法》第 37 条）。17. D（参见《食品安全法》第 42 条）。18. D（参见《食品安全法》第 41 条）。19. D（参见《食品安全法》第 42 条）。20. B（参见《食品安全法》第 42 条）。21. B（参见《食品安全法》第 51 条）。22. D（参见《食品安全法》第 52 条）。23. D（参见《食品安全法》第 53 条）。24. D（参见《食品安全法》第 53 条）。25. B（参见《食品安全法》第 55 条）。26. D（参见《食品安全法》第 54 条）。27. C（参见《食品安全法》第 94 条）。

学习单元五　食品进出口制度

一、食品进出口检验检疫制度

（一）进口食品应当符合我国食品安全标准

> 《食品安全法》第62条　进口的食品、食品添加剂以及食品相关产品应当符合我国食品安全国家标准。
>
> 进口的食品应当经出入境检验检疫机构检验合格后，海关凭出入境检验检疫机构签发的通关证明放行。
>
> 第63条　进口尚无食品安全国家标准的食品，或者首次进口食品添加剂新品种、食品相关产品新品种，进口商应当向国务院卫生行政部门提出申请并提交相关的安全性评估材料。国务院卫生行政部门依照本法第44条的规定作出是否准予许可的决定，并及时制定相应的食品安全国家标准。

（二）进口出口食品应当接受检验检疫

> 《食品安全法》第64条　境外发生的食品安全事件可能对我国境内造成影响，或者在进口食品中发现严重食品安全问题的，国家出入境检验检疫部门应当及时采取风险预警或者控制措施，并向国务院卫生行政、农业行政、工商行政管理和国家食品药品监督管理部门通报。接到通报的部门应当及时采取相应措施。
>
> 第65条　向我国境内出口食品的出口商或者代理商应当向国家出入境检验检疫部门备案。向我国境内出口食品的境外食品生产企业应当经国家出入境检验检疫部门注册。
>
> 国家出入境检验检疫部门应当定期公布已经备案的出口商、代理商和已经注册的境外食品生产企业名单。
>
> 第68条　出口的食品由出入境检验检疫机构进行监督、抽检，海关凭出入境检验检疫机构签发的通关证明放行。
>
> 出口食品生产企业和出口食品原料种植、养殖场应当向国家出入境检验检疫部门备案。

二、进口预包装食品质量标示制度

商品原样　　　　　　　　　已做好的中文标识

> 《食品安全法》第66条　进口的预包装食品应当有中文标签、中文说明书。标签、说明书应当符合本法以及我国其他有关法律、行政法规的规定和食品安全国家标准的要求，载明食品的原产地以及境内代理商的名称、地址、联系方式。预包装食品没有中文标签、中文说明书或者标签、说明书不符合本条规定的，不得进口。

三、食品进口和销售记录制度

> 《食品安全法》第67条　进口商应当建立食品进口和销售记录制度，如实记录食品的名称、规格、数量、生产日期、生产或者进口批号、保质期、出口商和购货者名称及联系方式、交货日期等内容。
>
> 食品进口和销售记录应当真实，保存期限不得少于2年。
>
> 第69条　国家出入境检验检疫部门应当收集、汇总进出口食品安全信息，并及时通报相关部门、机构和企业。
>
> 国家出入境检验检疫部门应当建立进出口食品的进口商、出口商和出口食品生产企业的信誉记录，并予以公布。对有不良记录的进口商、出口商和出口食品生产企业，应当加强对其进出口食品的检验检疫。

根据《食品安全法实施条例》第42条规定，国家出入境检验检疫部门应当建立信息收集网络，依照《食品安全法》第69条的规定，收集、汇总、通报下列信息：

1. 出入境检验检疫机构对进出口食品实施检验检疫发现的食品安全信息；

2. 行业协会、消费者反映的进口食品安全信息；

3. 国际组织、境外政府机构发布的食品安全信息、风险预警信息，以及境外行业协会等组织、消费者反映的食品安全信息；

4. 其他食品安全信息。

我要复习！

下面我们来测试一下，看看知识掌握得如何：

1. 食品进口和销售记录应当真实，保存期限不得少于（　　）。

A. 半年　　　　　B. 1 年　　　　　C. 2 年　　　　　D. 3 年

2. 国家出入境检验检疫部门应当建立信息收集网络，依照《食品安全法》第 69 条的规定，收集、汇总、通报下列（　　）信息。

A. 出入境检验检疫机构对进出口食品实施检验检疫发现的食品安全信息

B. 行业协会、消费者反映的进口食品安全信息

C. 国际组织、境外政府机构发布的食品安全信息、风险预警信息，以及境外行业协会等组织、消费者反映的食品安全信息

D. 其他食品安全信息

答案：1. C（参见《食品安全法》第 67 条）。2. A、B、C、D（参见《食品安全法实施条例》第 42 条）。

学习单元六　食品安全事故处置制度

一、食品安全事故处置预案制定责任主体

《食品安全法》第70条　国务院组织制定国家食品安全事故应急预案。

县级以上地方人民政府应当根据有关法律、法规的规定和上级人民政府的食品安全事故应急预案以及本地区的实际情况，制定本行政区域的食品安全事故应急预案，并报上一级人民政府备案。

食品生产经营企业应当制定食品安全事故处置方案，定期检查本企业各项食品安全防范措施的落实情况，及时消除食品安全事故隐患。

第73条　发生重大食品安全事故，设区的市级以上人民政府卫生行政部门应当立即会同有关部门进行事故责任调查，督促有关部门履行职责，向本级人民政府提出事故责任调查处理报告。

重大食品安全事故涉及两个以上省、自治区、直辖市的，由国务院卫生行政部门依照前款规定组织事故责任调查。

第74条　发生食品安全事故，县级以上疾病预防控制机构应当协助卫生行政部门和有关部门对事故现场进行卫生处理，并对与食品安全事故有关的因素开展流行病学调查。

第75条　调查食品安全事故，除了查明事故单位的责任，还应当查明负有监督管理和认证职责的监督管理部门、认证机构的工作人员失职、渎职情况。

食品安全事故，指食物中毒、食源性疾病、食品污染等源于食品，对人体健康有危害或者可能有危害的事故。食品安全事故共分四级，即特别重大食品安全事故、重大食品安全事故、较大食品安全事故和一般食品安全事故。事故等级的评估核定，由卫生行政部门会同有关部门依照有关规定进行。为建立健全应对食品安全事故的运行机制，有效预防、积极应对食品安全事故，高效组织应急处置工作，最大限度地减少食品安全事故的危害，保障公众健康与生命安全，维护正常的社会经济秩序，县级以上政府应当建立食品安全事故应急预案。

国务院2006年制定了《国家重大食品安全事故应急预案》，2011年10月5日进行了修订并更名为《国家食品安全事故应急预案》。事故处置原则是：以人为本，减少危害；统一领导，分级负责；科学评估，依法处置；居安思危，预防为主。《国家食品安全事故应急预案》除总则以外，还包括组织机构及职责，应急保障，监测预警、报告与评估，应急响应，后期处置，附则等6章。《国家食品安全事故应急预案》要求有关方面积极开展食品安全事故应急演练，以检验和强化应急准备和应急响应能力；加强对食品安全专业人员、食品生产经营

者及广大消费者的食品安全知识宣传、教育与培训，促进专业人员掌握食品安全相关工作技能，增强食品生产经营者的责任意识，提高消费者的风险意识和防范能力。《国家食品安全事故应急预案》还明确指出食品安全事故应急处置工作实行责任追究制。

国务院《国家食品安全事故应急预案》发布以后，县级上地方政府也相应地制定或者修改了当地的食品安全事故应急预案，构成了我国食品安全事故应急处置的体系。

食品生产经营企业，作为食品安全的第一责任人，应当依法防范食品安全事故的发生，做好食品安全事故处理方案。将制定食品安全事故处置方案作为食品生产经营企业的一项法定义务，有利于在源头上防范食品安全事故的发生，杜绝食品安全事故的蔓延。

二、食品安全事故报告与通报

《食品安全法》第71条　发生食品安全事故的单位应当立即予以处置，防止事故扩大。事故发生单位和接收病人进行治疗的单位应当及时向事故发生地县级卫生行政部门报告。

农业行政、质量监督、工商行政管理、食品药品监督管理部门在日常监督管理中发现食品安全事故，或者接到有关食品安全事故的举报，应当立即向卫生行政部门通报。

发生重大食品安全事故的，接到报告的县级卫生行政部门应当按照规定向本级人民政府和上级人民政府卫生行政部门报告。县级人民政府和上级人民政府卫生行政部门应当按照规定上报。

任何单位或者个人不得对食品安全事故隐瞒、谎报、缓报，不得毁灭有关证据。

（一）事故信息来源

根据《国家食品安全事故应急预案》的规定，事故信息来源一般包括：①食品安全事故发生单位与引发食品安全事故食品的生产经营单位报告的信息；②医疗机构报告的信息；③食品安全相关技术机构监测和分析结果；④经核实的公众举报信息；⑤经核实的媒体披露与报道信息；⑥世界卫生组织等国际机构、其他国家和地区通报我国信息。

（二）报告主体和时限

1. 食品生产经营者发现其生产经营的食品造成或者可能造成公众健康损害的情况和信息，应当在2小时内向所在地县级卫生行政部门和负责本单位食品安全监管工作的有关部门报告。

2. 发生可能与食品有关的急性群体性健康损害的单位，应当在2小时内向所在地县级卫生行政部门和有关监管部门报告。

3. 接收食品安全事故病人治疗的单位，应当按照卫生部有关规定及时向所在地县级卫生行政部门和有关监管部门报告。

4. 食品安全相关技术机构、有关社会团体及个人发现食品安全事故相关情况，应当及时向县级卫生行政部门和有关监管部门报告或举报。

（三）报告的内容

食品生产经营者、医疗、技术机构和社会团体、个人向卫生行政部门和有关监管部门报告疑似食品安全事故信息时，应当包括事故发生时间、地点和人数等基本情况。

（四）主管部门之间的通报

有关监管部门发现食品安全事故或接到食品安全事故报告或举报，应当立即通报同级卫生行政部门和其他有关部门。经初步核实后，要继续收集相关信息，并及时将有关情况进一步向卫生行政部门和其他有关监管部门通报。经初步核实为食品安全事故且需要启动应急响应的，卫生行政部门应当按规定向本级人民政府及上级人民政府卫生行政部门报告；必要时，可直接向卫生部报告。

有关监管部门报告食品安全事故信息时，应当包括事故发生单位、时间、地点、危害程度、伤亡人数、事故报告单位信息（含报告时间、报告单位联系人员及联系方式）、已采取措施、事故简要经过等内容；并随时通报或者补报工作进展。

三、食品安全事故的处置

《食品安全法》第71条　发生食品安全事故的单位应当立即予以处置，防止事故扩大。

第72条　县级以上卫生行政部门接到食品安全事故的报告后，应当立即会同有关农业行政、质量监督、工商行政管理、食品药品监督管理部门进行调查处理，并采取下列措施，防止或者减轻社会危害：①开展应急救援工作，对因食品安全事故导致人身伤害的人员，卫生行政部门应当立即组织救治；②封存可能导致食品安全事故的食品及其原料，并立即进行检验；对确认属于被污染的食品及其原料，责令食品生产经营者依照本法第53条的规定予以召回、停止经营并销毁；③封存被污染的食品用工具及用具，并责令进行清洗消毒；④做好信息发布工作，依法对食品安全事故及其处理情况进行发布，并对可能产生的危害加以解释、说明。

发生重大食品安全事故的，县级以上人民政府应当立即成立食品安全事故处置指挥机构，启动应急预案，依照前款规定进行处置。

第74条　发生食品安全事故，县级以上疾病预防控制机构应当协助卫生行政部门和有关部门对事故现场进行卫生处理，并对与食品安全事故有关的因素开展流行病学调查。

四、食品安全责任的调查

《食品安全法》第73条　发生重大食品安全事故，设区的市级以上人民政府卫生行政部门应当立即会同有关部门进行事故责任调查，督促有关部门履行职责，向本级人民政府提出事故责任调查处理报告。

重大食品安全事故涉及两个以上省、自治区、直辖市的，由国务院卫生行政部门依照前款规定组织事故责任调查。

第75条　调查食品安全事故，除了查明事故单位的责任，还应当查明负有监督管理和认证职责的监督管理部门、认证机构的工作人员失职、渎职情况。

调查食品安全事故，应当坚持实事求是、尊重科学的原则，及时、准确查清事故性质和原因，认定事故责任，提出整改措施。参与食品安全事故调查的部门应当在卫生行政部门的统一组织协调下分工协作、相互配合，提高事故调查处理的工作效率。食品安全事故的调查处理办法由国务院卫生行政部门会同国务院有关部门制定。参与食品安全事故调查的部门有权向有关单位和个人了解与事故有关的情况，并要求提供相关资料和样品。有关单位和个人应当配合食品安全事故调查处理工作，按照要求提供相关资料和样品，不得拒绝。任何单位或者个人不得阻挠、干涉食品安全事故的调查处理。

我要复习！

现在我们通过下列一些题目来测试一下：

1. （　　）组织制定国家食品安全事故应急预案。

A. 卫生部

B. 国家食品药品监督管理局

C. 国务院食品安全委员会办公室

D. 国务院

2. 发生食品安全事故的单位对导致或者可能导致食品安全事故的食品及原料、工具、设备等，应当立即采取封存等控制措施，并自事故发生之时（　　）向所在地县级人民政府卫生行政部门报告。

A. 24 小时内

B. 12 小时内

C. 6 小时内

D. 2 小时内

3. 任何单位或者个人（　　）阻挠、干涉食品安全事故的调查处理。

A. 可以　　　　　　　　　　B. 应当

C. 不得　　　　　　　　　　D. 任意

4. 发生食品安全事故，县级以上（　　）应当协助卫生行政部门和有关部门对事故现场进行卫生处理，并对与食品安全事故有关的因素开展流行病学调查。

A. 人民医院

B. 疾病预防控制机构

C. 工商行政管理部门

D. 食品药品监督管理部门

答案：1. D（参见《食品安全法》第70条）。2. D（参见《国家食品安全事故应急预案》）。3. C（参见《食品安全法》第71条）。4. B（参见《食品安全法》第74条）。

学习单元七   食品安全监督管理制度

一、食品安全监督管理主体及其职权职责

我国食品安全监督管理体制是分段监管、地方政府负总责，各监督部分相互配合的体制。

《食品安全法》第76条   县级以上地方人民政府组织本级卫生行政、农业行政、质量监督、工商行政管理、食品药品监督管理部门制定本行政区域的食品安全年度监督管理计划，并按照年度计划组织开展工作。

第77条   县级以上质量监督、工商行政管理、食品药品监督管理部门履行各自食品安全监督管理职责，有权采取下列措施：①进入生产经营场所实施现场检查；②对生产经营的食品进行抽样检验；③查阅、复制有关合同、票据、账簿以及其他有关资料；④查封、扣押有证据证明不符合食品安全标准的食品，违法使用的食品原料、食品添加剂、食品相关产品，以及用于违法生产经营或者被污染的工具、设备；⑤查封违法从事食品生产经营活动的场所。

县级以上农业行政部门应当依照《中华人民共和国农产品质量安全法》规定的职责，对食用农产品进行监督管理。

二、食品安全监督管理措施

（一）检查记录制度

《食品安全法》第78条   县级以上质量监督、工商行政管理、食品药品监督管理部门对食品生产经营者进行监督检查，应当记录监督检查的情况和处理结果。监督检查记录经监督检查人员和食品生产经营者签字后归档。

第79条 县级以上质量监督、工商行政管理、食品药品监督管理部门应当建立食品生产经营者食品安全信用档案，记录许可颁发、日常监督检查结果、违法行为查处等情况；根据食品安全信用档案的记录，对有不良信用记录的食品生产经营者增加监督检查频次。

县级人民政府应当统一组织、协调本级卫生行政、农业行政、质量监督、工商行政管理、食品药品监督管理部门，依法对本行政区域内的食品生产经营者进行监督管理；对发生食品安全事故风险较高的食品生产经营者，应当重点加强监督管理。

（二）抽样检验制度

县级以上地方人民政府依照《食品安全法》第76条规定制定的食品安全年度监督管理计划，应当包含食品抽样检验的内容。对专供婴幼儿、老年人、病人等特定人群的主辅食品，应当重点加强抽样检验。

县级以上农业行政、质量监督、工商行政管理、食品药品监督管理部门应当按照食品安全年度监督管理计划进行抽样检验。抽样检验购买样品所需费用和检验费等，由同级财政列支。

（三）针对性风险监管制度

在国务院卫生行政部门公布食品安全风险警示信息，或者接到所在地省、自治区、直辖市人民政府卫生行政部门依照《中华人民共和国食品安全法实施条例》第10条规定通报的食品安全风险监测信息后，设区的市级和县级人民政府应当立即组织本级卫生行政、农业行政、质量监督、工商行政管理、食品药品监督管理部门采取有针对性的措施，防止发生食品安全事故。

国务院卫生行政部门应当根据疾病信息和监督管理信息等，对发现的添加或者可能添加到食品中的非食品用化学物质和其他可能危害人体健康的物质的名录及检测方法予以公布；国务院质量监督、工商行政管理和国家食品药品监督管理部门应当采取相应的监督管理措施。

质量监督、工商行政管理、食品药品监督管理部门在食品安全监督管理工作中可以采用国务院质量监督、工商行政管理和国家食品药品监督管理部门认定的快速检测方法对食品进行初步筛查；对初步筛查结果表明可能不符合食品安全标准的食品，应当依照《食品安全法》第60条第3款的规定进行检验。初步筛查结果不得作为执法依据。

三、食品安全监督管理基本制度

（一）食品安全信息统一公布制度

《食品安全法》第82条　国家建立食品安全信息统一公布制度。下列信息由国务院卫生行政部门统一公布：①国家食品安全总体情况；②食品安全风险评估信息和食品安全风险警示信息；③重大食品安全事故及其处理信息；④其他重要的食品安全信息和国务院确定的需要统一公布的信息。

前款第2项、第3项规定的信息，其影响限于特定区域的，也可以由有关省、自治区、直辖市人民政府卫生行政部门公布。县级以上农业行政、质量监督、工商行政管理、食品药品监督管理部门依据各自职责公布食品安全日常监督管理信息。

食品安全监督管理部门公布信息，应当做到准确、及时、客观。

第83条　县级以上地方卫生行政、农业行政、质量监督、工商行政管理、食品药品监督管理部门获知本法第82条第1款规定的需要统一公布的信息，应当向上级主管部门报告，由上级主管部门立即报告国务院卫生行政部门；必要时，可以直接向国务院卫生行政部门报告。

县级以上卫生行政、农业行政、质量监督、工商行政管理、食品药品监督管理部门应当相互通报获知的食品安全信息。

县级以上农业行政、质量监督、工商行政管理、食品药品监督管理部门依据各自职责公布食品安全日常监督管理信息。包括：依照食品安全法实施行政许可的情况；责令停止生产经营的食品、食品添加剂、食品相关产品的名录；查处食品生产经营违法行为的情况；专项检查整治工作情况；法律、行政法规规定的其他食品安全日常监督管理信息。

上述规定的信息涉及两个以上食品安全监督管理部门职责的，由相关部门联合公布。

县级以上卫生行政、农业行政、质量监督、工商行政管理、食品药品监督管理部门应当相互通报获知的食品安全信息。

食品安全监督管理部门依照《食品安全法》第82条规定公布信息，应当同时对有关食品可能产生的危害进行解释、说明。

（二）确保公众监督实现的制度

《食品安全法》第80条　县级以上卫生行政、质量监督、工商行政管理、食品药品监督管理部门接到咨询、投诉、举报，对属于本部门职责的，应当受理，并及时进行答复、核实、处理；对不属于本部门职责的，应当书面通知并移交有权处理的部门处理。有权处理的部门应当及时处理，不得推诿；属于食品安全事故的，依照本法第七章有关规定进行处置。

卫生行政、农业行政、质量监督、工商行政管理、食品药品监督管理等部门应当公布本单位的电子邮件地址或者电话，接受咨询、投诉、举报；对接到的咨询、投诉、举报，应当依照《食品安全法》第 80 条的规定进行答复、核实、处理，并对咨询、投诉、举报和答复、核实、处理的情况予以记录、保存。

（三）一事不再罚制度

《食品安全法》第 81 条　县级以上卫生行政、质量监督、工商行政管理、食品药品监督管理部门应当按照法定权限和程序履行食品安全监督管理职责；对生产经营者的同一违法行为，不得给予 2 次以上罚款的行政处罚；涉嫌犯罪的，应当依法向公安机关移送。

我要复习！

现在我们通过下列一些题目来测试一下：

1. 县级以上质量监督、工商行政管理、食品药品监督管理部门履行各自食品安全监督管理职责，有权采取下列哪些措施？（　　）

A. 查阅、复制有关合同、票据、账簿以及其他有关资料

B. 对生产经营的食品进行抽样检验

C. 进入生产经营场所实施现场检查

D. 查封违法从事食品生产经营活动的场所

2. 县级以上质量监督、工商行政管理、食品药品监督管理部门应当建立食品生产经营者食品安全信用档案，记录（　　）等情况。

A. 卫生年检记录　　　　　　　　B. 许可颁发

C. 日常监督检查结果　　　　　　D. 违法行为查处

3. 国家建立食品安全信息统一公布制度。下列哪些信息由国务院卫生行政部门统一公布？（　　）

A. 国家食品安全总体情况

B. 食品安全风险评估信息和食品安全风险警示信息

C. 重大食品安全事故及其处理信息

D. 其他重要的食品安全信息和国务院确定的需要统一公布的信息

4. 食品安全监督管理部门公布信息，应当做到（　　）。

A. 准确　　　　　　　　　　B. 及时

C. 客观　　　　　　　　　　D. 完整

5. 县级以上地方人民政府依照《食品安全法》有关规定制定的食品安全年度监督管理计划，应当包含食品抽样检验的内容。对专供（　　）等特定人群的主辅食品，应当重点加强抽样检验。

A. 婴幼儿　　　　　　　　　B. 妇女

C. 老年人　　　　　　　　　D. 病人

6. 食品安全法规定的食品安全日常监督管理信息包括（　　）。

A. 依照食品安全法实施行政许可的情况

B. 责令停止生产经营的食品、食品添加剂、食品相关产品的名录

C. 查处食品生产经营违法行为的情况

D. 专项检查整治工作情况

答案：1. ABCD（参见《食品安全法》第 77 条）。2. BCD（参见《食品安全法》第 79 条）。3. ABCD（参见《食品安全法》第 82 条）。4. ABC（参见《食品安全法》第 82 条）。5. ACD（参见《食品安全法实施条例》第 47 条）。6. ABCD（参见《食品安全法实施条例》第 51 条）。

学习单元八　违反食品安全法的法律责任

√ **提示**

《食品安全法》总结以往食品安全违法处罚较轻的情况，加大了对违法行为的行政处罚和刑事处罚，增加了生产、销售不符合食品标准的惩罚性赔偿数额。

一、违反食品安全法的行政责任

食品生产经营者违反《食品安全法》要求的，由有关主管部门按照各自职责分工进行处罚。

1. 违反食品生产经营的基本要求的。

（1）违反食品、食品添加剂生产经营许可的。食品生产、经营实行许可管理制度，未经许可或者超过许可范围属于违反基本管理制度。主要是指未经许

可从事食品生产经营活动，或者未经许可生产食品添加剂的违法行为。

（2）食品生产经营者违法生产的。本规定与《食品安全法》第27条对食品生产经营应当遵守的基本条件和要求相对应，与第28条应当禁止生产经营食品的情况相对应。

（3）不遵守食品相关产品生产、食品标识和食品严禁加药规定的。如经营被包装材料、容器、运输工具等污染的食品，生产经营无标签的预包装食品、食品添加剂或者标签、说明书不符合规定的食品、食品添加剂要求，食品生产者采购、使用不符合食品安全标准的食品原料、食品添加剂、食品相关产品，食品生产经营者在食品中添加药品。

（4）不遵守有关食品原料采购检验、出厂检验记录制度等确保食品生产经营安全的相关制度的。食品生产经营过程中的检验、记录制度是确保食品生产各环节安全、完善责任各环节经营者责任的重要制度。包括原料采购、产品出厂检验记录；制定食品安全企业标准未依照本法规定备案；未按规定要求贮存、销售食品或者清理库存食品；进货时未查验许可证和相关证明文件；生产的食品、食品添加剂的标签、说明书涉及疾病预防、治疗功能；安排患有《食品安全法》第34条所列疾病的人员从事接触直接入口食品的工作。

（5）违反食品经营场所、运输管理规定的。如集中交易市场的开办者、柜台出租者、展销会的举办者允许未取得许可的食品经营者进入市场销售食品，或者未履行检查、报告等义务的；未按照要求进行食品运输的。

（6）主管人员因经营的食品企业严重违法的。吊销食品生产、流通或者餐饮服务许可证的单位，其直接负责的主管人员自处罚决定作出之日起5年内不得从事食品生产经营管理工作。食品生产经营者聘用不得从事食品生产经营管理工作的人员从事管理工作的，由原发证部门吊销许可证。

其他还有未依法处置食品安全事故的，主要是指事故单位在发生食品安全事故后未进行处置、报告的。食品广告违法的依照《广告法》处罚。

2. 食品安全监管部门、检验机构和人员违反禁止性规定的。主要是指食品检验机构、食品检验人员在履行职务中违法的。食品检验机构、食品检验人员出具虚假检验报告的，由授予其资质的主管部门或者机构撤销该检验机构的检验资格；依法对检验机构直接负责的主管人员和食品检验人员给予撤职或者开除的处分。违反《食品安全法》规定，受到刑事处罚或者开除处分的食品检验机构人员，自刑罚执行完毕或者处分决定作出之日起10年内不得从事食品检验工作。食品检验机构聘用不得从事食品检验工作的人员的，由授予其资质的主管部门或者机构撤销该检验机构的检验资格。

违反《食品安全法》规定，食品安全监督管理部门或者承担食品检验职责的机构、食品行业协会、消费者协会以广告或者其他形式向消费者推荐食品的，由有关主管部门没收违法所得，依法对直接负责的主管人员和其他直接责任人员给予记大过、降级或者撤职的处分。

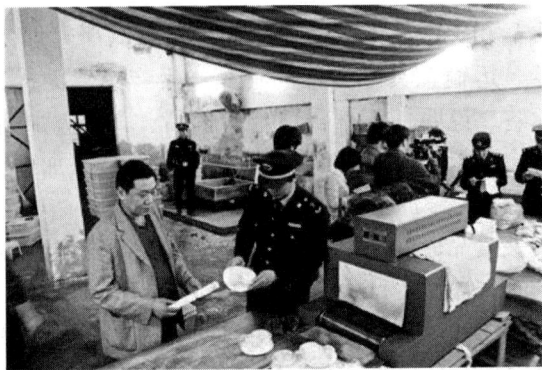

3. 食品监管渎职的。违反《食品安全法》规定，县级以上地方人民政府在食品安全监督管理中未履行职责，本行政区域出现重大食品安全事故、造成严重社会影响的，依法对直接负责的主管人员和其他直接责任人员给予记大过、降级、撤职或者开除的处分。

违反《食品安全法》规定，县级以上卫生行政、农业行政、质量监督、工商行政管理、食品药品监督管理部门或者其他有关行政部门不履行本法规定的职责或者滥用职权、玩忽职守、徇私舞弊的，依法对直接负责的主管人员和其他直接责任人员给予记大过或者降级的处分；造成严重后果的，给予撤职或者开除的处分；其主要负责人应当引咎辞职。

二、违反食品安全法的民事责任

违反《食品安全法》要求，造成人身、财产或者其他损害的，依法承担赔偿责任。生产不符合食品安全标准的食品或者销售明知是不符合食品安全标准的食品，消费者除要求赔偿损失外，还可以向生产者或者销售者要求支付价款10倍的赔偿金。

民事赔偿优先原则。应当承担民事赔偿责任和缴纳罚款、罚金，其财产不足以同时支付时，先承担民事赔偿责任。

注意，食品造成人身、财产或者其他损害的属于食品产品责任，生产者的责任追究应遵循产品责任的构成要件。《产品质量法》第41条规定："因产品存在缺陷造成人身、缺陷产品以外的其他财产（以下简称他人财产）损害的，生产者应当承担赔偿责任。生产者能够证明有下列情形之一的，不承担赔偿责任：①未将产品投入流通的；②产品投入流通时，引起损害的缺陷尚不存在的；

③将产品投入流通时的科学技术水平尚不能发现缺陷的存在的。"

三、刑事责任

根据《食品安全法》第 98 条规定和最新修定之《刑法》规定，食品生产经营犯罪主要有三个罪名。

1. 生产、销售不符合安全标准的食品罪。生产、销售不符合食品安全标准的食品，足以造成严重食物中毒事故或者其他严重食源性疾病的，处 3 年以下有期徒刑或者拘役，并处罚金；对人体健康造成严重危害或者有其他严重情节的，处 3 年以上 7 年以下有期徒刑，并处罚金；后果特别严重的，处 7 年以上有期徒刑或者无期徒刑，并处罚金或者没收财产。

2. 生产、销售有毒、有害食品罪。在生产、销售的食品中掺入有毒、有害的非食品原料的，或者销售明知掺有有毒、有害的非食品原料的食品的，处 5 年以下有期徒刑，并处罚金；对人体健康造成严重危害或者有其他严重情节的，处 5 年以上 10 年以下有期徒刑，并处罚金；致人死亡或者有其他特别严重情节的，依照《食品安全法》第 141 条的规定处罚。

3. 食品监管渎职罪。负有食品安全监督管理职责的国家机关工作人员，滥用职权或者玩忽职守，导致发生重大食品安全事故或者造成其他严重后果的，处 5 年以下有期徒刑或者拘役；造成特别严重后果的，处 5 年以上 10 年以下有期徒刑。徇私舞弊犯前款罪的，从重处罚。

第十三章

广告法

👉 导　学

1. 本章专门学习广告法的基本理论和制度，包括广告法的定义、广告准则和广告活动、广告审查的法律规范及违反广告法的法律责任；重点把握广告准则的具体要求和广告审查的相关规定。

2. 请先预习《中华人民共和国广告法》（以下简称《广告法》）和工商总局的《广告管理条例》、《广告管理条例施行细则》后再进入本章的学习。

👉 学习内容

学习单元一　广告法概述

一、广告的定义

> 《广告法》第2条　本法所称广告，是指商品经营者或者服务提供者承担费用，通过一定的媒介和形式直接或者间接地介绍自己所推销的商品或者所提供的服务的商业广告。

广告一般意义上即广而告之，是指企事业单位、机关、团体或公民为了特定的目的，自行承担费用并通过一定的媒介或形式向社会公众传播某种信息的一种宣传方式。

广告的构成基本要素包括四个方面：①广告主，即自行或者委托他人设计、制作、发布广告的企事业单位、机关、团体或公民；②广告费用，即设计、制作、发布广告所需的费用；③广告媒介或形式，即传播广告信息的中介物，包括报刊、电视、橱窗、印刷品等，有些通过体育比赛、文艺演出等形式传播；

④广告信息，即广告的主要内容，包括商品、劳务、观念等信息。

广告的分类有多种，最主要的是以广告是否具有营利性目的为标准，分为营利性广告和非营利性广告，《广告法》规定的广告类别则属于营利性广告的范畴。

请看下面几幅公益广告和商业广告的图例：

> 👍 **建议**
>
> 分析广告基本要素时，可以把定义拆解为四部分：广告主＋自费＋介质（或形式）＋广告信息，这样便于记忆理解。

公益广告

商业广告

二、广告法及其调整对象

（一）广告法的定义

广告法指调整广告关系的法律规范的总称。在我国，调整广告关系的基本法是1994年10月通过的《中华人民共和国广告法》，同时还有《广告管理条例》和《广告管理条例施行细则》等。

（二）广告法的调整对象

广告法的调整对象是广告关系。广告关系是广告监督管理机关、广告审查机关、广告主、广告经营者和广告发布者等主体相互之间，在广告监督管理、广告审查和广告活动过程中所发生的社会关系。

广告监督管理机关指县级以上人民政府工商行政管理部门；广告审查机关指依法对特殊广告负有审查职责的有关行政主管部门；广告主旨为推销商品或者提供服务，自行或委托他人设计、制作、发布广告的法人、其他经济组织或者个人；广告经营者指受委托提供广告设计、制作、代理服务的法人、其他经济组织或者个人；广告发布者指为广告主或者广告主委托的广告经营者发布广告的法人或者其他经济组织。

广告法调整的广告关系主要包括以下三个方面的内容：

1. 广告监督管理机关在实施广告监督管理过程中与广告主、广告经营者和广告发布者发生的社会关系。调整这种关系，可以为工商行政管理部门监督管理广告活动提供依据，建立正常的广告秩序。

2. 广告审查机关在实施广告审查的过程中与广告主发生的社会关系。调整这种关系，可以为广告审查机关审查广告提供依据，确保特殊商品广告的质量，维护人身、财产的安全。

3. 广告主、广告经营者和广告发布者在进行广告活动的过程中相互间发生的关系。即广告主与广告经营者或广告主、广告经营者与广告发布者在广告承揽、设计、制作、代理、发布等活动中发生的社会关系，表现为广告合同关系。

我要复习！

好，广告法概述的基本知识点学习完了，让我们来复习一下吧。

1. 你一定要知道的（如果已掌握请打钩）：

广告的定义和分类 ☐

《广告法》的广告和广告关系 ☐

2. 深入理解

以您对广告定义的理解，根据广告语的内容，下列属于《广告法》规定之广告的是（   ）。

A. "预防出生缺陷，倡导科学婚检，乐山市人口与计划生育委员会"

B. "绿色是地球的本色，济宁市环境保护局"

C. "但愿人长久，一路共平安，洛阳市公共交通警察支队"

D. "知识分子的精神家园，《光明日报》"

E. "山高人为峰，红塔集团"

解析： 上述选项中，D、E属于《广告法》规定之广告范畴，A、B、C均为了谋求社会公共利益或进行某种社会活动而不具营利性，自然不属于商业广告的范畴。

学习单元二　广告准则

一、广告的一般准则

广告的一般准则，指各种广告均应遵循的共同性标准和要求。我国广告法规定的广告一般准则，包括广告内容的一般准则和广告形式的一般准则。

（一）广告内容的一般准则

1. 真实。即广告应当实事求是地介绍商品或者服务，不得含有虚假的内容，欺骗和误导社会公众。广告内容真实，具体包括三个方面的基本要求：

（1）广告应以事实为依据。《广告法》规定，广告使用数据、统计资料、调查结果、文摘、引用语应当真实，并表明出处；广告中涉及专利产品或者专利方法的，应当标明专利号和专利种类；禁止使用未授予专利权的专利申请和已经终止、撤销、无效的专利做广告。

（2）广告中关于商品和服务的承诺，应当保证兑现。如广告中关于对售出商品实行"三包"的承诺，应落到实处。

（3）广告应当客观介绍商品和服务，兼顾其优点和不足，切忌夸大失实、美化过度。

2. 准确、清晰。即广告对商品或者服务的介绍应力求清楚，切忌含糊其辞、模棱两可。具体包括三个方面：

（1）准确、清晰的一般要求。即广告对商品的性能、产地、用途、质量、价格、生产者、有效期限、允诺或者对服务的内容、形式、质量、价格有表示的，应当清楚、明白。

（2）广告使用有关材料的准确性要求。即广告使用数据、统计资料、调查结果、文摘、引用语，应当准确，并表明出处。

（3）赠品广告表达的准确、清晰要求。赠品广告指商品经营者或者服务提供者向商品购买者或者服务接受者赠送礼品的广告。《广告法》规定，广告中表明推销商品、提供服务附带赠送礼品的，应当标明赠送的品种和数量。

实践一下!

某家电商店开展促销活动，在广告中称"促销活动期间购物，买100送20"。消费者在该店购买家电获得赠券再进行消费时，发现该店堂告示中增加了2个附加条件：一是必须购买音响设备柜台的商品；二是必须再购买满100元，赠券才能抵冲人民币20元。那么商店的广告合理吗？

解析：该广告违反了《广告法》和《消费者权益保护法》的规定，此行为构成了侵犯消费者知情权的行为，同时店堂广告中的附加条件，侵犯了消费者的自主选择权。

---

3. 合法。这里的"合法"仅指广告内容对真实、准确、清晰以外的其他要求的遵守或不违背。

《广告法》第7条　广告不得有下列情形：①使用中华人民共和国国旗、国徽、国歌；②使用国家机关和国家机关工作人员的名义；③使用国家级、最高级、最佳等用语；④妨碍社会安定和危害人身、财产安全，损害社会公共利益；⑤妨碍社会公共秩序和违背社会良好风尚；⑥含有淫秽、迷信、恐怖、暴力、丑恶的内容；⑦含有民族、种族、宗教、性别歧视的内容；⑧妨碍环境和自然资源保护；⑨法律、行政法规规定禁止的其他情形。

第8条　广告不得损害未成年人和残疾人的身心健康。

第12条　广告不得贬低其他生产经营者的商品或者服务。

按照《广告法》规定，广告内容合法总的要求是：广告内容应当符合社会主义精神文明建设的要求，有利于人们的身心健康，促进商品和服务质量的提高，保护消费者的合法权益，遵守社会公德和职业道德，维护国家的尊严和利益。

建议

对于广告内容准则中的合法性要求，您不用死记硬背，只需知晓共十条，包含三个方面：国家尊严和利益、社会公德和道德、普通群众和其他经营者利益。

思考

结合广告的一般准则，您认为涉及未成年人的广告时下列情形不应当出现的是（　　）。

A. 未成年人吸烟饮酒

B. 可能引发未成年人发生不良事故和危险行为

C. 雇佣未满16岁的未成年人从事经营性劳动

D. 不尊重未成年人的人格尊严，打骂、侮辱未成年人

E. 诱导适龄未成年人不按规定接受义务教育，辍学经商或从事经营活动

F. 不适应未成年人心理特点，不适当表现过分亲热、恋爱、结婚

解析：按照"广告不得损害未成年人和残疾人的身心健康"的要求，以上情形均不应当出现，您是这样认为的吗？

（二）广告形式的一般准则

《广告法》第13条　广告应当具有可识别性，能够使消费者辨明其为广告。大众传播媒介不得以新闻报道形式发布广告。通过大众传播媒介发布的广告应当有广告标记，与其他非广告信息相区别，不得使消费者产生误解。

广告的形式准则，指广告在表现形式上应当遵循的共同性标准和要求。按照《广告法》规定，广告形式的一般准则主要包括以上两个方面的内容。

二、特殊商品广告的特殊准则

特殊商品广告，指涉及人体健康以及人身、财产安全的商品广告，包括药品、医疗器械、农药、化妆品、食品、烟、酒等。

（一）药品、医疗器械广告的特殊准则

《广告法》第14条　药品、医疗器械广告不得有下列内容：①含有不科学的表示功效的断言或者保证的；②说明治愈率或者有效率的；③与其他药品、医疗器械的功效和安全性比较的；④利用医药科研单位、学术机构、医疗机构或者专家、医生、患者的名义和形象作证明的；⑤法律、行政法规规定禁止的其他内容。

第15条　药品广告的内容必须以国务院卫生行政部门或者省、自治区、直辖市卫生行政部门批准的说明书为准。国家规定的应当在医生指导下使用的治疗性药品广告中，必须注明"按医生处方购买和使用"。

第16条　麻醉药品、精神药品、毒性药品、放射性药品等特殊药品，不得做广告。

药品，指用于预防、治疗、诊断人的疾病，有目的地调节人的生理机能并规定有适应症、用法和用量的物质，包括中药材、中药饮片、中成药、化学原料药及其制剂、抗生素、生化药品、放射性药品、血清疫苗、血清制品和诊断药品等。

医疗器械，指用于人体疾病诊断、治疗、预防，调节人体生理功能或替代人体器官的仪器、设备、装置、器具、植入物、材料及其相关物品。

按照《广告法》规定，药品和医疗器械广告的特殊准则主要包括三个方面：

1. 不得含有法律禁止的内容，如不得在广告中明示或隐含"包治百病"、"疗效最佳"、"根治"、"安全预防"、"完全无副作用"等内容；不得在广告中宣称某种药品对某种病例的治愈率达99%。

2. 药品广告与卫生行政部门规定的一致性，即药品广告中介绍药品的成分、功能、适应症（主治）、用量、服法、禁忌症、不良反应等内容；治疗性药品广告必须注明"按医生处方购买和使用"。

3. 麻醉药品、精神药品、毒性药品、放射性药品等特殊药品的分类以《药品管理法》为准，同时不得做广告。

（二）农药广告的特殊准则

> 《广告法》第17条　农药广告不得有下列内容：①使用无毒、无害等表明安全性的绝对化断言的；②含有不科学的表示功效的断言或者保证的；③含有违反农药安全使用规程的文字、语言或者画面的；④法律、行政法规规定禁止的其他内容。

农药指用于防治农、林、牧业的病、虫、杂草和其他有害生物以及调节植物生长的药物。按照《广告法》规定，农药广告的特殊准则包括以上四个方面。

（三）烟草广告的特殊准则

> 《广告法》第18条　禁止利用广播、电影、电视、报纸、期刊发布烟草广告。禁止在各类等候室、影剧院、会议厅堂、体育比赛场馆等公共场所设置烟草广告。烟草广告中必须标明"吸烟有害健康"。

烟草包括烟叶以及卷烟、雪茄烟、烟丝、复制烟叶等烟草制品。按照我国加入世界卫生组织《烟草控制框架公约》规定，中国在2011年1月全面禁止烟草广告、促销及赞助。但我国目前的《广告法》中烟草广告禁止发布的范围仅限于5类媒介：广播、电影、电视、报纸、期刊，禁设广告的范围仅限于4类公共场所：各类等候室、影剧院、会议厅堂、体育比赛场馆。《广告法》应当作出修改，全面禁止烟草广告。

（四）食品、酒类、化妆品广告的特殊准则

> 《广告法》第19条　食品、酒类、化妆品广告的内容必须符合卫生许可的事项，并不得使用医疗用语或者易与药品混淆的用语。

食品指各种供人食用或饮用的成品和原料，但不包括以治疗为目的的药品。饮酒在一定条件下会损害人体健康，因此酒是一种特殊食品。化妆品指以涂擦、喷洒或其他类似方法，散布于人体表面任何部位，以达到清洁、消除不良气味、护肤、美容和修饰目的的日用化学工业品。按照《广告法》规定，食品、酒类、化妆品广告的特殊准则包括：

1. 广告内容必须符合卫生许可的事项。①广告内容必须符合卫生行政部门或者卫生行政部门认可的检验单位出具的产品检验合格证明中记载的事项；②广告中涉及的广告主的名称、法定代表人、住所等事项必须与卫生行政部门颁发的卫生许可证记载的事项相符。

2. 不得使用医疗用语或者易与药品混淆的用语。如不得使用"祖传秘方"、"疗效食品"、"宫廷秘方"等词，以免产生误导。

我要复习！

好，广告准则的基本知识点学习完了，让我们来复习一下吧。

1. 你一定要知道的（如果已掌握请打钩）：

广告准则中对内容和形式分别有什么要求 ☐

特殊商品广告区别于一般商品广告有哪些特殊规定 ☐

2. 现象观察

现实生活中，下面我们看到的各种广告中是否有这样一些情况呢？

（1）药品、医疗器械广告：冒牌的"专家"、"医师"与所谓的"患者"交流互动，宣传产品功效。

（2）医疗服务广告：自行印制印刷品，宣称隆胸手术"30分钟完成，24小时恢复，出血量不到1毫升"。

（3）投资理财广告：用"绝版"、"升值潜力无限"等字眼，吸引消费者购买。

（4）化妆美容广告："七天美白肌肤"、"十天强韧发质"。

（5）教育培训广告："一次性保证通过"、"不合格免费再学"、"保证就业"。

（6）房地产广告：质量检测表明系"全国质量最好"、"将升值200％"。

学习单元三　广告活动

一、广告活动的概念及存在的问题

广告活动，指广告主、广告经营者和广告发布者设计、制作和发布广告等行为的总称。当前，广告活动主要存在两个方面的问题：一是利用广告推销假冒伪劣产品，贬低竞争对手，进行不正当竞争，在广告中夸大产品、服务的功效，欺骗和误导消费者；二是广告主、广告经营者、广告发布者的权利、义务、责任不够明确，在广告活动中出现了许多违法广告和违法行为。

广告活动四环节：

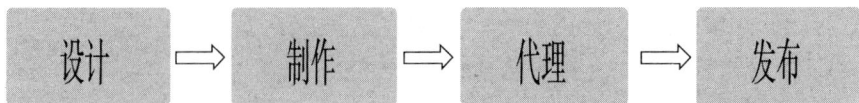

设计 ⇒ 制作 ⇒ 代理 ⇒ 发布

二、广告活动主体的义务

按照《广告法》规定，广告活动主体的义务主要包括：

1. 依法签订广告合同。广告活动主体应当依法订立书面合同，明确各方权利义务。

2. 不得从事不正当竞争行为。广告活动主体不得在广告活动中进行任何形式的不正当竞争，不正当竞争行为的类型在《反不正当竞争法》中已有规定。

3. 遵守国家工商登记管理法规。①广告主推销的商品或者服务符合其经营范围；②广告主应当委托具有合法经营资格的广告经营者、广告发布者；③广告经营者具备必要的专业技术人员、制作设备，并依法办理公司或者广告经营登记；④广播电台、电视台、报刊出版单位的广告业务，由其专门的广告业务机构办理，并依法办理兼营广告登记。

4. 确保广告及其相关活动真实、合法、有效。①广告主应当具有或者提供营业执照及其他生产经营资格证明、质量检验机构的商品质量证明等材料；②广告经营者、广告发布者依法查验有关证明文件，核实广告内容；③广告发布者向广告主、广告经营者提供的媒介覆盖率、收视率、发行量等资料真实。

5. 不得在广告中擅自使用他人的名义、形象。广告主、广告经营者在广告中使用他人名义、形象的，应当事先取得他人的书面同意；使用无民事行为能力人、限制民事行为能力人的名义、形象的，应当事先取得其监护人的同意。

6. 建立健全内部管理制度。广告经营者、广告发布者应当按照国家有关规定，建立健全广告业务的承接登记、审核、档案管理制度。

7. 广告收费合理、公开。广告收费标准和收费办法除向物价和工商行政管理部门备案外，还要向社会公开。

8. 不得设计、制作、发布国家禁止的广告。即不得就法律、行政法规禁止生产、销售的产品或者提供的服务，以及禁止发布广告的商品或者服务设计、制作、发布广告。

实践一下！

学习好了吗？这里有一个实例，运用学过的知识解决一下吧……

某化妆品公司为推销该公司生产的祛斑霜，委托某广告公司为其制作广告。广告公司在化妆品公司用户信息反馈表中找到一位林姓女士和方姓男士在使用祛斑霜前后的照片用于广告之中，以宣传该祛斑霜的效果。广告在电视台播出后，林、方二人分别从家人和同事处得知此事。他们找到广告公司要求其采取措施使广告停止播放，并分别赔偿他们精神损失。双方未能达成协议，林、方二人诉至法院。如果您是法官，对于这个案子，您将作何判决？

解析： 法院判决：被告广告公司公开向林、方二人赔礼道歉，消除影响，停止侵害，赔偿林、方二人精神损失各 15 000 元。

本案涉及广告中公民的肖像权问题。我国《广告法》第 25 条规定："广告主或者广告经营者在广告中使用他人名义、形象的，应当事先取得他人的书面同意；使用无民事行为能力人、限制民事行为能力人的名义、形象的，应当事先取得其监护人的书面同意。"另外，《广告法》第 47 条规定："广告主、广告经营者、广告发布者违反本法规定，有下列侵权行为之一的，依法承担民事责任：①在广告中损害未成年人或者残疾人的身心健康的；②假冒他人专利的；③贬低其他生产经营者的商品或者服务的；④广告中未经同意使用他人名义、形象的；⑤其他侵犯他人合法民事权益的。"

本案中的广告公司未经消费者林某和方某的同意就将其照片用在广告之中，通过电视播放公之于众，侵犯了林、方二人的肖像权，违反了《广告法》第 25 条的规定。同时，擅自使用他人名义、形象，还违反了《广告法》第 47 条第 4 款的规定。广告主、广告经营者、广告发布者应依法承担民事责任。

三、户外广告及其设置管理

《广告法》第 32 条　有下列情形之一的，不得设置户外广告：①利用交通安全设施、交通标志的；②影响市政公共设施、交通安全设施、交通标志使用的；③妨碍生产或者人民生活，损害市容市貌的；④国家机关、文物保护单位和名胜风景点的建筑控制地带；⑤当地县级以上地方人民政府禁止设置户外广告的区域。

　　户外广告，指在露天场地或公共场所设置的广告。户外广告会对市容环境、生产、生活产生一定影响，设置得好，可以美化市容环境，方便生产、生活，否则将破坏市容环境以及生产、生活秩序。对不得设置户外广告的情形，《广告法》作了严格限制。

　　户外广告的具体设置规划和管理办法，由当地县级以上人民政府组织广告监督管理、城市建设、环境保护、公安等有关部门制定。

❓ 知识扩展

　　每个国家对户外广告的设置管理各不相同，让我们一起来看看全球户外广告整治术吧！

　　美国：法律管得严 自律标准高

　　美国户外广告发布商要遵守特殊的法律法规，联邦政府也出台了多部法律。户外广告商还有自律组织，即成立于1891年的户外广告协会，美国户外广告业90%的收入来自该协会会员公司。

　　法国：不让户外广告"喧宾夺主"

　　户外广告主要在购物中心、商业街区等，但广告密度有控制，并要注意大小、色彩等。重要建筑物，不能有户外广告。

　　日本：广告要符合景观特色

　　与欧洲相比，日本户外广告限制较为宽松。但2005年实施了《景观法》，由各地方自治体负责制定具体的景观条例，强调从景观角度考量户外广告设置，按地区特色进行管理。

　　韩国：广告严重违法要判刑

　　韩国早在1962年就制定了《户外广告管理法》，1990年进行了全面修订，严格审查户外广告的内容，轻者罚款，重者判处1年以下徒刑，并吊销营业执照。

✒ 我要复习！

　　好，广告活动的基本知识点学习完了，让我们来复习一下吧。

　　1. 你一定要知道的（如果已掌握请打钩）：

　　广告活动主体的义务 ☐

　　户外广告设置管理过程中的要求 ☐

2. 深入理解

您认为，以下哪个广告主体活动是合法的？（　　）

A. 金嗓子润喉片直接将巴西球星卡卡的比赛视频 PS 后放于其广告中

B. 川渝中烟集团在某卫视频道黄金时段播放其新品卷烟的广告

C. 汇源果汁与林妙可的父亲共同创作录制了一段电视商业广告

D. 百度在其新录制的一期广告中说 360 团队技术落后其 10 年

解析：A、B、D 分属侵害他人形象、违禁广告和诋毁他人名誉，C 属合法。

学习单元四　广告审查

《广告法》第 34 条　利用广播、电影、电视、报纸、期刊以及其他媒介发布药品、医疗器械、农药、兽药等商品的广告和法律、行政法规规定应当进行审查的其他广告，必须在发布前依照有关法律、行政法规由有关行政主管部门（以下简称广告审查机关）对广告内容进行审查；未经审查，不得发布。

第 35 条　广告主申请广告审查，应当依照法律、行政法规向广告审查机关提交有关证明文件。广告审查机关应当依照法律、行政法规作出审查决定。

第 36 条　任何单位和个人不得伪造、变造或者转让广告审查决定文件。

一、一般广告的审查

一般广告审查即广告经营者、广告发布者对一切商品、服务广告进行的审查。它要求广告经营者、广告发布者依法查验有关证明文件，核实广告内容。对内容不实或者证明文件不全的，广告经营者不得提供设计、制作、代理服务，广告发布者不得发布。

二、特殊商品广告审查的程序

特殊商品广告审查的基本程序包括申请、审查、决定三个环节。

1. 申请。申请由广告主向广告审查机关提出，并提交有关证明文件，主要包括：①营业执照、生产许可证或经营许可证；②证明该商品合法性和品质的文件、商品使用方法的说明等，如药品生产的批准文件、食品的产品检验合格证明。

2. 审查。审查由广告审查机关依法对广告的内容展开。广告审查机关应结合有关证明文件,对申请发布的特殊商品广告的真实性、合法性等进行全面审查。

3. 决定。广告审查机关进行审查后,依法作出审查决定,批准或不予批准发布广告。对广告审查决定文件,任何单位和个人不得伪造、变造或者转让。

三、几种主要特殊商品的广告审查

(一)药品广告的审查规定

1. 药品广告审查的申请人和审查机构。药品广告的申请人是具有合法资格的药品生产企业或者经营企业。药品经营企业作为申请人的,必须征得生产企业的同意。审查按照《药品广告审查办法》进行。

药品广告审查机关是省、自治区、直辖市药品监督管理部门,县级以上工商行政管理部门是药品广告的监督管理机关。申请进口药品广告批准文号,应当向进口药品代理机构所在地的药品广告审查机关提出。

2. 药品广告审查的主要内容。申请药品广告批准文号,应提交《药品广告审查表》,同时提交以下真实、合法、有效的证明文件:①《营业执照》复印件;②《药品生产许可证》或者《药品经营许可证》复印件;③如果是药品经营企业,应提交生产企业同意其作为申请人的证明文件原件;④代办人代为申请,应当提交委托书原件和代办人的营业执照复印件等证明文件;⑤药品批准证明文件复印件、批准的说明书复印件和实际使用的标签及说明书;⑥非处方药品广告需提交审核登记证书复印件或相关证明文件的复印件;⑦申请进口药品广告批准文号的,应提供进口药品代理机构的相关资格证明文件复印件;⑧广告涉及药品商品名称、注册商标、专利等内容,应提交相关证明文件复印件及其他确认广告内容真实性的证明文件。

非处方药仅宣传药品名称(含药品通用名称和药品商品名称)的,或者处方药在指定的医学药学专业刊物上仅宣传药品名称的,无需审查。

(二)医疗器械广告的审查规定

1. 医疗器械广告审查的申请人和审查机构。医疗器械广告的申请人是具有合法资格的医疗器械生产企业或者医疗器械经营企业。医疗器械经营企业作为申请人,须征得生产企业的同意。审查按照《医疗器械广告审查办法》进行。

医疗器械广告的审查机构和程序与药品广告相同。申请进口医疗器械广告批准文号,向《医疗器械注册登记表》中列明的代理人所在地的医疗器械广告审查机关提出;如果该产品的境外医疗器械生产企业在境内设有组织机构,则向组织机构所在地的医疗器械广告审查机关提出。

2. 医疗器械广告审查的主要内容。申请医疗器械广告批准文号，应当提交《医疗器械广告审查表》，同时提交《营业执照》复印件等真实、合法、有效的证明文件，具体文件与药品广告审查相同。

仅宣传医疗器械产品名称的广告无需审查，但在宣传时应当标注医疗器械注册证号。

建议

医疗器械广告与药品广告的审查机构相同，其审查内容可参照药品广告审查内容中的七项，您找出是哪七项了吗？

（三）食品广告的审查规定

1. 食品广告审查的申请人和审查机构。食品广告审查的申请人是食品生产企业或者食品经营企业。审查按照《食品广告审查办法》进行。食品广告的管理机关是国家工商行政管理总局和地方各级工商行政管理机关；食品广告专业技术内容的出证者是地（市）级以上食品卫生监督机构。

2. 食品广告审查的主要内容。申请办理《食品广告证明》，应当提交营业执照、卫生许可证、检验单位出具的产品检验合格证明等证明材料。经营进口食品的企业发布进口食品广告，应办理《食品广告证明》，办理《食品广告证明》，并提交所属国批准生产的证明文件、国境口岸卫生监督机构签发的卫生证书、说明书、包装（附中文译本）等材料。

（四）农药、兽药广告的审查规定

农药广告的审查范围是利用各种媒介或形式发布防治农、林、牧业病、虫、草、鼠害和其他有害生物以及调节植物、昆虫生长的农药广告。兽药广告的审查范围是利用各种媒介或者形式发布用于预防、治疗、诊断畜禽等动物疾病，有目的地调节其生理机能并规定作用、用途、用法、用量的物质（含饲料药物添加剂）的广告。审查分别按照《农药广告审查办法》、《兽药广告审查办法》进行。

国务院和省级农业、农牧行政主管部门是农业广告的审查机构。申请审查境内生产的农药、兽药广告，应填写广告审查表，并提交生产许可证或准产证、产品标准号、产品检验报告单等证明文件。境外生产的农药、兽药广告，需提交附加证明文件及中文译本。

农药、兽药广告的审查包括初审和终审。初审是广告审查机关对申请人提供的证明文件和广告制作前的文稿进行审查。终审是申请人凭初审合格决定，将制作的广告作品送交审查，广告审查机关在受理之日起 7 日内作出终审决定。广告审查批准文号的有效期为 1 年。对出现使用中对人畜、环境有严重危害或者畜禽死亡及造成一定经济损失等情况的，原广告审查机关应当调回复审。复审期间，广告停止发布。审查批准文号有效期届满或者内容更改的，应当重新申请审查。

（五）农作物种子广告的审查规定

农作物种子广告的审查范围是种子生产经营者、育种者或者服务提供者承担费用，通过一定媒介和形式直接或间接地介绍自己所推销的农作物种子或者所提供的服务的广告。审查按照《种子法》、《广告法》及《种子管理条例》的有关规定进行。

种子管理机构在广告监督管理机关的监督指导下，对农作物种子广告进行审查。广告主自行或者委托他人设计、制作、发布广告，应当具有并提供种子生产、经营许可证、种子质量说明等证明文件。农作物种子广告内容所描述的品种主要性状、适宜种植地区应当与审定（登记）公告一致；广告不得贬低其他生产、经营者或者育种者的种子或者服务。

我要复习!

好，广告审查的基本知识点学习完了，让我们来复习一下吧。

你一定要知道的（如果已掌握请打钩）：

特殊商品广告审查的程序 ☐

药品广告、医疗器械广告、食品广告和农药、兽药、农作物种子广告审查的要求 ☐

学习单元五　违反广告法的责任

一、违反广告法的行政责任

（一）广告主、广告经营者和广告发布者的行政责任

未经广告审查机关审查批准，发布广告的，由广告监督管理机关责令负有责任的广告主、广告经营者、广告发布者停止发布，没收广告费用，并处广告费用1倍以上5倍以下的罚款。

广告主提供虚假证明文件的，处以1万元以上10万元以下的罚款。伪造、变造或者转让广告审查决定文件的，没收违法所得，并处1万元以上10万元以下的罚款。利用广告对商品或者服务作虚假宣传的，责令广告主停止发布、并以等额广告费用在相应范围内公开更正消除影响，并处广告费用1倍以上5倍以

下的罚款；对负有责任的广告经营者、广告发布者没收广告费用1倍以上5倍以下的罚款；情节严重的，依法停止其广告业务。

违法发布药品、医疗器械、农药、食品、酒类、化妆品和烟草广告的，责令负有责任的广告主、广告经营者、广告发布者改正或者停止发布，没收广告费用，可以并处广告费用1倍以上5倍以下的罚款；情节严重的，依法停止其广告业务。

广告审查机关对违法的广告内容作出审查批准决定的，对直接负责的主管人员和其他直接责任人员，由其所在单位、上级机关、行政监察部门依法给予行政处分。

（二）广告监督管理机关、审查机关的行政责任

广告监督管理机关和广告审查机关的工作人员玩忽职守、滥用职权、徇私舞弊的，给予行政处分。

二、违反广告法的民事责任

发布虚假广告，欺骗和误导消费者，使购买商品或者接受服务的消费者的合法权益受到损害的，由广告主依法承担民事责任；广告经营者、广告发布者明知或者应知广告虚假仍设计、制作、发布的，应当依法承担连带责任。广告经营者、广告发布者明知不能提供广告主真实名称、地址的，应当承担全部民事责任。社会团体或者其他组织，在虚假广告中向消费者推荐商品或者服务，使消费者的合法权益受到损害的，应当依法承担连带责任。

对于广告主、广告经营者、广告发布者的广告侵权行为，《广告法》规定要承担民事责任。

> 《广告法》第47条 广告主、广告经营者、广告发布者违反本法规定，有下列侵权行为之一的，依法承担民事责任：①在广告中损害未成年人或者残疾人的身心健康的；②假冒他人专利的；③贬低其他生产经营者的商品或者服务的；④广告中未经同意使用他人名义、形象的；⑤其他侵犯他人合法民事权益的。

我要复习！

好，违反广告法的责任的基本知识点学习完了，让我们来复习一下吧。

1. 你一定要知道的（如果已掌握请打钩）：

违反广告法要承担的责任 ☐

2. 讨论

根据下面这个案例，看看到底应当由谁、如何承担责任？

某市邮电局销售一批电话机，委托某广告公司制作广告。广告公司将制作好的广告在某文摘报上刊登，广告中载明了该批电话机产地日本，价格1200元。刘某从报纸上看到后即到邮电局购买了一个。后发现所购电话机的标志上写着"MADE IN CHINA"。刘某认为文摘报刊登虚假广告欺骗消费者，要求返还其购机款。文摘报以电话机不是由其出售，应由邮电局负责为由拒绝。刘某遂诉至法院。经查，邮电局并未向广告公司和文摘报提供质检机构出具的电话机质量证明书。

解析： 本案中，邮电局出售的电话机产地与广告所述不符，在其未提供广告中商品质量有效证明文件时，广告公司仍制作广告，文摘报仍予刊登广告，造成了欺骗误导消费者的后果。因此邮电局、广告公司和文摘报均有过错。《广告法》第38条规定："违反本法规定，发布虚假广告，欺骗和误导消费者，使购买商品或者接受服务的消费者的合法权益受到损害的，由广告主依法承担民事责任；广告经营者、广告发布者明知或者应知广告虚假仍设计、制作、发布的，应当依法承担连带责任……"据此，本案中刘某向文摘报提出赔偿请求于法有据。文摘报承担赔偿责任后，可以再依法解决和邮电局及广告公司之间的民事责任分担问题。

我的笔记

第四部分　宏观经济调控法律制度

第十四章

计划法

导　学

1. 本章专门学习计划法的基本含义、计划的形式、计划制订和实施的法律调整；重点把握计划编制机构的职责和计划实施调整的相关法律规定，认识以计划方式进行宏观经济调控的具体问题。

2. 请先预习《国民经济计划编制暂行办法》等规范性文件后再进入本章的学习。

学习内容

学习单元一　计划法概述

一、计划法的定义及调整对象

（一）计划法的定义

"计划"一词，有广义和狭义之分。广义的计划指国家对整个社会经济活动的部署或安排；狭义的计划是指国家通过制定经济、社会发展战略，编制和组织实施中长期计划方案来诱导经济运行，调控经济发展。它是市场经济体制下国家宏观经济调控的手段之一。

在市场经济下，计划的重点则是制定和提出经济发展的总体规划、重大方针和政策，实现总量平衡，具体包括：①确定经济和社会发展战略，即一定时期内经济和社会发展的总目标，包括国民经济和社会发展的总体战略、产业结构调整战略等；②确定宏观经济调控目标和计划指标，即宏观经济政策取向、市场运行的宏观经济政策环境及由指标名称和计划数字两部分组成的具体计划任务；③确定宏观经济政策，即以调节总需求为重点的经济总量平衡政策、以产业政策为核心的经济结构政策、兼顾效率与公平的收入分配政策、以谋取国际比较利益的国际经济政策及对应财政政策、金融政策、投资政策等的综合协调。

因此，计划法是我国宏观调控法的重要组成部分，是调整计划关系的法律规范的总称。虽然国务院先后出台过一些调整计划关系的规范性文件，在 1980 年也曾着手起草《计划法（草案）》并于 1983 年定稿，但最终未获通过。其后，计划法的起草工作时断时续。必须明确的是，社会主义市场经济体制目标的提出绝不是否定计划法而是对计划法的制定工作提出了更高的要求，即制定一部尊重价值规律、将国家意志与指导经济主体的独立自主经营协调统一的全新的计划法。

（二）计划法的调整对象

计划法的调整对象是计划关系。计划关系是计划主体在计划活动中所发生的社会关系，包括由国家运用经济政策、经济杠杆等手段引导计划执行主体的经济活动所发生的间接计划关系和计划执行主体因完成国家的指令性计划而产生的直接计划关系。计划主体有审批主体、管理主体、实施计划主体等，计划活动指计划的编制、审批、执行、监督、检查以及调整与修改的全过程。

社会主义市场经济体制下，计划只是起导向作用的一种宏观调控手段，国家在通过各种手段引导计划执行主体进行活动中产生的计划关系主要是间接性的计划关系，所以，计划法调整的对象是间接性的计划关系。

二、我国计划法的立法模式

关于计划法立法的模式，目前世界上有三种：

1. 法典式。即颁布计划法，规范所有的计划关系。例如，罗马亚尼的《经济和社会发展计划法》。

2. 分散式。即没有完整的计划法典，计划关系分别规定在一些行政、经济法规中。

3. 结合式。即颁布单独的计划法，以规范计划活动中的一般性问题，如计划体制、计划的基本原则等，同时还在行政法、经济法中规定一些具体的计划问题。

> ⏳ **思考**
>
> 　　十四届三中全会后，我国确立了市场经济体制。我国的市场经济一开始就面临着内在国际市场经济的挑战，它经不起任何经济危机的打击或破坏，因此，我们在一开始就应重视计划的调控和加强计划立法。您认为哪种模式更适合我国呢？
>
> 　　**解析：** 第三种模式比较适合我国，虽不可能制定一部计划法典，但应有一个单独的计划法。请您进一步思考一下原因是什么？

　　我国采取结合式的计划法立法模式，原因是：一方面，我国市场经济体制已经确立，计划法作为宏观调控法必不可少，但计划法的调整对象到底有哪些，我们不可能一下子弄清楚，因此不可能制定一部计划法典；另一方面，计划工作在市场经济条件下需要法制化，国家应对计划活动的基本原则和一般问题做出规定，以规范计划主体的行为，因此，在市场经济条件下，我国应有一部单独的计划基本法。

三、计划的形式

　　计划的形式即计划的分类，从不同角度，计划的分类也不同。

　　1. 按计划是否量化分为指标性计划和政策性计划。指标性计划包括指导性计划指标和指令性计划指标；政策性计划包括政府的经济纲领、综合经济政策报告等。

　　2. 按计划内容可分为综合计划、行业计划和专项计划。综合计划指国民经济和社会发展计划，包括经济、科技、社会发展计划；行业计划是指某一行业的发展计划，包括发展目标、发展重点等内容；专项计划指某一重要领域和解决重点问题的专门性计划。

　　3. 按计划期限可以分为长期计划、中期计划和短期计划。长期计划指10年以上的纲领性计划，是国家在较长时期内的任务和目标的总体规划，主要分析、预测国内外形势和发展趋势，提出发展战略，确定发展方向、重点和措施等；中期计划一般是5年计划，是长期计划的实施性计划，是国民经济和社会发展计划的基本形式，主要确定人民生活提高的幅度和社会发展的主要目标、计划期间经济增长速度和重大比例关系、计划实现的重大措施等；短期计划一般是年度计划，是落实中期计划的具体行动计划，主要确定国民经济和社会发展的任务，合理安排生产和人民生活，制订实施年度计划的具体措施等。

我要复习！

好，计划法概述的基本知识点学习完了，让我们来复习一下吧。

1. 你一定要知道的（如果已掌握请打钩）：

计划法的调整对象 ☐

计划内容与计划形式 ☐

2. 深入理解

指令性计划指标、指导性计划指标是指标性计划的两种重要形式，您认为他们的区别在哪里？

	不同事项	指令性计划	指导性计划
不同点	主体不同	接受指令性计划任务的单位，主要是全民所有制的大中型企业	指导性计划则对各种不同经济主体的经济活动都有指导作用
	客体不同	指令性计划是关系国计民生的重要产品中需要由国家统一分配的部分与关系全局的重大经济活动	指导性计划的对象则是全社会的生产、分配、交换和消费
	约束力不同	指令性计划具有强制性	指导性计划没有强制性，但具有方向性、引导性
	物资供应方式不同	指令性计划国家应该保证能源，主要物资供应和运输条件	指导性计划没有直接下达到企业，因此所需要的各种生产要素完全由企业自行解决，国家不给予保证
	产品销售形式不同	指令性计划产品主要在政府有关部门主持下，与需方企业签订合同，或者与政府指定的单位签订合同进行销售	指导性计划没有给企业下达生产指标，因此企业的产品销售完全由企业自行解决。
	编制程序不同	自上而下，上下结合	自下而上，上下结合
	调节手段不同	主要是行政手段，辅之经济手段。如：利润、价格、税收	主要采取经济手段，辅之以必要的行政干预
	执行结果所承担的责任不同	执行单位没有完成计划要承担一定责任	执行单位不承担责任

学习单元二 计划制订的法律调整

一、计划编制的机构及其职责

计划制订指计划编制机构根据国内国际的社会经济形势及发展趋势和宏观经济规律的要求，对涉及国民经济全局和长远发展的战略目标、重要任务、具体措施等进行预测、论证、编制、审议等活动。

计划编制的机构包括计划的制订、审批和管理机构。全国性的国民经济和社会发展计划由国务院编制和管理，由国家计划主管部门负责编制的具体工作；全国性的行业计划由国务院各个部门负责编制；地方性的国民经济和社会发展计划由地方人民政府编制管理，同级人民政府的计划主管部门负责具体编制工作。

国家计划主管部门在计划制订过程中承担的职责包括：

1. 研究提出国民经济和社会发展战略、中长期规划和年度发展计划，研究提出总量平衡、发展速度和结构调整的调控目标及调控政策，衔接、平衡各主要行业的行业规划；

2. 作好社会总需求和总供给等重要经济总量的平衡和重大比例关系的协调，搞好资源开发、生产力布局和生态环境建设规划，引导和促进全国经济结构合理化和区域经济协调发展；

3. 负责汇总和分析财政、金融等部门以及其他国民经济和社会发展的情况，分析研究国际、国内经济形势，进行宏观经济的预测；参与研究财政政策、货币政策，提出运用税率、利率、汇率和价格等重要经济手段的政策建议；

4. 提出全社会固定资产投资总规模，规划重大项目的布局，安排国家财政性建设资金，指导和监督国外贷款建设资金的使用，指导监督政策性贷款的使用方向，会同有关部门确定政策性银行的贷款总量，确定商业银行贷款、直接融资用于固定资产投资的总量，安排国家拨款建设项目，组织和管理重大项目稽查特派员工作；

5. 研究提出利用外资的发展战略，确定总量平衡和结构优化的目标和政策，负责全国外债的总量控制、结构优化和监测工作，做好国际收支平衡；

6. 制定价格政策，监督价格政策的执行，协调价格总水平，制定和调整国家管理的重要商品价格与重要收费；

7. 研究分析国内、国外两个市场的供求状况，做好重要商品国内供求和进出口的总量平衡及重要农产品进出口计划，搞好粮食宏观调控，管理国家粮食储备和物资储备，指导、监督重要商品的国家订货、储备、轮换和国家投资，引导和调控市场；

8. 做好科学技术、教育、文化、卫生等社会事业以及国防建设与整个国民经济和社会发展的衔接平衡，推进重大科技成果的产业化，提出经济与社会协调发展、相互促进的政策，协调各项社会事业发展中的重大问题；

9. 研究制定投融资、计划、价格等体制改革方案并组织实施，参与有关法律、法规的起草和协调实施；

10. 承办国务院主办的其他事项，如根据国务院规定，管理国家粮食储备。

二、计划制订的程序

计划制订的程序指计划法主体在制订计划时应遵循的行为规则。包括确定计划的初步方案、协调制订计划、审议通过计划三个阶段。

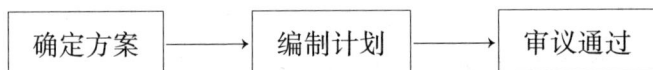

```
┌──────────┐      ┌──────────┐      ┌──────────┐
│  确定方案  │ ───→ │  编制计划  │ ───→ │  审议通过  │
└──────────┘      └──────────┘      └──────────┘
```

（一）确定计划的初步方案

计划的初步方案，由国家计划主管部门在掌握大量经济信息的前提下，进行科学预测，分析研究社会经济形势及发展趋势并提出计划方针和目标的总体设想。该项工作应在计划期前两年开始进行。我国的计划初步方案由国家计划主管部门提出，报国务院批准。

其中，收集经济信息是编制计划的基础和依据，包括统计资料、会计资料、情报资料、党和国家的有关方针和政策、各有关专业部门和综合职能部门的业务资料，以及社会、自然、地理方面的信息等。科学预测是在正确理论的指导下，借助科学知识对经济发展的趋势、结构变化和政策效应以及国际形势变化对我国经济发展的影响等进行认真预测和分析，揭示和预见其未来的发展趋势和规律性。

（二）编制计划

各级人民政府及其计划管理部门，根据国家确定的计划方针、目标和政策，起草本地区的计划，上报国家计划主管部门，由国家计划主管部门综合平衡后报国务院，形成国家正式计划草案。

各级人民政府在编制计划过程中，除采用现代科学的系统方法、评审方法和科学方法外，还应注意协商制订和综合平衡。协商制订是政府在制订计划时，扩大参与计划制订的单位和人员的范围，提高计划的社会参与度，吸收有关专家、学者、企业家和人民群众的代表参加，并认真听取他们的意见，使计划的制订和实施成为政府、企业和社会各界通过直接对话形成共识的过程。综合平衡是政府在制订计划时，对全社会的人力、财力、物力进行统筹计划，合理安排，从总体上求得社会总供给和社会总需求之间的平衡，使社会生产能大体按比例协调发展。

（三）审议通过计划

各级人民代表大会及其常务委员会是审议、批准和监督计划执行的国家权力机关。全国性的综合计划由全国人民代表大会审议批准，地方计划由地方各级人民代表大会审议批准；全国的和地方的行业计划与专项计划，则分别由国务院和同级人民政府批准。

我要复习！

好，计划制订的法律调整的基本知识点学习完了，让我们来复习一下吧。

1. 你一定要知道的（如果已掌握请打钩）：

国家计划编制机构的职责 ☐

计划制定的程序 ☐

2. 深入理解

下列哪些行为没有超越国家计划主管部门的职责权限？（　　　）

A. 研究援助坦桑尼亚修建铁路的投融资过程

B. 管理国家粮食储备

C. 根据国际油价变化趋势，确定国内油价

D. 根据人民生活水平情况，研究提出工资性收入税率调整建议

E. 联系有关汽车厂商，推进新能源汽车产业化生产

F. 依据成渝经济综合配套改革方案，统筹两地经济社会发展

解析：结合国家计划主管部门所承担的 10 项基本职责的规定，对比后发现，全部 6 项均属于职责范围以内，因此都没有超越国家计划主管部门的职责权限。

学习单元三　计划实施的法律调整

一、计划实施的主要措施

计划批准后，各级人民政府或政府授权部门应积极组织实施，各企业和基层单位应切实按照社会需要和本单位的实际情况组织实施，涉及指令性计划的单位应保证计划的完成，任何单位或个人都不得擅自修改或拒不执行。

计划实施的措施和手段有经济手段、法律手段和行政手段。在社会主义市场经济条件下，政府的经济计划是以经济政策和经济杠杆为主要手段来贯彻执行的。具体措施有：

（一）信息引导

在企业成为独立的市场主体和市场体系日益完备的情况下，企业不再依靠国家计划来获得资源和市场份额，而需要了解客观经济政策和及时、准确的市场信息。指导性计划本身就具有宏观信息的导向作用。政府机构发布的真实反映经济运行和市场供求的态势和发展趋势的信息，能够在相当大的程度上影响市场主体的行为和预期目的。

（二）与计划相互配合的金融、财政政策

计划、金融和财政是我国三家最有权威的宏观调控部门，三部门之间应强调互相配合。计划管理部门制订社会发展计划，确定社会和经济发展战略和目标，安排重点建设项目，进行综合平衡时，财政、金融应积极配合，制定切实可行的财政和金融政策保证国家宏观经济调控的实施和计划落实。

（三）政策性投融资

把政策性投融资作为实施产业政策的有力杠杆纳入计划调控手段中，能够发挥计划引导长期资源配置的优势。计划管理部门要研究提出政策性投融资的规模、结构、使用方向和可供选择的重点建设项目。政策性投融资机构在国家计划指导下，按照追求利润最大化，但要保证资金依照安全有效的原则独立运作。

（四）把国家订货、国家储备、国家投放作为稳定市场、稳定物价的物质手段

国家计划要在预测市场供求总体态势和发展趋势的基础上，根据保持宏观经济稳定、保障市场健康运行的要求，合理安排国家重点资源的国家订货、国家储备和国家投放，适时适度地对市场供求进行吞吐调节，以利于开展有效竞争，防止市场剧烈波动，抑制通货膨胀。

二、计划实施过程的调整

国民经济和社会发展计划，经法定程序正式批准后便具有法律效力，一般

不作修改或调整。只有遇到下列特殊情况时，才能修改或调整计划，修改或调整计划必须由原计划审批机关批准：

1. 发生特殊重大的自然灾害，严重影响原定计划任务完成的；
2. 发生未能预料的重大情况，必须改变计划的；
3. 国际关系发生重大变化，严重影响国内经济生活的；
4. 发生其他特殊重大情况，必须改变计划的。

我要复习！

好，计划实施的法律调整的基本知识点学习完了，让我们来复习一下吧。

1. 你一定要知道的（如果已掌握请打勾）：

计划实施的主要措施 ☐

计划实施修改或调整的几种情形 ☐

2. 深入理解

您认为以下几种情形中，哪些当相关机构提出对原计划进行修改时，计划审批机关可以批准？（　　）

A. 四川发生汶川特大地震，原有经济增长指标更改

B. 因保钓事件，与日本关系紧张，对日进出口份额计划调整

C. 国家出台新政策，要求教育投资占4%，局部调整地区教育发展规划

D. 原领导被双规，新领导不熟悉情况，为稳定改变经济发展指标

解析：根据计划实施的调整要求，A、B、C项属于可以修改计划的特殊情况。

我的笔记

第十五章

财政法

👉 导　学

1. 本章专门学习财政法的基本理论和制度，包括财政法的概念、基本原则和体系，预算的管理体制、程序，税法的定义、特征及基本要素，我国税收征收管理的主要内容，国债的定义、特点及种类，国债的发行与偿还，政府采购的定义、特征、主体及对象，政府采购的方式和程序。重点把握企业所得税法、个人所得税法和税收征收管理法的相关知识，能够应用财政法的基础知识和相关规范解决预算法、税种法等各类财政法案例。

2. 请先预习《中华人民共和国预算法》、《中华人民共和国企业所得税法》、《中华人民共和国个人所得税法》、《中华人民共和国税收征收管理法》、《中华人民共和国政府采购法》等后再进入本章的学习。

👉 学习内容

学习单元一　财政法概述

一、财政法的概念及调整对象

(一) 财政法的概念

财政指国家在资金的管理、积累、分配和使用等方面的经济活动，它是一个生产、劳动、消费各领域价值循环的过程（见下图）。财政法指调整财政关系的法律规范的总称。它包括：国家预算法、国债法、税收法、企业财务管理法、行政事业单位财务管理法以及财政监督法等内容。

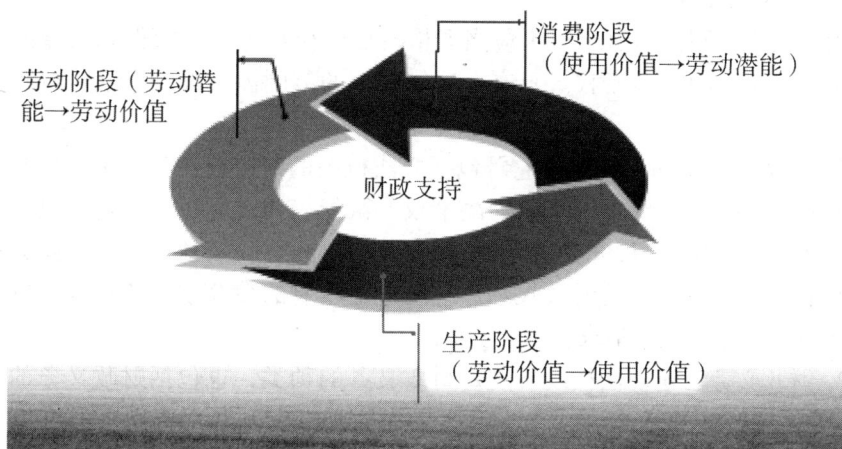

价值循环流量图

（二）财政法的调整对象

财政法的调整对象是财政关系。财政关系指国家凭借政治权力对一部分社会产品和国民收入进行分配和再分配过程中所形成的以国家为一方主体的一种分配关系。

财政关系的范围主要有预算关系、税收关系、企业财务管理关系、行政事业财务管理关系、财政信用关系以及其他财政监督关系等，具体包括：

1. 调整国家预算的编制、审查、批准、下达、执行程序方面和国家决算的编制、审批程序方面的财政关系；

2. 调整国家机关、企事业单位在资金收入方面的财政关系；

3. 调整与企事业单位和公民缴纳税收有关的财政关系；

4. 调整国家机关、企事业单位在资金使用方面的财政关系；

5. 调整与财政监督有关的财政关系。

二、财政法的基本原则

财政法的基本原则，指财政法中体现法的根本精神、对财政行为具有一般指导意义和普遍约束力的基础性法律规范，它是贯穿于财政法治建设和财政管理活动全过程的根本指导思想和准则，是财政法本质的具体体现。财政立法、财政执法、财政司法、财政守法和财政法律监督等环节和一切财政活动都必须以财政法的基本原则为依据。

财政法的基本原则主要包括：财政法定原则、财政民主原则、财政健全原则和财政平等原则。

（一）财政法定原则

财政法定原则，指财政行为应当严格按照法律规定，必须得到法律的明确许可或立法机关的专门授权。只有在法律允许的范围内，政府才享有财政方面的自由裁量权。

1. 财政权力（利）法定。它既包括立法机关的财政立法权，也包括政府及其所属各部门就财政事项所享有的决策权、执行权和监督权等。它既包括上级对下级政府的财政权力，也包括下级对上级政府的财政权利及没有隶属关系的地方政府之间相互享有的财政权利。它既包括政府的命令权、禁止权，也包括财政相对人的监督权、请求权等。

2. 财政义务法定。法律既要规定财政义务的种类，也包括财政义务的构成要件、具体内容、衡量标准等要素。尤其是对涉及财政相对人财产权利方面的义务，设置了严格的法律条件。财政主体只需承受法律明确规定的义务，超出法定义务范围的事项可以拒绝。

3. 财政程序法定。法律直接规定了财政立法程序、财政行政程序、财政监督程序和财政司法救济程序等内容。

4. 财政责任法定。法律规定引咎辞职等政治责任和罚息、强制支付等经济责任及行政责任、刑事责任等，督促财政主体合法行使财政权力，切实履行财政义务。

（二）财政民主原则

财政民主原则，指赋予普通的公民和企业参与有关财政的公共事务的决定权。也就是说，财政应否支出、如何开支，财政收入的规模和种类等，都应由人民通过一定的法律程序加以决定。财政民主原则还要求人民享有对财政事务的有效监督权，这要求政府的财政行为的决策程序、执行过程以及实施效果具备公开性、透明性等特点，依法保证新闻媒体对财政事务的采访自由，同时在人民代表大会的运行模式中设立专门的财政监督机关，使人大审计、政府审计、社会审计成为一个有机整体。

（三）财政健全原则

财政健全原则，指以财政运行的安全稳健为基础的动态平衡。它包括行政事业单位的经费支出、社会保障支出等经常性收支必须维持平衡，发行的公债只能用于具有公共性的建设项目，并要履行程序法上的审查监督手续，建立一定的机制防范可能出现的风险，在特殊情况下，允许地方政府适度募债。

（四）财政平等原则

财政平等原则，指财政收入方面义务人的平等牺牲和财政开支方面权利人的平等受益，同时还有财政程序方面的同等条件同等处理，等等。如根据纳税人税负能力的大小设计税制、中央政府通过转移支付增加财政困难地区的财政供给能力、改变预算编制过程中部门间行政管理费用贫富不均的现象、通过上级财政转移支付予以足额补充社会保险基金等。

三、财政法的体系

根据财政法律规范调整范围和内容的不同，完备的财政法律体系主要由财政基本法律制度、财政收入法律制度、财政支出法律制度、财政管理法律制度和财政监督法律制度五大类法律制度构成。

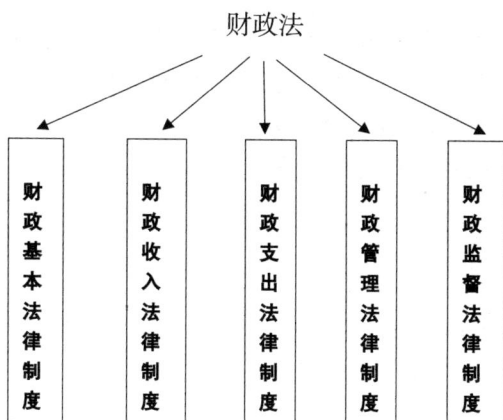

其中，每一类法律制度又由若干内容相关的法律制度组成，具体为：

（一）财政基本法律制度

财政基本法律制度指规定政府从事资源配置和收入分配的财政收支活动中的基本制度的法律规范的总称。主要包括规范财政职能、财政体制、财政活动的基本原则、方式和决策程序，以及财政组织机构等财政基本问题的配套法律制度。财政基本法律制度在财政法律体系中处于核心地位，是制定其他法律制度的原则和基础。

（二）财政收入法律制度

财政收入法律制度指调整财政收入筹集过程中所发生的社会关系的法律规范的总称。具体包括税收法律制度、国债法律制度、行政事业性收费法律制度、政府性基金法律制度、彩票法律制度等方面的法律制度以及围绕开展财政收入活动所制定各种规范性文件。

（三）财政支出法律制度

财政支出法律制度指调整财政资金使用过程中所发生的各种分配关系的法律规范的总称。具体包括财政转移支付法律制度、财政补贴法律制度、财政专项资金法律制度、税收支出法律制度、政府采购法律制度等方面的法律制度以及围绕开展财政支出活动所制定的各种规范性文件。

（四）财政管理法律制度

财政管理法律制度指调整国家在对财政分配及相关经济活动进行计划、组织、协调、控制等过程中所发生的社会关系的法律规范的总称。具体包括预算管理法律制度、国库管理法律制度、政府公共支出绩效管理法律制度、税收征收管理法律制度、财务管理法律制度、会计管理法律制度、注册会计师管理法律制度等方面的法律制度以及围绕开展财政管理活动所制定的各种规范性文件。

（五）财政监督法律制度

财政监督法律制度指调整国家对国民经济各部门、各单位的预算执行和财务活动进行监督制约过程中所发生的监督关系的法律规范的总称。具体包括财政监督程序法律制度、财政监督处罚法律制度两方面的法律制度以及围绕开展财政监督活动所制定的各种规范性文件。

我要复习！

好，财政法概述的基本知识点学习完了，让我们来复习一下吧。

1. 你一定要知道的（如果已掌握请打钩）：

财政法的基本原则 □

财政法律制度体系 □

2. 深入理解

请您根据财政法的调整对象、基本原则和法律体系，谈一谈财政活动所兼具的财政法属性与行政法属性？

解析： 国家的财政活动可以区分为两个不同的层次：第一层次是行政范畴的财政活动，其目的在于满足国家机关活动经费的需要；第二层次是经济范畴的财政活动，其目的在于调节社会经济。两者虽然都涉及经济领域，但后者涉及经济领域的更深层次。反映到立法上，前者主要是关于国家财政管理机关的设置与职权、财政管理活动的原则、程序和制度，以及财政管理机关与社会组织或公民在一般性收支活动中的权利义务等，而后者所规定的主要是有关国家调节经济的一些财政政策方面的规定。前者是国家进行一般行政管理的法律，属于行政法的范畴，后者是国家调节社会经济的法律，属于经济法的范畴。

学习单元二　预算法

一、预算法的定义及调整对象

预算是依照法定程序编制的基本财政收支计划。它是有计划地集中和分配资金，调节社会经济生活的主要财政手段，包括预算收入和预算支出两部分。国家预算一般应做到收支平衡。某种特定情况，允许与经济发展相适应的赤字财政。国家预算由中央预算和地方预算组成，中央预算由中央各部门的预算组成，地方预算由各省、自治区、直辖市总预算组成。

预算具有法定性、期限性和预测性的特点。它是一项超前性的测算工作，以公历年制的一个预算年度为限，依照预算法规定的程序编制，由法定机构审批，任何单位或个人无权变更，如需调整必须按法律规定进行。

预算法是国家调整预算收支关系的法律规范的总称，是财政法的重要组成部分。预算法调整对象是预算收支关系。我国调整预算关系的法律规范主要是1994 年 3 月通过的《预算法》。

二、预算管理、监督体制

《预算法》第 12 条　全国人民代表大会审查中央和地方预算草案及中央和地方预算执行情况的报告；批准中央预算和中央预算执行情况的报告；改变或者撤销全国人民代表大会常务委员会关于预算、决算的不适当的决议。全国人民代表大会常务委员会监督中央和地方预算的执行；审查和批准中央预算的调整方案；审查和批准中央决算；撤销国务院制定的同宪法、法律相抵触的关于预算、决算的行政法规、决定和命令；撤销省、自治区、直辖市人民代表大会及其常务委员会制定的同宪法、法律和行政法规相抵触的关于预算、决算的地方性法规和决议。

第 13 条　县级以上地方各级人民代表大会审查本级总预算草案及本级总预算执行情况的报告；批准本级预算和本级预算执行情况的报告；改变或者撤销本级人民代表大会常务委员会关于预算、决算的不适当的决议；撤销本级政府关于预算、决算的不适当的决定和命令。县级以上地方各级人民代表大会常务委员会监督本级总预算的执行；审查和批准本级预算的调整方案；审查和批准本级政府决算；撤销本级政府和下一级人民代表大会及其常务委员会关于预算、决算的不适当的决定、命令和决议。设立预算的乡、民族乡、镇的人民代表大会审查和批准本级预算和本级预算执行情况的报告；监督本级预算的执行；审查和批准本级预算的调整方案；审查和批准本级决算；撤销本级政府关于预算、决算的不适当的决定和命令。

我国《预算法》规定，国家实行一级政府一级预算，设立中央，省、自治区、直辖市，设区的市、自治州、县、自治县，不设区的市、市辖区、乡、民族乡、镇五级预算。不具备设立预算条件的乡、民族乡、镇，经省、自治区、直辖市政府确定，可以暂不设立预算。

各级人民代表大会及其县级以上各级人民代表大会常委会有权就预算、决算中的重大事项或者特定问题组织调查，人民代表或者常委会组成人员有权在会议举行时提出询问或者质问，各级政府应当在每一预算年度内至少两次向本级人民代表大会或者其常委会作预算执行情况的报告。上级政府监督下级政府的预算执行，下级政府应当定期报告预算执行情况。各级政府财政部门负责监督检查本级各部门及其所属各单位预算执行，并向本级政府和上一级政府财政部门报告。同时，各级政府审计部门对本级各部门、各单位和下级政府的预算执行和决算实行审计监督。

三、预算收支范围

《预算法》第19条　预算由预算收入和预算支出组成。

预算收入包括：①税收收入；②依照规定应当上缴的国有资产收益；③专项收入；④其他收入。

预算支出包括：①经济建设支出；②教育、科学、文化、卫生、体育等事业发展支出；③国家管理费用支出；④国防支出；⑤各项补贴支出；⑥其他支出。

四、预算管理程序

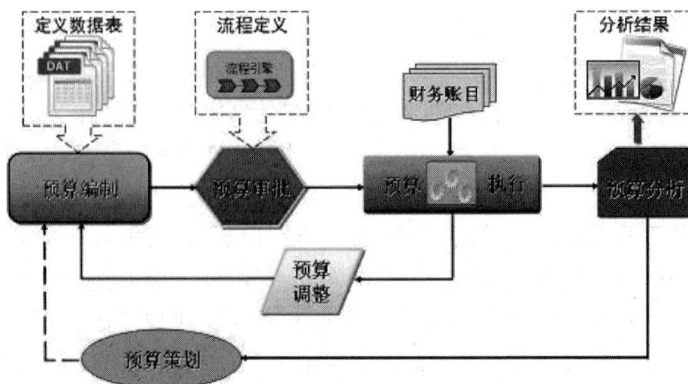

（一）预算编制

预算编制应按照预算管理职权和收支范围的规定，参考上一年度预算执行情况和本年度收支预测进行编制。中央预算和地方各级政府预算按照复式预算编制。

> 📋 **思考**
>
> 　　复式预算是与单式预算相对应而言。单式预算是指将预算年度内全部收支汇集编入一个总预算内，不按各类收支的性质分别编制，请问复式预算的含义您知道吗？
>
> 　　**提示：**复式预算则是按收入或支出的经济性质不同，分别编成两个或两个以上的财政预算。

复式预算编制方法明确反映了各项财政收支的性质和来源，便于分门别类地掌握总体收支状况，增强国家预算的透明度，其编制办法和步骤为：按照与国民生产总值的增长率相适应的要求，先编制经常性预算并做到平衡后，再编制建设性预算，实行统筹兼顾，确保重点的原则；在保证政府公共支出合理需要的前提下妥善安排其他各类支出。中央政府公共预算不列赤字；地方各级预算按照量入为出、收支平衡的原则编制，不列赤字。

（二）预算审查和批准

我国《预算法》规定，各级政府预算由本级人民代表大会审查和批准。

国务院在全国人民代表大会举行会议时，向大会做出关于中央和地方预算草案的报告。地方各级政府在本级人民代表大会举行会议时，向大会作关于本级总预算草案的报告。

（三）预算执行和调整

预算执行是组织完成预算收支任务的活动。具体地说，各级预算由本级政府组织执行，具体工作由本级政府财政部门负责。预算收入征收部门，必须及时、足额征收应征的预算收入，不得违反法律、行政法规规定，擅自减征、免征或者缓征应征的预算收入，不得截留、占用或者挪用预算收入。各级政府财政部门必须及时、足额地拨付预算支出资金，加强对预算支出的管理和监督。

预算调整指各级人民代表大会批准的本级预算在执行中因特殊需要增加支出或者减少收入，使原批准的收支平衡的预算的总支出超过总收入，或者使原批准的预算中举借债务的数额增加的部分变更。各级政府调整预算，应当编制预算调整方案。各级政府的预算调整方案必须提请本级人民代表大会常务委员会审查和批准。

五、决算

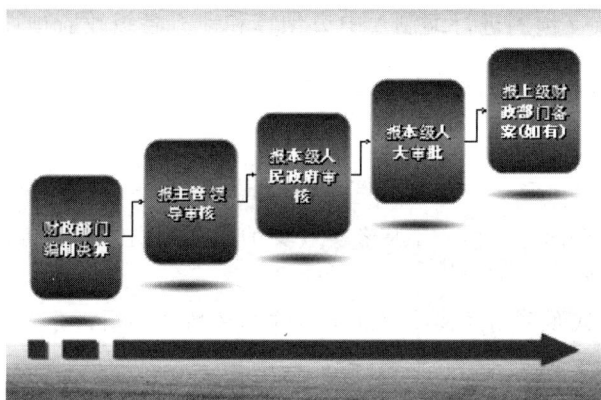

决算流程图

决算是预算年度收支执行情况的总结，由中央、地方总决算汇编而成。决算草案由各级政府、各部门、各单位，在每一预算年度终了后按照国务院规定的时间编制。各级政府财政部门编制本级决算草案，报本级政府审定后，由本级政府提请本级人民代表大会常务委员会审查和批准。

我要复习！

好，预算法的基本知识点学习完了，让我们来复习一下吧。

1. 你一定要知道的（如果已掌握请打钩）：

法定预算的收支范围 □

我国预算的管理监督体制 □

2. 深入理解

（1）根据我国《预算法》的规定，不属于全国人民代表大会预算职权的是（　　）。

A. 批准中央预算和中央预算执行情况的报告

B. 审查和批准中央预算的调整方案

C. 监督中央和地方预算的执行

D. 改变或者撤销全国人民代表大会常务委员会关于预算、决算的不适当的决议解析：本题选择 B、C 项，考核的是全国人民代表大会的预算职权，B、C 项是全国人民代表大会常务委员会的职权。

（2）讨论

某市人大组成由人大代表及部分专业人员组成的检查组，对该市上一年财政决算和当年上半年预算执行情况进行了检查。经检查发现，政府未能严格执行人代会批准的财政预算，上一年追加预算支出和当年上半年追加预算支出，支出前均未编制预算调整方案，也没有报该市人大常委会批准；上一年和当年上半年，市财政未按规定向人大常委会报告预算外资金收支情况。遇到这种情况，按照预算法的基本知识，您认为应该如何处理？

解析：政府违反《预算法》，随意动用预备费以及政府部门预算缺乏透明度；在业务费安排上缺乏科学性、事权量化不规范、安排不合理等。该市人大常委会可否决政府财政预算执行情况报告。否决该财政预算执行报告的同时，应要求其在两个月内整改完毕，并在下一次人大常委会下次会议上重新报告。

学习单元三　税法概述

一、税收的定义及特征

税收是国家为实现其职能，凭借政治权力，按照法律预先规定的标准，强制地、无偿地征收货币或实物的一种经济活动，是国家参与社会产品和国民收入分配和再分配的重要手段，也是国家管理经济的一个重要调节杠杆。

目前，我国税收收入占国家财政收入近 90%，是国家取得财政收入的最主要的来源。税收与国家取得财政收入的其他形式相比较，具有下列显著特征：

1. 强制性。即税收这种分配是以国家的政治权力为直接依据的，而不是以生产资料的所有权为依据。其具体表现是国家以法律形式直接规定，纳税人必须依法纳税，自觉履行纳税义务，否则要受到法律制裁。

2. 无偿性。即国家取得税收收入，既不需要返还，也不需要对纳税人付出任何代价。

3. 固定性。即国家通过法律形式事先规定对什么征税以及征税比例或数额。

在征税以前，国家预先规定征税对象和征收数额的比例，纳税人只要取得了应该纳税的收入，就必须按照税法规定的比例纳税。

二、税法的定义及调整对象

税法是调整国家与纳税人之间征纳税关系的法律规范的总称，即税法是调整税收关系的法律规范的总称。

我国税收法律制度的体系如下：

分类	立法机关	形式	举例
税收法律	全国人大及其常委会	法律	《外商投资企业和外国企业所得税法》《个人所得税法》《税收征收管理法》
	全国人大或常委会授权立法	具有法律效力	增值税、营业税、消费税、资源税、土地增值税、企业所得税等暂行条例
税收法规	国务院、地方人大	行政法规地方法规	《税收征收管理法实施细则》《地方各级人民代表大会和地方各级政府组织法》
税收规章	财政部、税务总局、海关总署、地方税务局	部门规章规章	《税务代理试行办法》《地方各级人民代表大会和地方各级人民政府组织法》

税法的调整对象是税收关系。税收关系指代表国家行使其职权的各级财税机关向负有纳税义务的单位和公民个人在征收税款（或实物）过程中形成的征税关系，其实质是国家强制参与国民收入分配的一种分配关系，也是具有行政权力因素的特殊经济关系。具体包括：

1. 代表国家行使职权的财税机关与下列纳税人之间因征税而形成的税收关系，发生在财税机关与企业之间，财税机关与国家行政机关、事业单位及其他预算外单位之间，财税机关与城乡个体工商户、农村专业户、承包户之间，财税机关与个人所得税交纳者之间；

2. 国家权力机关、国家行政机关、各级财税机关以及他们各自的上下级之间因税收监督而发生的关系。

三、税法的要素

（一）纳税主体

纳税主体即纳税义务人，指税法规定的负有纳税义务的社会组织和公民个人。

> **建议**
>
> 税法要素内容的掌握不能单独理解，要注意与学习单元四关于税种法的内容结合起来。

（二）征税客体

征税客体即征税对象，指对什么东西征税。我国税法规定的征税客体有流转税、所得税、财产税、行为税和资源税五大类。

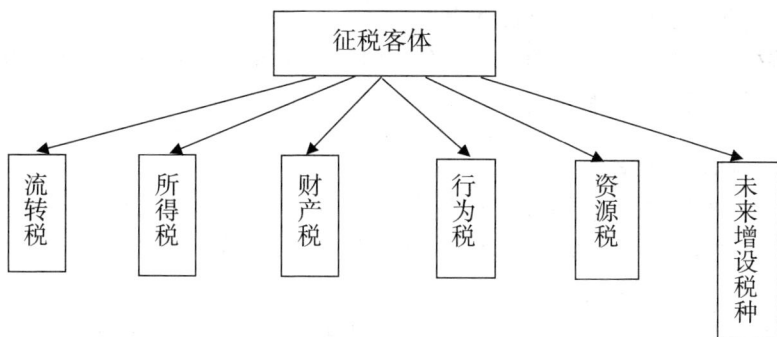

```
                        ┌──────────────┐
                        │   征税客体    │
                        └──────────────┘
        ┌────────┬────────┬────┼────────┬────────┐
        ▼        ▼        ▼    ▼        ▼        ▼
     ┌─────┐  ┌─────┐  ┌─────┐┌─────┐ ┌─────┐ ┌─────┐
     │流   │  │所   │  │财   ││行   │ │资   │ │未   │
     │转   │  │得   │  │产   ││为   │ │源   │ │来   │
     │税   │  │税   │  │税   ││税   │ │税   │ │增   │
     │     │  │     │  │     ││     │ │     │ │设   │
     │     │  │     │  │     ││     │ │     │ │税   │
     │     │  │     │  │     ││     │ │     │ │种   │
     └─────┘  └─────┘  └─────┘└─────┘ └─────┘ └─────┘
```

（三）税率

税率指应纳税额占征税对象数额的比例，是税收的核心要素，是税收调控力度大小的主要体现。税率按照计算单位来划分可以有两种形式：

1. 从量征税，即对征税对象的每单位直接规定税额，也称为定额税率，这是按绝对量课征，如生产销售一吨盐交多少税。

2. 从价征税，即按百分比相对量课征，它分为比例税率和累进税率两种。前者是对同一征税对象，不分数额大小，只规定一个百分比的征税税率，一般适用于对流转额的征税，也适用于对所得额的征税；后者又称等级税率，是按征税对象数额的大小，规定不同等级的税率，征税对象数额越大，税率越高，一般适用于对所得额的征税。

累进税率又分为全额累进税率和超额累进税率等。全额累进税率是把征税对象按数额的大小划分为若干不同的等级，对每一个等级分别规定不同的税率。当征税对象达到那个等级，就对其全部数额适用该级别的税率征税。超额累进税率是根据征税对象数额的大小，划分成若干不同的等级，并对每一个等级规定税率，分别计算税额。征税对象数额增加，需要提高一个等级税率时，只对其超过部分按提高一级的税率计算税额。每一纳税人的征税对象则按其所属等级同时适用几个税率来分别计算，然后将计算结果相加，即得出其应纳税额。

> 🔔 **思考**
>
> 在我国，《个人所得税法》规定了工资、薪金所得税率为 5%~45%；个体工商户的生产、经营所得和对企事业单位的承包经营、承租经营所得税率

为 5% ~ 35%；稿酬所得税率为 20%，并按应纳税额减征 30%；劳务报酬所得税率为 20%；特许权使用费所得，利息、股息、红利所得，财产租赁所得，财产转让所得，偶然所得和其他所得税率为 20%。以您对税率的理解，我国个人所得税税率属于什么税率？

解析： 很明显，这里面既有比例税率，又有超额累进税率，因此实行的是个人所得税实行超额累进税率与比例税率相结合的税率体系。

（四）税种、税目

税种，即税收的种类，指征的什么税。

税目，指各税种中具体规定的应纳税的项目。

（五）减税免税

减税免税，指税法对特定的纳税人或征税对象给予鼓励和照顾的一种优待性规定。减税是对应纳税额少征一部分；免税是对应纳税额全部免除。适用减免税规定的主要有三种情况：

1. 起征点，指对征税对象达到征税数额开始征税的界限，达到起征点数额的征税，未达到起征点的不征税。

2. 免征额，指在征税对象中免予征税的数额，即按一定的标准从全部征税对象中预先免予征税的部分，只对超过部分征税。

3. 法定减免条件，指税法中对在哪些情况下减税，哪些情况下免税的具体规定。只有具备这些条件，才能减税或免税。

（六）纳税期限

纳税期限，指税法规定纳税人缴纳税款的具体时限。纳税人不按期纳税，应依法缴纳滞纳金。

（七）违法处理

违法处理，指对纳税人违反税法的行为，比如欠税、漏税、抗税或未履行纳税登记、申报等，税务机关所采取的惩罚措施。

我要复习！

好，税法概述的基本知识点学习完了，让我们来复习一下吧。

1. 你一定要知道的（如果已掌握请打钩）：

税收及税收关系的定义 ☐

税法要素的构成 ☐

2. 深入理解

以您对税收关系及税法要素的理解，请对以下的习题作出选择。

引起税收法律关系消灭的原因包括（　　　）。

A. 税务机关组织结构的变化

B. 纳税人履行了纳税义务

C. 纳税义务超过追征期限

D. 纳税人的纳税义务被依法免除

解析：税收法律关系消灭的原因，主要有：纳税人履行纳税义务、纳税义务因超过期限而消灭、纳税义务的免除、某些税法的废止、纳税主体的消灭。税务机关被撤并了属于征税主体的变更，不改变纳税人的纳税义务。因此，正确的选项是 B、C、D 项。

学习单元四　税种法

一、流转税

流转税指以商品流转额和劳务收入为征税对象的一个税种。流转税的计税依据是商品价格和服务收费，税额是商品价格或服务收费的组成部分，大小与商品价格和服务收费的多少以及税率的高低有直接关系。流转税包括：增值税、土地增值税、消费税、营业税和关税。

（一）增值税

增值税指以产品新增的价值，即增值额为征税对象的一个税种。增值税的课税对象是商品销售收入扣除产品中已税的物耗部分，即扣除同期消耗了的外购原材料、燃料、动力和计入成本的包装物金额后的数额。按扣除范围的大小，可以分为生产型增值税和收入型增值税。

生产型增值税指销售收入中只扣除外购的原材料等劳动对象的消耗部分，不包括固定资产折旧的价值。收入型增值税指销售收入扣除已税的物耗及固定资产折旧的价值。在《增值税暂行条例》中，对增值税有具体规定：

1. 纳税主体，在全国境内销售货物或提供加工、修理修配劳务以及进口货物的单位和个人。

2. 征税对象，纳税人取得商品的生产、批发、零售和进口收入中的增值额。

3. 增值税税率，实行比例税率，除部分货物外，纳税人销售进口货物或者提供加工、修理修配劳务，税率为17%。纳税人出口货物，除国务院有特别规定外，税率为零。

4. 征收办法，实行价外征收，即根据发货票注明税金进行税款抵扣。商品零售环节的发货票不单独注明税金，税金已包含在价格之内。

《增值税暂行条例》第15条　下列项目免征增值税：①农业生产者销售的自产农产品；②避孕药品和用具；③古旧图书；④直接用于科学研究、科学试验和教学的进口仪器、设备；⑤外国政府、国际组织无偿援助的进口物资和设备；⑥由残疾人的组织直接进口供残疾人专用的物品；⑦销售的自己使用过的物品。除前款规定外，增值税的免税、减税项目由国务院规定。任何地区、部门均不得规定免税、减税项目。

第16条　纳税人兼营免税、减税项目的，应当分别核算免税、减税项目的销售额；未分别核算销售额的，不得免税、减税。

第17条　纳税人销售额未达到国务院财政、税务主管部门规定的增值税起征点的，免征增值税；达到起征点的，依照本条例规定全额计算缴纳增值税。

思考

关于增值税的说法，下列哪一选项是错误的？（　　　）

A. 增值税的税基是销售货物或者提供加工、修理修配劳务以及进口货物的增值额

B. 增值税起征点的范围只限于个人

C. 农业生产者销售自产农业产品的，免征增值税

D. 进口图书、报纸、杂志的，免征增值税

解析：根据增值税的相关知识点及《增值税暂行条例》的规定，该思考题应选 D 项。

（二）土地增值税

土地增值税指对单位和个人有偿转让土地使用权的增值收益进行征税的一个税种。在《土地增值税暂行条例》和《土地增值税暂行条例实施细则》中，对土地增值税有具体规定：

1. 纳税主体。即转让国有土地使用权、地上的建筑物及其附着物并取得收入的单位和个人。

2. 征税对象。即转让房地产所取得的增值额，即纳税人转让土地使用权、

房地产所取得的收入减除法定扣除项目金额后的余额。扣除项目包括取得土地使用权所支付的金额，开发土地的成本、费用，新建房及配套设施的成本费用或者旧房及建筑物的评估价格，与转让房地产有关的税金，财政部规定的其他扣除项目。

3. 税率。实行四级超额累进税率，即增值税额未超过扣除项目金额50%的部分，税率为30%；未超过扣除项目金额100%的部分，税率为40%；超过扣除项目金额100%、未超过扣除项目金额200%的部分，税率为50%；超过扣除项目额的200%的部分，税率为60%。

4. 征收管理。凡转让人向土地管理部门申请土地变更登记，提交土地估价报告，应在规定的期限内到税务机关办理土地增值税的纳税申报手续。土地管理部门在对纳税人转让行为的合法性、估价报告及申报交易价格进行确认后，及时通知税务部门，纳税人在税务机关审核后按规定期限缴纳土地增值税。税务机关对已经完税的发给完税证明，对免税的发给免税证明。土地管理部门凭完税（或免税）证明，办理权属变更登记，更换《国有土地使用证》。《土地增值税暂行条例》同时规定了免征土地增值税的情形。

> 《土地增值税暂行条例》第8条 有下列情形之一的，免征土地增值税：①纳税人建造普通标准住宅出售，增值额未超过扣除项目金额20%的；②因国家建设需要依法征用、收回的房地产。

（三）消费税

消费税指以消费品销售额或消费支出额作为课税对象的一个税种。它是价内税，征税范围具有选择性，只对一部分消费品征税，而且税率、税额有差别性，根据不同消费品的种类、档次、结构、功能以及供求、价格等情况，制定不同的税率、税额。在《消费税暂行条例》和《消费税暂行条例实施细则》中对消费税有具体规定：

1. 征税范围。包括烟、酒及酒精、化妆品、贵重首饰及珠宝玉石、鞭炮和焰火、成品油、汽车轮胎、摩托车、小汽车、高尔夫球及球具、高档手表、游艇、木制一次性筷子、实木地板14类产品。

2. 纳税主体，在中国境内生产、委托加工和进口应税消费品的单位和个人。包括企业、行政单位、事业单位、军事单位、社会团体、其他单位，个体工商户及其他个人。以及国务院确定的销售应税消费品的单位和个人。

3. 税率。采用比例税率，14类应税消费品的税率最高为45%，最低为1%。

4. 应税消费品不纳税及代收代缴税款的情形。

《消费税暂行条例》第4条　纳税人生产的应税消费品，于纳税人销售时纳税。纳税人自产自用的应税消费品，用于连续生产应税消费品的，不纳税；用于其他方面的，于移送使用时纳税。委托加工的应税消费品，除受托方为个人外，由受托方在向委托方交货时代收代缴税款。委托加工的应税消费品，委托方用于连续生产应税消费品的，所纳税款准予按规定抵扣。进口的应税消费品，于报关进口时纳税。

我要复习！

下列各项中，应同时征收增值税和消费税的是（　　　）。

A．批发环节销售的卷烟

B．零售环节销售的金基合金首饰

C．生产环节销售的普通护肤护发品

D．进口环节取得外国政府捐赠的小汽车

解析： 这里只需要注意一点，即凡征收消费税的消费品都属于征收增值税的货物的范畴。因此，这里关键是要弄清征收消费税的范畴。因此，按照《消费税暂行条例》规定的征税范围，该思考题应选 A、B 项。

（四）营业税

营业税指对在我国境内提供劳务、转让无形资产或者销售不动产的单位和个人就其营业收入额征收的一个税种。在《营业税暂行条例》和《营业税暂行条例实施细则》中，对营业税有具体规定：

1. 纳税主体，凡在我国境内从事交通运输、金融保险、邮电通讯、建筑安装、文化娱乐以及转让无形资产或者销售不动产的单位和个人。

2. 税率，实行差别比例税率，按照普遍征收、调低税率的原则，根据积累水平高低和消费水平层次，设有三个税率：交通运输业、建筑业、邮电通信业、文化体育业税率为3%，金融保险业、服务业、转让无形资产、销售不动产税率为5%，娱乐业税率为5%～20%。

3. 营业税的免征情形。

《营业税暂行条例》第8条　下列项目免征营业税：①托儿所、幼儿园、养老院、残疾人福利机构提供的育养服务，婚姻介绍，殡葬服务；②残疾人员个人提供的劳务；③医院、诊所和其他医疗机构提供的医疗服务；④学校和其他教育机构提供的教育劳务，学生勤工俭学提供的劳务；⑤农业机耕、排灌、病虫害防治、植物保护、农牧保险以及相关技术培训业务，家禽、牲畜、水生动物的配种和疾病防治；⑥纪念馆、博物馆、文化馆、文物保护单位管理机构、美术馆、展览馆、书画院、图书馆举办文化活动的门票收入，宗教场所举办文化、宗教活动的门票收入；⑦境内保险机构为出口货物提供的保险产品。除前款规定外，营业税的免税、减税项目由国务院规定。任何地区、部门均不得规定免税、减税项目。

（五）关税

关税指设在边境、沿海口岸或国家指定的其他水、陆、空国际交往通道上的海关机关对进出国境的货物和物品征收的一个税种，分为进口税和出口税。在《进出口关税条例》中，对关税有具体规定：

1. 纳税主体。即进口货物的收货人、出口货物的发货人，进境物品的所有人。

2. 征税对象。即海关依照关税条例审定的完税价格。

3. 税率。实行比例税率，分为进口税率和出口税率。进口关税设置最惠国税率、协定税率、特惠税率、普通税率、关税配额税率等税率。不同的税率根据进出国境货物和物品的不同情形确定。对进口货物在一定期限内可以实行暂定税率。出口关税设置出口税率，对出口货物在一定期限内可以实行暂定税率。

实践一下！

学习好了吗？这里有一个实例，运用学过的知识解决一下吧……

某制药厂（增值税一般纳税人）1月生产医用酒精20吨，成本16 000元，将5吨投入车间连续加工跌打正骨水，10吨对外销售，取得不含税收入10 000元，企业当期销售跌打正骨水取得不含税收入200 000元，当期发生可抵扣增值税进项税30 000元，该企业当期应纳增值税和消费税合计数额为多少元？

解析： 酒精销售既缴纳增值税又缴纳消费税。酒精移送用于非消费税产品的，在移送环节缴纳消费税但不缴纳增值税；跌打正骨水销售缴纳增值税不缴纳消费税。因此，按照《增值税暂行条例》、《消费税暂行条例》及实施细则，关于题目中涉及的税费应这样计算：

该企业当期应纳的增值税 = （200 000 + 10 000）×17% − 30 000 = 5700元

该企业当期应纳的消费税 = （10 000 + 10 000/10 × 5）× 5% = 750元

合计缴纳增值税消费税合计 = 5700 + 750 = 6450元

二、所得税

所得税，即收益税，是以纳税人的所得额为征税对象的一个税种。所得指纳税人由于劳动、营业、投资等而获得的收入扣除为取得收入所需的费用之后的余额。所得税的所得来源必须合法真实，并且具有经常性或者连续性，某些临时偶然性的收入除特别规定外则不列为课税对象。所得税包括企业所得税和个人所得税。

（一）企业所得税

纳税人			税收管辖权	征税对象	税率
居民企业			居民管辖权，就其世界范围所得征税	居民企业、非居民企业在华机构的生产经营所得和其他所得（包括非居民企业发生在中国境外但与其所设机构、场所有实际联系的所得）	基本税25%
非居民企业	在我国境内设立机构、场所	取得所得与设立机构、场所有实际联系	地域管辖权，就来源于我国的所得以及发生在中国境外但与其所设机构、场所有实际联系的所得征税		
		取得所得与设立机构、场所没有实际联系		来源于我国的所得	低税率20%（实际减按10%的税率征收）
	未在我国境内设立机构、场所，却有来源于我国的所得				

企业所得税指以企业的生产、经营所得和其他所得为征税对象的税种。在《企业所得税法》中，对企业所得税的纳税人、征税对象、税率等问题有详细规定。

1. 企业所得税的纳税人。《企业所得税法》规定以法人组织为纳税人，即将取得经营收入的单位和组织纳入征收范围。我国按照国际通行做法采用了规范的"居民企业"和"非居民企业"概念，对纳税人加以区分。前者是依法在中国境内成立或者依照外国（地区）法律成立但实际管理机构在中国境内的企业；后者是依照外国（地区）法律成立且实际管理机构不在中国境内，但在中国境内设立机构、场所的，或者在中国境内未设立机构、场所，但有来源于中国境内所得的企业。居民企业承担全面纳税义务，就来源于我国境内外的全部所得纳税；非居民企业承担有限纳税义务，一般只就来源于我国境内的所得纳税。同时，为增强企业所得税与个人所得税的协调，明确规定个人独资企业和合伙企业不作为企业所得税的纳税人。

2. 企业所得税的征税对象。

> 《企业所得税法》第6条 企业以货币形式和非货币形式从各种来源取得的收入，为收入总额。包括：①销售货物收入；②提供劳务收入；③转让财产收入；④股息、红利等权益性投资收益；⑤利息收入；⑥租金收入；⑦特许权使用费收入；⑧接受捐赠收入；⑨其他收入。
>
> 第7条 收入总额中的下列收入为不征税收入：①财政拨款；②依法收取并纳入财政管理的行政事业性收费、政府性基金；③国务院规定的其他不征税收入。

3. 企业所得税的税率。企业所得税的税率为25%，非居民企业的所得税率为20%，在国际上属于适中偏低水平。

4. 企业所得税应纳税所得额的计算。

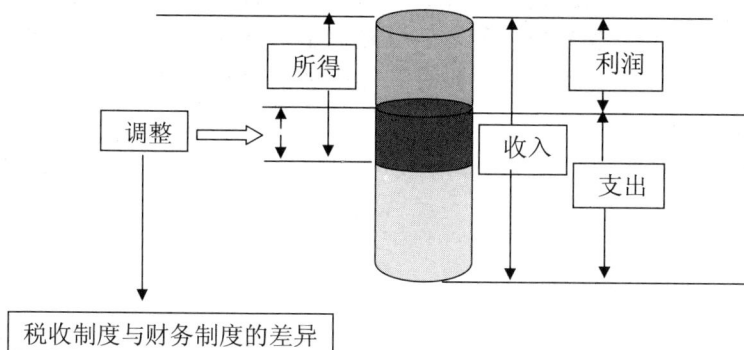

企业每一纳税年度的收入总额，减除不征税收入、免税收入、各项扣除以及允许弥补的以前年度亏损后的余额，为应纳税所得额。企业实际发生的与取得收入有关的合理支出，包括成本、费用、税金、损失和其他支出，准予在计算应纳税所得额中扣除。具体情况是：

（1）企业发生的公益性捐赠支出，在年度利润总额12%以内的部分，准予在计算应纳税所得额时扣除；

（2）企业发生的合理的工资薪金支出、劳动保护支出，准予扣除；

（3）企业按规定范围和标准为职工缴纳的基本养老保险费、基本医疗保险费、失业保险费、工伤保险费、生育保险费等基本社会保险费和住房公积金，准予扣除；

（4）企业为投资者或职工支付的补充养老保险费、补充医疗保险费，在规定范围和标准内，准予扣除；

（5）企业在生产经营活动中发生的合理的不需要资本化的借款费用，准予扣除；

（6）企业发生的职工福利费支出，不超过工资薪金总额14%的部分，准予扣除；

（7）企业拨缴的工会费用，不超过工资薪金总额2%的部分，准予扣除；

（8）除另有规定外，企业发生的职工教育经费支出，不超过工资薪金总额2.5%的部分，准予扣除；超过部分，准予在以后纳税年度结转扣除；

（9）企业发生的与生产经营活动有关的业务招待费支出，按照发生额的60%扣除，但最高不得超过当年销售收入的5‰；

（10）企业发生的符合条件的广告费和业务宣传费支出，除另有规定外，不超过当年销售收入15%的部分，准予扣除；超过部分，准予在以后纳税年度扣除；

（11）企业按照规定计算的固定资产折旧，准予扣除，但房屋、建筑物以外未投入使用、以经营租赁方式租入、以融资租赁方式租出、已足额提取折旧仍继续使用、与经营活动无关等固定资产和单独估价作为固定资产入账的土地不得计算折旧扣除；

（12）企业按照规定计算的无形资产摊销费用，准予扣除，自行开发的支出已在计算应纳税所得额时扣除、与经营活动无关等无形资产和自创商誉不得计算摊销费用扣除；

（13）企业发生的已足额提取折旧的固定资产的改建支出、租入固定资产的改建支出、固定资产的大修理支出等长期待摊费用，按照规定摊销的，准予扣除；

（14）企业使用或者销售存货，按照规定计算的存货成本，准予扣除；

（15）企业转让资产，该项资产的净值，准予扣除。

在计算应纳税所得额时，同时要注意以下几个问题：

（1）企业对外投资期间，投资资产的成本在计算应纳税所得额时不得扣除；

（2）企业在汇总计算缴纳企业所得税时，其境外营业机构的亏损不得抵减境内营业机构的盈利；

（3）企业纳税年度发生的亏损，准予向以后年度结转，用以后年度的所得弥补，但结转年限最长不得超过5年。

对于在中国境内未设立机构、场所的，或者虽设立机构、场所但取得的所得与其所设机构、场所没有实际联系的非居民企业，其来源于中国境内的应纳税所得税计算方法是：

（1）股息、红利等权益性投资收益和利息、租金、特许权使用费所得，以收入全额为应纳税所得额；

（2）转让财产所得，以收入全额减除财产净值后的余额为应纳税所得额；

（3）其他所得参照前两项规定的方法计算应纳税所得额。

> **思考**
>
> 在计算企业应纳税所得额时，下列哪一项支出可以加计扣除？（　　）
>
> A．新技术、新产品、新工艺的研究开发费用
>
> B．为安置残疾人员所购置的专门设施
>
> C．赞助支出
>
> D．职工教育经费
>
> **解析：** 此思考题涉及税收优惠中企业加计扣除项目的相关知识，B 项中安置残疾人员只有支付工资可以加计扣除，C 项中赞助支出不得加计扣除，D 项中职工教育经费属于与取得收入无关的其他支出，也不属于加计扣除的范畴。因此，只有 A 项正确。

5. 企业所得税应纳税额及税收优惠。企业的应纳税所得额乘以适用税率，减除关于税收优惠的规定减免和抵免的税额后的余额，为应纳税额。企业所得已在境外缴纳的所得税税额，可以从其当期应纳税额中抵免，但有一定的抵免限额，超过抵免限额的部分，可以在以后五个年度内，用每年度抵免限额抵免当年应抵税额后的余额进行抵补。居民企业从其直接或者间接控制的外国企业分得的来源于中国境外的股息、红利等权益性投资收益，外国企业在境外实际缴纳的所得税税额中属于该项所得负担的部分，可以作为该居民企业的可抵免境外所得税税额。

对于企业应纳税额，有以下几种情况可以减免：

（1）《企业所得税法》第 25 条规定，国家对重点扶持和鼓励发展的产业和项目，给予企业所得税优惠。

（2）《企业所得税法》第 26 条规定，企业的下列收入为免税收入：①国债利息收入；②符合条件的居民企业之间的股息、红利等权益性投资收益；③在中国境内设立机构、场所的非居民企业从居民企业取得与该机构、场所有实际联系的股息、红利等权益性投资收益；④符合条件的非营利组织的收入。

（3）《企业所得税法》第 27 条规定，企业的下列所得，可以免征、减征企业所得税：①从事农、林、牧、渔业项目的所得；②从事国家重点扶持的公共基础设施项目投资经营的所得；③从事符合条件的环境保护、节能节水项目的所得；④符合条件的技术转让所得；⑤本法第 3 条第 3 款规定的所得。

（4）《企业所得税法》第 28 条规定，符合条件的小型微利企业，减按 20% 的税率征收企业所得税。国家需要重点扶持的高新技术企业，减按 15% 的税率征收企业所得税。

（5）《企业所得税法》第 29 条规定，民族自治地方的自治机关对本民族自治地方的企业应缴纳的企业所得税中属于地方分享的部分，可以决定减征或者免征。自治州、自治县决定减征或者免征的，须报省、自治区、直辖市人民政府批准。

对于计算应税所得额可以加计扣除或其他优惠情形有：

（1）企业开发新技术、新产品、新工艺发生的研究开发费用，安置残疾人员及国家鼓励安置的其他就业人员所支付的工资等支出，可以在计算应纳税所得额时加计扣除；

（2）创业投资企业从事国家需要重点扶持和鼓励的创业投资，可以按投资额的一定比例抵扣应纳税所得额；

（3）企业的固定资产由于技术进步等原因，确需加速折旧的，可以缩短折旧年限或者采取加速折旧的方法；

（4）企业综合利用资源，生产符合国家产业政策规定的产品所取得的收入，可以在计算应纳税所得额时减计收入；

（5）企业购置用于环境保护、节能节水、安全生产等专用设备的投资额，可以按一定比例实行税额抵免；

（6）根据国民经济和社会发展的需要，或者由于突发事件等原因对企业经营活动产生重大影响的，国务院可以制定企业所得税专项优惠政策，并报备案。

6. 企业所得税的源泉扣缴、特别纳税调整。

（1）源泉扣缴。对非居民企业在中国境内未设立机构、场所或者虽设立机构、场所但取得的所得与其所设机构、场所没有实际联系的所得应缴纳的所得税，实行源泉扣缴，以支付人为扣缴义务人。对非居民企业在中国境内取得工程作业和劳务所得应缴纳的所得税，税务机关可以指定工程价款或者劳务费的支付人为扣缴义务人。扣缴义务人未依法扣缴或者无法履行扣缴义务的，由纳税人在所得发生地缴纳。纳税人未依法缴纳的，税务机关可以从该纳税人在中国境内其他收入项目的支付人应付的款项中，追缴该纳税人的应纳税款。

（2）特别纳税调整。企业与其关联方之间的业务往来，不符合独立交易原则而减少企业或者其关联方应纳税收入或者所得额的，税务机关有权按照合理方法调整。企业与其关联方共同开发、受让无形资产，或者共同提供、接受劳务发生的成本，在计算应纳税所得额时应当按照独立交易原则进行分摊。企业从其关联方接受的债权性投资与权益性投资的比例超过规定标准而发生的利息支出，不得在计算应纳税所得额时扣除。企业可以向税务机关提出与其关联方之间业务往来的定价原则和计算方法，税务机关与企业协商、确认后，达成预约定价安排。

由居民企业，或者由居民企业和中国居民控制的设立在实际税负明显过低的国家（地区）的企业，并非由于合理的经营需要而对利润不作分配或者减少分配的，利润中应归属于该居民企业的部分，应当计入该居民企业的当期收入。

企业实施其他不具有合理商业目的的安排而减少其应纳税收入或者所得额的，税务机关有权按照合理方法调整。

特别纳税调整，不仅要补征税款，而且要按规定加收利息。

> **思考**
>
> 根据《企业所得税法》规定，下列哪些表述是正确的？（　　）
> A. 国家对鼓励发展的产业和项目给予企业所得税优惠
> B. 国家对需要重点扶持的高新技术企业可以适当提高企业所得税税率
> C. 企业从事农、林、牧、渔项目的所得可以免征、减征企业所得税
> D. 企业安置残疾人员所支付的工资可以在计算应纳税所得额时加计扣除
>
> **解析**：A、C、D项正确，主要涉及《企业所得税法》中的各种税收优惠措施。

（二）个人所得税

个人所得税是对个人取得的所得征收的一个税种，是国家调节个人收入的一种手段。我国目前适用的是2011年6月30日修正的《个人所得税法》。

1. 个人所得税的纳税人。在中国境内有住所或者无住所而在境内居住满1年的个人，以及在中国境内无住所又不居住或者无住所而在境内居住不满1年但有来源于中国境内所得的个人。前者通常称为居民纳税人，后者通常称为非居民纳税人。

2. 个人所得税的征税对象。

《个人得税法》第2条　下列各项个人所得，应纳个人所得税：①工资、薪金所得；②个体工商户的生产、经营所得；③对企事业单位的承包经营、承租经营所得；④劳务报酬所得；⑤稿酬所得；⑥特许权使用费所得；⑦利息、股息、红利所得；⑧财产租赁所得；⑨财产转让所得；⑩偶然所得；⑪经国务院财政部门确定征税的其他所得。

3. 个人所得税的税率。个人所得税实行超额累进税率与比例税率相结合的税率体系。工资、薪金所得，适用超额累进税率，税率为 3% ~ 45%；个体工商户的生产、经营所得和对企事业单位的承包经营、承租经营所得，适用 5% ~ 35% 超额累进税率；稿酬所得，适用比例税率，税率为 20%，并按应纳税额减征 30%；劳务报酬所得，适用比例税率，税率为 20%；对劳务报酬所得一次收入略高的，可以实行加成征收；特许权使用费所得，利息、股息、红利所得，财产租赁所得，财产转让所得，偶然所得和其他所得，适用比例税率，税率为 20%。

最新工资薪金个人所得税税率表（免征额 3500 元）

级数	全月应纳税所得额 （含税级距）	全月应纳税所得额 （不含税级距）	税率（%）	速算扣除数
1	不超过 1500 元	不超过 1455 元的	3	0
2	超过 1500 ~ 4500 元的部分	超过 1455 ~ 4155 元的部分	10	105
3	超过 4500 ~ 9000 元的部分	超过 4155 ~ 7755 元的部分	20	555
4	超过 9000 ~ 35 000 元的部分	超过 7755 ~ 27 255 元的部分	25	1005
5	超过 35 000 ~ 55 000 元的部分	超过 27 255 ~ 41 255 元的部分	30	2755
6	超过 55 000 ~ 80 000 元的部分	超过 41 255 ~ 57 505 元的部分	35	5505
7	超过 80 000 元的部分	超过 57 505 元的部分	45	13 505

4. 不同类别个人所得应税所得额的计算。

（1）工资、薪金所得，以每月收入额减除费用 3500 元后的余额；

（2）个体工商户的生产、经营所得，以每一纳税年度的收入总额，减除成本、费用以及损失后的余额；

（3）对企事业单位的承包经营、承租经营所得，以每一纳税年度的收入总额，按月减除费用 2000 元后的余额；

（4）劳务报酬所得、稿酬所得、特许权使用费所得、财产租赁所得，每次收入不超过 4000 元的，减除费用 800 元；4000 元以上的，减除 20% 的费用，如此计算后的余额；

（5）财产转让所得，以转让财产的收入额减除财产原值和合理费用后的余额；

（6）利息、股息、红利所得，偶然所得和其他所得，每次收入额。

实践一下！

学习好了吗？这里有一个实例，运用学过的知识解决一下吧……

2012 年某大学教授董某取得如下收入：每月工资 5000 元；承包本单位招待所，经营利润 85 000 元，上交承包费 20 000 元；受邀去校外授课一次，取得收入 30 000 元；与三位教师合作出书，共获得稿费 12 000 元，每人分得 3000 元；董某向国家申请了一项专利技术，全年转让该技术使用权两次，每次获得收入 10 000 元；1 月 1 日～6 月 30 日将住房按市场价格出租，租金为每月 1500 元；8 月 1 日将自有 3 年住房出售，售价为 20 万元，房屋原值为 12 万元；本年度董某以股东身份出任某公司顾问，年终分到股息 20 000 元；董某在某商场的有奖销售活动中，中奖 10 000 元，董某将其中的 4000 元通过教育部门捐助给某希望小学。请计算董某 2006 年全年应缴纳的个人所得税。

解析：按照《个人所得税法》及其实施条例规定，工资薪金应纳税额 = [（5000 − 3500）× 3%] × 12 = 540 元；承包承租应纳税额 =（85 000 − 20 000 − 1600 × 12）× 30% − 4250 = 9490 元；劳务报酬应纳税额 = 30 000 ×（1 − 20%）× 30% − 2000 = 5200 元；稿酬所得应纳税额 =（3000 − 800）× 20% ×（1 − 30%）= 308 元；特许权使用费应纳税额 = [10 000 ×（1 − 20%）× 20%] × 2 = 3200 元；财产租赁应纳税额 =（1500 − 800）× 10% × 6 = 420 元；财产转让应纳税额 =（200 000 − 120 000）× 20% = 16 000 元；利息、股息、红利应纳税额 = 20 000 × 20% = 4000 元；捐助 4000 ÷ 10 000 = 40% > 30%，不允许全部抵扣，只允许抵扣 30% 即 3000 元，偶然所得应纳税额 =（10 000 − 3000）× 20% = 1400 元。董某全年应纳个人所得税 = 540 + 9490 + 5200 + 308 + 3200 + 420 + 16 000 + 4000 + 1400 = 40 558 元。

---

5. 个人所得税的税收优惠，即个人所得税的免征和减征情况包括：

（1）《个人得税法》第 4 条规定，下列各项个人所得，免纳个人所得税：①省级人民政府、国务院部委和中国人民解放军军以上单位，以及外国组织、国际组织颁发的科学、教育、技术、文化、卫生、体育、环境保护等方面的奖金；②国债和国家发行的金融债券利息；③按照国家统一规定发给的补贴、津贴；④福利费、抚恤金、救济金；⑤保险赔款；⑥军人的转业费、复员费；

⑦按照国家统一规定发给干部、职工的安家费、退职费、退休工资、离休工资、离休生活补助费；⑧依照我国有关法律规定应予免税的各国驻华使馆、领事馆的外交代表、领事官员和其他人员的所得；⑨中国政府参加的国际公约、签订的协议中规定免税的所得；⑩经国务院财政部门批准免税的所得。

（2）《个人所得税法》第5条规定，有下列情形之一的，经批准可以减征个人所得税：①残疾、孤老人员和烈属的所得；②因严重自然灾害造成重大损失的；③其他经国务院财政部门批准减税的。

三、财产税、行为税和资源税

（一）财产税

财产税指以一定财产的数量或价格为征税对象的一个税种。财产税按实际课征范围的宽窄可以分为一般财产税和特定财产税。一般财产税是就纳税人一切财产的价值综合课征的；而特定的财产税是指对纳税人的个别财产，如土地、房屋等有选择的分别课征。我国的财产税属于特定财产税，包括房产税、契税。

1. 房产税。房产税是以城市、县城、建制镇和工矿基地的房产为征税对象的一个税种。国务院于1986年9月15日发布《房产税暂行条例》，2011年个人住房房产税试点在个别城市展开。房产税的主要内容包括：

（1）纳税主体。房产税的纳税人一般为房产的产权所有人。房产的产权属于全民所有的，为其经营管理人；房产的产权出典的，为其承典人；房产的产权所有人、承典人不在当地或产权未确定以及租典纠纷没有解决的，为其代管人或使用人。

（2）税率。房产税的税率采用比例税率，以房产原价一次减去10%~30%后的余值作为计税价格计征的，税率为1.2%；以租金收入计征的，税率为12%。

（3）房产税的税收优惠。《房产税暂行条例》第5条规定，下列房产免纳房产税：①国家机关、人民团体、军队自用的房产；②由国家财政部门拨付事业经费的单位自用的房产；③宗教寺庙、公园、名胜古迹自用的房产；④个人所有非营业用的房产；⑤经财政部批准免税的其他房产。

其他免征房产税的类型有：对行使国家行政管理职能的中国人民银行总行所属分支机构自用的房产，老年服务机构自用的、鼓励地下人防设施的、非营利性的医疗机构、疾病控制机构和妇幼保健机构等卫生机构自用的、向居民供热并向居民收取采暖费的供热企业的、高校后勤实体的房产，对坐落在城市、县城、建制镇、工矿区范围以外的在县邮政局内核算的房产，按照政府规定价格出租的公有住房和廉租住房（包括企业和自收自支的事业单位向职工出租的单位自有住房、房管部门向居民出租的私有住房），损坏不堪使用而停止使用的房屋和危险房屋,因房屋大修导致连续停用半年以上的房产,在基建工地为基建工地服务的各种工棚、材料棚、休息棚和办公室、食堂、茶炉房、汽车房等临时性房屋。

减征房产税的范围包括:对个人按市场价格出租的居民住房,用于居住的可暂减按4%的税率征收房产税;纳税人纳税确有困难的,由省、自治区、直辖市人民政府确定定期减征。

思考

按《房产税暂行条例》规定,下列各项属于房产税征税对象的有( )。

A. 工厂围墙
B. 宾馆室外的游泳池
C. 水塔
D. 企业通风设备用地

解析:房产税的征税对象不包括独立于房屋之外的建筑物,如烟囱、游泳池、自行车棚、围墙、水塔等;但要包括房屋的附属设施,如供暖、制冷、通风的设备等。因此,正确答案应是D项。

知识扩展

上海、重庆房产税改革试点

上海房产税改革征收对象是指本暂行办法施行之日起本市居民家庭在本市新购且属于该居民家庭第二套及以上的住房(包括新购的二手存量住房和新建商品住房)和非本市居民家庭在本市新购的住房。适用税率暂定为0.6%。

重庆房产税改革对于房价达到当地均价2~3倍的房产,将按房产价值的0.5%征税;对于房价达到当地均价3~4倍的房产,将按房产价值的1%征税;4倍以上,按1.2%的税率征税。

2. 契税。契税是国家向承受土地、房屋权属的单位和个人征收的一个税种。包括土地使用权出让;土地使用权转让;房屋买卖、赠与、交换等行为。国务院发布的《契税暂行条例》对契税作了具体规定,但契税可能随着经济发展情况适时作出调整,关于契税的主要内容包括:

(1)纳税主体。契税的纳税主体为承受土地、房屋权属的单位和个人。

《契税暂行条例》第2条　条例所称转移土地、房屋权属是指下列行为：①国有土地使用权出让；②土地使用权转让，包括出售、赠与和交换；③房屋买卖；④房屋赠与；⑤房屋交换。前款第2项土地使用权转让，不包括农村集体土地承包经营权的转移。

（2）征税对象。契税的纳税客体为国有土地使用权出让、出售和房屋买卖的成交价格；交换土地使用权和房屋的价格差额。赠与土地使用权和房屋的参照土地使用权出售和房屋买卖的市场价格交纳。

（3）税率。契税采用比例税率，税率为3%～5%。契税的适用税率由省、自治区、直辖市人民政府根据本地区实际情况确定，并报财政部和国家税务总局备案。

（二）特定行为税

特定行为税指以纳税人的某些特定行为作为征税对象的一个税种，包括固定资产投资方向调节税、筵席税、屠宰税、车船使用税、船舶吨位税、印花税、城市维护建设税。征收行为税旨在对某些行为加以限制或加强管理监督，即为特定的目的服务。特定行为税有分散性和灵活性，税源不普遍、不集中，可随某一时期的政策而开征或停征，不像流转税和所得税那样普遍、集中和稳定。

特定行为税中将重点介绍车船税，现行的是2012年施行的《车船税法》。

1. 车船税的征收对象。车船税的征收对象包括乘用车、商用车、半挂牵引车、三轮汽车、低速载货汽车、挂车、专用作业车、轮式专用机械车、摩托车和船舶。

2. 车船税的税额。乘用车、商用车中的客车和摩托车以每辆计税；商用车中的货车、挂车和其他车辆以整备质量计税；船舶中的机动船舶以净吨位计税，游艇以艇身长度计税。

3. 车船税的税收优惠。

《车船税法》第3条　下列车船免征车船税：①捕捞、养殖渔船；②军队、武装警察部队专用的车船；③警用车船；④依照法律规定应当予以免税的外国驻华使馆、国际组织驻华代表机构及其有关人员的车船。

第4条　对节约能源、使用新能源的车船可以减征或者免征车船税；对受严重自然灾害影响纳税困难以及有其他特殊原因确需减税、免税的，可以减征或者免征车船税。

第5条　省、自治区、直辖市人民政府可以根据当地实际情况，可以对公共交通车船，农村居民拥有并主要在农村地区使用的摩托车、三轮汽车和低速载货汽车定期减征或者免征车船税。

（三）资源税

资源税指对在我国境内开采特定矿产品和生产盐、因资源条件差异而形成的级差收入所征收的一个税种。开征资源税的目的是调节开发、利用资源过程中，因自然资源因素所造成的级差收入，促进国有资源的有效管理和充分利用，并增加财政收入。现行的是 2011 年修订的《资源税暂行条例》和《资源税暂行条例实施细则》，主要内容包括：

1. 纳税主体。为在中国境内开采《资源税暂行条例》规定的矿产品或者生产盐的单位和个人。

2. 征税范围。矿产品和盐，其中矿产品包括原油、天然气、煤炭、金属矿产品和其他非金属矿产品（如磷矿）；盐包括固体盐和液体盐。

思考

下列几种情形中，不缴纳资源税的是（　　　）。

A. 开采销售天然大理石

B. 油田出售天然气

C. 盐场销售液体盐

D. 盐业公司销售食盐

解析：征收资源税的只有列入税目的七类产品，而原油、天然气、煤炭不包括资源产品，盐不包括精盐。因此，正确答案应是 D 项。

---

3. 税率。资源税实行从量计征的定额幅度税率。从量计证指按照征税对象的计量单位直接规定应纳税额的税率形式；定额幅度税率指在统一征税的幅度内根据纳税人拥有的征税对象或发生课税行为的具体情况或者生产征税对象的地区差异，由省、直辖市、自治区税务机关确定纳税人具体适用税率。我国的资源税有 8 个税率，如原油 8 ~ 30 元/吨、固体盐 10 ~ 60 元/吨。

4. 资源税的税收优惠。

《资源税暂行条例》第 7 条　有下列情形之一的，减征或者免征资源税：①开采原油过程中用于加热、修井的原油，免税。②纳税人开采或者生产应税产品过程中，因意外事故或者自然灾害等原因遭受重大损失的，由省、自治区、直辖市人民政府酌情决定减税或者免税。③国务院规定的其他减税、免税项目。

建议

学完这一学习单元，回想一下，您是否觉得知识点很多，涉及的除外情形也很多，您有什么妙招没有啊？在此，我为您支几招：

1. 在学习每一个税种时，与前一个或者前几个税种进行一下比较；

2. 在学习每一个税种时，自己举一个或者查找一个案例进行学习；

3. 对有些税种的学习，如个人所得税、房产税等税种，可结合自己或亲属的实际情况进行实证学习。

我要复习！

好，税种法的基本知识点学习完了，让我们来复习一下吧。

你一定要知道的（如果已掌握请打钩）：

不同税种的纳税主体、征税范围 ☐

不同税种的纳税范围中应当排除的例外情形 ☐

各种税种应纳税税基的计算及优惠规定 ☐

个人所得税的计算 ☐

学习单元五　税收征收管理法

一、税务管理

税收征收管理法是调整征税机关在税款征收和税务管理过程中所发生的社会关系的法律规范的总称。现行的是 2013 年修改的《税收征收管理法》和 2012 年修订的《税收征收管理法实施细则》。耕地占用税、契税、农业税、牧业税征收管理办法由国务院另行制定，关税及海关代征税收的征收管理依照有关规定执行。

建议

税收征收的法律依据有很多小类，但归根结底只有两大类：全国人大及其常委会制定的法律和国务院依据法律授权制定的行政法规。

（一）税务登记

1. 开业登记。企业、企业在外地设立的分支机构和从事生产经营的场所、个体商户和从事生产经营的事业单位（以下统称"从事生产经营的纳税人"）自领取营业执照之日起30日内，持有关证件，向税务机关申报办理税务登记，税务机关审核后发给税务登记证件。

2. 变更、注销登记。从事生产、经营的纳税人税务登记内容发生变化的，自工商行政管理机关或者其他机关办理变更登记之日起30日内或者在向工商行政管理机关或者其他机关申请办理注销登记之前，持有关证件向税务机关申报办理变更或者注销税务登记。

3. 税务登记证件使用。纳税人必须按有关规定使用税务登记证件，不得转借、涂改、损毁、买卖或者伪造。

4. 外出经营税务登记管理。从事生产经营的纳税人到外县（市）临时从事生产、经营活动的，应持税务登记副本和外出经营活动税收管理证明，向营业地税务机关报验登记，接受税务管理。

（二）账簿、凭证管理

从事生产经营的纳税人、扣缴义务人应按照国务院财政、税务主管部门的规定设置账簿，根据合法、有效凭证记账，进行核算。从事生产经营的纳税人的财务、会计制度或者财务会计处理办法，应当符合国家的有关规定并报送税务机关备案。从事生产经营的纳税人、扣缴义务人必须按照国务院财政、税务主管部门规定的保管期限保管账簿、记账凭证、完税凭证及有关资料。

（三）纳税申报

纳税人必须在法律、行政法规规定或者税务机关依照法律、行政法规确定的申报期限内办理纳税申报，报送纳税申报表、财务会计报表以及税务机关根据实际需要要求纳税人报送的其他纳税资料。扣缴义务人必须在法律、行政法规规定或者税务机关依照法律、行政法规确定的申报期限内报送代扣代缴、代收代缴税款报告表以及税务机关根据需要要求扣缴义务人报送的其他有关资料。

二、税款征收

税款征收是税收征管制度的核心内容，具体包括税款征收基本制度、税收减免制度和税款征收保障制度。

（一）税款征收基本制度

1. 征纳主体。征税主体是税务机关、税务人员以及经税务机关依法委托的单位和人员。

纳税主体包括纳税人和扣缴义务人，《税收征收管理法》详细规定了二者的权利和义务。

> 《税收征收管理法》第8条 纳税人、扣缴义务人有权向税务机关了解国家税收法律、行政法规的规定以及与纳税程序有关的情况。纳税人、扣缴义务人有权要求税务机关为纳税人、扣缴义务人的情况保密。税务机关应当依法为纳税人、扣缴义务人的情况保密。纳税人依法享有申请减税、免税、退税的权利。纳税人、扣缴义务人对税务机关所作出的决定，享有陈述权、申辩权；依法享有申请行政复议、提起行政诉讼、请求国家赔偿等权利。纳税人、扣缴义务人有权控告和检举税务机关、税务人员的违法违纪行为。

思考

关于纳税人享受的权利，下列哪些选项是正确的？（   ）

A. 向税务机关了解税收法律规定和纳税程序

B. 申请减税、免税、退税

C. 对税务机关的决定不服时，提出申辩，申请行政复议

D. 合法权益受到税务机关违法行政而受侵害时，请求国家赔偿

解析： 主要涉及纳税人的权利，在税款征收的基本法律制度中有详细规定，四项都符合。

2. 征纳期限。纳税人、扣缴义务人应按照法律、行政法规规定或者税务机关规定的期限缴纳税款。

纳税人因特殊困难不能按期缴纳税款的，经省、自治区、直辖市国家税务局、地方税务局批准，可以延期纳缴，但最长不得超过3个月。

纳税人、扣缴义务人未按规定期限缴纳税款的，税务机关除责令期限缴纳外，从滞纳税款之日起，按日加收滞纳税款5%的滞纳金；因税务机关的责任，纳税人、扣缴义务人未缴或者少缴税款，税务机关可在3年内要求补缴，但不得加收滞纳金。

3. 退税、应纳税额确定、税款入库。纳税人超过应纳税额缴纳税款，税务机关发现后应立即退还；纳税人自结算税款后3年内发现的，可以要求税务机关返还并加算银行同期利息。

应纳税额一般由税务机关根据纳税人的申报确定，如申报不实或不申报，税务机关有权核定和调整。应纳税款及滞纳金应按预算情况缴入国库。

> 《税收征收管理法》第35条 纳税人有下列情形之一的，税务机关有权核定其应纳税额：①依照法律、行政法规的规定可以不设置账簿的；②依照法律、行政法规的规定应当设置但未设置账簿的；③擅自销毁账簿或者拒不

提供纳税资料的；④虽设置账簿，但账目混乱或者成本资料、收入凭证、费用凭证残缺不全，难以查账的；⑤发生纳税义务，未按照规定的期限办理纳税申报，经税务机关责令限期申报，逾期仍不申报的；⑥纳税人申报的计税依据明显偏低，又无正当理由的。税务机关核定应纳税额的具体程序和方法由国务院税务主管部门规定。

（二）税收减免制度

纳税人可以依照法律、行政法规的规定向税务机关书面申请减税、免税。减税、免税的申请须经法律、行政法规规定的减税、免税审查批准机关审批；地方各级政府及其主管部门、单位和个人违反法律、行政法规规定，擅自做出的减税、免税决定无效。

（三）税收保全和强制执行制度

《税收征收管理法》第38条　税务机关有根据认为从事生产、经营的纳税人有逃避纳税义务行为的，可以在规定的纳税期之前，责令限期缴纳应纳税款；在限期内发现纳税人有明显的转移、隐匿其应纳税的商品、货物以及其他财产或者应纳税的收入的迹象的，税务机关可以责成纳税人提供纳税担保。如果纳税人不能提供纳税担保，经县以上税务局（分局）局长批准，税务机关可以采取下列税收保全措施：①书面通知纳税人开户银行或者其他金融机构冻结纳税人的金额相当于应纳税款的存款；②扣押、查封纳税人的价值相当于应纳税款的商品、货物或者其他财产。纳税人在前款规定的限期内缴纳税款的，税务机关必须立即解除税收保全措施；限期期满仍未缴纳税款的，经县以上税务局（分局）局长批准，税务机关可以书面通知纳税人开户银行或者其他金融机构从其冻结的存款中扣缴税款，或者依法拍卖或者变卖所扣押、查封的商品、货物或者其他财产，以拍卖或者变卖所得抵缴税款。

对从事生产、经营活动的纳税人不缴纳税款的，税务机关可以扣押其价值相当于应纳书款的商品、货物。扣押后缴纳应纳税款的，则归还其扣押物；扣押后仍不缴纳的，则依法拍卖或变卖扣押物。

欠缴税款的纳税人未行使或放弃到期债权，及无偿或明显不合理低价转让财产，对税收造成损害，税务机关可以行使代位权、撤销权。

个人及其扶养家属维持生活必需的住房和用品，不在税收保全范围之内；单价5000元以下的其他生活用品，也不采取税收保全和强制执行措施。但机动车辆、金银饰品、古玩字画、豪华住宅或一处以外住房不受保护。

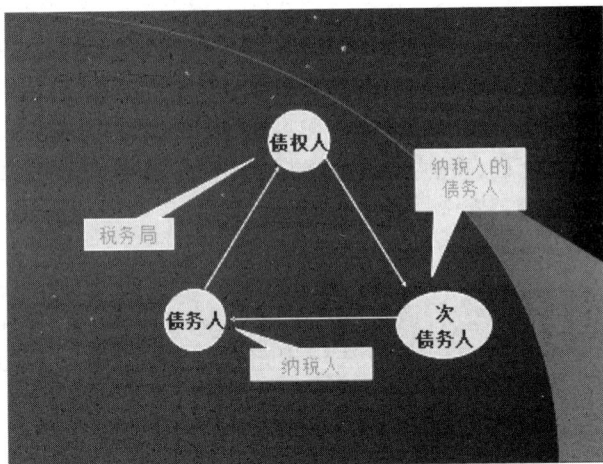

代位权图示

🕰 **思考**

甲创办了销售电脑的个人独资企业。至 2007 年 8 月，该企业欠缴税款近 8000 元。根据《税收征收管理法》的规定，税务机关采取的下列哪一强制措施是合法的？（   ）

A. 扣押甲已出售并交付给刘某、但刘某尚未付款的一幅字画

B. 扣押甲一台价值 4800 元的电视机

C. 查封甲唯一的一辆家用轿车

D. 查封甲唯一的一套居住用房

解析：该题涉及税收强制执行措施，A 项中物品已不属于甲所有，而剩余选项中按照《税收征收管理法》关于税收强制执行的范围的规定，只有轿车不在保护范围，因此 D 项正确。

此外，税务机关还可以通过采纳税收优先权制度、纳税担保制度和离境清税制度等其他税收保障制度来保障税款充分征收。

三、税务检查

税务机关有权检查纳税人的账簿、记账凭证、报表和有关资料，检查扣缴义务人代扣代缴、代收代缴税款账簿、记账凭证和有关资料；有权到纳税人的生产、经营场所或货物存放地检查纳税人应纳税的商品、货物或者其他财产，检查扣缴义务人与代扣代缴、代收代缴税款有关的经营情况。

纳税人、扣缴义务人必须接受税务机关依法进行的税务检查，如实反映情况，提供有关资料、不得拒绝、隐瞒。

四、违反税法的行为及处理

违反税法的行为是指，纳税主体或征税机关以及直接责任人员故意或过失地侵害税收征收管理制度的行为，包括三个方面：

（一）违反税收征收管理程序的行为

1. 未按照规定的期限申报办理税务登记、变更或者注销登记的；

2. 未按照规定设置、保管账簿或者保管记账凭证和有关资料的；

3. 未按照规定将财务、会计制度或者财务、会计处理办法报送税务机关备查的；

4. 扣缴义务人未按照规定设置、保管代扣代缴、代收代缴税款账簿或者保管代扣代缴、代收代缴税款记账凭证及有关资料的；

5. 纳税人未按照规定的期限办理纳税申报的，或者扣缴义务人未按照规定的期限向税务机关报送代扣代缴、代收代缴税款报告表的。

对于违反税收征收管理程序的行为由税务机关责令限期改正，并可处罚款。情节严重或逾期不改的，根据不同的行为加大罚款额度。

（二）偷税抗税行为

1. 偷税。偷税是指，纳税人采取伪造、变造、隐匿、擅自销毁账簿、记账凭证，在账簿上多列支出或者不列、少列收入，或者经税务机关通知申报而拒不申报或者进行虚假的纳税申报，不缴或者少缴应纳税款的行为。

依照《税收征收管理法》的规定，下列行为也属于偷税行为：

（1）扣缴义务人采取上述偷税手段，不缴或者少缴已扣、已收税款；

（2）纳税人欠缴应纳税款，采取转移或者隐匿财产手段，致使税务机关无法追缴欠缴的税款；

（3）企事业单位采取对所生产或者经营的商品假报出口等欺骗手段，骗取国家出口退税款。

纳税人偷税数额在1万元以上，依照有关《刑法》规定追究刑事责任；偷税未构成犯罪的，由税务机关追缴其不缴或者少缴的税款，处以不缴或者少缴的税款5倍以下的罚款。

2. 抗税。抗税是指，以暴力、威胁方法拒不缴纳税款的行为。

抗税行为情节严重构成犯罪的，依照《刑法》规定，追究刑事责任；情节轻微，未构成犯罪的由税务机关追缴其拒缴的税款，处以拒缴款5倍以下的罚款。

（三）税务人员的违法行为

税务人员的违法行为包括：

1. 税务人员、纳税人、扣缴义务人勾结、唆使或者协助纳税人从事偷税行为的；

2. 税务人员玩忽职守、少征或者不征应征税款，致使国家税收遭受重大损失的；

3. 税务人员利用职务上的便利，收受或者索取纳税人、扣缴义务人财物的；

4. 税务人在征收税款过程中的其他违法行为。

对税务人员的违法行为，构成犯罪的，按《刑法》有关规定，追究刑事责任，未构成犯罪的，给予行政处分。

五、税务争议的解决

纳税人、扣缴义务人、纳税担保人与税务机关因纳税发生争议时，必须先依照法律、行政法规的规定缴纳或者补缴税款及滞纳金，然后可以在收到税务机关填发的缴款凭证之日起 60 日内向上一级税务机关申请复议。上一级税务机关应当自收到复议申请之日起 60 日内作出复议决定。对复议决定不服的，可以在接到复议决定之日起 15 日内向人民法院起诉。

当事人对税务机关的处罚决定、强制执行措施或者税收保全措施不服的，可以在接到处罚通知之日起或者税务机关采取强制执行措施、税收保全措施之日起 15 日内向作出处罚决定或者采取强制执行措施、税收保全措施机关的上一级机关申请复议；对复议决定不服的，可以在接到复议决定之日 15 日内向人民法院起诉。当事人也可以在接到处罚通知之日起或者税务机关采取强制执行措施、税收保全措施之日起 15 日内直接向人民法院起诉。复议和诉讼期间，强制执行措施和税收保全措施不停止执行。

当事人对税务机关的处罚决定逾期不申请复议，既不向人民法院起诉，又不履行的，作出处罚决定的税务机关可以申请人民法院强制执行。

违反税务法律、行政法规应当给予行政处罚的行为，在 5 年内未被发现的，不再给予行政处罚。

我要复习！

好，税收征收管理法的基本知识点学习完了，让我们来复习一下吧。

1. 你一定要知道的（如果已掌握请打钩）：

纳税人的权利和税务机关的义务 ☐

税款征收的保障制度 ☐

违反税法的行为种类及其处理方式 ☐

2. 讨论

某个人独资企业从2002年6~10月拖欠了营业税和城市维护建设税共11.79万元。市地税局多次派人上门催缴，但企业都因银行账上没钱而未能缴纳。2003年3月17日，地税局派人向该企业下达了《限期缴纳税款通知书》，限其在2003年3月21日前缴纳税款，该企业负责人告知税务人员："企业马上就要解散了，我哪里还有钱缴税？"地税局在派人查看后，发现该企业银行账上没钱，又没有可以扣押的货物，于2003年3月24日扣押了该企业投资人的一部价值40多万元的宝马轿车，并于2003年4月28日通过融新拍卖行将轿车拍卖，价值42.50万元。紧接着，市地税局便将拍卖的车款划交了11.79万元的税款和9020元的滞纳金，并于2003年4月30日将税票交给该企业会计。此后，地税局以"正在研究如何罚款"为由在近2个月内拒绝退还拍卖轿车的剩余款项。

请结合《税收征收管理法》的规定，回答如下问题：①地税局扣押该企业投资人的私人轿车是否合法？②该企业欠税11.79万元，地税局整体扣押价值40多万元的轿车是否妥当？③地税局能否继续扣留拍卖轿车剩余的款项用以抵缴尚未决定的罚款？④依据税收征管法的规定，纳税人有权采取什么措施？

解析：①根据独资企业法的规定，独资企业的投资者负有无限责任。机动车辆不属于禁止扣押的个人及其所扶养家属维持生活必需的住房和用品的范围，因此，扣押私人轿车合法。②扣押价值超过应纳税款的轿车是合法的。对价值超过应纳税额且不可分割的商品、货物或者其他财产，税务机关在无其他可供强制执行的财产的情况下，可以整体扣押、查封、拍卖，以拍卖所得抵缴税款、滞纳金、罚款以及扣押、查封、保管、拍卖等费用。③未经县以上税务局局长批准，程序不合法。从事生产、经营的纳税人、扣缴义务人未按照规定缴纳或者解缴税款，由税务机关责令限期缴纳，逾期仍未缴纳的，经县以上税务局（分局）局长批准，税务机关可以采取强制执行措施。④地税局依法拍卖并抵缴欠缴的税款、滞纳金后应将余款在3日内退还给被执行人。

学习单元六   国债法

一、国债法概述

（一）国债的概念、特征

1. 国债的概念。国债，又称国家公债，指国家以其信用为基础，按照债的一般原理，向国内外所举借的债务。在这种债权债务关系中，国家作为债务人通过在国内外发行债券或向外国政府、金融机构以借款方式筹措财政资金，取得财政收入。

2. 国债的特征。国债是国家财政收入的一种特殊形式，是国家调节经济、弥补财政赤字和进行宏观调控的重要手段。其债务人只能是国家，债权人既可以是国内外的公民、法人或其他组织，也可以是某一个国家或地区的政府以及国际金融组织；举借方式具有自愿性和偿还性，即国家以发行国债或借款的方式筹集资金时须遵循有借有还、还本付息和诚信原则；它是信用等级最高、最具安全性、风险性最小的债权债务关系，以国家信用与国家财政作担保，容易实现债权。

（二）国债法的概念及基本内容

1. 国债法的概念。国债法指由国家制定的调整国债在发行、流通、转让、使用、偿还和管理等过程中所发生的社会关系的法律规范的总称。它主要规范国家（政府）、国债中介机构和国债投资者涉及国债时的行为，调整国债主体在国债发行、兑付过程中所发生的各种国债关系。国债法是财政法的重要部门法，其许多基本原理与财政法是一致的。

2. 国债法的基本内容。国债法的基本内容包括：国债的分类和结构；国债的发行主体、发行对象与发行方式；国债发行的种类、规模或数额、利率；国债的用途、使用原则；国债市场与国债持有人的国债权利；国债还本付息的期限、偿还方式、方法；国债管理机构及其职权、职责；违反国债法的法律责任等。现行调整国债关系的法律规范是1992年颁布的《国库券条例》，但该条例适用范围仅限于国库券而不能对所有的国债，且没有规定国债的流通和使用及国债发行的审批程序等，已不能适应经济发展的需要，需要出台一部新的《国债法》。

二、国债的分类

按照不同的划分标准，国债可以作如下分类：

1. 按举借债务方式不同，国债可分为国家债券和国家借款。国家债券是通过发行债券形成国债法律关系，国家债券是国家内债的主要形式。我国发行的国家债券主要有国库券、财政债券、国家经济建设债券、国家重点建设债券等。国家借款是按照一定的方式和程序，由借贷双方共同协商，签订协议，形成国债法律关系。国家借款是国家外债的主要形式，包括外国政府贷款、国际金融组织贷款和国际商业组织贷款等。

2. 按照偿还期限的不同，国债可分为定期国债和不定期国债。定期国债是国家发行的严格规定有还本付息期限的国债。定期国债按还债期限的长短又可分为短期国债（1 年以内）、中期国债（1～10 年）和长期国债（10 年以上）。不定期国债是国家发行的不规定还本付息期限的国债。该类国债的债权人可按期取息，但无权要求清偿本金，如英国曾发行的永久性国债即属此类。

3. 按发行地域不同，可分为国家内债与国家外债。国家内债是在国内发行的国债，其债权人一般是本国的公民、法人或其他组织，且以本国货币还本付息；国家外债是在本国境外举借的债，其债权人一般是外国政府、国际组织或外国企业和居民，一般以外币支付本息。

4. 按使用用途不同，国债可分为赤字国债、建设国债和特种国债。赤字国债是用于弥补财政赤字的国债；用于国家经济建设的国债，为建设国债；在特定范围内为满足特定需要或特定用途而发行的国债为特种国债。

5. 按是否可以上市流通，国债可以分为上市国债和不上市国债。上市国债是指可以在证券交易所自由买卖的国债，如我国发行的无记名国债。该类国债的买卖价格，取决于国债市场的供求，并随币值的变化而波动。不能上市自由买卖的国债为不上市国债，如我国发行的凭证式国债。

此外，按发行性质不同，国债可分为自由国债和强制国债；按偿付方式的不同，可分为普通国债与有奖国债等。新中国成立以来，我国已发行的国家内债种类有：20 世纪 50 年代发行的人民胜利折实公债、经济建设公债，80 年代以来发行的国库券、国家重点建设债券、特种国债、国家建设债务、财政债券、特种国债等。我国国库券有具体规定，如以下内容：

《国库券条例》第8条　国库券可以用于抵押，但是不得作为货币流通。
第9条　国库券可以转让，但是应当在国家批准的交易场所办理。

三、国债的发行、偿还与管理

（一）国债的发行

国债的发行指国债的售出或被认购的过程。国债发行中的重要问题为发行条件和发行方法。

发行条件涉及国债种类、发行对象、数额、发行价格、利率、付息方式、流动性等内容。国债的发行方式主要有三种：

1. 公募法，指国家向社会公众公开募集国债的方法。它既可用于上市国债，也可用于不上市国债；

2. 包销法，指国家将发行的债券统一售于银行，再由银行向外发售的方法；

3. 公卖法，指政府委托经纪人在证券交易所出售公债的方法。

（二）国债的偿还

国债的偿还指国家依照信用契约，对到期公债支付本金利息的过程。它是国债运行的终点。国债的偿还大致有四种方法：

1. 买销法，指由政府委托证券公司或其他有关机构，从流通市场上以市场价格买进政府所发行公债。

2. 比例偿还法，指政府按照公债的数额，分期按比例偿还，由于这种偿还方法是政府向公债持有者直接偿还，不通过市场，又称直接偿还法。

3. 抽签偿还法，指政府通过定期抽签确定应清偿的公债的方法，一般是以公债的号码为抽签依据，一旦公开抽签确定应清偿公债的号码之后，所有相同号码的公债都同时予以偿还。

4. 一次偿还法，指国家定期发行公债在公债到期后，一次还本付息，目前，我国大多数公债实行一次偿还法。

（三）国债的管理

国债的管理指政府对公债的运行过程所进行的决策、组织、规划、指导、监督和调节。具体而言，就是政府通过公债的发行、调整、偿还和市场买卖等活动，对公债的总额增减、价格变化、期限长短和利率升降等方面，制定适应的方针，采取有效措施，以贯彻财政和货币政策。国债管理包括内债管理和外债管理两个方面。

1. 内债管理。为了充分发挥内债的积极作用，克服其可能产生的不良效应，必须依法加强对内债的管理。一般地讲，内债的管理包括内债规模和内债结构两个方面的管理。

2. 外债管理。外债指一切对非当地居民，以外国货币或当地货币单位核算的有制约性偿还责任的负债，对当地居民的外币负债除外。外国政府贷款、国际金融机构贷款、外国银行贷款、出口信贷和发行国际债券是外债的主要形式。确保适度的外债规模，建立合理的外债结构是外债管理的基本要求。

我要复习！

好，国债法的基本知识点学习完了，让我们来复习一下吧。

1. 你一定要知道的（如果已掌握请打钩）：

国债的分类　□

国债发行、偿还和管理中的基本要求　□

2. 深入理解

下列关于国债的有关描述，正确的是（　　　）。

A. 凭证式国债可以进入证券交易所上市流通

B. 所有类型的国债不仅可以索取利息，而且应当偿还本金

C. 国债发行采取包销方式时，可以将国债统一交由银行，然后银行对外发售

D. 国债发行中，内外债结构的配置上，为推动外向型经济发展，外债越多越好

解析： 上述选项涉及国债的分类、发行、偿还及内外债的基本知识，按照相关管理规定，当然应当选择 C 项。

学习单元七　政府采购法

一、政府采购法概述

（一）政府采购的概念

政府采购，指各级国家机关、事业单位和团体组织，使用财政性资金采购依法制定的集中采购目录以内的或者采购限额标准以上的货物、工程和服务的行为。

《政府采购法》第2条　在中华人民共和国境内进行的政府采购适用本法。本法所称政府采购，是指各级国家机关、事业单位和团体组织，使用财政性资金采购依法制定的集中采购目录以内的或者采购限额标准以上的货物、工程和服务的行为。政府集中采购目录和采购限额标准依照本法规定的权限制定。

本法所称采购，是指以合同方式有偿取得货物、工程和服务的行为，包括购买、租赁、委托、雇用等。本法所称货物，是指各种形态和种类的物品，包括原材料、燃料、设备、产品等。本法所称工程，是指建设工程，包括建筑物和构筑物的新建、改建、扩建、装修、拆除、修缮等。本法所称服务，是指除货物和工程以外的其他政府采购对象。

（二）政府采购的特点

1. 采购资金是财政性资金。我国的财政性资金包括财政预算内资金和预算外资金。这是政府采购的最突出特点，也是政府采购与私人采购的不同之处。

2. 采购人的特定性。政府采购人包括集中采购人和分散采购人。集中采购的采购机构必须经批准才能成立。分散采购的采购人虽然是使用人，但也必须经过批准才能进行采购，并且只限于使用财政资金的国家机关、事业单位和团体组织。

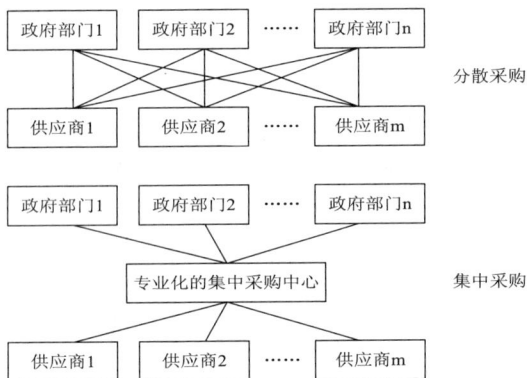

3. 政府采购的非营利性。政府采购是一种非商业性的采购行为，它不以营利为目的，而是为了实现政府职能和公共利益，确保财政资金的合理使用。

4. 政府采购对象的广泛性和复杂性。政府采购的对象从一般的办公用品到武器、航天飞机等无所不包，涉及货物、工程和服务等各个领域，范围非常广泛。

《政府采购法》第10条　政府采购应当采购本国货物、工程和服务。但有下列情形之一的除外：①需要采购的货物、工程或者服务在中国境内无法获取或者无法以合理的商业条件获取的；②为在中国境外使用而进行采购的；③其他法律、行政法规另有规定的。

前款所称本国货物、工程和服务的界定，依照国务院有关规定执行。

5. 采购程序的法定性。采购人和供应商在政府采购时，其程序、步骤都应当严格依照《政府采购法》规定的程序进行采购和供应。

（三）政府采购制度

政府采购制度起源于英国，当前最具代表性的是世界贸易组织的《政府采购协议》。我国于 2000 年全面铺开政府采购工作，现行的是 2003 年施行的《政府采购法》。

二、政府采购的主体及对象

（一）政府采购的主体

政府采购的主体，即政府采购当事人，指在政府采购中享有权利和承担义务的各类主体，包括采购人、供应商和采购代理机构等。

（二）政府采购的对象

政府采购的对象十分广泛，包括货物、工程和服务。货物、工程和服务的具体类型在《政府采购法》中有具体规定。

三、政府采购的方式与程序

（一）政府采购方式

在我国，政府采购方式有招标方式与非招标方式。

1. 招标采购。招标采购包括公开招标采购和邀请招标采购两种方式：

（1）公开招标，指招标人以招标公告的方式，邀请不特定的供应商参加投标。公开招标是政府采购的主要采购方式。

（2）邀请招标，指招标人以投标邀请书的方式邀请特定的供应商提供资格文件，只有通过资格审查的供应商才能参加后续招标的采购方式。

2. 非招标采购方式。非招标采购方式，指除招标采购方式以外的采购方式，主要有竞争性谈判、单一来源采购和询价三种方式。

（二）政府采购程序

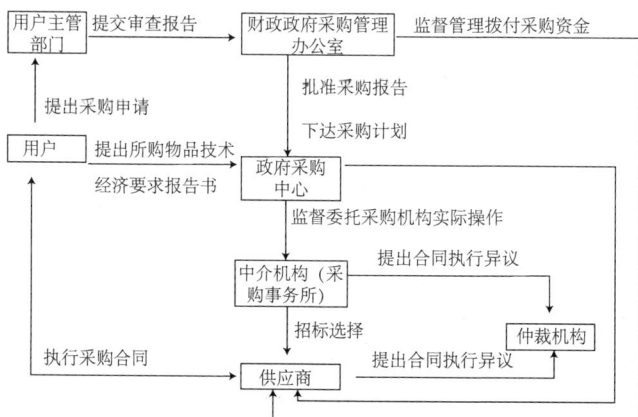

政府采购程序可以分为一般采购程序和特殊采购程序两大类。

1. 一般采购程序。一般采购程序主要指公开招标采购程序。其程序与我国《招标投标法》规定的程序基本一致。具体内容包括：①编制政府采购计划；②发出招标书；③招标；④投标；⑤开标、评标和议标；⑥签订政府采购合同。

2. 特殊采购程序。特殊采购程序情况较为复杂，具体包括竞争性谈判采购程序、单一来源采购程序、询价采购程序等。

（1）竞争性谈判采购程序，具体包括：成立谈判小组；制定谈判文件；确定邀请参加谈判的供应商名单；谈判；确定成交供应商等内容；

（2）采取单一来源采购方式采购的，采购人与供应商应当遵循本法规定的原则，在保证采购项目质量和双方商定合理价格的基础上进行采购；

（3）询价采购程序，具体包括：成立询价小组；确定被询价的供应商名单；询价；确定成交供应商等内容。

四、政府采购合同

> 《政府采购法》第43条 政府采购合同适用合同法。采购人和供应商之间的权利和义务，应当按照平等、自愿的原则以合同方式约定。采购人可以委托采购代理机构代表其与供应商签订政府采购合同。由采购代理机构以采购人名义签订合同的，应当提交采购人的授权委托书，作为合同附件。
>
> 第44条 政府采购合同应当采用书面形式。

（一）政府采购合同的概念及特点

政府采购合同指采购人因政府采购行为而与供应商之间在平等自愿的基础上，依法签订的明确双方权利、义务关系的协议。

政府采购合同与一般的民事合同相比，具有以下特征：

1. 政府采购合同一方当事人必须是行政机关或其他行政主体。

2. 政府采购合同以维护公共利益、实施国家行政管理任务为目的。政府采购合同的内容涉及国家和社会的公共事务，行政机关是政府采购合同的发动者，通过与供应商签订政府采购合同以达到规范政府采购行为、维护公共利益的目的。

建议

掌握政府采购合同与一般民事合同的特征差异，您可以根据一方主体是行政机关扩展开去，自然引申出维护公共利益及行政主导权。

3. 政府采购合同中行政机关具有主导权，又称行政优益权。它是指行政机关享有的优先处分的权益，具体表现在行政机关在合同履行过程中享有监督权，根据维护公共利益的需要，在情势变更时双方当事人应当变更、中止或终止合同；行政机关享有对供应商违约行为的制裁权等。

（二）政府采购合同的形式与内容

政府采购合同采用书面形式。

政府采购合同包括以下内容：当事人的名称和住所；标的；数量和质量；价款或酬金；履行期限、地点和方式；违约责任；解决争议的方法。

（三）政府采购合同的订立程序

政府采购合同要经过要约和承诺两个阶段，一般先由采购机构发布采购信息，以此来吸引各供应商前来竞争，并针对采购机构的采购信息，进行报价，由采购机构对各个供应商进行评审，最终选定成交人，具体程序包括：

1. 要约邀请。政府采购应当尽可能采用招标投标方式选定成交人。招标行为属于要约邀请。除招标投标方式外，政府采购还可以采用竞争性谈判、单一来源采购和询价等方式。这些方式中，采购人向供应商进行的询价行为属于要约邀请。

2. 要约。供应商针对采购机构发布的采购信息在规定的期限内向采购机构报送标书、提出报价的意思表示属于要约。

3. 承诺。在政府采购过程中，由于投标人投标的过程为要约，那么招标人在对各投标人的投标文件进行严格评审，确定某一投标人为中标人之后，向其发出的中标通知书的意思表示即为对投标人要约的承诺。

五、政府采购争议的解决机制

政府采购发生争议时，主要通过行政途径和民事途径进行解决。

（一）政府采购争议的行政解决机制

政府采购主要采取公开招标、邀请招标、竞争性谈判、询价等法定方式进行，供应商认为采购单位在采购方式的选用，招标文件的发布、招标程序的操作等方面违反法律的规定，使其利益受损，可以采取质疑、投诉、行政复议和行政诉讼等行政争议纠纷解决方式。

（二）政府采购争议的民事解决机制

凡是处于平等地位的供应商、采购人和采购代理机构在合同的订立、效力、履行和违约责任等方面发生纠纷的，原则上都可以适用一般民事合同的四大解决途径：协商、调解、仲裁和诉讼。

六、政府采购的监督检查

政府采购监督管理部门应当加强对政府采购活动及集中采购机构的监督检查。

监督检查的主要内容有：①有关政府采购的法律、行政法规和规章的执行情况；②采购范围、采购方式和采购程序的执行情况；③政府采购人员的职业素质和专业技能。

政府采购监督管理部门不得设置集中采购机构，不得参与政府采购项目的采购活动。同时，采购代理机构与行政机关也不得存在隶属关系或其他利益关系。

我要复习！

好，政府采购法的基本知识点学习完了，让我们来复习一下吧。

1. 你一定要知道的（如果已掌握请打钩）：

政府采购的方式和程序 ☐

政府采购合同 ☐

政府采购争议及其解决途径 ☐

2. 讨论

根据案例所述，讨论回答后面的问题。

2005 年 7 月，甲发布《全国动物保护工程建设项目的招标公告》，称获得一笔拨款，用于支付"无规定动物疫病区建设项目"费用，为此邀请合法投标人进行投标。乙厂厂长王某及副厂长张某在看到招标公告后专程赶往甲单位进行投标登记。并且了解到当时参与此项目投标的只有 3 家企业。2005 年 8 月，乙厂在交纳 3 万元保证金后，与另一家医疗设备厂正式参与竞标。还有一家企业因资质审查不合格未能参加竞标。2006 年 1 月，甲派人对乙厂进行了实地考察。2006 年 2 月，乙厂接到甲通知，要求他们送三套样机到甲下属的某医疗器械质量监督检验测试中心进行检测。5 月，乙厂拿到了检测报告，称其中一套样机不合格，乙要求重检被拒绝。2006 年 10 月，甲作出《关于对切片检测结果的说明》的书面答复意见，称此检测结果是经过专家签字同意的，并将 3 万元保证金退回给乙。乙还了解到甲早已与另一家参加投标的医疗设备厂签定了购货合同。2007 年 11 月，乙厂向某人民法院提起民事诉讼，认为甲及下属的某医器械质量监督检验测试中心招标采购存在违法行为，要求两机构赔偿经济损失，并赔礼道歉。法院审理中，甲向法庭出示了涉案"冷冻切片机生产制造认可表"是变造而来的证明。如果您是法官，应该如何处理？依据何在？

案例分析：本案是由于供应商对中标结果持有异议而产生的政府采购索赔案件。一是投标人认为采购人或采购代理机构在采购方式的应用、招标程序的操作等方面违反法律规定，导致其利益受损，可质疑、投诉、行政复议和行政诉讼；二是乙厂在投标时采用变造手段弄虚作假，属于无效行为，除被处以罚款外，还将被列入不良行为记录名单，在 1～3 年内禁止参加政府采购活动。情节严重的，还要加重处罚；三是本案参加竞标的人数只有 2人，甲是否可以未重新招标就直接签订合同。按《政府采购法》规定，符合专业条件的供应商或者对招标文件作实质响应的供应商不足三家的，应予废标。废标后，采购人应当将废标理由通知所有投标人并重新组织招标。

　　由此法院判决：乙厂在投标时采用变造手段弄虚作假，违反了招标投标法的规定，属于无效行为。乙厂在投标过程中发生的损失是采用虚假材料进行投标所致，因此，涉案后果应由其自行承担，诉讼请求于法无据，不予支持。

我的笔记

第十六章

金融法

导 学

学习本章需要了解金融法的定义和体系，中国人民银行的组织机构，商业银行的概念、特征、分类、组织体制、组织形式、组织机构；理解中国人民银行的性质、法律地位和职能，商业银行的设立条件、接管、解散、破产、终止规定；掌握中国人民银行的业务范围，政策性银行的职能和业务范围；要求能应用金融法的基础知识解决具体案例。

学习内容

学习单元一 金融法概述

一、金融法的定义及调整对象

（一）金融法的定义

金融，简单地说就是货币资金的融通。一般是指与货币流通和银行信用有关的一切经济活动。它主要包括货币的发行和回笼，存款的吸收和提取，贷款的发放和收回，票据的承兑和贴现，银行间的拆借，金银和外汇的买卖，国内、国际的货币收付结算，股票、债券等有价证券的发行和交易，以及投资信托、融资租赁、保险等活动。在我国，一切金融业务活动，都必须通过中央银行、商业银行、政策性银行和其他金融机构进行。国家禁止非金融机构经营金融业务。

> **建议**
>
> 在理解金融法的概念和调整对象时，可以从"金融"的字面意思去理解，"金"主要指货币资金，"融"指融通、流通，所以金融法主要调整货币资金流通过程中形成的各种法律关系。

金融法是调整金融关系的法律规范的总称。它是国家领导、组织、管理金融业和保障金融秩序的基本手段和基本方法，是国家宏观调控法的重要组成部分。从理论上讲，金融法有广义和狭义之分。广义的金融法包括所有与金融活动有关的法律，如银行法、货币法、票据法、信托法、证券法、保险法、期货法等都属于广义的金融法。而狭义的金融法仅指银行法。由于金融活动主要是通过银行的各种业务来实现的，银行法是金融法的基本法，处于中心地位，因此狭义的金融法仅指银行法。

（二）金融法的调整对象

金融法的调整对象是金融关系，它是指金融机构相互之间以及它们与其他社会组织、个人之间，在货币资金融通过程中所发生的金融监管关系和资金融通关系。

1. 金融监管关系。它是指国家金融管理机关与银行、非银行金融机构的金融管理关系。包括：①金融主管机关因各类银行、非银行金融机构的设立、变更、接管和终止而产生的主体资格监管关系；②中央银行因货币发行与流通而同各类金融机构与非金融机构之间形成的货币发行关系、现金与转账结算等货币流通管理关系；③金融主管机关对各类金融机构的业务活动进行的业务行为监督关系，包括存款贷款管理、结算管理、信托管理、保险管理、证券发行与交易管理等关系。

2. 资金融通关系。它是指银行等金融机构之间以及非金融机构的法人、其他组织和个人之间的融资关系。包括：①银行与非金融机构、自然人之间因存款、储蓄行为而发生的存款关系和储蓄关系；②银行与非金融机构、自然人之间因贷款所产生的借贷关系；③金融机构之间因同业拆借、票据转贴现、汇兑结算、外汇买卖等活动而发生的同业资金贴现、汇兑结算、外汇买卖等活动而发生的同业资金往来关系；④还包括证券发行与交易关系、信托关系、保险关系等。

二、金融法的体系

金融法的体系是由调整不同领域的金融关系的法律规范所组成的有机联系的统一整体。我国的金融法体系具体包括：①金融组织法，主要包括：《中国人民银行法》、《商业银行法》、《外资管理条例》等。②金融调控法，主要包括：《银行业监督管理法》、《人民币管理条例》、《金银管理条例》、《储蓄管理条例》、《贷款通则》等。③融资法，主要包括：《证券法》、《股票发行与交易管理暂行条例》、《期货公司管理办法》等。④金融中介业务法，主要包括：《票据法》《商业汇票承兑、贴现与再贴现管理暂行办法》、《支付结算办法》等。⑤信托法，主要有：《信托法》、《证券投资基金法》等。⑥外汇管理法，主要包括：《外汇管理条例》、《银行间外汇市场管理暂行规定》、《中国外汇交易中心市场交易规则》等。本章仅对中国人民银行法、商业银行法、政策性银行法等内容进行介绍。

思考

早在抗日战争时期，邓小平在《太行山区的经济建设》一文中指出："我们的货币政策，也是发展生产与对敌斗争的重要武器……给了根据地经济建设以有力的保障。"

建国初期，邓小平在担任政务院副总理兼财政部长期间，在《财政工作六条方针》的工作报告中指出："1950 年全国刚解放，金融不稳定，财政不可能稳固"，"为了发展经济，保证物价稳定，工商企业须有固定的流动资金，银行须有足够的银行基金。"

1978 年，邓小平在一次谈话中指出："银行应该抓经济"，"要把银行作为发展经济、革新技术的杠杆"。他要求"金融改革的步子要迈得大一些"，多次强调"要把银行真正办成银行"。

1991 年春天，邓小平视察上海时高度评价浦东新区在开发中实施"金融先行"的做法。

他说："金融很重要，是现代经济的核心。金融搞好了，一着棋活，全盘皆活。"

提示： 邓小平关于金融核心地位的论述，精辟地说明了金融在现代经济生活中的重要地位，高屋建瓴地指出了金融在发展我国经济中的关键作用，阐明了金融与经济的本质联系。由此，形成了邓小平金融思想中最重要的观点——金融是现代经济核心的论断。

我要复习！

好，本单元的基本知识点学习完了，让我们一起来复习一下吧！

1. 你一定要知道的（如果已掌握请打钩）：

金融法的定义 ☐

金融法的调整对象 ☐

我国的金融法体系 ☐

2. 讨论（结合思考题）

在 2012 年 1 月举行的全国金融工作会议上，温家宝总理强调，做好新时期的金融工作，要坚持金融服务实体经济的本质要求，确保资金投向实体经济，坚决抑制社会资本脱实向虚、以钱炒钱，防止虚拟经济过度自我循环和膨胀，防止出现产业空心化现象。请您结合实际，谈一谈如何加强金融监管，为实体经济发展服务？

学习单元二　中国人民银行法

一、中国人民银行的性质和地位

《中国人民银行法》第2条　中国人民银行是中华人民共和国的中央银行。中国人民银行在国务院领导下，制定和执行货币政策，防范和化解金融风险，维护金融稳定。

1. 中国人民银行是我国的中央银行。中央银行是一个特殊的银行，与商业银行和一般金融机构相比较，其在经营目的、业务对象、拥有的法定特权、领导成员组成、业务方式、存款来源、资金运用等方面存在特殊性。中央银行代表国家制定和执行宏观金融调控管理政策，商业银行和其他金融机构作为企业，从事微观金融活动。

2. 中国人民银行是我国的国家机构。中国人民银行是代表国家进行金融调控与管理的国家机构，与一般的政府管理机关不一样。它作为中央银行，为政府和金融机构办理银行业务与提供服务，发行货币，为政府办理国库业务，代理发行国库券业务。中国人民银行不仅靠行政手段，还有强有力的经济手段，如对货币供应量、利率、贷款等进行管理，这些手段具有自愿性、有偿性的特征，按信用原则发挥作用。

中央银行具有双重属性，银行属性是基础，国家机构属性是主导。银行职责与国家职能加以结合和调整，就是中央银行。

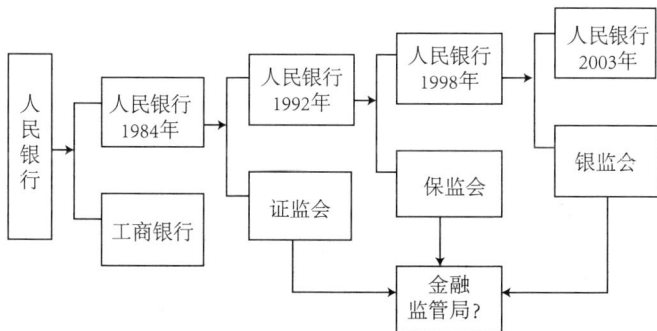

中国人民银行四次分拆结构图

二、中国人民银行的职能

《中国人民银行法》第4条 中国人民银行履行下列职责：①发布与履行其职责有关的命令和规章；②依法制定和执行货币政策；③发行人民币，管理人民币流通；④监督管理银行间同业拆借市场和银行间债券市场；⑤实施外汇管理，监督管理银行间外汇市场；⑥监督管理黄金市场；⑦持有、管理、经营国家外汇储备、黄金储备；⑧经理国库；⑨维护支付、清算系统的正常运行；⑩指导、部署金融业反洗钱工作，负责反洗钱的资金监测；⑪负责金融业的统计、调查、分析和预测；⑫作为国家的中央银行，从事有关的国际金融活动；⑬国务院规定的其他职责。中国人民银行为执行货币政策，可以依照本法第四章的有关规定从事金融业务活动。

（一）中国人民银行是发行的银行

发行的银行是指中央银行依法垄断一个国家的货币发行，统一掌管全国的货币流通，它所发行的货币是国内唯一的法定货币。中央银行垄断通货发行权，使其成为全国唯一的货币发行机构，是中央银行不同于商业银行及其他金融机构的独特之处。根据《中国人民银行法》规定，中国人民银行负责发行人民币，管理人民币流通，有权就年度货币供应量、利率、汇率和国务院规定的其他事项作出决定。

（二）中国人民银行是政府的银行

政府的银行是指中央银行负责制定和执行国家的货币政策，以及为政府提供金融服务。中国人民银行作为政府的银行，经营国库，持有、管理、经营国家外汇储备、黄金储备，作为国家的中央银行从事有关的国际金融活动；在公开市场上买卖国债和其他政府债券及外汇；代理国务院财政部门向各金融机构发行、兑付国债和其他政府债券。

（三）中国人民银行是银行的银行

银行的银行是指其与商业银行和其他金融机构发生业务往来，对商业银行发生存贷款关系及资金往来结算关系，是全国存贷款准备金的保管者，金融票据交换中心，全国银行业的最后贷款者。中国人民银行作为银行的银行的主要职责有：要求金融机构按照规定的比例交存存款准备金，集中保管存款准备金；向商业银行提供贷款；充当全国金融机构的资金结算中心。

三、我国中央银行的组织机构

> 《中国人民银行法》第 11 条　中国人民银行实行行长负责制。行长领导中国人民银行的工作，副行长协助行长工作。
>
> 第 12 条　中国人民银行设立货币政策委员会。
>
> 第 13 条　中国人民银行根据履行职责的需要设立分支机构，作为中国人民银行的派出机构。中国人民银行对分支机构实行统一领导和管理。

中国人民银行实行行长负责制。行长领导中国人民银行的工作，副行长协助行长工作。中国人民银行设行长一人，副行长若干人。行长人选根据国务院总理的提名由全国人民代表大会决定；全国人民代表大会闭会期间，由全国人民代表大会常务委员会决定，由国家主席任免。副行长由国务院总理任免。

中国人民银行对分支机构实行集中统一领导和管理。中国人民银行的分支机构根据中国人民银行的授权，负责本辖区的金融监督管理，承办有关业务。

货币政策委员会是中国人民银行制定货币政策的咨询机构和议事机构，不是决策机构，而是人民银行的内部机构。其职责是在综合分析宏观经济形势的基础上，依据国家的宏观经济调控目标，讨论货币政策事项，并提出建议。

思考

甲公司是某村创办的集体企业，2008 年年末，该公司因资金周转困难，公司法定代表人 A 提议，年终给工人发工资时，自行印制代币票券代替人民币在公司内、村内暂时使用。2009 年 1 月，该公司以 100 元人民币的图样印制代币票券 1000 张。2009 年 1 月 20 日将这批代币票券发到工人手中，声称在本公司内可予流通，也可在本村内使用，票面金额与人民币等值，约定到 2009 年 10 月以同样面值兑换成人民币。2009 年 6 月，经人举报，中国人民银行得知了这一情况。中国人民银行应当怎么处理？

提示：《中国人民银行法》规定，中国人民银行负责发行人民币，管理人民币流通；任何单位和个人不得印刷、发售代币票券，以代替人民币在市场上流通。本案中，因该公司负责人缺乏必要的法律常识，在企业内部印制、使用代币券，违反了上述法律规定，人民银行有权责令该公司立即收回该批代币票券，并提请有关部门追究该公司责任人员的责任。

四、中国人民银行业务活动范围

中国人民银行的业务活动是以执行货币政策、保证货币政策目标的实现为指导原则，不以营利为目的，其业务范围受到严格限制。

（一）运用货币政策工具

《中国人民银行法》第23条　中国人民银行为执行货币政策，可以运用下列货币政策工具：①要求银行业金融机构按照规定的比例交存存款准备金；②确定中央银行基准利率；③为在中国人民银行开立账户的银行业金融机构办理再贴现；④向商业银行提供贷款；⑤在公开市场上买卖国债、其他政府债券和金融债券及外汇；⑥国务院确定的其他货币政策工具。中国人民银行为执行货币政策，运用前款所列货币政策工具时，可以规定具体的条件和程序。

1. 存款准备金政策。存款准备金是指商业银行及其他吸收存款的金融机构吸收存款后，必须按照中央银行规定的比率向中央银行缴存一部分，作为一种必要的准备。中央银行规定的这个比率叫存款准备金率。中央银行通过提高或者降低存款准备金率，实现扩张或者收缩信用规模。

2. 基准利率政策。基准利率是利率体系中起主导作的基础利率，它的水平和变动决定其他各种利率的水平和变化。中国人民银行通过对基准利率的调整来实现紧缩银根或放松银根的目的。

3. 再贴现政策。贴现就是票据的持有人将未到期的商业汇票向银行兑取现款。再贴现是指贴现银行持未到期的已贴现汇票向人民银行的贴现，通过转让汇票取得人民银行再贷款的行为。中央银行根据一定比率从现款中扣取自贴现日至票据到期日的利息，这一比率即为再贴现率。当中央银行的再贴现率提高时，商业银行花费的贴现成本就会提高，商业银行对客户的贴现率也会相应提高，这样市场上的货币流通量就要减少。再贴现是中央银行的一种信用业务，是中央银行为执行货币政策而运用的一种货币政策工具。

　　4. 再贷款政策。中央银行向商业银行提供的贷款，也叫最后贷款，中央银行由此获得"最后贷款人"的称谓。中国人民银行通过再贷款控制和调节商业银行的信贷活动，从而控制和调节货币供应量和信用总量。

　　5. 公开市场政策。公开市场政策是指中央银行在金融市场（证券市场）上公开买卖有价证券（主要指国库券、政府债券、金融债券）和银行承兑票据等，从而起到扩张或收缩信用规模，调节货币供应量的一种业务活动。

　　除上述五种货币政策工具外，中国人民银行为执行货币政策，还可以运用经国务院确定的其他货币政策工具。

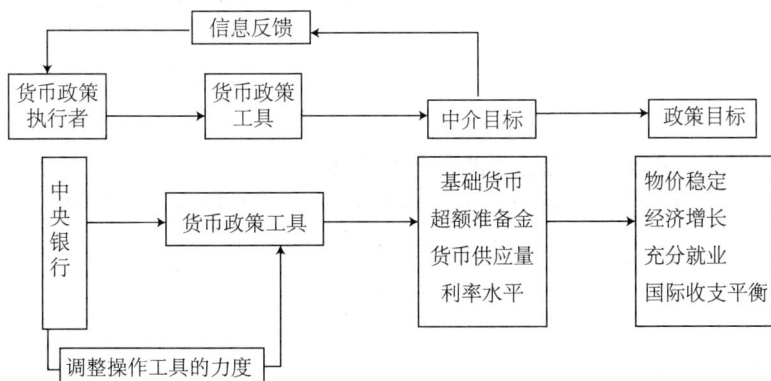

货币政策的作用过程

思考

　　中国人民银行决定从 2011 年 3 月 25 日起，上调存款类金融机构人民币存款准备金率 0.5 个百分点，这是央行今年年内第三次上调存款准备金率。此前，中国人民银行于 2 月 24 日将存款准备金率上调 0.5 个百分点，中国大型银行的存款准备金率达到 19.5% 的历史高位，是自 2010 年以来央行第 8 次上调存款准备金率。

　　提示：本案中所提的上调存款准备金率正是中央银行运用多种工具加大货币政策执行力度的表现。近年来国民经济运行在继续保持平稳较快增长的良好势头的同时，也存在固定资产投资增长过快、货币信贷增长偏快的突出问题。连续提高存款准备金率、综合运用多种工具加强银行体系流动性管理的目的在于适度加大货币政策的调控力度，防止货币信贷总量过快增长，引导金融机构优化信贷结构，维护货币信贷的平稳增长和金融市场的协调运行。

（二）中国人民银行其他金融业务

根据《中国人民银行法》的规定，中国人民银行可以依照法律、行政法规的规定经营国库；代理国务院财政部门向各金融机构组织发行、兑付国债和其他政府债券；组织或协助组织金融机构相互之间的清算系统，协调金融机构相互之间的清算事项，提供清算服务；法律、行政法规规定的其他业务。

（三）中国人民银行禁止从事的业务

根据《中国人民银行法》的规定，中国人民银行不得对银行业金融机构的账户透支；中国人民银行不得对政府财政透支，不得直接认购、包销国债和其他政府债券；中国人民银行不得向地方政府、各级政府部门提供贷款，不得向非银行金融机构以及其他单位和个人提供贷款，但国务院决定中国人民银行可以向特定的非银行金融机构提供贷款的除外；中国人民银行不得向任何单位和个人提供担保。

五、中国人民银行金融监管的对象和内容

中国人民银行金融监管的对象是银行和非银行金融机构。具体包括：国有商业银行、地方商业银行、保险公司、信托投资公司、财务公司、金融租赁公司、证券公司、城乡信用合作社等银行和非银行金融机构。

中国人民银行对金融监管的内容主要包括：监管银行业同业拆借市场和银行债券市场；监督管理黄金市场；实施外汇管理，监管银行间外汇市场；监管支付结算与清算等。

我要复习！

好，中国人民银行法的基本知识点学习完了，让我们来复习一下吧！

1. 你一定要知道的（如果已掌握请打钩）：

中国人民银行的性质和地位 ☐

中国人民银行的职能 ☐

我国中央银行的组织机构 ☐

中国人民银行的业务范围 ☐

中国人民银行金融监管的对象和范围 ☐

2. 深入理解

2000 年 8 月 29 日，轰动全国的头号假币大案在广东省汕尾市中级人民法院依法公开开庭审理。法院经过审理作出判决：1995 年 5 月～1999 年 5 月间卓振沅、卓镰貌等 10 人在汕头、陆丰等地大量伪造人民币，共计作案 9 次，印制假人民币面额达 6.4165 亿元，数额特别巨大，其行为已触犯《中华人民共和国刑法》，构成伪造货币罪，一审法院依法判处该案 7 名主犯死刑。一审判决后，10 名被告向广东省高级人民法院提起上诉，广东省高院经二审审理，依法作出驳回上诉、维持原判的终审裁定，同时报请最高人民法院核准。

解析：根据《中国人民银行法》的规定，只有中国人民银行才有法定货币发行权，人民币由中国人民银行统一印制、发行。禁止伪造、变造人民币，禁止出售、购买伪造、变造的人民币。禁止运输、持有、使用伪造、变造的人民币。伪造人民币，出售伪造的人民币或者明知是伪造的人民币而运输的，依法追究刑事责任。在本案中，卓振沅、卓镰貌等人组成的犯罪集团，伪造、运输、持有货币数额特别巨大，违反了《中国人民银行法》，触犯了刑法，社会危害性极大，所以分别被依法判处死刑、无期徒刑和有期徒刑。

学习单元三　商业银行法

一、商业银行法概述

（一）商业银行的定义及特点

商业银行是指依照《商业银行法》和《公司法》设立的吸收公众存款、发放贷款、办理结算等业务的企业法人。它的基本职能是通过各种融资渠道和信用手段筹集货币资金，为商品生产和商品流通提供所需的货币资金和信用工具，促进国民经济发展。

商业银行是吸收公众存款、发放贷款、办理结算等金融业务的企业法人。从业务范围上看，商业银行与一般企业、非银行金融机构有明显的不同，商业银行直接经营货币这种特殊商品，其活动范围是货币信用领域；一般企业从事普通商品的生产和流通，其活动范围是生产和流通领域；非银行金融机构，虽然也从事某些融资业务，但其业务范围只限于办理一方面或者几种特定的金融业务，而商业银行经营业务范围具有广泛性和综合性，尤其是银行经营的吸收公众存款、发放贷款和办理结算等业务是非银行金融机构所不具备的。

（二）商业银行的分类

我国的商业银行大致有四类：①国有商业银行，如中国工商银行、中国银行、中国农业银行、中国建设银行；②股份制商业银行，如交通银行、中信实业银行、光大银行等；③城市信用合作银行和农村信用合作银行；④外资银行，如香港上海汇丰银行、东亚银行深圳厦门分行、华侨银行有限公司（厦门分行）等。

（三）商业银行法的定义

商业银行法是调整商业银行在设立、变更、终止及开展业务活动中发生的各种社会关系的法律规范的总称。《商业银行法》于 1995 年 5 月 10 日第八届全国人民代表大会常务委员会第十三次会议通过，并于同年 7 月 1 日开始施行（2003 年 12 月 27 日修正）。本法除适用于商业银行以外，还适用于城市信用合作社、农村信用合作社办理存款、贷款和结算等业务，适用于邮政企业办理商业银行的有关业务，适用于外资商业银行、中外合资商业银行、外国商业银行分行。

二、商业银行的设立、变更、接管和终止的法律规定

（一）商业银行的设立

> 《商业银行法》第 11 条　设立商业银行，应当经国务院银行业监督管理机构审查批准。未经国务院银行业监督管理机构批准，任何单位和个人不得从事吸收公众存款等商业银行业务，任何单位不得在名称中使用"银行"字样。

1. 商业银行设立的条件。包括：①有符合《商业银行法》和《公司法》规定的章程；②有符合《商业银行法》规定的注册资本最低限额，即设立全国性商业银行的注册资本最低限额为 10 亿元人民币，设立城市商业银行的注册资本最低限额为 1 亿元人民币，设立农村商业银行的注册资本最低限额为 5000 万元人民币，注册资本应当是实缴资本，国务院银行业监督管理机构根据审慎监管的要求可以调整注册资本最低限额，但不得少于上述限额；③有具备任职专业知识和业务工作经验的董事、高级管理人员；④有健全的组织机构和管理制度；⑤有符合要求的营业场所、安全防范措施和与业务有关的其他设施。

经批准设立的商业银行，由国务院银行业监督管理机构颁发经营许可证，并凭许可证向工商行政管理部门办理登记，领取营业执照。

2. 商业银行分支机构的设立及法律地位。根据《商业银行法》的规定：商业银行根据业务需要可以在中华人民共和国境内外设立分支机构。设立分支机构必须经国务院银行业监督管理机构审查批准。在中华人民共和国境内的分支机构，不按行政区划设立。商业银行在中华人民共和国境内设立分支机构，应当按照规定拨付与其经营规模相适应的营运资金额。拨付各分支机构营运资金额的总和，不得超过总行资本金总额的 60%。

经批准设立的商业银行分支机构，由国务院银行监督管理机构颁发经营许可证，并凭该许可证向工商行政管理部门办理登记，领取营业执照。商业银行分支机构不具有法人资格，在总行授权范围内依法开展业务，其民事责任由总行承担。

思考

某股份制商业银行，资本金总额为 20 亿元，总资产已经达到 100 多亿元。因业务拓展需要，现欲在成都、重庆、西安、贵阳等五个城市同时设立分支机构。拨付资本金 13 亿元，在国务院银行业监督管理机构审查时，因拨付资本金违反法律规定，被银监会纠正后，取得经营许可证，并领取了营业执照。2008 年，该行设在成都的分支机构在办理结算业务中，误将应划转给甲公司的一笔款项划转到丙公司。由于甲公司没有收到预付款，甲乙之间的买卖合同解除，造成乙公司 50 万元的损失。乙公司将该行成都支行告上法院，要求赔偿损失。

请问：（1）该股份制商业银行设立分支机构时是否违反《商业银行法》的规定？

（2）成都分行是否能独立承担民事赔偿责任？

提示： 商业银行在中华人民共和国境内设立分支机构，其拨付各分支机构营运资金额的总和，不得超过总行资本金总额的 60%。商业银行分支机构不具有法人资格，在总行授权范围内依法开展业务，其民事责任由总行承担。本案中，该商业银行拨付给分支机构的营运资金额的已超过总行资本金总额的 60%，违反了《商业银行法》；成都分行是该银行的分支机构，不能独立承担民事责任。

（二）商业银行的变更

1. 事项变更。商业银行的事项变更是指商业银行在某些重大事项上有所变动。主要包括：①变更名称；②变更注册资本；③变更总行或分支机构所在地；④调整业务范围；⑤变更持有资本总额或股份总额 5% 以上的股东；⑥修改章程；⑦中国银监会规定的其他事项。

2. 主体变更。商业银行的主体变更是指商业银行的分立与合并。商业银行的分立是指商业银行依照有关法律规定分成两个或两个以上商业银行的行为；而商业银行的合并是指两个或两个以上的商业银行按照有关法律规定组成一个新的商业银行的行为。商业银行的分立、合并适用《公司法》的规定，应当经国务院银行业监督管理机构审查批准。

（三）商业银行的接管

商业银行已经或者可能发生信用危机，严重影响存款人的利益时，国务院银行业监督管理机构可以对该银行实行接管。接管的目的是对被接管的商业银行采取必要措施，以保护存款人的利益，恢复商业银行的正常经营能力。接管期限届满，国务院银行业监督管理机构可以决定延长接管期间，但接管期限最长不得超过 2 年。被接管的商业银行的债权债务关系不因接管而变化。

有下列情形之一的，接管终止：①接管决定规定的期限届满或者国务院银行业监督管理机构决定的接管延期届满；②接管期限届满前，该商业银行已恢复正常经营能力；③接管期限届满前，该商业银行被合并或者被依法宣告破产。

实践一下

学习好了吗？这里有一个实例，运用学过的知识解决一下吧……

2009 年 3 月，A 商业银行和 B 房地产开发公司合作开发某房地产项目，并成立了项目公司，A 银行向项目公司投资了 5 亿元。次年 4 月，B 房地产开发公司以该公司商铺做抵押，向 A 商业银行申请抵押贷款，经审核后，商业银行向 B 房地产开发公司发放了 5 亿元的抵押贷款。A 商业银行当月资本余额为 45 亿。2011 年 3 月，因国家实施新的房价调控政策，合作开发商品房滞销，加之 B 房地产公司经营管理不善，B 公司濒临破产，A 商业银行的贷款已无法收回。2011 年底，A 商业银行被国务院银行业监督管理机构接管。

请问：A 商业银行和人民银行的做法是否合法？

解析：《商业银行法》规定，不得向非自用不动产投资或者向非银行金融机构和企业投资；商业银行对同一借款人的贷款余额与商业银行资本余额的比例不得超过 10%；商业银行已经或者可能发生信用危机，严重影响存款人的利益时，国务院银行业监督管理机构可以对该银行实行接管。在本案中，A 商业银行向 B 房地产开发公司投资，是不合法的；A 商业银行向房地产公司发放 5 亿元贷款已超过资本余额的 10%，所以也是不合法的；A 商业银行巨额贷款无法收回，可能发生信用危机，在此情况下国务院银行业监督管理机构可以接管。

（四）商业银行的终止

《商业银行法》第 72 条　商业银行因解散、被撤销和被宣告破产而终止。

商业银行的终止是指商业银行出现法律规定的或者章程约定的情形，其主体资格归于消失的法律行为。具体而言，即商业银行因解散、被撤销和被宣告破产而终止。

1. 解散。商业银行会因合并、分立或者因出现公司章程规定的解散事由被依法解散。在商业银行因分立或者合并被解散的，原商业银行被依法终止后，其权利和义务由合并或者分立后的新银行承担。

2. 撤销。商业银行设立后，应当依照法律、行政法规的规定进行经营活动。如果违反法律、行政法规的规定进行经营活动，国务院银行业监督管理机构有权吊销其经营许可证，撤销违法经营的商业银行。《商业银行法》第74、75条明确规定了中国银监会可吊销商业银行经营许可证的情形。另外，《商业银行法》第23条规定，商业银行自取得营业执照之日起无正当理由超过6个月未开业的，或者开业后自行停业连续6个月以上的，由中国银监会吊销其经营许可证。

3. 破产。商业银行不能支付到期债务，经国务院银行业监督管理机构同意，由人民法院依法宣告其破产。商业银行被宣告破产的，由人民法院组织国务院银行业监督管理机构等有关部门和有关人员成立清算组，进行清算。

我要复习！

通过下面的练习，让我们一起来复习一下吧！

1. 你一定要知道的（如果已掌握请打钩）：

商业银行的特点 □

商业银行的设立条件 □

商业银行的变更事由 □

商业银行被接管的原因和接管终止情形 □

商业银行的终止事由 □

2. 深入理解（结合思考题）

某单位申请设立 A 商业银行，于 2005 年 3 月 1 月取得了经营金融业务许可证，当日便宣布开业，并办理了几笔存款业务。半年后，因储户太少，A 银行一直关门停业至 2005 年年底。你认为 A 商业银行的设立合法吗？银行监管部门应该如何处理？

解析：《商业银行法》规定，经批准设立的商业银行，由国务院银行监督管理机构颁发经营许可证，凭该许可证 30 日内到工商行政管理部门办理登记、领取营业执照，随后办理税务登记才能择日开业。商业银行无正当理由连续停业超过 6 个月，国务院银行监督管理机构可以撤销其经营许可证。在本案中，A 商业银行在未领取营业执照，办理税务登记前就开始营业违反了商业银行法的规定；A 商业银行无正当理由连续停业超过 6 个月，银监会可以撤销其经营许可证。

学习单元四　商业银行的组织体制、组织形式和组织机构

一、我国商业银行的组织体制

> 《商业银行法》第19条　商业银行根据业务需要可以在中华人民共和国境内外设立分支机构。

我国商业银行实行的是总分行制的组织体制。总分行制也称为分支行制，是指依法可以在国内外开设分支机构的银行体制。总行分行制有诸多优点：从组织方式来看，这种形式的银行经营规模大，有利于开展同业竞争，易于采用现代化设备，能提供比较方便的金融服务，取得规模效益；从业务角度看，各分支机构遍布各地，易于吸收存款、调剂资金和转移资本，达到充分有效利用资金的目的。同时，由于放款分散，有利于分散贷款风险，减少银行的损失；从宏观管理的角度看，便于国家直接控制与管理，业务经营受地方干预小。因此总分行制是目前世界上大多数国家商业银行所实行的一种体制。

二、我国商业银行的组织形式

> 《商业银行法》第17条　商业银行的组织形式、组织机构适用《中华人民共和国公司法》的规定。

我国商业银行的组织形式有两种，即有限责任公司形式的商业银行和股份有限公司形式的商业银行。

1. 有限责任公司形式的商业银行。它又有两种存在的形式：①有限责任公司式的商业银行。它是指2个以上50个以下股东共同出资设立经营银行业务，股东以其出资额为限对银行承担责任，银行以其全部资产对银行的债务承担责任的商业银行。②国有独资商业银行。它是国家授权投资的机构或者国家授权的部门单独投资设立的银行。国有独资公司形式的商业银行是有限责任公司形式商业银行的特殊表现形式，它只有一个股东，即国家。

> **建议**
>
> 中国证监会发布的《上市公司治理准则》，中国人民银行发布的《股份制商业银行公司治理指引》和《股份制商业银行独立董事和外部监视制度指引》三个规范性文件是我国商业银行规范治理的重要法律依据。在学习本节时，建议您参考阅读。

2. 股份有限公司形式的商业银行。它是指银行的全部资本分为等额股份，

股东以其所持股份为限对银行承担责任，银行则以其全部资产对银行的债务承担责任的商业银行。

🔖 **思考**

《中华人民共和国商业银行法》规定，我国的商业银行的组织形式有（　　　）。

A. 有限责任公司　　　　B. 合伙制企业

C. 股份有限公司　　　　D. 合作银行

解析：答案 A、C。参见《商业银行法》第 17 条。

三、我国商业银行的组织机构

《商业银行法》第 18 条　国有独资商业银行设立监事会。监事会的产生办法由国务院规定。监事会对国有独资商业银行的信贷资产质量、资产负债比例、国有资产保值增值等情况以及高级管理人员违反法律、行政法规或者章程的行为和损害银行利益的行为进行监督。

（一）股东会或股东大会

有限责任公司形式的商业银行设股东会，股份有限公司形式的商业银行则设股东大会。股东会或股东大会是商业银行的最高权力机构。股东大会每年定期召开。股东会决定商业银行的经营方针和投资计划，选举和更换董事、监事等，审议批准董事会、监事会报告等商业银行经营发展的重大决策和重要的人事变动事项。在股东大会上，股东有权听取银行的一切业务报告，有权对银行的业务经营提出质询。商业银行股东会或股东大会由董事会召集，董事长主持。董事长因特殊原因不能履行职务时，由董事会指定的副董事长或其他董事主持。

国有独资商业银行不设股东会，由国家授权投资的机构或者国家授权的部门授权董事会行使股东的部分职权，决定重大事项。但商业银行的合并、分立、解散、增减资本和发行金融债券，必须由国家授权投资的机构或者国家授权的部门决定。

（二）董事会

根据《公司法》的规定，商业银行设董事会。董事会是商业银行的决策执行机构。有限责任公司形式的商业银行董事会的成员为 3～13 人；股份有限公司形式的商业银行董事会成员为 5～19 人；国有独资商业银行的董事会成员由 3～9 人组成，由国家授权投资的机构或者国家授权的部门按照董事会的任期委派或更换。董事长为公司的法定代表人。

董事会承担商业银行经营和管理的最终责任，依法履行以下职责：①确定商业银行的经营发展战略；②聘任和解聘商业银行的高级管理层成员；③制定商业银行的年度财务预算方案、决算方案、风险资本分配方案、利润分配方案和弥补亏损方案；④决定商业银行的风险管理和内部控制政策；⑤监督高级管理层的履职情况，确保高级管理层有效履行管理职责；⑥负责商业银行的信息披露，并对商业银行的会计和财务报告体系的完整性、准确性承担最终责任；⑦定期评估并完善商业银行的公司治理状况；⑧法律、法规规定的其他职责。

董事会可以根据需要，设立专门委员会，专门委员会经董事会明确授权，向董事会提供专业意见或根据董事会授权就专业事项进行决策。

（三）监事会

监事会由股东大会选举产生，其主要职责是代表股东大会对银行的全部经营活动进行监督和检查。商业银行的监事会由监事组成，成员有：股东、银行职工代表、银行外部专业人员。

《商业银行法》规定，国有独资商业银行设立监事会。监事会的产生办法由国务院规定。监事会对国有独资商业银行的信贷资产质量、资产负债比例、国有资产保值增值等情况以及高级管理人员违反法律、行政法规或者章程的行为和损害银行利益的行为进行监督。

我要复习！

好，本单元的基本知识点学习完了，让我们一起来复习一下吧！

1. 你一定要知道的（如果已掌握请打钩）：

我国商业银行的组织体制 ☐

我国商业银行的组织形式 ☐

我国商业银行的组织机构 ☐

2. 深入理解

2004 年 8 月 26 日，中国银行股份有限公司宣告成立。注册资本为 1863.90 亿元，折 1863.90 亿股，汇金公司代表国家持有中行股份 100% 股权，依法行使出资人的权利和义务。中国建设银行股份有限公司同年 9 月 21 日也宣布成立。中国银监会 2004 年 3 日 1 日公布实施的《关于中国银行、中国建设银行公司治理改革与监管指引》规定，两家试点银行按照"三会分设、三权分开、有效制约、协调发展"的原则设立股东大会、董事会、监事会。2005 年

10 月 27 日中国建设银行在香港联交所上市交易；2006 年 6 月 1 日中国银行在香港所上市交易；2006 年 7 月 5 日中国银行在上海证券交易所 A 股市场上市交易。

解析：中国银行股份有限公司和中国建设银行股份有限公司的成立和随后的陆续上市是中国金融业改革发展历史进程中的重要事件。中国金融改革的核心是产权制度的改革。国有商业银行的股份制改造，就是要完成政银分开。让国有商业银行在金融市场中按照现代企业的经营机制运行。这对于国有商业银行避免关联交易、避免道德风险、探索国有资产管理新模式以及增强信息透明度和社会公开监督具有积极意义。

学习单元五　商业银行的监督管理

一、商业银行的自我监督

《商业银行法》第 59 条　商业银行应当按照有关规定，制定本行的业务规则，建立、健全本行的风险管理和内部控制制度。

第 60 条　商业银行应当建立、健全本行对存款、贷款、结算、呆账等各项情况的稽核、检查制度。商业银行对分支机构应当进行经常性的稽核和检查监督。

1. 建立、健全业务管理、现金管理和安全防范制度。业务管理制度包括资产管理、负债管理和中间业务管理的基本规则；现金管理制度包括银行本身的现金业务管理和对开户单位的现金管理监督规则；安全防范制度包括对现金库、银行账户、保管箱及消防、安全保卫等方面的防范措施。

2. 建立、健全对自身及分支机构的稽核、检查制度。内部稽核、检查是一种对于商业银行自身及其分支机构所从事的业务活动，以会计核算资料为主要依据，以法律、行政法规等有关规定为标准，进行真实性、合法性、安全性和效益性检查的一种内部经济监督方式。这种内部监督对于保证商业银行合法、安全、有效地经营是十分重要的。

实践一下！

学习好了吗？这里有一个实例，运用学过的知识解决一下吧……

2008 年 5 月，某软件开发公司以开发一项新软件资金不足为由向某建设银行申请贷款 300 万元。该银行经贷款调查，认为符合贷款条件，遂与其签订了借款合同，向其发放了 1 年期贷款 300 万元，贷款用途为开发新软件。银行贷款后发现，该公司将 150 万用于软件开发，另外 100 万则用于购买股票。银行随即要求其在 15 日内筹足资金归还被挪用贷款，该公司不但没按期归还被挪用的贷款，而且又挪用 50 万投资于期货交易。请从商业银行的自我监督管理的角度分析，建设银行应当采取什么措施？

解析： 在本案中，作为借款人的该软件开发公司违反贷款用途，将贷款挪作他用，而且在贷款人责令归还后，仍继续挪用，情节严重。所以，作为贷款人的建设银行有权对该软件开发公司挪用的贷款加收罚息，并提前收回贷款，以确保借贷资金的安全。

二、中国银监会和中国人民银行的监督管理

《商业银行法》第 61 条　商业银行应当按照规定向国务院银行业监督管理机构、中国人民银行报送资产负债表、利润表以及其他财务会计、统计报表和资料。

第 62 条　国务院银行业监督管理机构有权依照本法第三章、第四章、第五章的规定，随时对商业银行的存款、贷款、结算、呆账等情况进行检查监督。检查监督时，检查监督人员应当出示合法的证件。商业银行应当按照国务院银行业监督管理机构的要求，提供财务会计资料、业务合同和有关经营管理方面的其他信息。

中国人民银行有权依照《中华人民共和国中国人民银行法》第 32 条、第 34 条的规定对商业银行进行检查监督。

根据《银行业监督管理法》、《中国人民银行法》和《商业银行法》的规定，中国银监会和中国人民银行对商业银行的监督管理权限为：

1. 对商业银行设立、变更、终止以及业务范围的监督管理。国务院银行业监督管理机构依照法律、行政法规规定的条件和程序，审查批准银行业金融机构的设立、变更、终止以及业务范围。

2. 对商业银行的董事、高级管理人员任职资格的监督管理。设立商业银行

应当有具备任职专业知识和业务工作经验的董事、高级管理人员。商业银行更换董事、高级人员时，应当报经国务院银行业监督管理机构审查其任职资格。

3. 对存款人保护的监督管理。商业银行办理存款业务，应当按照中国人民银行规定的存款利率的上下限确定并公告存款利率；按照中国人民银行的规定向其交存存款准备金，留足备付金；保证存款本金和利息的支付，不得拖延、拒绝支付存款本金和利息。同时，还规定为存款人保密，有权拒绝任何单位或者个人查询、冻结、扣划个人储蓄存款等。

4. 对贷款和其他业务的监督管理。商业银行应当按照中国人民银行规定的贷款利率的上下限，确定贷款利率。商业银行贷款，应当遵守资产负债比例管理的相关规定。商业银行不得向关系人发放信用贷款；向关系人发放担保贷款的条件不得优于其他借款人同类贷款的条件。商业银行在进行同业拆借时，应当遵守中国人民银行规定的期限，拆出资金限于交足存款准备金、留足备付金和归还中国人民银行到期贷款之后的闲置资金。商业银行在中华人民共和国境内不得从事信托投资和股票业务，不得投资于非自用不动产，不得向非银行金融机构和企业投资等。

5. 对财务会计的监督管理。商业银行应当按照规定向国务院银行业监督管理机构、中国人民银行报送资产负债表、利润表以及其他财务会计、统计报表和资料。银监会和中国人民银行有权依照银行法规定，随时对商业银行的存款、贷款、结算、呆账等情况进行检查监督。商业银行应当按照要求，提供财务会计资料，业务合同和有关经营管理方面的其他信息。

三、国家审计机关的审计监督

《商业银行法》第63条　商业银行应当依法接受审计机关的审计监督。

我国实行审计监督制度。县级以上各级政府都设立审计机关，对各级政府的各个部门、金融机构和企业事业单位的财务收支进行审计监督。按照规定，审计机关对国有金融机构的资产、负债、损益进行审计监督。商业银行应当按照《商业银行法》和《审计法》的有关规定，依法接受审计机关的审计监督。

我要复习！

好，本单元的基本知识点学习完了，让我们一起来复习一下吧！

1. 你一定要知道的（如果已掌握请打钩）：

我国商业银行监督管理的种类 □

中国银监会和中国人民银行的监管权限 ☐

2. 深入理解

李某是一家商业银行的信贷部主任，其妹夫张某为一家食品公司的总经理。2010年8月10日，张某找到李某，希望从银行贷款100万元用于购置生产月饼的原材料，因为李某对张某及张某的食品公司非常了解，且贷款数额不是很大，在没有查实张某的资金状况的情况下，决定向张某提供100万元一年期信用贷款。贷款的其他条件没有优惠。因顾客食用该公司生产的月饼后，发生多起食品中毒事故，剩余月饼被卫生执法部门销毁并处以罚款，公司濒临破产，无法归还贷款。

请问：该笔贷款有何违法之处？

解析：《商业银行法》的规定，商业银行贷款，应当对借款人的借款用途、偿还能力、还款方式等情况进行严格审查；商业银行不得向关系人发放信用贷款。本案中，李某和张某属于关系人，该商业银行不得向其发放信用贷款，李某对张某偿还能力、还款方式等情况没有严格审查，同时违背了"贷款时借款人应当提供担保"的基本业务规则。

学习单元六　政策性银行法

一、政策性银行概述

（一）政策性银行及其法律特征

政策性银行是指由政府创立、参股或保证的不以营利为目的，专门为贯彻、配合政府经济政策或产业政策，在特定的业务领域内，直接或间接地从事政策性融资活动，专门经营政策性货币信用业务的银行机构。它是国家干预、协调经济的产物，是为适应国家宏观经济调控政策，弥补"市场失灵"的需要而产生的，对于发展国民经济、实现社会稳定有着很重要的意义。政策性银行具有不同于一般商业银行的特征：

1. 由政府创立。政策性银行多由政府创立、参股或保证，以政府为后盾。这使得政策性银行与政府之间有着密切的联系，政府对政策性银行有着实质上的控制权和影响力。

2. 不以营利为目的。政策性银行不以营利为目标，而以贯彻执行国家的社会经济政策为己任。其主要功能是为国家重点建设和按照国家产业政策重点扶持的行业及区域的发展提供资金融通。

3. 政策性银行主要从事贷款业务，不吸收存款。其资金来源是政府提供的资本金、各种借入资金和发行金融债券筹措的资金，其资金运作多为长期贷款和资本贷款。

4. 从与中央银行的关系上看，中央银行一般不会直接管理政策性银行，主要从业务上给予必要的监督和管理，从而使政策性银行与中央银行的政策目标保持一致。

> **思考**
>
> 中国国家开发银行某省分行，为了扩大信贷规模、促进融资，在全省范围内开展吸收公众存款的业务。在半年内，某省分行共吸收公众存款约 5 亿元人民币，并以此发放商业性贷款 2 亿元人民币。
>
> 请问：该分行的行为是否合法？
>
> **提示：** 中国国家开发银行作为政策性银行不能吸收公众存款。

（二）政策性银行的主要职能

1. 政策导向性职能。它是指政策性银行以直接或间接的资金投放吸引其他金融机构从事符合政策意图的放款，从而发挥其引导功能。

2. 补充性职能。补充性职能是指政策性银行的金融活动补充和完善了以商业银行为主体的金融体系的职能，弥补商业银行金融活动的不足。这一职能主要表现在：对投资回收期过长、收益低的项目进行融资补充，对技术市场和市场风险高的领域进行倡导性投资，对于成长中的扶植产业提供优惠利率放款投资。

3. 服务职能。政策性银行一般是专业性银行，有精通业务并且具备丰富实践经验的专业人员，可以为企业提供各方面的金融和非金融服务，也可以充当政府经济政策或产业政策的参谋，从而显示其服务性职能。

二、中国国家开发银行

（一）中国国家开发银行的性质和任务

中国国家开发银行成立于 1994 年 3 月 17 日，是中国唯一具有正部级级别的政策性金融机构，直属国务院领导，在银行业务上接受中国人民银行的监管。国家开发银行是专门从事政策性国家重点建设贷款及贴息业务的银行，是直属国务院领导的政策性金融机构，对由其安排投资的国家重点建设项目，在资金总量和资金结构配置上负有宏观调控的职责。

国家开发银行的主要任务是：根据国民经济发展的战略目标和发展方向，

以国家信用为基础，依靠市场发债，筹集和引导境内外资金，遵循金融规则，利用各种现代金融工具，为国家基础设施、基础产业、支柱产业和高新技术产业重点建设项目提供金融服务，促进国民经济持续、快速、健康发展。

（二）中国国家开发银行经营的业务范围

国家开发银行经营和办理下列业务：①管理和运用国家核拨的预算内经营性建设基金和贴息资金。②向国内金融机构发行金融债券和向社会发行财政担保建设债券。③办理有关外国政府和国际金融组织贷款的转贷，经国家批准在国外发行债券，根据国家利用外资计划筹措国际商业贷款等。④向国家基础设施、基础产业和支柱产业的大中型基本建设和技术改造等政策性项目及其配套工程发放政策性贷款。⑤按照国务院要求，对国家有关部门集中安排用于固定资产投资项目的各类专项建设基金和资金的安排与规模进行监督。⑥办理建设项目贷款条件评审、咨询和担保等业务，为重点建设项目物色国内外合资伙伴，提供投资机会和投资信息。⑦办理国务院批准的其他业务。

思考

"三农"和民生领域是国开行支持的重点。2010 年国开行新农村建设、中低收入家庭住房和中小企业三项贷款均超千亿元，其中向农村基础设施建设和农业产业化龙头企业贷款 1188 亿元；中小企业贷款 1036 亿元；发放中低收入家庭住房建设贷款 1315 亿元，惠及 1581 万中低收入群众，居银行业首位。发放高校和生源地助学贷款 80 亿元，占全国助学贷款市场份额 70%；大力支持山西、青海等省区中小学校舍安全建设。与国家减灾办建立应急信息共享机制，发放应急贷款 24.1 亿元。

提示： 中央经济工作会和全国金融工作会要求，以社会建设统领民生业务发展，重点支持保障性安居工程、"三农"和水利基础设施建设。中国国家开发银行充分发挥了政策性银行的政策导向、补充和服务的职能，向农村基础设施建设等发放政策性贷款，支持民生事业的发展。

三、中国农业发展银行

（一）中国农业发展银行的性质和任务

中国农业发展银行是根据国务院《关于金融体制改革的决定》和《关于组建中国农业发展银行的通知》于 1994 年 11 月 18 日成立的国有农业政策性银行，直属国务院领导。中国农业发展银行成立的宗旨是为了完善农村金融服务体系，更好地贯彻落实国家的农业政策和区域发展政策，促进农业和农村经济的健康发展。

中国农业发展银行的主要任务是：按照国家的法律、法规和方针、政策，以国家信用为基础，筹集农业政策性信贷资金，承担国家规定的农业政策性金融业务，代理财政性支农资金的拨付，为农业和农村经济发展服务。

（二）中国农业发展银行经营业务范围

随着社会主义新农村建设的全面推进和农村金融体制改革的不断深化，中国农业发展银行的业务活动范围也在发生变化。目前，中国农业发展银行的主要业务包括：①办理由国务院确定的粮食、油料、棉花收购、储备、调销贷款；②办理肉类、食糖、烟叶、羊毛等国家专项储备贷款；③办理中央财政对上述主要农产品补贴资金的拨付，为中央和省级政府共同建立的粮食风险基金开立专户并办理拨付；④办理粮食企业简易建仓贷款；⑤办理业务范围内开户企事业单位的存款；⑥办理开户企事业单位的结算；⑦发行金融债券；⑧办理粮棉油政策性贷款企业进出口贸易项下的国际结算业务以及与国际业务相配套的外汇存款、外汇汇款、同业外汇拆借、代客外汇买卖和结汇、售汇业务；⑨办理经国务院批准的其他业务。

> **思考**
>
> 　2011年，中国农业发展银行累放粮棉油收储贷款4326亿元，比上年增加1545.9亿元，支持收储粮食3007.1亿斤、棉花10 080.3万担、油脂79.5亿斤。积极配合国家对其他主要农产品的调控，累放糖、肉、化肥等储备贷款441.9亿元。积极支持以粮棉油为主的农业产业化经营和农业科技创新，累放产业化龙头企业和加工企业贷款1561.1亿元，支持企业4971个；累放农业科技贷款62.9亿元，支持项目225个。大力支持农业农村基础设施建设，全年累放中长期贷款3278.4亿元，累收669.7亿元，年末贷款余额达7379.2亿元，比年初增加2608.7亿元，支持新项目2139个；其中，水利和新农村建设贷款余额3809.9亿元，比年初增加2260.9亿元，增长1.5倍。
>
> 　**提示：** 中国农业发展银行认真贯彻落实国家关于"三农"工作的大政方针，着力完善服务功能，强化对农业、农村改革发展重点领域和薄弱环节的支持。坚持做好粮棉油收储信贷业务，积极稳妥地支持粮棉油全产业链发展，做好支持现代农业和新农村建设这篇大文章。

四、中国进出口银行

（一）中国进出口银行的性质和任务

中国进出口银行成立于1994年，是直属国务院领导的、政府全资拥有的国家银行，是我国机电产品、高新技术产品出口和对外承包工程及各类境外投资的政策性融资主渠道、外国政府贷款的主要转贷行和中国政府对外优惠贷款的承贷行。其国际信用评级与国家主权评级一致。

中国进出口银行的任务是：扩大我国机电产品和高新技术产品出口、推动有比较优势的企业"走出去"、促进对外经济技术合作与交流，为建立开放型经济提供政策性金融支持。

（二）中国进出口银行的业务范围

根据我国经济金融体制改革和对外经济贸易发展的需要，中国进出口银行的业务范围逐渐扩大，目前中国进出口银行的主要业务包括：办理出口信贷和进口信贷；办理对外承包工程和境外投资贷款；办理中国政府对外优惠贷款；提供对外担保；转贷外国政府和金融机构提供的贷款；办理本行贷款项下的国际国内结算业务和企业存款业务；在境内外资本市场、货币市场筹集资金；办理国际银行间的贷款，组织或参加国际、国内银团贷款；从事人民币同业拆借和债券回购；从事自营外汇资金交易和经批准的代客外汇资金交易；办理与本行业务相关的资信调查、咨询、评估和见证业务；经批准或受委托的其他业务。

我要复习！

通过下面的练习，让我们来复习一下。

1. 你一定要知道的（如果已掌握请打钩）：

政策性银行的法律特征 ☐

政策性银行的主要职能 ☐

中国国家开发银行的任务和业务范围 ☐

中国农业发展银行的任务和业务范围 ☐

中国进出口银行的业务范围 ☐

2. 讨论

2011 年，中国进出口银行向北方福田汽车股份有限公司发放 5 亿元人民币一般机电产品出口信贷，并签署战略合作协议。同年，中国进出口银行向湘电集团提供出口信贷及进口信贷 3.4 亿元，用于支持该公司进口技术装备关键零部件，扩大机电产品的海外市场份额，提高重大装备国产化水平。

解析：中国进出口银行设立的宗旨是扩大我国机电产品和高新技术产品出口、推动有比较优势的企业"走出去"、促进对外经济技术合作与交流，为建立开放型经济提供政策性金融支持。本案例中，中国进出口银行向北方福田汽车股份有限公司发放机电产品出口信贷，支持企业"走出去"，有效利用两种资源、开拓两个市场，提高重大装备国产化水平将具有重大的促进作用。

我的笔记

第十七章

价格法

导 学

学习本章需要了解价格法的定义和调整对象，理解价格管理机构及其职责，掌握法定价格形式，价格听证制度等；要求能应用价格法的基础知识解决具体案例。

学习内容

学习单元一 价格法概述

一、价格法的定义和调整对象

价格是商品生产和商品交换发展到一定阶段的产物，是价值形式长期发展的结果。价格作为价值的货币表现，它是经营者和消费者之间的经济关系的反映，同时也是反映市场供求关系、资源配置状况的基本信号。价格信号的正常显现和传递是市场机制得以健康运转的基本条件。

价格法是调整政府和经营者在价格的制定、执行、监督、检查过程中发生的各种经济关系的法律规范的总称。简言之，价格法是调整价格关系的法律规范的总称。

价格法的调整对象是价格关系。价格关系是指在价格的制定、执行和监督过程中发生的各种社会经济关系。主要有：各级人民政府价格主管部门、其他有关部门在制定、调整和执行商品价格和服务价格中所发生的价格关系；经营者在

> **建议**
>
> 在理解价格法的相关内容时，要注意把握"经营者"的内涵。
>
> 1. 在价格行为上依照《价格法》的规定享有权利的经营者，应当是依法取得经营资格的合法经营者。
>
> 2. 凡在经营活动中有《价格法》规定的应受处罚的价格违法行为，不论违法者是否依法取得经营资格，都应依法处罚。

自主定价过程中与政府价格主管部门、其他有关部门、行业组织在价格指导、监督和检查过程中所发生的价格关系；各级人民政府价格主管部门、其他有关部门和经营者之间因执行或违反价格法律、法规和政策而发生的价格关系。

二、我国价格法的体系

价格法作为部门法，包括价格法律和与其配套的许多调整价格关系的法规。就其内容来看，可以分为价格制定和调整制度、价格管理制度、价格监督检查制度、价格评估制度、价格信息咨询服务制度等；就其调整的范围来看，有商品价格法规和服务价格法规；就其形式来看，有法律、条例、规定、办法等，这就从不同的方面，构成了一个组合体，形成了价格法内部的体系。必须指出，调整价格关系的法律规范，除上述一系列的价格法律、法规外，还有包含调整价格关系的其他有关的经济法律规范。

我要复习！

好，价格法概述部分学习完了，让我们一起来复习一下吧！

1. 你一定要知道的（如果已掌握请打钩）：

价格法的定义 ☐

价格法的调整对象 ☐

我国价格法的体系 ☐

2. 深入理解

以您对价格法调整对象的理解，在您认为需要价格法调整的选项后面打钩。

（1）日本福岛核事故后，商家谣传日本的盐场遭到污染，借机大肆提高食盐价格 ☐

（2）节日临近，蔬菜的价格略有上涨 ☐

（3）为了提高农民的种粮积极性，国务院规定主要农产品的最低保护价 ☐

（4）汶川地震后，灾区急需大量帐篷，某商家大肆提高帐篷的价格 ☐

解析： 上述选项中，只有（1）、（3）、（4）项属于价格法的调整范围，思考一下原因吧！

学习单元二　价格管理机构及其职责

一、国务院价格主管部门的职责

我国《价格法》和《价格管理条例》规定，国务院价格主管部门统一负责全国的价格工作。其主要职责有：①研究拟订国家的价格方针、政策、计划和改革方案，经国务院批准后，组织实施；②研究拟定价格法规草案；③负责全国的价格管理和综合平衡工作；④依法规定商品和服务的作价原则、作价办法，指导、监督国务院业务主管部门和省、自治区、直辖市人民政府的价格工作；⑤检查、处理违反价格法的行为；⑥协调处理国务院其他有关部门之间，省、自治区、直辖市之间的价格争议；⑦建立全国价格信息网络，开展价格信息服务工作；⑧履行国务院赋予的其他职责。

发改委将重拳出击虚高药价

国务院发布"国六条"开启房地产新调控序幕？

实践一下！

2003 年 2 月，受非典型肺炎及谣传等因素的影响，短短几天时间内全国绝大部分地区出现了突发性抢购部分商品及哄抬价格的风潮。各地相继出现了抢购板蓝根冲剂、抗病毒口服液、罗红霉素等抗病毒药物以及食用醋、医用口罩的现象，一些不法商家趁机哄抬价格。食用醋由平时的每瓶 2 ~ 3 元，普遍涨至 10 多元，部分地方涨至 100 多元，个别地方最高甚至涨至 400 元。板蓝根冲剂由原来的每盒 4 ~ 7 元不等，普遍涨至 20 多元，部分地方涨至 40 多元，个别地方甚至涨到 80 多元。抗病毒口服液也由原来的每盒 10 多元，普遍涨至 20 多元，部分地方涨至 50 多元，个别地方甚至涨到 100 多元。

为了更好地理解国务院价格主管部门的职责，大家上网搜一搜，为了控制物价国务院价格主管部门采取了哪些措施？

二、国务院有关部门的职责

我国《价格法》和《价格管理条例》规定，国务院业务主管部门在各自的职责范围内，负责有关价格工作。其主要职责是：①负责组织、监督本系统、本行业贯彻执行国家的价格法规和政策；②依照价格管理权限依法规定商品和服务的作价原则和办法，制定、调整分管的商品价格和服务价格；③组织、监督本系统、本行业执行规定的商品价格和服务价格；④指导本系统、本行业价格工作；⑤检查、处理违反价格法的行为；⑥对国务院价格主管部门管理的商品价格和服务价格提供有关的资料，提出价格调整方案等。

三、地方人民政府价格管理部门的职责

我国《价格法》和《价格管理条例》规定，县级以上地方各级人民政府价格主管部门负责本行政区域内的价格工作。主要职责有：①贯彻执行国家的价格方针、政策和法规；②组织、监督有关部门实施国家物价部门和国务院业务主管部门制定的商品价格和收费标准；③负责本地区的价格管理综合平衡工作，会同有关部门拟订本地区价格计划草案，经批准后组织实施；④按照价格管理权限，规定商品和收费的作价原则、作价办法，制定、调整分管的商品价格和收费标准，重要的商品价格和收费标准应当报省、自治区、直辖市人民政府批准，并报国家物价部门和国务院有关业务主管部门备案；⑤指导、监督同级业务主管部门、下级人民政府以及本地区内企业、事业单位的价格工作，检查、处理价格违法行为；⑥协调、处理本地区内的价格争议；⑦负责本地区价格信息网络，开展价格信息服务工作；⑧省、自治区、直辖市人民政府赋予的其他职责。

沈阳市调整自来水价格和
污水处理费征收标准听证会
沈阳市物价局
2009.5.6

四、地方人民政府其他有关部门的职责

我国《价格法》和《价格管理条例》规定，县级以上地方各级人民政府其他有关部门在各自的职责范围内，负责有关的价格工作。其主要职责是：①监督本系统、本行业贯彻执行国家的价格法规和政策；②组织、监督本系统、本行业实施国家价格主管部门和国务院其他有关部门制定的商品价格和服务价格；③指导、协调本系统、本行业的价格工作；④查处价格违法行为；⑤为政府制定政府指导价、指定价，开展价格、成本调查，听取消费者、经营者和有关方面的意见等。

建议

对于价格管理机构的职责，您不用死记硬背，只需知晓国务院价格主管部门主要负责价格法规的制定，指导国务院各业务部门，协调省、直辖市间的价格争议，都是比较宏观的事项；国务院有关部门主要负责指导本系统、本行业价格工作；地方人民政府价格主管部门和地方人民政府相关部门的职责与国务院价格主管部门和相关部门的职责相对应就可以了。

我要复习！

好，价格管理机构及其职责部分学习完了，我们一起来复习一下吧！

1. 你一定要知道的（如果已掌握请打钩）：

国务院价格主管部门的职责 ☐

国务院有关部门的职责 ☐

地方人民政府价格管理部门的职责 ☐

地方人民政府其他有关部门的职责 ☐

2. 深入理解（结合思考题）

一个夏日的傍晚，张某到水果市场买西瓜，看见一摊位上挂着一块纸牌，上面写着"西瓜大甩卖，一元二斤"。甲某遂挑选了一个大西瓜，重15斤。付账时水果摊位老板非要18元。张某问："不是一元二斤吗？"王某怒骂道："你眼睛瞎了哟，一元二一斤，少一分都不行。"张某要求退货，王某坚决不同意，并凑上去想动手打张某。张某无奈，只得掏18元钱了事。

解析： 在本案例中，经营者违背了公平、合法和诚实信用的定价原则，张某可以到物价部门去投诉，拒绝支付超出的费用。

学习单元三　法定价格形式

一、市场调节价

（一）市场调节价的定义

市场调节价，是指由经营者自主制定，通过市场竞争形成的价格。这一定义包含以下几层涵义：

1. 市场调节价是由经营者自主制定的价格。经营者是市场竞争的主体，依法实行自主经营，自负盈亏，对所经营的商品独立地承担经济责任。自主定价正是其自主经营权利的体现，也是经营者作为市场主体在竞争中作出有效反应的实际需要。

2. 市场调节价是一种竞争价格。经营者依照市场对商品价格的认可的状况，供需情况的变化来制定价格。也就是让参与交换的商品或服务，在市场竞争中接受检验，权衡优劣，调节价格。其实质是一种经营者的定价权利与市场竞争的力量结合在一起的法定的价格形式。

3. 市场调节价是经营者依法确定的价格。经营者虽然是自主制定价格，不受任何单位价格和个人的干涉，但经营者必须遵守国家的法律、法规及有关政策，不得实施任何价格违法行为，否则要受到法律惩罚。

（二）市场调节的范围

> 《价格法》第6条　商品价格和服务价格，除依照本法第18条规定适用政府指导价或者政府定价外，实行市场调节价，由经营者依照本法自主制定。

市场调节价的范围是指未列入政府指导价和政府定价范围内，并适应在市场竞争中形成的商品和服务价格。具体是指：商品和服务比较丰富，不属于资源稀缺的范围；商品和服务不具有自然垄断性，是可以由多个经营者同时经营的商品和服务品种；商品和服务价格不属于关系国计民生的特别重要的品种。

（三）市场调节价的管理

> 《价格法》第7条　经营者定价，应当遵循公平、合法和诚实信用的原则。

我国《价格法》和《价格管理条例》规定，经营者定价应当遵循公平、合法和诚实信用的原则，经营者不得有下列不正当价格行为：①相互串通，操纵市场价格，损害其他经营者或者消费者的合法权益；②在依法降价处理鲜活商品、季节性商品、积压商品等商品外，为了排挤竞争对手或者独占市场，以低于成本的价格倾销，扰乱正常的生产经营秩序，损害国家利益或者其他经营者的合法权益；③捏造、散布涨价信息，哄抬价格，推动商品价格过高上涨的；④利用虚假的或者使人误解的价格手段，诱骗消费者或者其他经营者与其进行交易；⑤提供相同商品或者服务，对具有同等交易条件的其他经营者实行价格歧视；⑥采取抬高等级或者压低等级等手段收购、销售商品或者提供服务，变相提高或者压低价格；⑦违反法律、法规的规定牟取暴利；⑧法律、行政法规禁止的其他不正当价格行为。

> ⏳ **思考**
>
> 某商场采用了下列促销方式，在您认为符合价格法相关规定的后面打钩。
>
> （1）一次性购买 1000 元，就可以抽奖，而大奖均有内定关系户获得。☐
>
> （2）将原价为 10 元的商品，虚构为原价 30 元打 4 折出售。☐
>
> （3）为了排挤其他零售商，商场以低于成本价格大量销售商品。☐
>
> （4）对实行市场调节价的商品，谎称为政府定价或者政府指导价。☐
>
> （5）对保质期快临近的食品，以低于成本的价格出售。☐
>
> （6）"转向经营最后三天甩卖"，一挂就是一个月。☐
>
> **解析：** 在上述选项中，只有（5）符合价格法的相关规定，其余选项经营者采用了欺诈、虚构事实、垄断销售等手段进行促销。

二、政府指导价

（一）政府指导价的定义

政府指导价，是指由政府价格主管部门或者其他有关部门，按照定价权限和范围规定基准价及其浮动幅度，指导经营者制定的价格。

（二）政府指导价的主要形式

1. 浮动价格。经营者对实行政府指导价的商品和服务项目，可以根据市场状况和商品或服务特点，接受政府价格主管部门或者其他有关部门的定价指导，在政府规定的基准价及其浮动幅度内自主制定和调整价格。

2. 最高限价。它是指政府对经营者出售某些商品的价格规定最高的限度，经营者只能在国家规定的价格限度内出售商品的一种价格形式。

3. 最低保护价。它是指政府对经营者出售的商品价格规定最低限度，经营者只能高于政府规定的价格限度出售商品的一种价格形式。

（三）政府指导价的范围

政府制定价格的范围仅限于极少数的商品和服务。政府在必要时可以对下列商品和服务价格实行政府指导价：①与国民经济发展和人民生活关系重大的极少数商品价格；②资源稀缺的少数商品价格；③自然垄断经营的商品价格；④重要的公用事业价格；⑤重要的公益性服务价格。

政府指导价的定价权限和具体适用范围，以中央的和地方的定价目录为依据。中央定价目录由国务院价格主管部门制定、修订，报国务院批准后公布。地方定价目录由省、自治区、直辖市人民政府价格主管部门按照中央定价目录规定的定价权限和具体适用范围制定，经本级人民政府审核同意，报国务院价格主管部门审定后公布。省、自治区、直辖市人民政府以下各级地方人民政府不得制定定价目录。

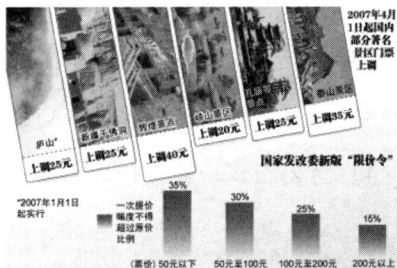

（四）政府指导价的调整

> 《价格法》第25条　政府指导价、政府定价的具体适用范围、价格水平，应当根据经济运行情况，按照规定的定价权限和程序适时调整。消费者、经营者可以对政府指导价、政府定价提出调整建议。

1. 政府指导价的具体适用范围调整。随着社会主义市场经济的发展，政府指导价的具体适用范围将日益缩小，越来越多的原本属于政府指导价范围的商品和服务项目的价格将成为市场调节价。只有在价格总水平的非正常时期或者容易引起价格剧烈波动的特殊领域（如粮食市场），原本属于市场调节价范围的商品和服务项目的价格才会扩大为政府指导价。

2. 政府指导价的价格水平的调整。一般来说，政府对价格水平的调整要比具体适用范围的调整更为频繁。各种商品和服务中所含的价值量随着生产力的发展是会变化的，相应地，商品和服务的价格也会发生变动。

3. 政府指导价调整的权限和程序。政府指导价调整的权限和程序，应按照《价格法》关于定价主体的权限和定价的程序进行，任何单位或个人不得擅自调整。

4. 消费者、经营者可以对政府指导价提出调整建议。消费者、经营者从不同角度对政府指导价提出调整建议，可以使政府直接了解市场供需双方的不同需要，有利于政府及时制定合理的调整方案，提高政府指导价的可行性、科学性。

三、政府定价

政府定价，是指依照《价格法》规定，由政府价格主管部门或者其他有关部门按照定价权限和范围制定的价格。其基本特征是政府作为定价主体对必要的商品和服务直接制定的价格，具有强制性和稳定性。有关政府定价的范围、基本依据及定价的调整与政府指导价格相同。

思考

2010年春节期间，杭州阳光明媚，正是游览西湖的好时光。临安消费者笑笑一家三口来杭州游玩。女儿吵着要坐游船，笑笑上前一问大吃一惊，船夫叫价240元一个小时。耐不住女儿的哭闹，经过讨价还价之后，笑笑花了120元一个小时的价格，租了一只手划船。游玩之后，笑笑了解到，西湖游船价格采取政府定价的管理形式。游船公司下属的西湖手划船的价格是80元/小时；西湖摇槽船的价格是120元/小时。

提示： 西湖资源稀缺，其经营具有垄断性质。作为一项重要的公益性服务，西湖游船才由政府定价，这样可以保证广大游客的权利。在本案中，对于船夫不执行政府定价行为，物价部门可以责令改正，没收违法所得，并处一定数额的罚款。

我要复习！

好，法定价格部分学习完了，我们一起来复习一下吧！

1. 你一定要知道的（如果已掌握请打钩）：

市场调节价的定义以及实行市场调节价的商品范围。□

政府指导价的定义、制定政府指导价的依据以及实行政府指导价的商品范围。□

政府定价商品的范围。□

2. 深入理解（结合思考题）

2012 年 7 月 29 日，荆门市天峰建材厂、钟祥市冷水镇田岗鸿兴石料厂等 26 家石料生产企业，开会协商共同签订了《石料生产企业联合提价协议》，决定从 8 月 1 日起，对石粉、瓜米石等主要石料每吨提价 5 元，同时规定，如有经营者低于协议价格销售石料的予以罚款 50 000 元及停产一个月的处罚。8 月 1 日起部分厂家实施了涨价行为。

解析：《价格法》规定，经营者不得有相互串通，操纵市场价格，损害其他经营者或者消费者的合法权益不正当价格行为。在本案中，荆门市 26 家石料生产企业的行为违法了价格法的此项规定，物价部门可以其责令改正，视情节轻重处以相应的罚款。

学习单元四　价格听证制度

一、价格听证的含义

《价格法》第 23 条　制定关系群众切身利益的公用事业价格、公益性服务价格、自然垄断经营的商品价格等政府指导价、政府定价，应当建立听证会制度，由政府价格主管部门主持，征求消费者、经营者和有关方面的意见，论证其必要性、可行性。

价格听证是指政府在制定、调整列入听证目录中的关系群众切身利益的公用事业价格、公益性服务价格、自然垄断经营的商品价格时，组织政府价格主管部门、社会有关方面对其必要性、可行性、科学性进行论证的制度。它是价格决策民主化和科学化的重要形式，是减少盲目性、片面性的有效途径，也是对重要的商品和服务价格进行有效监督、防止其不当定价的重要手段。

🕰 思考

2001 年 4 月，乔占祥律师在北京市第一中级人民法院起诉铁道部，要求撤销《关于 2001 年春运期间部分旅客列车实行票价上浮的通知》并退还其在春运期间乘坐火车多付的上浮部分票款，理由是春运期间部分列车票价上浮行为没有经过价格听证，违反《价格法》第 23 条之规定，侵害了其作为旅客的合法权益。该案在全国引起广泛重视，加快了政府价格决策听证制度。

2002 年春运来临之前，由原国家计委主持，举行了我国铁路客运定价历史上的第一次听证会。

结合本案例想一想，为什么要举行听证会？

二、价格听证的项目

《政府制定价格听证办法》第 3 条　中央定价听证目录由国务院价格主管部门依据中央定价目录制定并公布；地方定价听证目录由省级人民政府价格主管部门依据地方定价目录制定并公布。法律、法规、规章规定实行定价听证的项目自动进入定价听证目录。制定定价听证目录以外的政府指导价、政府定价，定价机关认为有必要的，也可以实行定价听证。

按照《国家计委关于公布价格听证目录的通知》公布的价格听证目录，国家计委对下列商品和服务价格实行听证：居民生活用电价格；铁路旅客运输基准票价率（软席除外）；民航旅客运输票价水平；电信基本业务资费中的固定电话通话费、月租费，移动电话通话费、月租费。价格听证目录可以根据经济发展和市场变化进行调整。对于中央和地方定价目录中未列入听证目录的关系群众切身利益的商品和服务，政府价格主管部门在制定或调整价格时，如认为确有必要的，也可以按照定价目录规定的权限组织听证。

三、价格听证的程序

（一）定价听证的提起

《政府制定价格听证办法》第 15 条　定价听证依据下列情况提起：①定价机关是政府价格主管部门（含与其他部门联合定价）和市、县人民政府的，由政府价格主管部门提起；②定价机关是其他部门的，由该部门向政府价格主管部门提起。

定价听证是一种依职权听证行为，而非依申请听证行为。定价机关是政府价格主管部门（含与其他部门联合定价）和市、县人民政府的，由政府价格主管部门提起；定价机关是其他部门的，由该部门向政府价格主管部门提起。

（二）价格听证会前的准备工作

> 《政府制定价格听证办法》第17条　定价听证方案应当包括下列内容：①拟制定价格的具体项目；②现行价格和拟制定的价格，单位调价额和调价幅度；③拟制定价格的依据和理由；④拟制定价格对经济、社会影响的分析；⑤其他与制定价格有关的资料。

1. 拟订定价听证方案。按照"谁定价谁提方案"的原则进行。定价方案的合法性、合理性、科学性需经得起社会各方面的检验。定价听证方案应当包括下列内容：拟制定价格的具体项目；现行价格和拟制定的价格，单位调价额和调价幅度；拟制定价格的依据和理由；拟制定价格对经济、社会影响的分析；其他与制定价格有关的资料。

2. 提前公告。听证会举行30日前，政府价格主管部门应当通过政府网站、新闻媒体向社会公告听证会参加人、旁听人员、新闻媒体的名额、产生的方式及具体报名办法。听证会举行15日前，政府价格主管部门应当通过政府网站、新闻媒体向社会公告听证会举行的时间、地点，定价听证方案要点，听证会参加人和听证人名单。

3. 送达相关材料。听证会举行15日前，政府价格主管部门应当向听证会参加人送达下列材料：听证会通知；定价听证方案；定价成本监审结论；听证会议程；听证会纪律。

（三）价格听证会召开

> 《政府制定价格听证办法》第21条　听证会应当在有2/3以上听证会参加人出席时举行。
> 第23条　听证会参加人应当审阅涉及本人的听证笔录并签字。

1. 核定法定人数。听证会应当在有2/3以上听证会参加人出席时举行。出席人数不足应当出席人总数2/3的，听证会应当延期举行。

2. 听证会议程。听证会可以一次举行，也可以分次举行。听证会按照下列议程进行：主持人宣布听证事项和听证会纪律，介绍听证会参加人、听证人；定价听证方案提出人陈述定价听证方案；定价成本监审人介绍定价成本监审结论及相关情况；听证会参加人对定价听证方案发表意见，进行询问；主持人总结发言。

3. 笔录。听证会参加人应当审阅涉及本人的听证笔录并签字。这是法定程序，但不是听证议程。

（四）价格听证会后续的有关工作

> 《政府制定价格听证办法》第24条 听证会举行后，听证人应当根据听证笔录制作听证报告。
>
> 第25条 政府价格主管部门应当在听证会举行后15日内将听证笔录、听证报告一并提交定价机关。
>
> 第27条 定价机关作出定价决定后，应当通过政府网站、新闻媒体向社会公布定价决定和对听证会参加人主要意见采纳情况及理由。

1. 制作、提交听证报告。听证会举行后，政府价格主管部门应当在听证会举行后15日内将听证笔录、听证报告一并提交定价机关。听证报告包括下列内容：听证会的基本情况；听证会参加人对定价听证方案的意见；听证人对听证会参加人意见的处理建议。处理建议应当包括对听证会参加人主要意见采纳与不采纳的建议和理由说明。

2. 公布定价决定。定价机关作出定价决定后，应当通过政府网站、新闻媒体向社会公布定价决定和对听证会参加人主要意见采纳情况及理由。定价机关需要报请本级人民政府或者上级定价机关批准后才能作出定价决定的，需同时提交听证报告，待上级批准后予以公布。

建议

学习价格听证的程序时，您不用死记硬背，可以结合思考题，分组举行模拟听证会，这样不但生动而且记忆深刻，您不妨试一试。

我要复习！

好，价格听证制度部分学习完了，我们一起来复习一下吧！

1. 你一定要知道的（如果已掌握请打钩）：

价格听证的含义。☐

实行政府价格听证的项目。☐

价格听证的程序。☐

2. 讨论（结合思考题）

请您根据前面所学的知识，结合本节思考题，模拟一次价格听证会。

我的笔记

第十八章

会计法和审计法

导　学

学习本章需要了解会计人员的职责、会计核算的内容、会计监督的方式、违反会计法和审计法的法律责任；理解会计人员的配备、会计人员的基本职责、审计机关的权限、审计程序规定；掌握会计核算的基本要求、审计机关的职责；要求能应用会计法和审计法的基础知识解决具体案例。

学习内容

学习单元一　会计机构和会计人员

一、会计机构的设置和会计人员的配备

《会计法》第36条　各单位应当根据会计业务的需要，设置会计机构，或者在有关机构中设置会计人员并指定会计主管人员；不具备设置条件的，应当委托经批准设立从事会计代理记账业务的中介机构代理记账。国有的和国有资产占控股地位或者主导地位的大、中型企业必须设置总会计师。总会计师的任职资格、任免程序、职责权限由国务院规定。

会计机构是指各单位办理会计事务的职能部门。会计人员是直接从事会计工作的人员。各单位应当根据会计业务的需要，设置会计机构，或者在有关机构中设置会计人员，并指定会计主管人员。设置会计机构，应当配备会计机构负责人，在有关机构中配备专职会计人员，在专职会计人员中指定主管会计人员。没有设置会计机构和配备会计人员的单位，应当根据《代理记账管理办法》委托会计师事务所或者持有代理记账许可证书的其他代理记账机构进行代理记账。国有的和国有资产占控股地位或者主导地位的大、中型企业应当根据法律和国家有关规定设置总会计师。总会计师由具有会计师以上专业技术资格的人

员担任。总会计师的任职资格、任免程序、职责权限由国务院规定。

各单位应当根据会计业务需要设置会计工作岗位。会计工作岗位一般可分为：会计机构负责人或者会计主管人员，出纳，财产物资核算，工资核算，成本费用核算；财务成果核算，资金核算，往来结算，总账报表，稽核，档案管理等。

开展会计电算化和管理会计的单位，可以根据需要设置相应工作岗位，也可以与其他工作岗位相结合。会计工作岗位，可以一人一岗、一人多岗或者一岗多人。但出纳人员不得兼管审核、会计档案保管和收入、费用、债权债务账目的登记工作。国家机关、国有企业、事业单位任用会计人员应当实行回避制度。单位领导人的直系亲属不得担任本单位的会计机构负责人、会计主管人员。会计机构负责人、会计主管人员的直系亲属不得在本单位会计机构中担任出纳工作。需要回避的直系亲属，包括夫妻关系、直系血亲关系、三代以内旁系血亲以及配偶亲关系。会计人员的工作岗位还应当有计划地进行轮换。

思考

某事业单位领导甲以保护单位的账务安全为由，任命未取得会计从业资格证的侄儿乙担任单位的会计，因乙需要外出脱产学习一月，甲遂安排单位的出纳人员丙代理乙的工作。该单位的人事安排是否符合《会计法》的相关规定？

提示： 在本案例中乙未取得会计从业资格证，不能从事会计从业资格；甲与乙是直属亲属，乙不得担任该单位会计，应当回避；丙是出纳人员不得代理乙的会计工作。

二、会计机构、会计人员的基本职责

1. 进行会计核算的职责。通过设置账簿、填制凭证、运用一定的记账方法登记账簿、清查财产、编制会计报表等，进行综合、连续、系统的反映和监督，定期形成一系列财务、成本指标，据以考核经营目标，计划的完成情况，为公共事务管理或经营决策提供真实可靠的信息资料，并通过会计资料静态和动态的报表信息资料，预测经营的发展情况。

2. 实行会计监督的职责。会计监督，是指会计机构、会计人员在办理会计事务，进行会计核算过程中，对本单位不合法、不合理以及无效益或者效益不

高的经济业务事项提出质疑、抵制或者建议纠正的行为，以保证本单位经济活动全过程合法、合理和有效。

三、会计人员的资格管理

会计是一项政策性、专业性很强的工作，作为会计人员必须具备必要的专业知识和专业技术，熟悉国家有关法律、法规、规章和国家统一会计制度，遵守职业道德，还必须取得相应的从业资格。

会计人员从业资格。从事会计工作的人员，必须取得会计从业资格证书。担任单位会计机构负责人（会计主管人员）的，除取得会计从业资格证书外，还应当具备会计师以上专业技术职务资格或者从事会计工作3年以上经历。

会计人员的消极资格。主要包括两层意思：一方面，因有提供虚假财务会计报告，做假账，隐匿或者故意销毁会计凭证、会计账簿、财务会计报告，贪污，挪用公款，职务侵占等与会计职务有关的违法行为被依法追究刑事责任的人员，不得取得或者重新取得会计从业资格证书；另一方面，因违法违纪行为被吊销会计从业资格证书的人员，自被吊销会计从业资格证书之日起5年内，不得重新取得会计从业资格证书。

我要复习！

通过下面的练习，让我们一起来复习一下！

1. 你一定要知道的（如果已掌握请打钩）：

会计人员的职责 ☐

会计人员的从业条件 ☐

2. 深入理解（结合思考题）

以您对会计机构的设置和会计人员的配备规定的理解，在符合会计法相关规定选项后面打钩。

（1）某镇长任命他的堂兄为镇政府财政所会计。☐

（2）某公司为了节约运营成本，聘请甲为公司会计兼出纳。☐

（3）某超市聘请了一位老会计甲担任出纳，但甲没有取得会计从业资格证。☐

（4）某大型公司聘请了一位刚取得会计从业资格证的会计专业研究生担任公司的主管会计。☐

（5）某注册会计师甲因职务侵占罪被判5年有期徒刑，刑满释放后被某大型公司聘请为财务总监兼总会计师。☐

解析： 以上五项都不符合《会计法》的相关规定，（1）违反了近亲属回避的规定，（2）违反了岗位回避的规定，（3）、（4）不具备会计或会计主管的任职资格，（5）具有从事会计人员的消极资格。

学习单元二　会计核算制度

一、会计核算的基本内容

《会计法》规定应当办理会计手续，进行会计核算的经济业务事项主要有：款项和有价证券的收付；财物的收发、增减和使用；债权债务的发生和结算；资本、基金的增减；收入、支出、费用、成本的计算；财务成果的计算和处理；需要办理会计手续、进行会计核算的其他事项。

二、会计核算的基本要求

1. 会计核算依据的基本要求。

《会计法》第9条　各单位必须根据实际发生的经济业务事项进行会计核算，填制会计凭证，登记会计账簿，编制财务会计报告。任何单位不得以虚假的经济业务事项或者资料进行会计核算。

会计核算必须以实际发生的经济业务事项为依据，如实反映企业的财务状况和经营成果。这条要求的实质，就是要求会计核算提供的会计信息与会计核算对象客观事实相一致。这是会计核算的重要前提，是填制会计凭证、登记会计账簿、编制财务会计报告的基础，是保证会计资料质量的关键。以不

我们把这些东西削瘦一些。

销售货物要交增值税。

实甚至虚拟的经济业务事项为核算对象，会计核算就成了没有规范，没有约束，没有科学可言的"魔术"手段，据此提供的会计资料不仅没有可信度，甚至会

误导会计信息使用者决策失误，扰乱社会经济秩序。

2. 会计资料的基本要求。

> 《会计法》第 13 条　会计凭证、会计账簿、财务会计报告和其他会计资料，必须符合根据统一的会计制度的规定……任何单位和个人不得伪造、变造会计凭证、会计账簿及其他会计资料不得提供虚假的财务会计报告。

会计资料是在会计核算过程中形成的、记录和反映实际发生的经济业务事项的资料，是记录会计核算过程和结果的重要载体，是反映单位财务状况和经营成果、评价经营业绩、选择合作对象、进行投资决策的重要依据。会计资料所提供和记录的信息也是一种重要的社会资源。如何生成并保证会计资料的质量，是关系到会计秩序和社会经济秩序的重要方面。目前，规范会计资料的国家统一的会计制度比较多，主要有：《会计基础工作规范》、《会计档案管理办法》以及财政部发布的一系列会计准则、会计核算制度等。《会计法》在正面规范生成和提供会计资料同时，明确禁止伪造、变造会计凭证、会计账簿及其他会计资料，提供虚假的财务会计报告的行为。

3. 会计电算化的基本要求。

> 《会计法》第 13 条第 2 款　使用电子计算机进行会计核算的，其软件及其生成的会计凭证、会计账簿、财务会计报告和其他会计资料，也必须符合国家统一的会计制度的规定。

用计算机进行会计核算和用手工记账既有相同点，也有不同点。相同点在于两者对会计资料的要求是一致的，都要求会计资料真实、完整；不同点在于在实行会计电算化以后，会计资料由计算机按规定的程序生成。为保证计算机生成的会计资料真实、完整和安全，加强对会计电算化工作的规范化，《会计法》对此作出了两方面的规定：①使用电子计算机进行会计核算的单位，使用的会计软件必须符合国家统一的会计制度的规定；②用电子计算机生成的会计资料必须符合国家统一的会计制度的要求。即用电子计算机生成的会计凭证、会计账簿、财务会计报告在格式、内容以及会计资料的真实性、完整性等方面，都必须符合国家统一的会计制度的规定。

我要复习！

通过下面的练习，让我们一起来复习一下吧！

1. 你一定要知道的（如果已掌握请打钩）：

会计核算依据的基本要求。☐

会计资料的基本要求。☐

会计电算化的基本要求。☐

2. 深入理解

某市财政局对一大型国有企业的会计工作进行检查。检查中了解到下列情况：①会计人员 A 发现一张不真实的原始凭证，A 仍然以该凭证进行账务处理；②会计人员 B 发现一张由乙企业开具的金额有错的原始凭证，A 要求乙企业更正，并在更正处加盖乙企业印章。你怎么看 A、B 二人的做法？

　解析：①会计机构和会计人员应当依法对原始凭证进行审核，对不真实、不合法的原始凭证，A 有权不予接受，并向单位负责人报告；②原始凭证金额有错误的，应当由开具单位重开，B 不得在原始凭证上更正。

学习单元三　会计监督

一、单位内部会计监督

1. 单位内部会计监督的基本要求。

《会计法》第 27 条　各单位应当建立、健全本单位内部会计监督制度。单位内部会计监督制度应当符合下列要求：①记账人员与经济业务事项和会计事项的审批人员、经办人员、财物保管人员的职责权限应当明确，并相互分离、相互制约；②重大对外投资、资产处置、资金调度和其他重要经济业务事项的决策和执行的相互监督、相互制约程序应当明确；③财产清查的范围、期限和组织程序应当明确；④对会计资料定期进行内部审计的办法和程序应当明确。

会计监督的关键问题之一就是建立、健全单位内部会计制约机构，明确有关人员的职责。根据《会计法》以及《会计基础工作规范》的规定，单位内部会计监督应当符合以下基本要求：①不同岗位相互制约。与经济业务事项和会

计事项有关的人员的职责权限应当明确，并实行岗位分离，相互形成制约关系。②重大经济业务事项决策、执行的监督制约程序应当明确。单位的重大经济业务事项的范围应该划定；重大经济业务事项的决策人员和执行人员应该实行分离；重大经济业务的决策和执行应该有固定的程序。③财产清查制度的规定。为了确保会计资料的真实、完整，保证单位财产物资的安全、完整，一方面要建立健全岗位责任制，加强监督管理；另一方面必须建立财产清查制度，通过对本单位各项财产、现金的实地盘点，以及对银行存款、债权债务等往来款项的核对，查明某一时点的实际结存数和账面余额是否相符，即账实是否相符。④符合会计资料内部审计的要求。单位内部必须设置独立的内部审计机构或人员，而且要保证其具有检查会计资料、资金和财产的权利；调查经济业务事项及有关情况，索取有关证明文件和材料的权利；对严重违反财经法规、严重损失浪费的行为，有临时制止的权利；以及提出有关建议和意见的权利。

2. 内部会计监督人员的职责。

> 《会计法》第28条　单位负责人应当保证会计机构、会计人员依法履行职责，不得授意、指使、强令会计机构、会计人员违法办理会计事项。
>
> 第29条　会计机构、会计人员发现会计账簿记录与实物、款项及有关资料不相符的，按照国家统一的会计制度的规定有权自行处理的，应当及时处理；无权处理的，应当立即向单位负责人报告，请求查明原因，作出处理。

单位负责人在会计监督方面的职责包括两方面：一是要支持会计机构、会计人员的工作，特别是关系到国家与单位之间、单位与职工个人之间的经济利益时，需要单位负责人坚决支持会计机构、会计人员的依法履职行为，对非法干涉会计机构、会计人员行使职权的行为，单位负责人应当制止；二是单位负责人不得干涉会计机构、会计人员依法行使职权。

会计机构、会计人员的监督职权主要有：①对原始凭证进行审核和监督。对不真实、不合法的原始凭证，不予受理。对弄虚作假、严重违法的原始凭证，在不予受理的同时，应当予以扣留，并及时向单位领导人报告，请求查明原因，追究当事人的责任。对记载不准确、不完整的原始凭证，予以退回，要求经办人员更正、补充。②对实物、款项进行监督。发现账簿记录与实物、款项不符时，应当按照国家有关规定进行处理。③对会计机构、会计人员伪造、变造、故意毁灭会计账簿或者账外设账行为，应当制止和纠正；制止和纠正无效的，应当向上级主管单位报告，请求作出处理。④会计机构、会计人员对指使、强令编造、篡改财务报告行为，应当制止和纠正；制止和纠正无效的，应当向上级主管单位报告，请求处理。

> **思考**
>
> 从 2003 年起，仙游县林业局计财股出纳林某参与"六合彩"赌博，欠下巨额赌债，于是产生了截留、套取林业局公款的邪念。从 2006 年初开始，林某利用职务便利，采取伪造银行对账单、直接截留手头现金以及在现金支票上偷盖局长陈某某的财务私章、计财股股长马某的私章等手段，从林业局基本经费户头和生态林户头，取出 385 万元用于"六合彩"赌博。在本案中，身为计财股股长的马某没有按照"日清月结"的账务规定，监督出纳林某把每日收取的现金存入银行，对林某提供的假银行对账单没有认真核对，即签上"相符"附账。2009 年 5 月，莆田市中级法院作出终审判决，林某犯贪污罪、赌博罪，数罪并罚，判处死刑，剥夺政治权利终身，并处没收个人全部财产。
>
> **提示：**仙游县林业局因缺乏必要的单位内部会计监督，最终导致了林某能够顺利地套取林业局公款。在本案中，马某对林业局各账户的银行余额和账面余额状况没有定期检查，对各账户的银行余额和账面余额状况不知情，对每个账户的收支情况缺乏监管，对林某提供的假银行对账单没有认真核对，为林某套取、截留现金提供了便利。

二、社会监督

> 《会计法》第 30 条　任何单位和个人对违反本法和国家统一的会计制度规定的行为，有权检举。收到检举的部门有权处理的，应当依法按照职责分工及时处理；无权处理的，应当及时移送有权处理的部门处理。收到检举的部门、负责处理的部门应当为检举人保密，不得将检举人姓名和检举材料转给被检举单位和被检举人个人。

社会监督，是指社会中介机构依法对单位的经济活动进行审计，并据实作出客观评价的一种监督形式。为了鼓励全体社会成员参与监督会计活动，《会计法》对此作了以下方面规定：①监督的主体没有任何限制。既可以是被监督单位内部的人员，也可以是被监督单位以外的其他单位和人员。②收到检举的政府部门不但必须处理，而且必须及时处理。这是因为经济活动是持续进行而且不断变比的，不及时处理会增大纠正违法行为的困难和代价。③收到检举的部门必须依法按照职责分工进行处理。这种处理方式可以避免部门间相互推诿，提高工作效率。④对检举人实行保护。保守检举人的单位和姓名的秘密，以对检举人实施必要的保护，防止出现打击报复现象。

三、国家监督

> 《会计法》第33条 财政、审计、税务、人民银行、证券监管、保险监管等部门应当依照有关法律、行政法规规定的职责，对有关单位的会计资料实施监督检查。

国务院财政部门是全国会计工作的主管部门，地方人民政府财政部门是本行政区域内会计工作的管理部门。财政部对各单位的下列情况实施监督：各单位是否依法设置会计账簿；各单位的会计凭证、会计账簿、财务会计报告和其他会计资料是否真实完整；各单位的会计核算是否符合《会计法》和国家统一的会计制度的规定；各单位从事会计工作的人员是否具备从业资格。

财政、审计、税务、人民银行、证券监管、保险监管等部门应当依照有关法律、行政法规规定的职责，对有关单位的会计资料实施监督检查。以上所列监督检查部门对有关单位的会计资料依法实施监督检查后，应当出具检查结论。有关监督检查部门已经作出的检查结论能够满足其他监督检查部门履行本部门职责需要的，其他监督检查部门应当加以利用，避免重复查账。

依法对有关单位的会计资料实施监督检查的部门及其工作人员对在监督检查中知悉的国家秘密和商业秘密负有保密义务。

各单位必须依照有关法律、行政法规的规定，接受有关监督检查部门依法实施的监督检查，如实提供会计凭证、会计账簿、财务会计报告和其他会计资料以及有关情况，不得拒绝、隐匿、谎报。

思考

某县财政局工作人员在检查中发现，某市甲国有公司有重大经济违法嫌疑。随即要求与该公司有经济业务往来的某银行提供有关该公司的相关资料，该银行没有受理。你认为该银行的做法是否正确？

提示： 银行的做法是不合法的。本案例中，财政局工作人员在对甲国有公司会计资料是否真实、完整等实施监督过程中，发现重大违法嫌疑时，根据《会计法》规定，可以向该银行要求查询甲国有公司相关资料，该银行应该予以支持。

我要复习！

通过下面的练习，让我们来复习一下！

1. 你一定要知道的（如果已掌握请打钩）：

单位内部会计监督的基本要求 □

内部会计监督人员的职责 □

有关保护社会监督检举者的规定 □

财政部会计监督的职责 □

2. 深入理解

某省财政厅督察室工作人员 A 在对某市甲国有公司的会计资料实施监督检查时，知悉了该公司的重大商业秘密，随即将其出卖给与该公司存在竞争关系的乙公司，造成了甲公司重大经济损失。你怎么样看待 A 的行为？

解析： A 的行为违反了《会计法》有关监督检查部门及其工作人员在监督检查中知悉的国家秘密和商业秘密负有保密义务的规定；如果情节严重，触犯了《刑法》，依法应当追究他的刑事责任。

学习单元四　违反会计法的责任

一、违反会计核算、会计监督和会计人员规范的法律责任

违反《会计法》规定，有下列行为之一的，由县级以上人民政府财政部门责令限期改正，以对单位并处 3000 元以上 5 万元以下的罚款；对其直接负责的主管人员和其他直接责任人员，可以处 2000 元以上 2 万元以下的罚款；属于国家工作人员的，还应当由其所在单位或者有关单位依法给予行政处分：不依法设置会计账簿的；私设会计账簿的；未按照规定填制、取得原始凭证或者填制、取得的原始凭证不符合规定的；以未经审核的会计凭证为依据登记会计账簿或者登记会计账簿不符合规定的；随意变更会计处理方法的；向不同的会计资料使用者提供的财务会计报告编制依据不一致的；未按照规定使用会计记录文字或者记账本位币的；未按照规定保管会计资料，致使会计资料毁损、灭失的；未按照规定建立并实施单位内部会计监督制度或者拒绝依法实施的监督或者不如实提供有关会计资料及有关情况的；任用会计人员不符合本法规定的。

会计人员有上列行为之一，情节严重的，由县级以上人民政府财政部门吊销会计从业资格证书。

二、伪造、变造会计资料的法律责任

根据《会计法》规定，对伪造、变造会计凭证、会计账簿，编制虚假财务会计报告，构成犯罪的，依法追究刑事责任；尚不构成犯罪的，由县级以上人民政府财政部门予以通报，可以对单位并处 5000 元以上 10 万元以下的罚款；对其直接负责的主管人员和其他直接责任人员，可以处 3000 元以上 5 万元以下的罚款；属于国家工作人员的，还应当由其所在单位或者有关单位依法给予撤职直至开除的行政处分；对其中的会计人员，并由县级以上人民政府财政部门吊销会计从业资格证书。

🖋️ **思考**

某市财政局于 2007 年对该市甲金属公司 2005 年、2006 年的会计信息质量进行了检查，发现该公司在 2005 年和 2006 年度分别编制了一套与会计账簿记录和有关资料不符的虚假财务会计报告。学了上面的知识，您认为本案应当怎么处理？

提示：根据《会计法》规定，会计凭证、会计账簿，财务会计报告应当客观真实。本案中，甲公司的行为属于编制虚假财务会计报告的行为；构成犯罪的，依法追究相关责任人的刑事责任；尚不构成犯罪的，可以对单位和责任人给予通报批评和罚款；属于国家工作人员的，还应当由其所在单位或者有关单位依法给予相应的行政处分。

三、隐匿、故意销毁会计资料的法律责任

根据《会计法》规定，对隐匿或者故意销毁依法应当保存的会计凭证、会计账簿、财务会计报告，构成犯罪的，依法追究刑事责任；尚不构成犯罪的，由县级以上人民政府财政部门予以通报，可以对单位并处5000元以上10万元以下的罚款；对其直接负责的主管人员和其他直接责任人员，可以处3000元以上5万元以下的罚款；属于国家工作人员的，还应当由其所在单位或者有关单位依法给予撤职直至开除的行政处分；对其中的会计人员，并由县级以上人民政府财政部门吊销会计从业资格证书。

四、授意、指使、强令会计机构、会计人员及其他人员伪造、变造会计资料或者隐匿、故意销毁会计资料的法律责任

根据《会计法》规定，授意、指使、强令会计机构、会计人员及其他人员伪造、变造会计凭证、会计账簿，编制虚假财务会计报告或者隐匿、故意销毁依法应当保存的会计凭证、会计账簿、财务会计报告，构成犯罪的，依法追究刑事责任；尚不构成犯罪的，可以处5000元以上5万元以下的罚款；属于国家工作人员的，还应当由其所在单位或者有关单位依法给予降级、撤职、开除的行政处分。

实践一下！

某镇政府负责人A，因公务接待花费比较大，超出了某市财政局规定的标准，担心会受到上级领导的批评，便授意单位会计人员用其他发票报销1万元生活招待费用。学了上面的知识，你认为A和单位会计人员的做法是否正确？

提示： 在本案中，单位负责人授意会计人员伪造会计凭证，违法了《会计法》的相关规定，鉴于数额比较小，情节比较轻微，对镇政府负责人可以处5000元以上5万元以下的罚款并给予予降级的行政处分。

五、单位负责人对会计人员打击报复的法律责任

根据《会计法》规定，单位负责人对依法履行职责、抵制违反本法规定行为的会计人员以降级、撤职、调离工作岗位、解聘或者开除等方式实行打击报复，构成犯罪的，依法追究刑事责任；尚不构成犯罪的，由其所在单位或者有关单位依法给予行政处分。对受打击报复的会计人员，应当恢复其名誉和原有职务、级别。

六、其他与会计工作有关的违法行为的法律责任

其他与会计工作相关的违法行为的法律责任主要有两种：一是财政部门及有关行政部门的工作人员在实施监督管理过程中滥用职权、玩忽职守、徇私舞弊、泄露国家秘密或商业秘密、挪用资金、挪用公款、职务侵占行为，构成犯罪的，依法追究刑事责任；尚不构成犯罪的，依法给予行政处分。二是指违反《会计法》第30条的规定，将检举人姓名和检举材料转给被检举单位和被检举人个人的，由所在单位或者有关单位依法给予行政处分。

我要复习！

2008年1月，某股份有限公司公布2007年年度报告。该报告称公司实现利润12.7亿元，资本公积金增加16.5亿元，净利润比去年同比增长10多倍，一时股价飙升。后经中国证监会等部门查证，该报告内容严重失实，其称的利润和公积金纯属虚构，该份年度报告是公司董事长兼总经理A指使财务人员B虚构的。本案应当怎样处理？

解析：任何单位和个人，不得伪造、变造会计凭证、会计账簿和其他会计资料，不得提供虚假的财务会计报告，公司董事长兼总经理A指使财务人员B虚编财务会计报告，违反会计法的有关规定，情节严重，构成提供虚假财务会计报告罪；财务人员B也同样构成提供虚假财务会计报告罪。

学习单元五　审计机关职责

一、政府财政收支审计

《审计法》第16条　审计机关对本级各部门（含直属单位）和下级政府预算的执行情况和决算以及其他财政收支情况，进行审计监督。

第17条　审计署在国务院总理领导下，对中央预算执行情况和其他财政收支情况进行审计监督，向国务院总理提出审计结果报告。地方各级审计机关分别在省长、自治区主席、市长、州长、县长、区长和上一级审计机关的领导下，对本级预算执行情况和其他财政收支情况进行审计监督，向本级人民政府和上一级审计机关提出审计结果报告。

我国《审计法》规定，财政收支审计的对象包括本级各部门（含直属单位）和下级政府。其中，本级各部门是指与审计机关同级的根据预算法的规定作为一个预算单位，列入国家预算，接受财政拨款的部门。下级政府，是指审计机关的本级政府以下的各级政府。根据合理分工和财政隶属关系确定审计管辖范围的原则，上级审计机关通常只对下一级政府的财政收支进行审计监督。本级各部门和下级政府财政收支审计的内容包括：本级各部门（含直属单位）和下级政府预算的执行情况、决算以及其他财政收支情况。

审计机关在本级政府行政首长的领导下对本级财政收支进行审计监督。审计署在国务院总理领导下，对中央预算执行情况和其他财政收支情况进行审计监督，地方各级审计机关分别在省长、自治区主席、市长、州长、县长、区长和上一级审计机关的领导下，对本级预算执行情况和其他财政收支情况进行审计监督。

二、中央银行和国有金融机构审计

《审计法》第 18 条　审计署对中央银行的财务收支，进行审计监督。审计机关对国有金融机构的资产、负债、损益，进行审计监督。

中国人民银行是我国的中央银行，总行是国务院的所属部门。审计署对中央银行的财务收支进行审计监督，各地方的人民银行分行和支行的经济活动受地方各级审计机关的审计监督。审计机关对国有金融机构的资产、负债、损益情况进行审计监督。对国有资本占控股地位或者主导地位的金融机构的审计监督，由国务院规定。

三、国有企业、事业单位审计

《审计法》第 19 条　审计机关对国家的事业组织和使用财政资金的其他事业组织的财务收支，进行审计监督。

第 20 条　审计机关对国有企业的资产、负债、损益，进行审计监督。

国家事业组织是指由国家创办的，不直接从事物质资料生产，以改善社会生产和人民生活条件，增进人民物质文化生活为目的的非营利性组织。目前，对国家的事业组织分别采取全额财政拨款、差额财政拨款和由本单位自收自支的预算管理方式，但由于它们是国家出资举办的，因此都应当接受国家的审计监督。

国有企业审计是指审计机关对国有企业的资产、负债、损益的真实、合法和效益进行的审查，并作出评价的监督活动。其目的是反映企业资产、负债和盈亏的真实情况，查处企业各种违法违规问题，维护国家所有者权益，防止国有资产流失，为政府加强宏观调控服务。

四、政府建设项目审计

> 《审计法》第 22 条　审计机关对政府投资和以政府投资为主的建设项目的预算执行情况和决算，进行审计监督。

政府建设项目的审计，包括对政府投资和以政府投资为主的建设项目的审计。政府建设项目审计的内容是建设项目的预算执行情况和决算，包括建设项目的总预算的执行情况、年度预算的执行情况和年度决算、项目竣工决算的真实、合法、效益。

实践一下！

学习好了吗？这里有一个实例，运用学过的知识解决一下吧……

2006 年 4 月，河南省焦作市中级人民法院受理了中国建筑第八工程局第三建筑公司因修建焦作市市政大厦诉焦作市人民政府建设工程施工合同纠纷一案。本案的争议焦点是，双方签订的《建设工程施工合同》没有约定以审计结论为决算依据，原告主张以双方确认的决算书为决算为依据，被告主张以焦作市审计局对市政大厦作出审计决定书为决算依据。

法院判决：工程款以焦作市审计局对市政大厦作出审计决定书为决算依据，驳回原告中国建筑第八工程局第三建筑公司的诉讼请求。

解析：本案涉及政府建设项目审计监督的问题。我国《审计法》第 22 条："审计机关对政府投资和以政府投资为主的建设项目的预算执行情况和决算，进行审计监督。"本案中，市政大厦是财政拨款，是国家投资建设的项目，是特殊工程，工程决算应当以焦作市审计局对市政大厦作出审计决定书为依据。

五、政府部门管理和受政府委托管理的基金、资金审计

《审计法》第23条 审计机关对政府部门管理的和其他单位受政府委托管理的社会保障基金、社会捐赠资金以及其他有关基金、资金的财务收支，进行审计监督。

我国的社会保障基金由社会保险基金、社会救济、社会福利、优抚安置等基金构成。社会保障基金审计主要是对政府部门管理的和其他单位受政府部门委托管理的社会保障基金财务收支的真实、合法、效益进行的审计监督。此外，审计机关还应当对社会保障基金财务管理的规章、制度是否健全、有效，财务和内部审计机构是否健全，能否有效地发挥核算监督和控制作用进行审计监督。

社会捐赠资金审计是指审计机关对行政机关、企事业单位、社会团体及其他有关单位接收、分配、使用和管理社会捐赠资金的真实、合法、效益进行的审计监督。其目的是促进接受捐赠的部门、单位加强财务管理，保证社会捐赠资金筹集、分配、使用的真实、合法，提高社会捐赠资金使用的社会效益与经济效益。

除社会保障基金、社会捐赠资金外，政府部门管理的和其他单位受政府委托管理的还有其他一些用于农业基础设施建设、环境保护、发展文化教育、科研、医疗卫生等事业的专项基金、资金等。这些基金、资金通常由财政预算安排或者由管理单位依据有关法律、行政法规的规定向社会征收，用于特定用途。因此对这些基金、资金的财务收支的真实、合法、效益，也应当由审计机关进行审计监督。

六、其他审计

> 《审计法》第24条　审计机关对国际组织和外国政府援助、贷款项目的财务收支，进行审计监督。
>
> 第25条　审计机关按照国家有关规定，对国家机关和依法属于审计机关审计监督对象的其他单位的主要负责人，在任职期间对本地区、本部门或者本单位的财政收支、财务收支以及有关经济活动应负经济责任的履行情况，进行审计监督。
>
> 第26条　除本法规定的审计事项外，审计机关对其他法律、行政法规规定应当由审计机关进行审计的事项，依照本法和有关法律、行政法规的规定进行审计监督。

审计机关对国际组织和政府援助、贷款项目的财务收支的真实、合法、效益进行审计监督，是为了保证项目财务报告和有关会计资料的真实性、完整性，维护国家利用外资法律、法规、制度的严肃性和我国的国际信誉，促进项目执行单位和政府主管部门积极、合理、有效地利用外资，促进国家利用外资政策、产业政策、国民经济和社会发展计划的落实。

经济责任审计，是审计机关通过对国家机关和依法属于审计机关审计监督对象的其他单位的主要负责人所在地区、部门或者单位的财政收支、财务收支以及有关经济活动进行审计，以监督、评价该负责人经济责任履行情况的监督活动。经济责任审计的主要目的是分清责任人任职期间在本地区、本部门、本单位经济活动中应当负有的责任，为组织人事部门和监察机关及其他有关部门考核评价干部和企业负责人提供参考依据。

《审计法》对应由审计机关实施审计监督的事项作了规定，有关法律、行政法规可以根据宪法规定的原则，对本法规定以外某些事项的审计作出规定。

我要复习！

好，本单元的基本知识点学习完了，让我们结合前面提出的这道思考题来复习一下吧！

1. 你一定要知道的（如果已掌握请打钩）：

财政收支审计的对象和内容 □

审计机关对国有企业、国有金融机构、事业单位、政府基金等的审计内容 □

审计机关的管理体制 □

2. 深入理解

准确把握《审计法》关于审计机关职责的规定，对于正确适用本法具有重要作用。依《审计法》规定，以下（   ）应当接受审计。

A. 国务院各部门和地方各级人民政府及其各部门的财政收支

B. 国有的金融机构和企业、事业组织的财务收支

C. 合资、独资、民营机构组织的财务收支

D. 其他依照审计法规定应当接受审计的财政收支、财务收支

解析：《审计法》第三章审计机关的职责的相关规定。

学习单元六 审计机关的权限

一、调取资料权

《审计法》规定，审计机关有权要求被审计单位按照审计机关的规定提供预算或者财务收支计划、预算执行情况、决算、财务会计报告，运用电子计算机储存、处理的财政收支、财务收支电子数据和必要的电子计算机技术文档，在金融机构开立账户的情况，社会审计机构出具的审计报告，以及其他与财政收支或者财务收支有关的资料，被审计单位不得拒绝、拖延、谎报。被审计单位负责人对本单位提供的财务会计资料的真实性和完整性负责。

二、检查权

《审计法》第32条　审计机关进行审计时，有权检查被审计单位的会计凭证、会计账簿、财务会计报告和运用电子计算机管理财政收支、财务收支电子数据的系统，以及其他与财政收支、财务收支有关的资料和资产，被审计单位不得拒绝。

审计检查权是审计机关的一项重要职权，也是审计机关有效开展审计工作的重要保证。审计机关通过检查被审计单位的会计凭证、会计账簿、财务会计报告和运用电子计算机管理财政收支、财务收支电子数据的系统，以及其他与财政收支、财务收支有关的资料和资产，目的在于获取有关证明材料，依据这些证明材料，发现违法行为，进行审计评价，作出审计决定。审计机关行使审计检查权，被审计单位不得拒绝，否则应当承担相应的法律责任。

三、调查取证权

《审计法》第33条　审计机关进行审计时，有权就审计事项的有关问题向有关单位和个人进行调查，并取得有关证明材料。

《审计法》规定，审计机关进行审计时，有权就审计事项的有关问题向有关单位和个人进行调查，并取得有关证明材料。有关单位和个人应当支持、协助审计机关工作，如实向审计机关反映情况，提供有关证明材料。审计机关经县级以上人民政府审计机关负责人批准，有权查询被审计单位在金融机构的账户。审计机关有证据证明被审计单位以个人名义存储公款的，经县级以上人民政府审计机关主要负责人批准，有权查询被审计单位以个人名义在金融机构的存款。

四、行政强制措施权

《审计法》规定，审计机关进行审计时，被审计单位不得转移、隐匿、篡改、毁弃会计凭证、会计账簿、财务会计报告以及其他与财政收支或者财务收支有关的资料，不得转移、隐匿所持有的违反国家规定取得的资产。

审计机关对被审计单位违反前款规定的行为，有权予以制止；必要时，经县级以上人民政府审计机关负责人批准，有权封存有关资料和违反国家规定取得的资产；对其中在金融机构的有关存款需要予以冻结的，应当向人民法院提出申请。

审计机关对被审计单位正在进行的违反国家规定的财政收支、财务收支行为，有权予以制止；制止无效的，经县级以上人民政府审计机关负责人批准，通知财政部门和有关主管部门暂停拨付与违反国家规定的财政收支、财务收支行为直接有关的款项，已经拨付的，暂停使用。

五、审计建议权

《审计法》规定，审计机关认为被审计单位所执行的上级主管部门有关财政收支、财务收支的规定与法律、行政法规相抵触的，应当建议有关主管部门纠正；有关主管部门不予纠正的，审计机关应当提请有权处理的机关依法处理。

六、审计结果披露权

> 《审计法》第36条　审计机关可以向政府有关部门通报或者向社会公布审计结果。审计机关通报或者公布审计结果，应当依法保守国家秘密和被审计单位的商业秘密，遵守国务院的有关规定。

审计机关向政府有关部门通报或者向社会公布审计结果，是审计监督的一项重要内容，有利于更好地发挥审计监督职能。审计机关向政府有关部门通报审计结果，可以使有关部门了解被审计单位的财政收支、财务收支情况；有利于主管部门依据审计结果报告依法采取相应的处理、处罚措施；有利于相关部门依据相关信息进行科学决策。审计机关向社会公布审计结果是为了更好地保障社会公众的知情权，充分发挥舆论监督的作用。审计机关通报或者公布审计结果，应当依法保守国家秘密和被审计单位的商业秘密，按照国务院规定的方式、时限、程序进行。

我要复习！

好，本单元的基本知识点学习完了，让我们一起来复习一下吧！

1. 你一定要知道的（如果已掌握请打钩）：

审计机关有权要求被审计单位提供的资料范围　□

审计机关有权检查的范围　□

审计机关调查取证权的内容　□

审计行政强制措施的种类　□

2. 深入理解

某县审计局对该县的某国有企业进行财务审计时，发现该企业有篡改、毁弃会计凭证、会计账簿、财务会计报告的行为，经该县审计局长批准，封存了有关资料，并申请该县人民法院冻结了该企业在金融机构的存款。县长得知此事后，以该企业是本市的利税大户为由，出面要求审计局取消对该企业的行政强制措施、停止财务审计，审计局予以拒绝。于是县政府宣布免去审计局长的职务，并任命了新的局长。请你对本案中企业和县政府的做法进行评析。

　　解析： 审计机关进行审计时，被审计单位应当如实提供会计凭证、会计账簿、财务会计报告等财务资料，不得转移、隐匿、篡改、毁弃会计凭证、会计账簿、财务会计报告等资料。在必要时，经县级以上人民政府审计机关负责人批准，有权封存有关资料；对其中在金融机构的有关存款需要予以冻结的，可以申请人民法院冻结。在本案例中，县审计局对该企业采取的行政强制措施是合法的，县政府以非法定的理由阻止审计局的正常工作是干涉独立审计的行为，撤销审计局长的职务也是不符合法律程序，没有法律依据。

学习单元七　审计程序

一、审计准备

　　《审计法》第38条　审计机关根据审计项目计划确定的审计事项组成审计组，并应当在实施审计3日前，向被审计单位送达审计通知书；遇有特殊情况，经本级人民政府批准，审计机关可以直接持审计通知书实施审计。被审计单位应当配合审计机关的工作，并提供必要的工作条件。

　　1. 编制项目审计计划，确定审计事项。审计机关应当根据法律、法规和国家有关规定，按照本级政府要求和上级审计机关的部署，确定年度审计重点，对审计对象进行预测和分类，科学地编制审计计划，并确定审计事项。
　　2. 通知被审计单位。审计机关确定审计事项以后，应当组成审计组实施审计。在实施审计监督检查之前，应当向被审计单位发送《审计通知书》，通知其接受审计监督检查。被审计单位接到《审计通知书》后，应做好接受审计监督检查的准备工作，提供必要的工作条件，配合好审计机关的工作。

二、审计实施

　　《审计法》第39条　审计人员通过审查会计凭证、会计账簿、财务会计报告，查阅与审计事项有关的文件、资料，检查现金、实物、有价证券，向有关单位和个人调查等方式进行审计，并取得证明材料。审计人员向有关单位和个人进行调查时，应当出示审计人员的工作证件和审计通知书副本。

　　审计实施阶段也称审查阶段，是整个监督工作的核心。审计阶段的主要工作内容是：审计人员通过审查会计凭证、会计账簿、财务会计报告，查阅与审计事项有关的文件、资料，检查现金、实物、有价证券，向有关单位和个人调查并且取得证明材料等必要的审计活动，对被审计单位实施审计，以审查其财政、财务收支是否真实、合法和具有效益。

　　审计人员向有关单位和个人进行调查时，应当出示审计人员的工作证件和审计通知书副本，以符合行政程序的要求，表明其身份，这样规定也有利于维护被审计单位的正当利益，如果其不出示工作证件和审计通知书副本，有关单位和人员有权拒绝接受调查。

　　三、审计终结

> 　　《审计法》第40条　审计组对审计事项实施审计后，应当向审计机关提出审计组的审计报告。
>
> 　　第41条　审计机关按照审计署规定的程序对审计组的审计报告进行审议，并对被审计对象提出的意见一并研究后，提出审计机关的审计报告；对违反国家规定的财政收支、财务收支行为，依法应当给予处理、处罚的，在法定职权范围内作出审计决定或者向有关主管机关提出处理、处罚的意见。

　　1. 审计组提出审计报告。审计组的审计报告是审计机关内部的工作报告，也就是审计组向审计机关提出的审计事项的工作报告。这种报告只反映审计事实和审计组的初步意见，不是审计机关的最后结论，对被审计对象不产生法律上的约束力。审计组的审计报告在报送审计机关以前，应当按照规定征求被审计对象的意见。被审计对象应当自接到审计组的审计报告之日起10日内，将其书面意见送交审计组。被审计对象的意见是审计机关审定审计组的审计报告需要研究的重要内容之一，但这不影响审计机关对审计事项依法作出独立的评价和判断。

　　2. 审计机关提出审计报告及作出审计决定。审计机关通过对审计组提出的审计报告所列的审计事项的内容进行复核、审理，作出审计机关的审计报告；对违反国家规定的财政收支、财务收支行为，依法应当给予处理、处罚的，在法定职权范围内作出审计决定或者向有关主管机关提出处理、处罚的意见。审计机关应当将审计机关的审计报告和审计决定送达被审计单位和有关主管机关、单位，审计决定自送达之日起生效。

我要复习！

好，本单元的基本知识点学习完了，让我们一起来复习一下吧！

1. 你一定要知道的（如果已掌握请打钩）：

审计准备阶段的工作内容 □

审查资料的内容和程序规定 □

审计终结阶段的工作内容 □

2. 深入理解

某县审计局根据审计项目计划确定的审计事项，组成以 A 为组长的 A、B、C 三人审计小组，对某国有企业进行财务审计。在实施审计前 2 日，向被审计单位送达了审计通知书。该企业的法定代表人 D 是 A 的哥哥，接到通知后，按要求准备了相关资料。审计小组到达企业后，通过审查有发现该企业有隐瞒收入、正在转移违法所得等行为。审计组对审计事项实施审计后，就隐瞒收入问题向审计局提出了审计报告，便撤离企业。请分析审计组的审计活动哪些不符合法律规定？

解析： 在本案中，审计机关违反法定程序有：审计人员执行职务时没有遵循回避原则，审计企业法定代表人是审计组长的哥哥，审计组长应该回避；审计通知没有在实施审计前 3 日内送交被审计单位；审计组没有制止被审计单位正在进行的转移违法所得行为；审计组没有向审计机关报告该企业转移违法所得的违法行为；审计组在向审计机关报送报告前，未征求被审计单位意见。

学习单元八 违反审计法的法律责任

一、被审计单位的法律责任

1. 拒绝或拖延提供有关资料、提供资料不真实、不完整或者拒绝、阻碍检查的法律责任。被审计单位违反《审计法》规定，拒绝或者拖延提供与审计事项有关的资料的，或者提供的资料不真实、不完整的，或者拒绝、阻碍检查的，由审计机关责令改正，可以通报批评，给予警告。被审计单位对于审计机关作出的处罚决定应当执行，如果拒绝改正错误，继续实施违法行为，应当依法追究其责任。

2. 转移、隐匿、篡改、毁弃会计凭证、会计账簿、财务会计报告等有关资料、转移、隐匿违反国家规定取得的资产的法律责任。被审计单位违反本法规定，转移、隐匿、篡改、毁弃会计凭证、会计账簿、财务会计报告以及其他与财政收支、财务收支有关的资料，或者转移、隐匿所持有的违反国家规定取得的资产，审计机关认为对直接负责的主管人员和其他直接责任人员依法应当给予处分的，应当提出给予处分的建议，被审计单位或者其上级机关、监察机关应当依法及时作出决定，并将结果书面通知审计机关；构成犯罪的，依法追究刑事责任。

3. 政府部门违反预算或者财政收支规定的法律责任。审计机关、人民政府或者有关主管部门对本级各部门和下级政府违反预算的行为或者其他违反国家规定的财政收支行为，在法定职权范围内，依照法律、行政法规的规定，区别情况采取下列处理措施：①责令限期缴纳应当上缴的款项；②责令限期退还被侵占的国有资产；③责令限期退还违法所得；④责令按照国家统一的会计制度的有关规定进行处理。除此以外，审计机关、人民政府或者有关主管部门还可以采取其他的纠正措施。

4. 被审计单位拒不执行审计决定的法律责任。审计机关依法责令被审计单位上缴应当上缴的款项，如果被审计单位拒不执行的，审计机关为了保证审计决定的执行，维护审计决定的严肃性，应当通报有关主管部门，如税务机关、财政部门等主管部门。有关主管部门在接到审计机关的通报后，应当依照有关法律、行政法规的规定予以扣缴，或者采取其他处理措施。如财政部门可从给该被审计单位的财政拨款中扣除应当上缴的款项。有关主管部门对被审计单位的违法行为采取处理措施后，应当将处理结果书面通知审计机关。

二、审计人员的法律责任

《审计法》第52条　审计人员滥用职权、徇私舞弊、玩忽职守或者泄露所知悉的国家秘密、商业秘密的，依法给予处分；构成犯罪的，依法追究刑事责任。

审计人员是指在审计机关专门从事审计工作的人员。按照本法规定，审计人员在办理审计事项时，应当客观公正，实事求是，廉洁奉公，保守秘密，必须忠于职守、秉公执法。

审计人员在审计活动中，滥用职权、徇私舞弊、玩忽职守或者泄露国家秘密、商业秘密，不构成犯罪的，根据行为人行为的情节轻重，依法给予警告、记过、记

大过、降级、撤职等处分；构成犯罪的，依法追究刑事责任。

我要复习！

好，本单元的基本知识点学习完了，让我们一起来复习一下吧！

1. 你一定要知道的（如果已掌握请打钩）：

被审计单位违反审计法的法律责任 ☐

审计人员的职务违法行为法律责任 ☐

2. 深入理解

某县审计局工作人员 A 在对某国有食品企业甲进行财务审计时，获悉了甲企业收购乙企业的收购方案，A 随即将该收购方案出卖给也准备收购乙企业的丙公司负责人 B，导致了 A 企业收购乙企业的项目失败，给公司造成了巨大的经济损失。请分析 A、B 应当承担什么责任？

解析：《审计法》规定，审计人员不得泄露在审计活动中获悉的被审计单位商业秘密，情节轻微的给予相关人员行政处分；构成犯罪的，依法追究刑事责任。在本案中，A 行为给被审计单位造成了巨大的经济损失，而且主观上具有故意，应当以侵犯商业秘密罪追究 A 的刑事责任；B 明知收购方案是 A 通过不正当手段获取的，仍然使用，依法构成侵犯商业秘密罪的共犯。

我的笔记

第十九章

土地管理法

☞ 导　学

　　学习本章的主要目的是掌握我国土地管理法中最基本的制度。国有土地的所有权和使用权、集体土地的所有权和使用权，国有建设用地使用权和集体建设用地使用权是本章学习的重点，此外还需要掌握土地管理法上的相关法律责任。要求能够掌握我国土地管理法律制度大体框架，并在实践中据此快速查找相关具体的法律规定。

☞ 学习内容

学习单元一　土地权利

　　土地是一切物质财富和资源中最重要的部分。各国的法律都将土地管理制度作为最基本的法律。我国《宪法》第 10 条规定："城市的土地属于国家所有。农村和城市郊区的土地，除由法律规定属于国家所有的以外，属于集体所有；宅基地和自留地、自留山，也属于集体所有。"下面就着重梳理土地法律中最重要的所有权和使用权。

一、国有土地所有权和使用权

《宪法》第 10 条　城市的土地属于国家所有。

农村和城市郊区的土地，除由法律规定属于国家所有的以外，属于集体所有；宅基地和自留地、自留山，也属于集体所有。

国家为了公共利益的需要，可以依照法律规定对土地实行征收或者征用并给予补偿。

任何组织或者个人不得侵占、买卖或者以其他形式非法转让土地。土地的使用权可以依照法律的规定转让。

一切使用土地的组织和个人必须合理地利用土地。

《土地管理法》第 2 条　中华人民共和国实行土地的社会主义公有制，即全民所有制和劳动群众集体所有制。

全民所有，即国家所有土地的所有权由国务院代表国家行使。

任何单位和个人不得侵占、买卖或者以其他形式非法转让土地。土地使用权可以依法转让。

国家为了公共利益的需要，可以依法对土地实行征收或者征用并给予补偿。

国家依法实行国有土地有偿使用制度。但是，国家在法律规定的范围内划拨国有土地使用权的除外。

第 8 条　城市市区的土地属于国家所有。

农村和城市郊区的土地，除由法律规定属于国家所有的以外，属于农民集体所有；宅基地和自留地、自留山，属于农民集体所有。

第 9 条　国有土地和农民集体所有的土地，可以依法确定给单位或者个人使用。使用土地的单位和个人，有保护、管理和合理利用土地的义务。

第 10 条　农民集体所有的土地依法属于村农民集体所有的，由村集体经济组织或者村民委员会经营、管理；已经分别属于村内两个以上农村集体经济组织的农民集体所有的，由村内各该农村集体经济组织或者村民小组经营、管理；已经属于乡（镇）农民集体所有的，由乡（镇）农村集体经济组织经营、管理。

（一）国有土地所有权

除《宪法》以外，《土地管理法》也明确规定了城市土地归国家所有。综合来看，国有土地所有权具有如下一些性质：

1. 国有土地所有权专属于国家。

城市市区的土地属于国家所有。

——源自《土地管理法》第八条

国家为了公共利益的需要，可以依法对土地实行征收或者征用并给予补偿。

——源自《土地管理法》第二条

我国国有土地所有权只属于国家，既不是由中央和地方各级政府分级所有，也不存在国家和集体的共同所有。《土地管理法实施条例》第2条具体列举了土地属于国家所有的情况：城市市区的土地；农村和城市郊区中已经依法没收、征收、征购为国有的土地；国家依法征用的土地；依法不属于集体所有的林地、草地、荒地、滩涂及其他土地；农村集体经济组织全部成员转为城镇居民的，原属于其成员集体所有的土地；因国家组织移民、自然灾害等原因，农民成建制地集体迁移后不再使用的原属于迁移农民集体所有的土地。

我国实行土地登记制度，属于国家所有的土地应依法登记为国有土地。

2. 国有土地所有权不能转让。国有土地所有权不能转让，就是指国有土地所有权的主体不能变更。城市土地国家所有就是国家所有，不可能变为私人所有，也不可能变为集体所有。

3. 国有土地所有权是原权利。国有土地所有权归国家所有，国有土地所有权的重要权能——使用权可以依法由其他主体使用。所有权作为原权利制约着由它派生出的使用权，一是国家可以依法收回土地使用权，二是除国家划拨给

> **思考**
>
> 你在日常生活中是否感受到了城市土地的国家所有权的价值或者对你自身的影响？
>
> 这个问题可以从这几个方面加以关注和思考：为什么购买的房屋所有权没有期限，而相应的土地使用权却有期限呢？近年来，各地的"土地财政"的基础又是什么呢？哦，它们的基础就是城市土地的国家所有权。

国家机关、军事机关、学校等公益性用途以外，出让的土地使用权具有期限性。

4. 国有土地所有权体现公有制。我国实行的是公有制占主体地位的社会主义市场经济体制，国有土地所有权的直接体现了社会主义公有制的国家性质。国有土地所有权排除任何个人或者团体凭借土地所有权收取地租的权利。

（二）国有土地使用权

20 世纪 80 年代随着改革开放的推进，经济的快速发展对于土地资源产生了强烈需求，从而在城市土地国家所有权的基础上设立了可以进入市场的土地使用权。1988 年 4 月全国人大修改了《宪法》，删除了土地不得出租的规定，增加了"土地使用权可以依照法律的规定转让"的规定，1988 年 12 月《土地管理法》也进行了相应的修改，明确规定"国家依法实行国有土地有偿使用制度"。1990 年 5 月国务院颁布了《中华人民共和国城镇国有土地使用权出让和转让暂行条例》，自此基本建立起我国国有土地使用权制度。

《土地管理法》规定："国有土地和农民集体所有的土地，可以依法确定给单位或者个人使用。"国有土地使用权包括两种：一种是建设用地使用权，另一种是非建设用地使用权，主要是农业用地。对于国有农业用地可以由单位和个人承包使用。承包使用国有非建设用地一般是向原国有农业用地使用者如农场承包，或者是向国有非建设用地的管理人承包，承包使用权人的权利义务主要通过承包合同来约定。

国有土地使用权中的建设用地使用权具有如下特征：

1. 建设用地使用权只能设定于国有土地之上。我国《物权法》第 151 条规定："集体所有的土地作为建设用地的，应当依照土地管理法等法律规定办理。"如果使用集体所有的土地进行建设（如兴办乡镇企业、村民建造住宅、村内建设公共设施），则不属于《物权法》第十二章所规定的建设用地使用权。在集体所有土地上进行建设的土地管理参见下文。

2. 建设用地使用权是以建设和使用建筑物、构筑物为目的。这里的建筑物或其他构筑物是指在土地上下建筑的房屋及其他设施，如桥梁、沟渠、铜像、纪念碑、地窖，建设用地使用权即以保存和利用此等建筑物或构筑物为目的。

3. 建设用地使用权是使用国家所有的土地的权利。建设用地使用权虽然以建设和使用建筑物或其他构筑物为目的，但其前提和基础是使用国家所有的土地。因此，建筑物和构筑物毁损灭失不影响建设用地使用权的存在，权利人依然可以重新建设、使用。

4. 建设用地使用权的限期性。根据《国有土地使用权出让和转让暂行条例》第 12 条的规定，按照土地的不同用途，土地使用权出让的最高年限为：①居住用地 70 年；②工业用地 50 年；③教育、科技、文化、卫生、体育用地

50 年；④商业、旅游、娱乐用地 40 年；⑤综合或者其他用地 50 年。每一块土地的实际使用年限，在最高年限内，由出让方和受让方双方商定。根据我国物权法的规定，建设用地使用权转让、互换、出资、赠与的，当事人应当采取书面形式订立相应的合同。合同的期限由当事人约定，但不得超过建设用地使用权的剩余期限。

> ### 思考
>
> 国有土地使用权，特别是其中的建设用地使用权重要性如何？
>
> **提示**：思考这个问题需要理解财富的核心是使用价值和上文"小思考"中扩展开来的所有权的作为资本的价值，以及土地使用权的物权性。这些思考都可以通过 baidu 搜索、cnki 查询论文等获得更多的理解。

二、集体土地所有权和使用权

> 《土地管理法》第 10 条　农民集体所有的土地依法属于村农民集体所有的，由村集体经济组织或者村民委员会经营、管理；已经分别属于村内两个以上农村集体经济组织的农民集体所有的，由村内各该农村集体经济组织或者村民小组经营、管理；已经属于乡（镇）农民集体所有的，由乡（镇）农村集体经济组织经营、管理。
>
> 第 11 条　农民集体所有的土地，由县级人民政府登记造册，核发证书，确认所有权。农民集体所有的土地依法用于非农业建设的，由县级人民政府登记造册，核发证书，确认建设用地使用权。
>
> 单位和个人依法使用的国有土地，由县级以上人民政府登记造册，核发证书，确认使用权；其中，中央国家机关使用的国有土地的具体登记发证机关，由国务院确定。
>
> 确认林地、草原的所有权或者使用权，确认水面、滩涂的养殖使用权，分别依照《中华人民共和国森林法》、《中华人民共和国草原法》和《中华人民共和国渔业法》的有关规定办理。

第 12 条　依法改变土地权属和用途的，应当办理土地变更登记手续。

第 13 条　依法登记的土地的所有权和使用权受法律保护，任何单位和个人不得侵犯。

第 14 条　农民集体所有的土地由本集体经济组织的成员承包经营，从事种植业、林业、畜牧业、渔业生产。土地承包经营期限为 30 年。发包方和承包方应当订立承包合同，约定双方的权利和义务。承包经营土地的农民有保护和按照承包合同约定的用途合理利用土地的义务。农民的土地承包经营权受法律保护。

在土地承包经营期限内，对个别承包经营者之间承包的土地进行适当调整的，必须经村民会议 2/3 以上成员或者 2/3 以上村民代表的同意，并报乡（镇）人民政府和县级人民政府农业行政主管部门批准。

第 15 条　国有土地可以由单位或者个人承包经营，从事种植业、林业、畜牧业、渔业生产。农民集体所有的土地，可以由本集体经济组织以外的单位或者个人承包经营，从事种植业、林业、畜牧业、渔业生产。发包方和承包方应当订立承包合同，约定双方的权利和义务。土地承包经营的期限由承包合同约定。承包经营土地的单位和个人，有保护和按照承包合同约定的用途合理利用土地的义务。

农民集体所有的土地由本集体经济组织以外的单位或者个人承包经营的，必须经村民会议 2/3 以上成员或者 2/3 以上村民代表的同意，并报乡（镇）人民政府批准。

第 16 条　土地所有权和使用权争议，由当事人协商解决；协商不成的，由人民政府处理。

单位之间的争议，由县级以上人民政府处理；个人之间、个人与单位之间的争议，由乡级人民政府或者县级以上人民政府处理。

当事人对有关人民政府的处理决定不服的，可以自接到处理决定通知之日起 30 日内，向人民法院起诉。

在土地所有权和使用权争议解决前，任何一方不得改变土地利用现状。

（一）集体土地所有权

集体土地所有权是依照《宪法》和《土地管理法》规定，除国家所有的土地以外的土地由集体享有所有权。集体土地所有权的存在有两个前提：一是有国有土地以外的土地存在，二是有农民集体这个主体存在，二者缺一则集体土地所有权就不复存在。综合来看，集体土地所有权有如下一些性质：

1. 集体土地所有权专属于农民集体。

宅基地和自留地、自留山，属于农民
集体所有。

——源自《土地管理法》第八条

集体土地所有权专属农民集体，是指在农村的各种类型的组织中只有农民集体是集体土地所有权的主体。根据《土地管理法》第 10 条规定："农民集体所有的土地依法属于村农民集体所有的，由村集体经济组织或者村民委员会经营、管理；已经分别属于村内两个以上农村集体经济组织的农民集体所有的，由村内各该农村集体经济组织或者村民小组经营、管理；已经属于乡（镇）农民集体所有的，由乡（镇）农村集体经济组织经营、管理。"农村集体土地的经营、管理主体可能分别是村集体组织或者村民委员会、村内集体组织或者村民小组、乡（镇）集体经济组织。经营、管理主体不同于所有权主体，这一点在农村集体土地登记确权上也体现出来，在土地登记簿的"权利人"和土地证书的"土地所有权人"一栏，集体土地所有权主体按"××组（村、乡）农民集体"填写。[1]

2. 集体土地所有权不能转让，但可以被国家征收。与国有土地所有权一样，集体土地所有权也不能转让，当然也不能抵押。集体土地所有权与国有土地所有权不同之处在于，集体土地所有权可以通过国家征收而变为国有土地所有权。《土地管理法》第 2 条规定："国家为了公共利益的需要，可以依法对土地实行征收或者征用并给予补偿。"集体土地经过征收变为国有土地其公有性质没有变，但是其利益享受的主体由农民集体变更为全民。

---

〔1〕 参见《国土资源部、中央农村工作领导小组办公室、财政部、农业部关于农村集体土地确权登记发证的若干意见》。

3. 集体土地的利益主要由集体成员享受。集体土地的利益，包括由集体成员按照《农村土地承包法》承包使用或者直接由集体统一经营使用的收益，主要由集体成员享受。如果是由农户承包经营集体土地则集体土地利益主要体现为使用收益，如果是集体统一经营则主要体现为集体分红或者福利。当集体土地所有权被国家征收获得的土地所有权补偿费也主要在集体成员之间进行分配。当然，集体土地的利益并非是完全的由集体或者集体成员享受，依照现行土地管理制度和征地制度，农村集体土地的使用受用途管制，而且在土地所有权被征收时获得的是补偿而不是市场价值，因此可以说集体土地所有权的价值体现还不足够充分。

4. 集体土地所有权主体虚置。根据《土地管理法》第 10 条，农村集体土地所有权的并非是直接由"农民集体"这个所有权主体行使，而是村、组或者乡的农村集体经济组织行使，或者是由村民委员会行使。而《物权法》第 60 条则进一步说明农村集体土地所有权由"代表"行使："对于集体所有的土地和森林、山岭、草原、荒地、滩涂等，依照下列规定行使所有权：①属于村农民集体所有的，由村集体经济组织或者村民委员会代表集体行使所有权；②分别属于村内两个以上农民集体所有的，由村内各该集体经济组织或者村民小组代表集体行使所有权；③属于乡镇农民集体所有的，由乡镇集体经济组织代表集体行使所有权。"代表行使的关键问题在于：一是农村集体经济组织内部治理结构并不完善，一方面可能使集体土地利益得不到很好的维护，另一方面也使得集体土地

> **思考**
>
> 你有没有思考过为什么我们国家会形成一个这样一个主体虚置的制度呢？
>
> **提示**：这个问题，要从农村集体土地发挥的功能入手，要从国家通过限制农村土地所有权及其派生权利的市场化入手来思考。
>
> 在学习过程中，多问为什么是获得知识和锻炼思维的好办法。

利益得不到很好的分配；二是由于村民委员会代表行使所有权的情况容易导致自治组织与农村土地所有者的混合，从而有可能影响集体土地的经营和利益维护，还有可能造成村干部专权。当然集体土地所有权主体治理结构的完善，还有一个前提性问题即当前除农村集体土地由集体统一经营的情况以外，集体土地被农户承包经营之后集体所有权主体的发挥作用的空间有限。

（二）集体土地使用权

集体土地使用权是指依法取得的集体土地的占有、使用、收益的权利。集体土地使用权的行使必须遵守土地用途管制法律规定，主要是保护耕地、林地、草地等。集体土地使用权可以分为建设用地使用权和农业用地，主要是耕地、林地、草地等的使用权。

1. 集体农业用地使用权的取得。

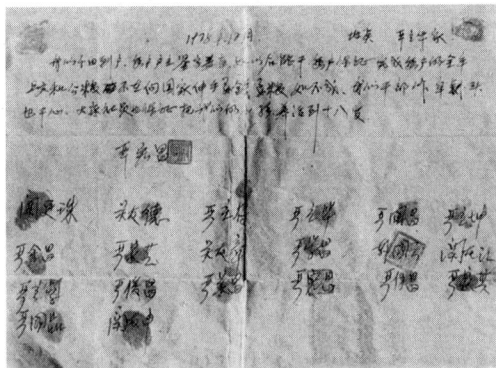

依据《农村土地承包法》，农村集体土地主要是采取家庭承包经营方式，家庭承包的由发包人与家庭签订承包合同。对于不宜采取家庭承包方式的荒山、荒沟、荒丘、荒滩等农村土地，通过招标、拍卖、公开协商等方式承包的，本集体成员有优先承包权。将农村土地发包给本集体经济组织以外的单位或者个人承包的，应当事先经本集体经济组织成员的村民会议 2/3 以上成员或者 2/3 以上村民代表的同意，并报乡（镇）人民政府批准。对于在农村集体土地第一轮承包时经营集体成员同意保留为集体统一经营的，或者在农村土地家庭承包以后又经过集体成员共同商量回归集体统一经营的，则承包经营权由相应的集体经济组织和村委员会统一行使。此外，由于集体土地使用的物权性，农村集体土地使用权还可以通过从承包者手中依法流转而取得。

2. 集体农业用地使用权的期限性。从法理来看，使用权最基本特征是具有期限性，否则即与所有权无异。依据《农村土地承包法》第 20 条规定："耕地的承包期为 30 年。草地的承包期为 30 年～50 年。林地的承包期为 30 年～70

年；特殊林木的林地承包期，经国务院林业行政主管部门批准可以延长。"在第一轮农村土地承包期限到期以后，国家宣布再次延长承包期30年，2008年中共十七届三中全会《中共中央关于推进农村改革发展若干重大问题的决定》明确"赋予农民更加充分而有保障的土地承包经营权，现有土地承包关系要保持稳定并长久不变。"由于消灭封建土地所有制以后，农村土地最为主要的功能就是供养生长在上面的农民，只要这一点没有根本改变，集体农业用地使用权就是稳定的。在市场经济条件下农村集体土地除了直接产出供养农民生存的粮食等物质条件以外，其产品还积极参与市场大交换，但是目前市场交换并没有成为农村土地的主要生产方式。

我要复习！

看到这里，还有什么不明确或是记忆不清晰的知识点吗？请自己检测一下。

1. 中华人民共和国实行土地社会主义公有制，即全民所有制和（ ）。
A. 国家所有制
B. 私有制
C. 劳动群众集体所有制
D. 以上均不正确

2. 下列选项中哪一项属于国家所有的土地？（ ）
A. 城市市区土地
B. 农村宅基地
C. 城市郊区的土地
D. 自留地自留山

3. 城市郊区的土地，属于下列哪一选项所有？（ ）
A. 国家所有
B. 农民集体所有
C. 除由法律规定属于国家所有的以外，属于农民集体所有
D. 劳动群众集体所有

4. 国家为了公共利益的需要，可以依法对集体所有的土地实行（ ）。
A. 征用
B. 征收或征用
C. 收购
D. 购买

5. 国家所有的土地所有权由（ ）代表国家行使。
A. 基层人民政府
B. 国务院

C. 省级以上人民政府

D. 国土资源部

6. 个人和单位依法使用的国有土地，应由哪一级人民政府登记造册，核发证书并确认使用权？（   ）

A. 乡级人民政府

B. 县级以上人民政府土地行政主管部门

C. 乡级以上人民政府

D. 县级以上地方人民政府

答案：1. C；2. A；3. C；4. B；5. B；6. B（第 6 题参见《土地管理法实施条例》第 5 条，其他参见前文《土地管理法》相关条文）。

学习单元二　建设用地管理

出于粮食安全和环境保护等多种因素的考虑，国家对土地实行用途管制。除了前述国家所有的农业用地和集体所有的农业用地通过承包的办法进行使用以外，国家所有的建设用地和集体所有的建设用地管理还有专门的制度。建设用地是指建造建筑物、构筑物的土地，包括城乡住宅和公共设施用地、工矿用地、交通水利设施用地、旅游用地、军事设施用地等。从建设用地的来源类型来看，可以分为国有建设用地、集体建设用地；从建设用地的使用时间的长短可以分为一般建设用地和临时建设用地。

一、国有建设用地管理

《土地管理法》第 43 条　任何单位和个人进行建设，需要使用土地的，必须依法申请使用国有土地；但是，兴办乡镇企业和村民建设住宅经依法批准使用本集体经济组织农民集体所有的土地的，或者乡（镇）村公共设施和公益事业建设经依法批准使用农民集体所有的土地的除外。

前款所称依法申请使用的国有土地包括国家所有的土地和国家征收的原属于农民集体所有的土地。

第 52 条　建设项目可行性研究论证时，土地行政主管部门可以根据土地利用总体规划、土地利用年度计划和建设用地标准，对建设用地有关事项进行审查，并提出意见。

　　第53条　经批准的建设项目需要使用国有建设用地的，建设单位应当持法律、行政法规规定的有关文件，向有批准权的县级以上人民政府土地行政主管部门提出建设用地申请，经土地行政主管部门审查，报本级人民政府批准。

　　第54条　建设单位使用国有土地，应当以出让等有偿使用方式取得；但是，下列建设用地，经县级以上人民政府依法批准，可以以划拨方式取得：①国家机关用地和军事用地；②城市基础设施用地和公益事业用地；③国家重点扶持的能源、交通、水利等基础设施用地；④法律、行政法规规定的其他用地。

　　第55条　以出让等有偿使用方式取得国有土地使用权的建设单位，按照国务院规定的标准和办法，缴纳土地使用权出让金等土地有偿使用费和其他费用后，方可使用土地。

　　自本法施行之日起，新增建设用地的土地有偿使用费，30%上缴中央财政，70%留给有关地方人民政府，都专项用于耕地开发。

　　第56条　建设单位使用国有土地的，应当按照土地使用权出让等有偿使用合同的约定或者土地使用权划拨批准文件的规定使用土地；确需改变该幅土地建设用途的，应当经有关人民政府土地行政主管部门同意，报原批准用地的人民政府批准。其中，在城市规划区内改变土地用途的，在报批前，应当先经有关城市规划行政主管部门同意。

　　第58条　有下列情形之一的，由有关人民政府土地行政主管部门报经原批准用地的人民政府或者有批准权的人民政府批准，可以收回国有土地使用权：①为公共利益需要使用土地的；②为实施城市规划进行旧城区改建，需要调整使用土地的；③土地出让等有偿使用合同约定的使用期限届满，土地使用者未申请续期或者申请续期未获批准的；④因单位撤销、迁移等原因，停止使用原划拨的国有土地的；⑤公路、铁路、机场、矿场等经核准报废的。

　　依照前款第①项、第②项的规定收回国有土地使用权的，对土地使用权人应当给予适当补偿。

　　除兴办乡镇企业和村民建设住宅，乡（镇）村公共设施和公益事业建设经依法批准使用农集体所有的土地以外，其他情况下应当使用国有建设用地进行建设。

　　（一）国有建设用地使用权的取得

　　依《物权法》规定，国有建设用地使用权是指建设用地使用权人依法对国家所有的土地享有占有、使用和收益的权利，有权利用该土地建造建筑物、构筑物及其附属设施。

国有建设用地使用权一般有三种取得方式：划拨、出让、申请临时使用。

1. 国有建设用地使用权的出让取得。

单位或者个人要取得国有建设用地使用权，应当依照国土资源部《招标拍卖挂牌出让国有建设用地使用权规定》取得，土地出让方由所在地的市、县人民政府国土资源行政主管部门担任。

2. 国有建设用地使用权的划拨取得。国有建设用地使用权的划拨取得不需要支付土地使用费用，也没有使用限期限制，但只有特定用途才能申请划拨取得。《土地管理法》第54条规定四种用途可以划拨取得。划拨方式取得的国有建设用地使用权受到法律限制，不能转让、出租和抵押，除非符合《中华人民共和国城镇国有土地使用权出让和转让暂行条例》并依法办理了出让手续。

（二）国有建设用地使用权的监管

国有建设用地使用权本身是具有规划意义的，取得的建设用地使用权的单位或者个人，应当遵循已经确定的建设规划。依据《土地管理法》第37条和《闲置土地处置办法》，已经取得国有建设用地的单位或者个人必须尽快使用，不得闲置，否则1年以上未使用者将被征缴闲置费，2年以上未使用的由出让人依法无偿收回。

临时使用土地期限一般不超过二年。

——源自《土地管理法》第五十七条

（三）国有土地使用权的收回

根据《土地管理法》第58条，国有土地使用权可以依法收回，其中"为公共利益需要使用土地的"、"为实施城市规划进行旧城区改建，需要调整使用土地的"两种情形适用于《国有土地上房屋征收与补偿条例》。

二、乡（镇）村建设用地管理

根据《土地管理法》规定，兴办乡镇企业和村民建设住宅经依法批准使用本集体经济组织农民集体所有的土地的，或者乡（镇）村公共设施和公益事业建设经依法批准可以使用农民集体所有的土地。

（一）乡（镇）村公益用地使用权

> 《土地管理法》第59条　乡镇企业、乡（镇）村公共设施、公益事业、农村村民住宅等乡（镇）村建设，应当按照村庄和集镇规划，合理布局，综合开发，配套建设；建设用地，应当符合乡（镇）土地利用总体规划和土地利用年度计划，并依照本法第44条、第60条、第61条、第62条的规定办理审批手续。

乡（镇）村公共设施、公益事业建设，需要使用土地的，经乡（镇）人民政府审核，向县级以上地方人民政府土地行政主管部门提出申请，按照省、自治区、直辖市规定的批准权限，由县级以上地方人民政府批准。

（二）乡（镇）村企业建设用地

《土地管理法》第60条　农村集体经济组织使用乡（镇）土地利用总体规划确定的建设用地兴办企业或者与其他单位、个人以土地使用权入股、联营等形式共同举办企业的，应当持有关批准文件，向县级以上地方人民政府土地行政主管部门提出申请，按照省、自治区、直辖市规定的批准权限，由县级以上地方人民政府批准；其中，涉及占用农用地的，依照本法第44条的规定办理审批手续。

按照前款规定兴办企业的建设用地，必须严格控制。省、自治区、直辖市可以按照乡镇企业的不同行业和经营规模，分别规定用地标准。

第61条　乡（镇）村公共设施、公益事业建设，需要使用土地的，经乡（镇）人民政府审核，向县级以上地方人民政府土地行政主管部门提出申请，按照省、自治区、直辖市规定的批准权限，由县级以上地方人民政府批准；其中，涉及占用农用地的，依照本法第44条的规定办理审批手续。

（三）农户的住宅用地

《土地管理法》第62条　农村村民一户只能拥有一处宅基地，其宅基地的面积不得超过省、自治区、直辖市规定的标准。

农村村民建住宅，应当符合乡（镇）土地利用总体规划，并尽量使用原有的宅基地和村内空闲地。

农村村民住宅用地，经乡（镇）人民政府审核，由县级人民政府批准；其中，涉及占用农用地的，依照本法第44条的规定办理审批手续。

农村村民出卖、出租住房后，再申请宅基地的，不予批准。

（四）乡（镇）村建设用地的限量控制

《土地管理法》第60条　农村集体经济组织使用乡（镇）土地利用总体规划确定的建设用地兴办企业或者与其他单位、个人以土地使用权入股、联营等形式共同举办企业的，应当持有关批准文件，向县级以上地方人民政府土地行政主管部门提出申请，按照省、自治区、直辖市规定的批准权限，由县级以上地方人民政府批准；其中，涉及占用农用地的，依照本法第44条的规定办理审批手续。

按照前款规定兴办企业的建设用地，必须严格控制。省、自治区、直辖市可以按照乡镇企业的不同行业和经营规模，分别规定用地标准。

第61条　乡（镇）村公共设施、公益事业建设，需要使用土地的，经乡（镇）人民政府审核，向县级以上地方人民政府土地行政主管部门提出申请，按照省、自治区、直辖市规定的批准权限，由县级以上地方人民政府批准；其中，涉及占用农用地的，依照本法第44条的规定办理审批手续。

第63条　农民集体所有的土地的使用权不得出让、转让或者出租用于非农业建设；但是，符合土地利用总体规划并依法取得建设用地的企业，因破产、兼并等情形致使土地使用权依法发生转移的除外。

第64条　在土地利用总体规划制定前已建的不符合土地利用总体规划确定的用途的建筑物、构筑物，不得重建、扩建。

非农业建设必须节约能用土地，可以利用荒地的，不得占用耕地。

——源自《土地管理法》第三十六条

（五）集体建设用地使用权的收回

《土地管理法》第65条　有下列情形之一的，农村集体经济组织报经原批准用地的人民政府批准，可以收回土地使用权：①为乡（镇）村公共设施和公益事业建设，需要使用土地的；②不按照批准的用途使用土地的；③因撤销、迁移等原因而停止使用土地的。

依照前款第1项规定收回农民集体所有的土地的，对土地使用权人应当给予适当补偿。

√ **提示**

此处收回建设用地使用权的主体是农村集体土地的所有权主体。

三、临时建设用地管理

《土地管理法》第57条 建设项目施工和地质勘查需要临时使用国有土地或者农民集体所有的土地的，由县级以上人民政府土地行政主管部门批准。其中，在城市规划区内的临时用地，在报批前，应当先经有关城市规划行政主管部门同意。土地使用者应当根据土地权属，与有关土地行政主管部门或者农村集体经济组织、村民委员会签订临时使用土地合同，并按照合同的约定支付临时使用土地补偿费。

临时使用土地的使用者应当按照临时使用土地合同约定的用途使用土地，并不得修建永久性建筑物。

临时使用土地期限一般不超过2年。

《土地管理法实施条例》第27条 抢险救灾等急需使用土地的，可以先行使用土地。其中，属于临时用地的，灾后应当恢复原状并交还原土地使用者使用，不再办理用地审批手续；属于永久性建设用地的，建设单位应当在灾情结束后6个月内申请补办建设用地审批手续。

第28条 建设项目施工和地质勘查需要临时占用耕地的，土地使用者应当自临时用地期满之日起1年内恢复种植条件。

思考

你也许也看到或者听到了，现在集体土地的建设使用权方面出现的问题非常之多，你觉得问题的根源在什么呢，怎样才能完善呢？

提示：这个问题需要注意到农村集体土地的所有权主体、使用权主体的短期利益与长期利益，以及与社会公共利益需要很好协调。

我要复习！

看到这里，还有什么不明确或是记忆不清晰的知识点吗？请自己检测一下。

1. 在下列哪些情况下，政府可以依照土地管理法的规定，收回国有土地使用权？（　　）

A. 某房地产开发公司有偿取得土地使用权后，因资金困难无力偿债，向人民法院提出破产申请

B. 原用地单位系国有企业，现已通过股份制改造，被一家私营企业控股

C. 县政府超越批准权限，将一片农用地批给某外商用于建设别墅区

D. 某工厂的自用铁路，因该厂转产，长期弃置失修，现已经核准报废

2. 某企业经批准于1993年6月取得了市郊一幅30亩面积的国有土地使用权，领取了土地使用证，但由于一直未能筹措到足够的投资资金，原拟投资的项目至1995年10月仍未能开工，该幅土地也一直未予使用，且未经原批准机关同意。对此，正确的处理方法应是（　　）。

A. 经批准收回某企业的土地使用权并注销其土地使用证

B. 经批准收回某企业的土地使用权转让给有投资能力的某公司

C. 经批准限定某企业在1年内使用该土地，如1年内仍未使用则收回土地使用权并注销土地使用证

D. 经批准给某企业处以相当于土地使用权出让费5%～10%的罚款

3. 在下列哪些情形下，农村集体经济组织报原批准用地的人民政府批准，可以收回土地使用权？（　　）

A. 为乡村公共设施和公益事业建设，需要使用土地的

B. 不按照批准的原因使用土地的

C. 已经办理审批手续的非农业建设占用耕地，连续2年未使用的

D. 因撤销、迁移等原因停止使用土地的

4. 某市人民政府土地管理部门欲出让一幅位于该市北区的土地，志远房地产公司正拟开发商品住宅小区而需用土地。请根据下列各题中给定的条件回答问题：

（1）志远房地产公司欲取得该幅土地的使用权，可以通过下列何种方式取得？（　　）

A. 由市人民政府划拨取得

B. 由志远公司与市人民政府土地管理部门协商取得

C. 由市人民政府土地管理部门招标，志远公司参加投标取得

D. 由市人民政府土地管理部门拍卖，志远公司参加竞买取得

（2）假设志远公司已取得该幅土地的使用权，土地使用权期限为70年，其将来可采取以下哪些方式处分其土地使用权？（　　　）

A. 因借款而抵押给甲公司　　　　B. 无偿赠与给乙公司

C. 将土地使用权出租给丙公司　　D. 与丁公司的土地使用权交换

（3）某县城关镇居民赵某与县内省属某国有企业因土地使用权问题发生争议，双方协商未能解决纠纷，该争议应由谁处理？（　　　）

A. 由县人民政府处理　　　　　　B. 由省人民政府处理

C. 可直接向人民法院起诉　　　　D. 由当地土地管理机关处理

　　答案：1. CD。2. A。3. ABD。4.（1）CD。（2）ABCD。（3）A。（第2题参见《闲置土地处置办法》第14条，其他参见前文《土地管理法》条文。）

学习单元三　土地法律责任

　　土地法律责任，是指违反土地管理法律、法规而应当承担的行政和刑事责任。从土地违法行为的表现形式可以分为非法土地交易的法律责任、非法土地占用的责任和非法征用土地的责任。

一、非法土地交易的法律责任

　　《土地管理法》第73条　买卖或者以其他形式非法转让土地的，由县级以上人民政府土地行政主管部门没收违法所得；对违反土地利用总体规划擅自将农用地改为建设用地的，限期拆除在非法转让的土地上新建的建筑物和其他设施，恢复土地原状，对符合土地利用总体规划的，没收在非法转让的土地上新建的建筑物和其他设施；可以并处罚款；对直接负责的主管人员和其他直接责任人员，依法给予行政处分；构成犯罪的，依法追究刑事责任。

　　非法土地交易主要是指对于土地所有权的非法变动及其相应的违法使用行为。

二、非法占用土地的法律责任

（一）破坏耕地的法律责任

> 《土地管理法》第74条　违反本法规定，占用耕地建窑、建坟或者擅自在耕地上建房、挖砂、采石、采矿、取土等，破坏种植条件的，或者因开发土地造成土地荒漠化、盐渍化的，由县级以上人民政府土地行政主管部门责令限期改正或者治理，可以并处罚款；构成犯罪的，依法追究刑事责任。
>
> 第75条　违反本法规定，拒不履行土地复垦义务的，由县级以上人民政府土地行政主管部门责令限期改正；逾期不改正的，责令缴纳复垦费，专项用于土地复垦，可以处以罚款。

根据《土地管理法实施条例》规定，在土地利用总体规划确定的禁止开垦区内进行开垦的，由县级以上人民政府土地行政主管部门责令限期改正；逾期不改正的，依照非法占用的规定处罚。

（二）非经批准占用土地的法律责任

> 《土地管理法》第76条　未经批准或者采取欺骗手段骗取批准，非法占用土地的，由县级以上人民政府土地行政主管部门责令退还非法占用的土地，对违反土地利用总体规划擅自将农用地改为建设用地的，限期拆除在非法占用的土地上新建的建筑物和其他设施，恢复土地原状，对符合土地利用总体规划的，没收在非法占用的土地上新建的建筑物和其他设施，可以并处罚款；对非法占用土地单位的直接负责的主管人员和其他直接责任人员，依法给予行政处分；构成犯罪的，依法追究刑事责任。
>
> 超过批准的数量占用土地，多占的土地以非法占用土地论处。
>
> 第77条　农村村民未经批准或者采取欺骗手段骗取批准，非法占用土地建住宅的，由县级以上人民政府土地行政主管部门责令退还非法占用的土地，限期拆除在非法占用的土地上新建的房屋。

超过省、自治区、直辖市规定的标准，多占的土地以非法占用土地论处。

第83条　依照本法规定，责令限期拆除在非法占用的土地上新建的建筑物和其他设施的，建设单位或者个人必须立即停止施工，自行拆除；对继续施工的，作出处罚决定的机关有权制止。建设单位或者个人对责令限期拆除的行政处罚决定不服的，可以在接到责令限期拆除决定之日起15日内，向人民法院起诉；期满不起诉又不自行拆除的，由作出处罚决定的机关依法申请人民法院强制执行，费用由违法者承担。

禁止占用耕地建窑、建坟或者擅自在耕地上建房、挖砂、采石、采矿、取土等。
——源自《土地管理法》第三十六条

眼前利益　　　　　图/韩思胜 新华社发

对在土地利用总体规划制定前已建的不符合土地利用总体规划确定的用途的建筑物、构筑物重建、扩建的，由县级以上人民政府土地行政主管部门责令限期拆除；逾期不拆除的，由作出处罚决定的机关依法申请人民法院强制执行。

在临时使用的土地上修建永久性建筑物、构筑物的，由县级以上人民政府土地行政主管部门责令限期拆除；逾期不拆除的，由作出处罚决定的机关依法申请人民法院强制执行。

三、违反征地制度的法律责任

《土地管理法》第78条　无权批准征收、使用土地的单位或者个人非法批准占用土地的，超越批准权限非法批准占用土地的，不按照土地利用总体规划确定的用途批准用地的，或者违反法律规定的程序批准占用、征收土地的，其批准文件无效，对非法批准征收、使用土地的直接负责的主管人员和其他直接责任人员，依法给予行政处分；构成犯罪的，依法追究刑事责任。非法批准、使用的土地应当收回，有关当事人拒不归还的，以非法占用土地论处。

非法批准征收、使用土地，对当事人造成损失的，依法应当承担赔偿责任。

第 80 条　依法收回国有土地使用权当事人拒不交出土地的，临时使用土地期满拒不归还的，或者不按照批准的用途使用国有土地的，由县级以上人民政府土地行政主管部门责令交还土地，处以罚款。

第 81 条　擅自将农民集体所有的土地的使用权出让、转让或者出租用于非农业建设的，由县级以上人民政府土地行政主管部门责令限期改正，没收违法所得，并处罚款。

第 84 条　土地行政主管部门的工作人员玩忽职守、滥用职权、徇私舞弊，构成犯罪的，依法追究刑事责任；尚不构成犯罪的，依法给予行政处分。

（一）非法征收土地的法律责任

由于征地行为是政府的行政行为，因而非法征收使用土地的法律责任主是行政机关的责任。

（二）违法阻挠征收土地的法律责任

违反土地管理法律、法规规定，阻挠国家建设征用土地的，由县级以上人民政府土地行政主管部门责令交出土地；拒不交出土地的，申请人民法院强制执行。

（三）侵占、挪用被征收土地单位的征地补偿费用的法律责任

侵占、挪用被征收土地单位的征地补偿费用和其他有关费用，构成犯罪的，依法追究刑事责任；尚不构成犯罪的，依法给予行政处分。

思考

为什么我国当前土地管理执法存在巨大的问题？

提示：这个问题需要注意问题的背景的经济原因，地方政府及其土地执法部门不仅是土地执法的主体而且是土地违法使用的重要利益主体。

我要复习！

看到这里，还有什么不明确或是记忆不清晰的知识点吗？请自己检测一下。

农村居民未经批准或者采取欺骗手段骗取批准，非法占用土地建住宅的，对其进行处罚的机关是（　　）。

A. 乡级人民政府土地管理部门

B. 县级人民政府土地行政主管部门

C. 乡级人民政府

D. 县级人民政府

解析： B。参见《土地管理法》第 77 条。

我的笔记

第二十章

房屋征收与补偿法

☞ 导　学

> √ 提示
>
> 　　房屋征收与补偿法是对国有土地上的房屋进行征收与补偿的法律规范。但如果仅从字面意思来看，应当包括国有土地上房屋征收与补偿法律规范和集体土地上房屋征收与补偿的法律规范。二者没有本质上的区别，但由于集体土地上房屋征收与补偿纳入农村集体土地征收制度中，并且该制度正在不断地完善之中。本章的主要内容是国有土地上房屋的征收与补偿法律规定。

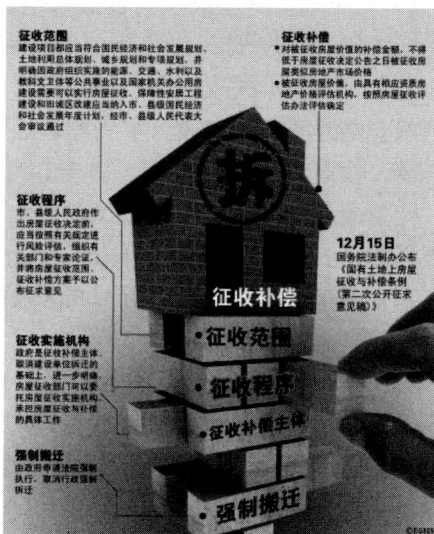

　　学习本章的主要目的是了解我国国有土地上房屋征收与补偿的最基本制度。行使房屋征收权的市、县人民政府的房屋征收决定、房屋价值补偿，如何通过具体的程序来保障公共利益与被征收的私人利益平衡是本章学习的重点。

☞ **学习内容**

学习单元一 房屋征收决定

一、可征收房屋的情形

《国有土地上房屋征收与补偿条例》第8条 为了保障国家安全、促进国民经济和社会发展等公共利益的需要，有下列情形之一，确需征收房屋的，由市、县级人民政府作出房屋征收决定：①国防和外交的需要；②由政府组织实施的能源、交通、水利等基础设施建设的需要；③由政府组织实施的科技、教育、文化、卫生、体育、环境和资源保护、防灾减灾、文物保护、社会福利、市政公用等公共事业的需要；④由政府组织实施的保障性安居工程建设的需要；⑤由政府依照城乡规划法有关规定组织实施的对危房集中、基础设施落后等地段进行旧城区改建的需要；⑥法律、行政法规规定的其他公共利益的需要。

第9条 依照本条例第8条规定，确需征收房屋的各项建设活动，应当符合国民经济和社会发展规划、土地利用总体规划、城乡规划和专项规划。保障性安居工程建设、旧城区改建，应当纳入市、县级国民经济和社会发展年度计划。

制定国民经济和社会发展规划、土地利用总体规划、城乡规划和专项规划，应当广泛征求社会公众意见，经过科学论证。

政府征收房屋的直接目的是收回房屋占用的国有土地使用权。由于房屋与土地使用权不可分离，在国有土地上房屋征收与补偿制度中遵循的是地（土地使用权）随房走的基本原则。

（一）房屋征收的公共利益性

缺一不可   图/李二保 新华社发

政府并不当然具有强制取得单位或者个人的房屋并同时收回国有土地使用权的正当性。所有权平等是市场经济活动的基本前提，在社会本位思潮得到世界各国普遍接受的情况下，基于社会公共利益而对单位和个人利益进行适当限制具有了道德和法律上的正当性。

我国《宪法》第 10 条规定："国家为了公共利益的需要，可以依照法律规定对土地实行征收或者征用并给予补偿。"《物权法》第 42 条规定："为了公共利益的需要，依照法律规定的权限和程序可以征收集体所有的土地和单位、个人的房屋及其他不动产。"

为解决国有土地上房屋征收过程中的暴力事件频繁出现的问题，2011 年出台的国务院制定了《国有土地上房屋征收与补偿条例》。其第 8 条对征收国有土地上房屋的公共利益原则进行了明确规定，即为了保障国家安全、促进国民经济和社会发展等公共利益的需要，有下列情形之一，确需征收房屋的，由市、县级人民政府作出房屋征收决定：国防和外交的需要；由政府组织实施的能源、交通、水利等基础设施建设的需要；由政府组织实施的科技、教育、文化、卫生、体育、环境和资源保护、防灾减灾、文物保护、社会福利、市政公用等公共事业的需要；由政府组织实施的保障性安居工程建设的需要；由政府依照城乡规划法有关规定组织实施的对危房集中、基础设施落后等地段进行旧城区改建的需要；法律、行政法规规定的其他公共利益的需要。

"搬迁"替代"拆迁"

（二）征收房屋的决定必须符合各项规划

公共利益概念本身具有抽象性，而征收房屋过程中的公共利益都应当是具体的。在考察具体的公共利益时，公共利益与私人利益之间也并不是想象的那样泾渭分明，特别是由政府通过市场手段组织实施的公共事业。因此，《国有土地上房屋征收与补偿条例》明确提出除需要遵守公共利益外，还要需要遵守各种业已存在的规划。对于依据规划相关的法律规定，无论是国民经济和社会发展规划，还是土地利用规划或者城市建设规划，无不以公共利益为出发点。同时规划具有的显著特点是在时间上体现了公共利益。条例第9条规定，征收房屋决定除了需要遵守公共利益以外，确需征收房屋的各项建设活动应当符合国民经济和社会发展规划、土地利用总体规划、城乡规划和专项规划。保障性安居工程建设、旧城区改建，应当纳入市、县级国民经济和社会发展年度计划。

由于当地的国家经济和社会发展规划、土地利用总体规划等规划的起草或者制定主体与征地决策主体都是市、县政府。因此，为了保证征收房屋决定的科学性，《国有土地上房屋征收与补偿条例》又特别强调：制定国民经济和社会发展规划、土地利用总体规划、城乡规划和专项规划，应当广泛征求社会公众意见，经过科学论证。

二、征收房屋各项活动的基本要求

《国有土地上房屋征收与补偿条例》第1条　为了规范国有土地上房屋征收与补偿活动，维护公共利益，保障被征收房屋所有权人的合法权益，制定本条例。

第2条　为了公共利益的需要，征收国有土地上单位、个人的房屋，应当对被征收房屋所有权人（以下称被征收人）给予公平补偿。

第3条　房屋征收与补偿应当遵循决策民主、程序正当、结果公开的原则。

第4条　市、县级人民政府负责本行政区域的房屋征收与补偿工作。

市、县级人民政府确定的房屋征收部门（以下称房屋征收部门）组织实施本行政区域的房屋征收与补偿工作。

市、县级人民政府有关部门应当依照本条例的规定和本级人民政府规定的职责分工，互相配合，保障房屋征收与补偿工作的顺利进行。

第5条　房屋征收部门可以委托房屋征收实施单位，承担房屋征收与补偿的具体工作。房屋征收实施单位不得以营利为目的。

房屋征收部门对房屋征收实施单位在委托范围内实施的房屋征收与补偿行为负责监督，并对其行为后果承担法律责任。

第6条　上级人民政府应当加强对下级人民政府房屋征收与补偿工作的监督。

国务院住房城乡建设主管部门和省、自治区、直辖市人民政府住房城乡建设主管部门应当会同同级财政、国土资源、发展改革等有关部门，加强对房屋征收与补偿实施工作的指导。

第7条　任何组织和个人对违反本条例规定的行为，都有权向有关人民政府、房屋征收部门和其他有关部门举报。接到举报的有关人民政府、房屋征收部门和其他有关部门对举报应当及时核实、处理。

监察机关应当加强对参与房屋征收与补偿工作的政府和有关部门或者单位及其工作人员的监察。

政府征收房屋各项活动的基本要求，是征收房屋过程中包括市、县政府在内的相关主体都应当遵守的基本活动原则，其内容集中体现在《国有土地上房屋征收与补偿条例》总则部分。

（一）征收房屋各项活动的基本宗旨

征收房屋各项活动的基本宗旨集中体现在《国有土地上房屋征收与补偿条例》第1条和第2条。维护公共利益宗旨，即政府征收国有土地上单位、个人的房屋只能出于公共利益。《物权法》确定了所有权平等的原则，单位和个人的房屋所有权是不容许侵犯的，而且所有权本身所具有的无期限性和绝对性就强调其对抗其他主体的效力。近代以来随着个人本位带来的严重经济、社会、环境问题，社会本位理念的兴起，所有权受到社会公共利益限制。与维护公共利益宗旨相对应的是保护被征收房屋所有权人合法权益宗旨，即征收国有土地上单位、个人的房屋，应当对被征收房屋所有权人给予公平补偿。公平补偿的核心就是按照市场价值补偿。由于所有权本身既包括经济利益也包括所有人按自己意愿保有或者处置的自由，按照市场价值补偿宗旨相对于公共利益宗旨，二者的一致之处只能表现在出于社会公共利益。而对单位和个人的房屋进行征收所限制的只能限于所有权中的意志性因素，而不能损害房屋所有权中的经济利益。

（二）征收房屋各项活动的基本原则

《国有土地上房屋征收与补偿条例》明确规定了政府征收房屋各项活动的基本原则，包括决策民主、程序正当、结果公开的基本原则。

决策民主的原则是指政府在作出房屋征收决定的过程中应当充分发扬民主。这个原则集中体现在《国有土地上房屋征收与补偿条例》第10条、第11条、第12条。在补偿过程中房屋市场价值评估机构的选定、被征收人对于补偿方式的选定都也体现了民主原则。与征收补偿有关的配套规范性文件的制定也应当公开征收公众意见。

程序正当原则是政府征收房屋的过程中应当严格遵守法律规定的程序，否则征收和补偿行为就有可能因为违法而受到法律的否定性评价。征收房屋的各项程序是保障政府征收决定合理性、科学性，是保障被征收人权利的有效保障。

如果政府以各种理由突破法定的程序，就可能使被征收人对于征收决定的公共利益性、对于征收补偿的合理性的异议缺少法律保障。最高人民法院《关于办理申请人民法院强制执行国有土地上房屋征收补偿决定案件若干问题的规定》（2012年2月27日最高人民法院审判委员会第1543次会议通过）第6条规定："征收补偿决定存在下列情形之一的，人民法院应当裁定不准予执行：……⑤严重违反法定程序或者正当程序。"

结果公开原则是指政府征收房屋的各个重要环节应当将重要信息公布，以方便被征收人和公众监督政府的征收补偿行为。根据《国有土地上房屋征收与补偿条例》，政府应当公布的事项包括：征收房屋的决定和房屋补偿方案，被征收人对于政府房屋补偿方案的意见，被征收房屋的权属、区位、用途、建筑面积等情况的调查结果，对于无法签订征收补偿协议情况，分户补偿情况也应当公布，征收补偿费用管理和使用情况审计结果。

√ 提示

学到这里，你了解了什么是房屋征收了吗？要获得更加完整的理解，你可以通过百度等搜索引擎看看"征收"是意思，它与一般市场交易有什么区别？

（三）征收房屋的体制

1. 征收主体和实施部门。根据《国有土地上房屋征收与补偿条例》规定，市、县级人民政府负责本行政区域的房屋征收与补偿工作，因此市、县级人民政府是征收主体。其中，组织实施本行政区域房屋征收与补偿工作的部门是市、县级人民政府确定的房屋征收部门。参与配合部门是根据国务院条例和本级人民政府规定的职责分工的相关部门如城市建设、规划、财政、审计等部门。实施部门与参与配合部门应当共同保障房屋征收与补偿工作的顺利进行。

2. 政府部门对房屋征收实施单位的行为承担责任。在《国有土地上房屋征收与补偿条例》颁布以前，国有土地上房屋暴力拆迁事件都与政府部门放任征收实施单位在未与被征收人协商一致的情况下，违法强制拆迁有关系。条例虽然允许房屋征收部门委托房屋征收实施单位承担房屋征收与补偿的具体工作。但是明确限制房屋征收实施单位不得以营利为目的。同时明确房屋征收部门对房屋征收实施单位在委托范围内实施的房屋征收与补偿行为负责监督，并对其行为后果承担法律责任。这样实施征收房屋的政府及其实施部门就不能推卸违法实施房屋征收和补偿的法律责任。

3. 征收工作的监督。根据《国有土地上房屋征收与补偿条例》规定，对于政府征收房屋行为的监督包括三个方面：上级政府监督、政府监察机关监督、社会监督。

　　上级人民政府应当加强对下级人民政府房屋征收与补偿工作的监督。国务院住房城乡建设主管部门和省、自治区、直辖市人民政府住房城乡建设主管部门应当会同同级财政、国土资源、发展改革等有关部门，加强对房屋征收与补偿实施工作的指导。

　　政府监察机关监督。监察机关应当加强对参与房屋征收与补偿工作的政府和有关部门或者单位及其工作人员的监察。

　　社会监督。任何组织和个人对违反本条例规定的行为，都有权向有关人民政府、房屋征收部门和其他有关部门举报。接到举报的有关人民政府、房屋征收部门和其他有关部门对举报应当及时核实、处理。

三、作出房屋征收决定的程序

　　《国有土地上房屋征收与补偿条例》第 10 条　房屋征收部门拟定征收补偿方案，报市、县级人民政府。

　　市、县级人民政府应当组织有关部门对征收补偿方案进行论证并予以公布，征求公众意见。征求意见期限不得少于 30 日。

　　第 11 条　市、县级人民政府应当将征求意见情况和根据公众意见修改的情况及时公布。

　　因旧城区改建需要征收房屋，多数被征收人认为征收补偿方案不符合本条例规定的，市、县级人民政府应当组织由被征收人和公众代表参加的听证会，并根据听证会情况修改方案。

　　第 12 条　市、县级人民政府作出房屋征收决定前，应当按照有关规定进行社会稳定风险评估；房屋征收决定涉及被征收人数量较多的，应当经政府常务会议讨论决定。

　　作出房屋征收决定前，征收补偿费用应当足额到位、专户存储、专款专用。

　　第 13 条　市、县级人民政府作出房屋征收决定后应当及时公告。公告应当载明征收补偿方案和行政复议、行政诉讼权利等事项。

　　市、县级人民政府及房屋征收部门应当做好房屋征收与补偿的宣传、解释工作。

　　房屋被依法征收的，国有土地使用权同时收回。

　　第 14 条　被征收人对市、县级人民政府作出的房屋征收决定不服的，可以依法申请行政复议，也可以依法提起行政诉讼。

　　第 15 条　房屋征收部门应当对房屋征收范围内房屋的权属、区位、用途、建筑面积等情况组织调查登记，被征收人应当予以配合。调查结果应当

> 在房屋征收范围内向被征收人公布。
>
> 第16条　房屋征收范围确定后，不得在房屋征收范围内实施新建、扩建、改建房屋和改变房屋用途等不当增加补偿费用的行为；违反规定实施的，不予补偿。
>
> 房屋征收部门应当将前款所列事项书面通知有关部门暂停办理相关手续。暂停办理相关手续的书面通知应当载明暂停期限。暂停期限最长不得超过1年。

政府作出房屋征收决定一般应经过以下程序：

（一）征收项目的启动

建设单位（项目建设业主）依据《条例》第8条所列的批准文件提出房屋征收申请，政府组织发改、规划、国土、住建委、财政等有关部门，就实施房屋征收的建设项目是否符合《条例》规定的相关规划、计划，建设项目的立项、用地范围、征收补偿费用及拟征收范围内的土地使用权收回等事项进行研究论证，并由相关部门出具书面意见。为提高工作效率，避免多部门征求意见带来的重任务，也可由政府召集有关部门召开会议进行研究，以会议纪要的形式明确各部门意见，作为房屋征收启动依据。

（二）政府听取公众意见、进行风险评估

房屋征收管理部门组织有关单位对房屋的权属、区位、用途、面积等情况组织调查登记摸底，并在房屋征收范围内予以公布；房屋征收部门拟定征收补偿方案，报政府审定。

政府应当将征收补偿方案征求公众意见。

市、县政府对房屋征收项目合法性、合理性、科学性、安全性、适时性等开展社会稳定风险评估。

思考

房屋征收决定是整个房屋征收补偿制度的关键环节，房屋征收决定的合理与否直接影响到房屋征收补偿、搬迁能否顺利进行，结合你自己的经历思考一下，这样的规定哪些方面还可以完善？

提示：这个问题非常复杂，需要从私人利益与公共利益的关系出发，切实从保障被征收人的权利角度来思考。第三单元的内容也许能给你一些启发。

我要复习！

看到这里，还有什么不明确或是记忆不清晰的知识点吗？请自己检测一下。

1. 国家为了（　　）的需要，可以依照法律规定对公民的房屋并给予补偿。

A. 国家利益
B. 集体利益
C. 个人利益
D. 公共利益

2. 依法征收国有土地上单位、个人的房屋，应当对被征收人给予（　　）。

A. 公平补偿
B. 等价补偿
C. 市价补偿
D. 适当补偿

3. （　　）负责本行政区域的房屋征收与补偿工作。

A. 市房屋征收部门
B. 市、县级人民政府
C. 区房屋征收部门
D. 街道办事处或镇政府

4. （　　）应当加强对参与房屋征收与补偿工作的政府和有关部门或者单位及其工作人员的监察。

A. 监察机关
B. 检察部门
C. 公安部门
D. 审计部门

5. 因（　　）需要征收房屋，多数被征收人认为征收补偿方案不符合国务院条例规定的，市、县级人民政府应当组织由被征收人和公众代表参加的听证会，并根据听证会情况修改方案。

A. 国防和外交的需要
B. 能源、交通基础设施建设
C. 保障性安居工程建设
D. 旧城区改建

6. 市、县级人民政府作出房屋征收决定前，应当按照有关规定进行（ ）。

A. 房屋安全风险评估

B. 项目环境风险评估

C. 项目投资承受力风险评估

D. 社会稳定风险评估

答案： 1. D（见《国有土地上房屋征收与补偿条例》第 2 条）。2. A（见《国有土地上房屋征收与补偿条例》第 2 条）。3. B（见《国有土地上房屋征收与补偿条例》第 4 条）。4. A（见《国有土地上房屋征收与补偿条例》第 7 条）。5. D（见《国有土地上房屋征收与补偿条例》第 11 条）。6. D（见《国有土地上房屋征收与补偿条例》第 12 条）。

学习单元二　房屋征收补偿的范围和要求

一、补偿范围

《国有土地上房屋征收与补偿条例》第 17 条　作出房屋征收决定的市、县级人民政府对被征收人给予的补偿包括：①被征收房屋价值的补偿；②因征收房屋造成的搬迁、临时安置的补偿；③因征收房屋造成的停产停业损失的补偿。

市、县级人民政府应当制定补助和奖励办法，对被征收人给予补助和奖励。

第 18 条　征收个人住宅，被征收人符合住房保障条件的，作出房屋征收决定的市、县级人民政府应当优先给予住房保障。具体办法由省、自治区、直辖市制定。

（一）国家规定的补偿范围

《国有土地上房屋征收与补偿条例》第 17 条规定，作出房屋征收决定的市、县级人民政府对被征收人给予的补偿包括：被征收房屋价值的补偿；因征收房屋造成的搬迁、临时安置的补偿；因征收房屋造成的停产停业损失的补偿。

市、县级人民政府应当制定补助和奖励办法，对被征收人给予补助和奖励。

（二）对国家规定的补偿范围的理解

对于上述补偿范围，有人认为存在两个方面的不足：一方面是剩余期限的土地使用权的补偿，另一方面是对因房屋征收给被征收人的其他工作和生活上的额外负担的补偿。

对于第一个问题，一方面要从"地随房走"原则来分析。根据"地随房走"的房地产法基本原理，房屋所有人在购买时的直接标的物是房屋。购买房屋时计算价款的依据是房屋单价和房屋面积，而房屋所占用的国有土地面积实际上与该地块的容积率、房屋所在建筑物的具体结构有密切联系，在房产证上所登记的土地使用面积可能远远小于房屋建筑面积。即房屋所有权人虽然实际上为自己的房屋所对应的国有土地使用权支付费用，但名义上买的却仅是房屋所有权。另一方面，政府"对被征收房屋价值的补偿，不得低于房屋征收决定公告之日被征收房屋类似房地产的市场价格"。被征收人获得的房屋补偿中实际上也已经包括了国有土地使用权费用，因为被征收房屋类似房地产的市场价格当然地包括国有土地使用权费用。

对于第二个问题，总体来看，被征收人首先应当在征收房屋过程不经济利益损害，包括直接的房屋价值和搬迁费用、停产等费用，还应当包括被征收人因为配合征收、搬迁而产生的其他损失，比如耽误时间、浪费精力。因此，被征收人获得的经济利益应当略高于法定的前三项补偿之和。从制度上看，绝不应忽视关于"市、县级人民政府应当制定补助和奖励办法，对被征收人给予补助和奖励"的规定。我们认为该规定中的"补助"在制度设计上体现了对于被征收人因为房屋征收带来的额外负担的补偿。当然这一制度的落实还需要各地方政府通过具体制度加以落实。但在实践中，政府往往通过提前搬迁"奖励"来实现这一点，而将"补助"限于困难家庭，例如《长沙市国有土地上房屋征收奖励和补助办法》。

思考

你思考一下，还有没有什么需要补偿的？上文提到的"补助"应当怎么样规定才能既保护了被征收人的正当利益也不损害公共利益。你可以查查各地的具体规定是怎样的。

二、补偿的基本要求

（一）被征收房屋的价值应按市场价格确定

《国有土地上房屋征收与补偿条例》第 19 条 对被征收房屋价值的补偿，不得低于房屋征收决定公告之日被征收房屋类似房地产的市场价格。被征收房屋的价值，由具有相应资质的房地产价格评估机构按照房屋征收评估办法评估确定。

对评估确定的被征收房屋价值有异议的，可以向房地产价格评估机构申请复核评估。对复核结果有异议的，可以向房地产价格评估专家委员会申请鉴定。

房屋征收评估办法由国务院住房城乡建设主管部门制定，制定过程中，应当向社会公开征求意见。

第 20 条 房地产价格评估机构由被征收人协商选定；协商不成的，通过多数决定、随机选定等方式确定，具体办法由省、自治区、直辖市制定。

房地产价格评估机构应当独立、客观、公正地开展房屋征收评估工作，任何单位和个人不得干预。

（二）被征收人有权选择补偿形式

《国有土地上房屋征收与补偿条例》第 21 条 被征收人可以选择货币补偿，也可以选择房屋产权调换。

被征收人选择房屋产权调换的，市、县级人民政府应当提供用于产权调换的房屋，并与被征收人计算、结清被征收房屋价值与用于产权调换房屋价值的差价。

因旧城区改建征收个人住宅，被征收人选择在改建地段进行房屋产权调换的，作出房屋征收决定的市、县级人民政府应当提供改建地段或者就近地段的房屋。

选择房屋产权调换的，产权调换房屋交付前，房屋征收部门应当向被征收人支付临时安置费或者提供周转用房。

（三）补偿前应当判别被征收房屋的合法性

《国有土地上房屋征收与补偿条例》第24条　市、县级人民政府及其有关部门应当依法加强对建设活动的监督管理，对违反城乡规划进行建设的，依法予以处理。

市、县级人民政府作出房屋征收决定前，应当组织有关部门依法对征收范围内未经登记的建筑进行调查、认定和处理。对认定为合法建筑和未超过批准期限的临时建筑的，应当给予补偿；对认定为违法建筑和超过批准期限的临时建筑的，不予补偿。

思考

这样的补偿基本要求是否足够？如何解决少数人对于补偿的"不理解"？

提示： 征收补偿除了完善制度并按照制度办事以外，还需要有宣传、心理疏导等工作相配合。

（四）房屋征收补偿的其他要求

《国有土地上房屋征收与补偿条例》第29条　房屋征收部门应当依法建立房屋征收补偿档案，并将分户补偿情况在房屋征收范围内向被征收人公布。

审计机关应当加强对征收补偿费用管理和使用情况的监督，并公布审计结果。

我要复习！

看到这里，还有什么不明确或是记忆不清晰的知识点吗？请自己检测一下。

1. 对被征收房屋价值的补偿，不得低于（   ）。

A. 房屋征收决定公告之日被征收房屋类似新建商品房的市场价格

B. 房屋征收决定公告之日被征收房屋类似房地产的市场价格

C. 房屋征收调查结果公告之日被征收房屋类似新建商品房的市场价格

D. 房屋征收调查结果公告之日被征收房屋类似房地产的市场价格

2. 被征收房屋的价值，由（   ）确定。

A. 市、县级人民政府

B. 市、县房屋征收部门

C. 征收人与被征收人双方当事人协商

D. 具有相应资质的房地产价格评估机构评估

3. 房地产价格评估机构先由（   ）选定。

A. 市、县级人民政府

B. 市、县房屋征收部门

C. 被征收人协商

D. 征收人与被征收人双方协商

4. 房屋征收范围确定后，根据我市现行规定，房屋征收部门应书面告知发展改革、城乡规划、住房城乡建设、公安、工商等部门暂停办理征收范围内房屋新建、扩建、改建以及改变房屋用途和迁入户口或分户等相关手续。暂停期限最长不得超过（   ）年。

A. 半   B. 1   C. 2   D. 3

5. 市、县级人民政府应当组织有关部门对征收补偿方案进行论证并予以公布，征求公众意见。征求意见期限不得少于（   ）日。

A. 10   B. 20

C. 30   D. 60

6. 房屋征收中，对认定为违法建筑和超过批准期限的临时建筑的（   ）。

A. 全部补偿   B. 部分补偿

C. 适当补偿   D. 不予补偿

答案：1. B（参见《国有土地上房屋征收与补偿条例》第19条）。2. D（参见《国有土地上房屋征收与补偿条例》第19条）。3. C（参见《国有土地上房屋征收与补偿条例》第20条）。4. B（参见《国有土地上房屋征收与补偿条例》第16条）。5. C（参见《国有土地上房屋征收与补偿条例》第10条）。6. D（参见《国有土地上房屋征收与补偿条例》第16条）。

学习单元三　补偿协议（决定）与实施

一、补偿协议的决定

（一）补偿协议签订的相关工作

《国有土地上房屋征收与补偿条例》第15条　房屋征收部门应当对房屋征收范围内房屋的权属、区位、用途、建筑面积等情况组织调查登记，被征收人应当予以配合。调查结果应当在房屋征收范围内向被征收人公布。

第16条　房屋征收范围确定后，不得在房屋征收范围内实施新建、扩建、改建房屋和改变房屋用途等不当增加补偿费用的行为；违反规定实施的，不予补偿。

> 房屋征收部门应当将前款所列事项书面通知有关部门暂停办理相关手续。暂停办理相关手续的书面通知应当载明暂停期限。暂停期限最长不得超过 1 年。

（二）补偿协议的签订主体与内容

> 《国有土地上房屋征收与补偿条例》第 25 条　房屋征收部门与被征收人依照本条例的规定，就补偿方式、补偿金额和支付期限、用于产权调换房屋的地点和面积、搬迁费、临时安置费或者周转用房、停产停业损失、搬迁期限、过渡方式和过渡期限等事项，订立补偿协议。
>
> 补偿协议订立后，一方当事人不履行补偿协议约定的义务的，另一方当事人可以依法提起诉讼。

二、补偿协议的实施

（一）房屋搬迁应当依法进行

> 《国有土地上房屋征收与补偿条例》第 27 条　实施房屋征收应当先补偿、后搬迁。
>
> 作出房屋征收决定的市、县级人民政府对被征收人给予补偿后，被征收人应当在补偿协议约定或者补偿决定确定的搬迁期限内完成搬迁。
>
> 任何单位和个人不得采取暴力、威胁或者违反规定中断供水、供热、供气、供电和道路通行等非法方式迫使被征收人搬迁。禁止建设单位参与搬迁活动。
>
> 第 28 条　被征收人在法定期限内不申请行政复议或者不提起行政诉讼，在补偿决定规定的期限内又不搬迁的，由作出房屋征收决定的市、县级人民政府依法申请人民法院强制执行。
>
> 强制执行申请书应当附具补偿金额和专户存储账号、产权调换房屋和周转用房的地点和面积等材料。

（二）被征收人有权获得搬迁费和停业损失遇

> 《国有土地上房屋征收与补偿条例》第22条　因征收房屋造成搬迁的，房屋征收部门应当向被征收人支付搬迁费；选择房屋产权调换的，产权调换房屋交付前，房屋征收部门应当向被征收人支付临时安置费或者提供周转用房。
>
> 第23条　对因征收房屋造成停产停业损失的补偿，根据房屋被征收前的效益、停产停业期限等因素确定。具体办法由省、自治区、直辖市制定。

北京市《关于国有土地上房屋征收与补偿中有关事项的通知》规定：区、县房屋征收部门应当对被征收人或者公房承租人支付搬迁费；由区、县房屋征收部门负责搬迁的，不再支付搬迁费。被征收房屋为住宅的，搬迁费标准为每建筑平方米40元；被征收房屋为非住宅的，搬迁费标准为每建筑平方米50元。《北京市国有土地上房屋征收停产停业损失补偿暂行办法》规定：非住宅房屋停产停业损失补偿评估的计算公式为：停产停业损失补偿费 =（用于生产经营的非住宅房屋的月租金 + 月净利润 × 修正系数 + 员工月生活补助）× 停产停业补偿期限。

🏺 **思考**

　　通过本单元的学习你明白了什么是"补偿协议"了吗？它与一般的合同有什么不同？房屋征收补偿协议的目的是什么？

　　提示：房屋征收补偿协议主要是记载双方的具体权利义务。

我要复习！

看到这里，还有什么不明确，或是记忆不清晰的知识点吗？请自己检测一下。

1. 被征收人在法定期限内不申请行政复议或者不提起行政诉讼，在补偿决定规定的期限内又不搬迁的，由（　　）。

A. 作出房屋征收决定的市、县级人民政府依法申请人民法院强制执行

B. 实施房屋征收的房屋征收部门依法申请人民法院强制执行

C. 作出房屋征收决定的市、县级人民政府依法组织有关部门实施强制执行

D. 实施房屋征收的房屋征收部门依法组织有关部门实施强制执行

2. 征收个人住宅，被征收人符合住房保障条件的，作出房屋征收决定的市、县级人民政府应当（　　）。

A. 提高住房租金补贴　　　　　　B. 减免廉租房租金

C. 优先给予住房保障　　　　　　D. 暂缓实施房屋征收

答案：1. A（参见《国有土地上房屋征收与补偿条例》第 28 条）。2. C（参见《国有土地上房屋征收与补偿条例》第 18 条）。

学习单元四　争议的解决

一、房屋征收决定争议的解决

《国有土地上房屋征收与补偿条例》第 14 条　被征收人对市、县级人民政府作出的房屋征收决定不服的，可以依法申请行政复议，也可以依法提起行政诉讼。

根据相关法律规定，被征收人对市、县级人民政府作出的房屋征收决定不服可以向市、县级人民政府的上一级政府申请复议。该上一级政府所作出的复议决定是行政终级决定，被征收人不能再提出行政复议申请。被征收人对于征收决定不服或者对于上级政府的行政复议决定不服，可以向人民法院提出行政诉讼，由司法机关审查政府的征收决定是否符合法律规定，审查的内容主要包括实体和程序两个方面。

无论是上一级政府的行政复议，还是人民法院的行政诉讼，关键问题都是要审查市、县人民政府是否遵守《国有土地上房屋征收与补偿条例》第 8 条 ~ 第 13 条的规定，其中第 10 条 ~ 第 13 条的主要内容是程序性规定。一般而言，政府都尽可能遵守。但是对于第 8 条、第 9 条即政府的征收决定是否真正遵守公共利益，司法机关却很难处理。第 8 条的第 3 项、第 4 项特别是第 5 项的建设项目的公共利益性往往是比较难于判断，公共利益概念看似比较简单，但纯粹抽象的公共利益并不存在，公共利益总是在具体的法律关系中与某些私人的利益比较中显现出来。除此以外，司法机关在审理征收决定行政诉讼案也面临一些现实难题：一是政府征收房屋的决定往往是当地党委和政府的重大决策，如果司法机关以违反公共利益加以否定实际上是对当地党委的否定，必然会遭遇较大的阻力，尽管维护法律、法规的权威对党和国家的大局是最为有利的。二是司法机关判别当地政府房屋征收决定的程序性条件是比较容易的，但是如何在具体的案例中判断是否具有公共利益性，就司法机关本身的能力和地位而言是比较难的，对于这种比较难于认定的复杂利益问题由人民代表大会及其常务委员会来决定是比较合适的。

二、被征收房屋价值评估争议的解决

对评估确定的被征收房屋价值有异议的，可以向房地产价格评估机构申请复核评估。对复核结果有异议的，可以向房地产价格评估专家委员会申请鉴定。房屋征收评估办法由国务院住房城乡建设主管部门制定，制定过程中，应当向社会公开征求意见。住房和城乡建设部 2011 年 6 月 3 日正式发布了《国有土地上房屋征收评估办法》。

由于被征收房屋价值评估是一项比较复杂的专业活动，《国有土地上房屋征收与补偿条例》规定由征收主体和被征收人之外的第三方房地产价值评估机构负责评估，这一规定既是通行做法也是比较现实的做法。但是被征收人只有对于房屋价值评估机构的选择权，对于被选择的房屋价值评估机构作出的评估结论的质疑只能申请房地产价格评估专家委员会鉴定。根据《国有土地上房屋征收评估办法》该委员会只对"对申请鉴定评估报告的评估程序、评估依据、评估假设、评估技术路线、评估方法选用、参数选取、评估结果确定方式等评估技术问题进行审核，出具书面鉴定意见"。即房地产价格评估专家委员会鉴定的只是评估的方法，并不对评估本身进行复查。房地产价格评估专家委员会的鉴定结论是终局性的，被征收人不能提起诉讼。而从房地产价格评估专家委员会的性质来看，其是由省、自治区住房城乡建设主管部门和设区城市的房地产管理部门组织成立的，易于受到政府的影响。

综合来看，被征收人对于被征收房屋价值评估过程参与机制和权利保障机制都有待于进行完善，从而进一步消除房屋征收过程中的政府与被征收人之间的对立。

三、补偿决定争议的解决

《国有土地上房屋征收与补偿条例》第26条 房屋征收部门与被征收人在征收补偿方案确定的签约期限内达不成补偿协议，或者被征收房屋所有权人不明确的，由房屋征收部门报请作出房屋征收决定的市、县级人民政府依照本条例的规定，按照征收补偿方案作出补偿决定，并在房屋征收范围内予以公告。

补偿决定应当公平，包括本条例第25条第1款规定的有关补偿协议的事项。

被征收人对补偿决定不服的，可以依法申请行政复议，也可以依法提起行政诉讼。

补偿决定是由于征收人与被征收人之间由于合意或者事实而无法达成补偿协议的，而由征收人直接决定补偿额的方式。征收补偿协议实际上只是表明被征收人对于征收人所确定的被征收房屋范围以及按评估的价值进行征收补偿的表示认同的书面形式。从这个法律关系的实质来看，无论是标的本身即被征收的房屋范围，还是被征收房屋的价值的确定都不依赖于被征收人的同意，甚至不依赖于被征收人是否参与，因而这个协议并非是真正的合同。被征收人不认同征收补偿决定的，比如对于被征收房屋的范围和结构以及被征收房屋的评估价值不认可而拒绝签订征收补偿协议，并可能对于征收补偿决定提起诉讼。在司法机关对于征收补偿决定的审查过程，我们认为就应当对于被征收房屋进行价值评估过程的合法性、评估结果的合理性进行全面的审查。

✓ **提示**

要查找本单元的最新具体操作性规定，需要关注最高人民法院的司法解释和地方人民法院的司法政策。例如《最高人民法院关于办理申请人民法院强制执行国有土地上房屋征收补偿决定案件若干问题的规定》（法释〔2012〕4号）规定：

第6条 征收补偿决定存在下列情形之一的，人民法院应当裁定不准予执行：①明显缺乏事实根据；②明显缺乏法律、法规依据；③明显不符合公平补偿原则，严重损害被执行人合法权益，或者使被执行人基本生活、生产经营条件没有保障；④明显违反行政目的，严重损害公共利益；⑤严重违反法定程序或者正当程序；⑥超越职权；⑦法律、法规、规章等规定的其他不宜强制执行的情形。

人民法院裁定不准予执行的，应当说明理由，并在 5 日内将裁定送达申请机关。

我要复习!

看到这里，还有什么不明确或是记忆不清晰的知识点吗？请自己检测一下。

被征收人对补偿决定不服的，可以依法申请行政复议，也可以依法提起（　　）。

A. 行政诉讼　　B. 民事诉讼　　C. 行政裁决　　D. 仲裁

答案：A（参见《国有土地上房屋征收与补偿条例》第 26 条第 3 款）。

学习单元五　法律责任

一、政府及房屋征收部门工作人员的法律责任

《国有土地上房屋征收与补偿条例》对征收房屋过程中政府及其工作人员、被征收人、评估单位及其他相关单位和个人的行政责任、民事责任、刑事责任进行明确规定。

《国有土地上房屋征收与补偿条例》第30条　市、县级人民政府及房屋征收部门的工作人员在房屋征收与补偿工作中不履行本条例规定的职责，或者滥用职权、玩忽职守、徇私舞弊的，由上级人民政府或者本级人民政府责令改正，通报批评；造成损失的，依法承担赔偿责任；对直接负责的主管人员和其他直接责任人员，依法给予处分；构成犯罪的，依法追究刑事责任。

第31条　采取暴力、威胁或者违反规定中断供水、供热、供气、供电和道路通行等非法方式迫使被征收人搬迁，造成损失的，依法承担赔偿责任；对直接负责的主管人员和其他直接责任人员，构成犯罪的，依法追究刑事责任；尚不构成犯罪的，依法给予处分；构成违反治安管理行为的，依法给予治安管理处罚。

近年来，部分地方政府为了加快征收拆迁进程，直接或允许其他单位或者个人采取违法手段甚至是暴力手段征收，造成了极其恶劣的社会影响，为防止这种情况，《国有土地上房屋征收与补偿条例》作出专门规定。

二、被征收人违法阻碍征收的法律责任

《国有土地上房屋征收与补偿条例》第 32 条　采取暴力、威胁等方法阻碍依法进行的房屋征收与补偿工作，构成犯罪的，依法追究刑事责任；构成违反治安管理行为的，依法给予治安管理处罚。

对于某一具体的房屋征收决定或者征收补偿决定，被征收人有不同的看法原本很正常。关键是房屋征收双方都必须认识到征收本来是对于被征收人房屋财产所有权的意志性因素的强制，而且也只限于对于意志性因素的强制，对于房屋价值必须按照市场情况进行评估。如果保证了被征收人对于评估机构的选择，被征收人对于政府的征收决定和征收补偿决定等仍然不服的，也切实保证其能够通过合法手段如行政复议和行政诉讼进行救济。这种情况下，被征收人对于司法机关的最终裁决应服从，不得违法阻碍，否则，将承担相应的重任。

三、侵害征收补偿费用的法律责任

《国有土地上房屋征收与补偿条例》第 33 条　贪污、挪用、私分、截留、拖欠征收补偿费用的，责令改正，追回有关款项，限期退还违法所得，对有关责任单位通报批评、给予警告；造成损失的，依法承担赔偿责任；对直接负责的主管人员和其他直接责任人员，构成犯罪的，依法追究刑事责任；尚不构成犯罪的，依法给予处分。

就房屋征收补偿费用而言，政府及其房屋征收部门、承担征收补偿费用管理、发放的有关单位和个人都可能出现贪污、挪用、私分、截留、拖欠征收补偿费用的情况，为此，《国有土地上房屋征收与补偿条例》作出了上述规定。

四、房地产价格评估机构或者房地产估价师的法律责任

《国有土地上房屋征收与补偿条例》第34条　房地产价格评估机构或者房地产估价师出具虚假或者有重大差错的评估报告的，由发证机关责令限期改正，给予警告，对房地产价格评估机构并处5万元以上20万元以下罚款，对房地产估价师并处1万元以上3万元以下罚款，并记入信用档案；情节严重的，吊销资质证书、注册证书；造成损失的，依法承担赔偿责任；构成犯罪的，依法追究刑事责任。

房地产价格评估机构或者房地产估价师的行为直接关系到被征收房屋人的权利和国家的利益，必须严格按照规定和程序对被征收房屋进行评估。否则，将依照上述法律规定承担相应的法律责任。

我的笔记

后　记

　　《经济法学》是根据"十二五现代远程教育法学专业系列教材"编委会的统一要求，经过编写组的共同努力而完成的。本教材尽量考虑了远程教育在教育方式、学习方式、教育对象、学习条件、学习目的上的特殊性，突出强调了学习方法的指导性、学习目的的实用性、学习内容的重点性、学习过程的有效性、学习方式的便捷性。编写组在编写本教材的过程中主要采纳了西南政法大学李昌麒教授关于经济法的观点，并参考了他主编的所有有关经济法的教材，在此特作说明并致谢忱。

　　本教材由张新民教授和杨连专教授任主编，杨攀和宋晨辉任副主编，张新民教授负责统稿。各章的撰写如下：

　　张新民　第一、二、三章；

　　杨连专　第四、五、六、七章；

　　胡菡子　第八、九章；

　　宋晨辉　第十、十一章；

　　杨　攀　第十二、十九、二十章；

　　曾庆洪　第十三、十四、十五章；

　　张倍铭　第十六、十七、十八章。

《经济法学》编写组

2013 年 12 月

声　　明　　1. 版权所有，侵权必究。

　　　　　　2. 如有缺页、倒装问题，由出版社负责退换。

图书在版编目（CIP）数据

经济法学 / 张新民主编.—北京：中国政法大学出版社，2014.2
ISBN 978-7-5620-5268-5

Ⅰ. ①经⋯　Ⅱ. ①张⋯　Ⅲ. ①经济法-法的理论-中国　Ⅳ. ①D922.290.1

中国版本图书馆CIP数据核字(2014)第019886号

出　版　者	中国政法大学出版社
地　　　址	北京市海淀区西土城路 25 号
邮　　　箱	fadapress@163.com
网　　　址	http://www.cuplpress.com（网络实名：中国政法大学出版社）
电　　　话	010-58908435(第一编辑部)　58908334(邮购部)
承　　　印	固安华明印业有限公司
开　　　本	720mm×960mm　1/16
印　　　张	28.5
字　　　数	527 千字
版　　　次	2014 年 2 月第 1 版
印　　　次	2016 年 6 月第 2 次印刷
印　　　数	3001-5000 册
定　　　价	52.00 元